北京师范大学历史学院"励耘文库"系列

册府零拾

——古文献研究丛稿

汪桂海／著

人民出版社

序

　　我与汪桂海君相识有年。我们的学术经历和研究旨趣原本就有近似之处——都是中国古代史专业毕业，都重视制度史研究，包括传世文献与出土文献互为证据的历史问题研究等。特别是 2006 年后，随着"点校本'二十四史'及《清史稿》修订工程"正式启动，我们都被聘为该工程修纂委员会委员，他任《汉书》修订主持人，我任"历代西域四夷外国等传"修订负责人，修订工程多次召开会议，我们能够经常见面。此外，2017 年，他从国家图书馆调到北京师范大学工作，而我是北京师范大学特聘教授，在学校开会，我们也能经常见面。也正是由于这些原因，我们不仅相识，而且相知相契。

　　桂海君原本专攻秦汉史。硕导张金光先生，博导吴荣曾先生，均为研究秦汉史的名家。经二位先生耳提面命，他学业取得长足进步。他好学善思，为文严谨，成果虽然不是太多，但"十年磨一剑"，皆属精雕细凿之作。在此之前，他出版过两部著作：第一部是 1999 年出版的《汉代官文书制度》①。这部著作原是桂海君的博士学位论文，经过修改补充才付梓，主要属于制度史研究，出版后颇受好评。② 第二部是 2009 年出版的《秦汉简牍探研》③。这部著作主要属于出土文献研究，该书是在台湾出版的。据我所见，该书收论文 21 篇，如《有关汉代符制的几个问题》《从出土简牍看汉代的律令体系》《简牍所见汉代边塞徼巡制度》《汉代高年受王杖的资格》等，显示他研究的仍是制度史问题。今年是 2019 年，又一个十年，他的第三部著作刚刚结集，正待出版。

　　这部新著名为《册府零拾——古文献研究丛稿》。这里所谓"古文献"，主

---

①　汪桂海：《汉代官文书制度》，广西教育出版社 1999 年版。
②　侯旭东：《读汪桂海著〈汉代官文书制度〉》，《中国史研究动态》2000 年第 8 期。另参见张志远：《真书名实考——从汉代官文书制度说起》，《中国书法》2017 年第 3 期。
③　汪桂海：《秦汉简牍探研》，台北文津出版社 2009 年版。

1

要指传世文献。此前,桂海君在国家图书馆善本特藏部工作过 20 年,其间又参加"点校本'二十四史'及《清史稿》修订工程"工作,对传世文献与版本目录学等均有深入研究。本书亦收论文 21 篇,分前后两部分:前部分大致属于古籍整理,主要与"点校本'二十四史'及《清史稿》修订工程"工作有关;后部分大致属于版本目录学,主要与国家图书馆善本特藏部工作有关。每篇论文都是自出机杼,无傍人篱壁之语,故新知卓见,层出不穷。这里试举几篇论文说明如下:

其一,《〈史记·三王世家〉标点、分段辨误》。该文先根据《汉旧仪》《续汉书·百官志》记汉代尚书令的职掌,再根据《孔庙置守庙百石孔龢碑》《无极山碑》记汉代官文书制度,辨析中华书局点校本《史记·三王世家》从大司马霍去病奏疏,"三月乙亥,御史臣光守尚书令奏未央宫。制曰:下御史",至"四月丁酉,奏未央宫",御史大夫转下诏书,一共十个自然段,标点分段存在多处错误。桂海君是精研汉代官文书制度的专家,所作辨析自应可信。此外,该文还谈到:第四自然段首尾出现两次"三月丙子,奏未央宫"。日本泷川资言《史记会注考证》提到日本枫山文库所藏古本《史记》"无此八字"①。桂海君认为尾"三月丙子,奏未央宫"当是涉首"三月丙子,奏未央宫"而产生的衍文。第十自然段"六年四月戊寅朔癸卯,御史大夫汤下丞相,丞相下中二千石,二千石下郡太守、诸侯相,丞书从事下当用者。如律令"。其中,"丞书"之"丞",王国维指出应作"承";"二千石下郡太守"之"下",劳榦指出应为衍字。桂海君根据汉简印证,认为"他们的看法都是正确的"。可惜中华书局修订本《史记·三王世家》分段甚至衍文都完全继承点校本,该文指出的其他错讹亦皆一仍其旧。②

与该文同性质的论文还有几篇,譬如《中华书局本〈汉书〉点校疑误拾遗》和《中华书局本〈后汉书〉点校疑误拾遗》,前文举出值得斟酌的疑误 38 条,后文举出值得斟酌的疑误 48 条,并加以论证,实际都是值得重视的修订意见。

其二,《宋代公文纸印本断代研究举例》。该文原载《文献》2009 年第 3 期,由于较早涉及近年十分热门的"古籍纸背文献"课题,受到学界广泛关注。

---

① 原文为——"疏文止于'为诸侯王','三月'以下记事之文,枫山本无此八字。"见[日]泷川资言:《史记会注考证》,文学古籍刊行社 1955 年版,第 3205 页。

② 修订本《史记》卷六〇《三王世家》,中华书局初印本,2013 年 9 月,第 2547—2553 页。

古人节俭,利用废弃文书,在其背面书写文字,这种做法起源甚早,秦汉简牍与敦煌吐鲁番文书几乎随处可见,无须赘述。宋元明三朝,印刷术从初兴到发达,利用废弃公文,在其背面刻印古籍,当时应不少见,但关注者并不太多。元人吴师道最早在宋姚宏《战国策注》附跋中谈道:"余所得本,背纸有宝庆字,已百余年物,时有碎烂处。"①此后,明人张萱也谈道:"余幸获校秘阁书籍,每见宋板书多以官府文牒翻其背以印行者。"②到了清朝,关注者才逐渐增多。清末民初叶德辉考论最为详赡。③ 进入近现代,日本杉村勇造较早关注该课题。④ 日本竺沙雅章根据自己所见,统计日本、中国大陆、中国台湾存有纸背文献的宋元明古籍35种。⑤ 大陆关注该课题较晚,严格来说,都是1990年《宋人佚简》整理出版后的事。⑥ 周广学介绍存有纸背文献的宋元及明初古籍16种。⑦ 瞿冕良根据明清民国古籍、书目、题跋等记载,统计存有纸背文献的宋元明古籍86种(包括抄本)。⑧ 桂海君此文除了对宋代公文纸刻印古籍如何断代进行研究外,最大的贡献,是利用自己在国家图书馆善本特藏部工作的优势,根据《中国古籍善本书目》(征求意见稿)和自己的搜辑,按收藏单位,统计存有纸背文献的宋元明古籍79种,并详记版本情况,给研究者利用提供了极大方便。

与该文有关系的论文还有《公文制度与节庆礼仪:国图藏宋本〈三国志〉纸背文书研究》。该文原名《介绍几件宋代公文》,为2012年6月27日

---

① (元)吴师道:《礼部集》卷一七《题跋》"姚氏校注《战国策》后题"条,《景印文渊阁四库全书》第1212册,台北商务印书馆1986年版,第234页。按:"百余年物"原作"百年余物",据同作者《战国策校注·后序》乙正,不具录。

② (明)张萱:《疑耀》卷三《宋纸背面皆可书》,《景印文渊阁四库全书》第856册,台北商务印书馆1986年版,第215页。

③ (清末民初)叶德辉:《书林清话》卷六《宋人钞书印书之纸》、卷八《宋元明印书用公牍纸背及各项旧纸》,岳麓书社1999年版,第137—139、186—189页。

④ [日]杉村勇造:《元公牍零拾》,《服部先生古稀祝贺记念论文集》,富山房,1936年,第571—584页。

⑤ [日]竺沙雅章:《汉籍纸背文书の研究》,《京都大学文学部研究纪要》(14),1973年版,第1—54页。另参见[日]小岛浩之:《中国古文书学に関する覚书》(上),《东京大学经济学部资料室年报》(2),东京,第84—94页。

⑥ 上海博物馆编:《宋人佚简》(全五卷),上海古籍出版社1990年版。

⑦ 周广学:《古代的公牍纸印书》,《图书与情报》1991年第3期。

⑧ 瞿冕良:《略论古籍善本的公文纸印、抄本》,《山东图书馆季刊》1992年第2期。

至 29 日在石家庄召开的"公文纸本文献整理与研究学术研讨会"的参会论文,后改今名刊于《河北学刊》2015 年第 3 期。该文对国图藏宋本《三国志》卷一纸背 16 件宋代公文进行了释读,并对宋代公文制度与公文所见宋代节庆礼仪进行了研究。国图藏宋本《三国志》,前揭《宋代公文纸印本断代研究举例》一文已经提到。2016 年,张重艳以"国图藏宋代公文纸本《三国志》纸背文献整理与研究"为题,成功申报国家社科基金青年项目,应是受桂海君之惠。

这里顺便谈谈"古籍纸背文献"的价值。我们知道,包括正史在内的史书,保存的公文是有数的。秦汉的公文,需要在碑刻和简牍中搜辑。晋唐的公文,需要从敦煌吐鲁番文书中整理。宋元明的公文呢?除了黑水城保存一部分外,恐怕只能在"古籍纸背文献"中寻找了。因此,对宋元明"古籍纸背文献"进行整理与研究,其价值与重要性,无论怎样评估,都不过分。① 而前揭桂海君《宋代公文纸印本断代研究举例》一文,按收藏单位,统计存有纸背文献的宋元明古籍,对于促进"古籍纸背文献"整理与研究,无疑起到重要推动作用。②

其三,《棉花种植与纺织史的一则新资料——读练梅谷〈木绵歌〉》。该文属于本书所收唯一未刊论文。中国古代棉花种植与棉纺织业,是农业史与纺织史的重要课题,传世文献与出土文献中的相关材料,几乎都被爬梳殆尽。本

---

① 孙继民、魏琳:《公文纸本:传世文献最后一座待开发的富矿》,《光明日报》2012 年 4 月 12 日。按:孙继民是我同门师弟,也是近年"古籍纸背文献"整理与研究的开拓者。他的"上海图书馆藏明代古籍公文纸背文献整理与研究"获批 2015 年度国家社科基金重大招标项目,"新出公文纸本古籍纸背文献整理与研究"入选 2018 年度《"十三五"国家重点图书出版规划》中"社会科学与人文科学出版规划"增补项目,"新出公文纸本古籍纸背文献整理与研究(6 种)"入选 2019 年度国家出版基金资助项目。这显示"古籍纸背文献"的价值与重要性,已获得学界的高度认可。

② 除了前揭 2016 年张重艳以"国图藏宋代公文纸本《三国志》纸背文献整理与研究"为题,成功申报国家社科基金青年项目外,还有 2013 年,王晓欣以"元公文纸印本《增修互注礼部韵略》纸背所存元代户籍文书的整理与研究"为题,成功申报国家社科基金一般项目;2014 年,孙继民以"古籍公文纸本《洪氏集验方》和《论衡》纸背所存宋元公牍文献整理与研究"为题,成功申报国家社科基金重点项目;2015 年,杜立晖以"公文纸本《魏书》纸背元代文献整理与研究"为题,成功申报国家社科基金一般项目;2015 年,宋坤以"天一阁藏公文纸本《国朝诸臣奏议》纸背文献整理与研究"为题,成功申报国家社科基金青年项目。以上项目涉及的《增修互注礼部韵略》《洪氏集验方》《论衡》《魏书》《国朝诸臣奏议》五种"古籍纸背文献",亦均见于桂海君《宋代公文纸印本断代研究举例》一文。

文所见练梅谷《木绵歌》，收入元人蒋易编《皇元风雅》，研究者均未注意，自有原因。按《皇元风雅》简称《元风雅》，属于"元人选元诗"，凡有三种：第一种为丁鹤年辑，卷数不详，时人戴良尝为撰序①，但失传，可以不论。第二种为傅习、孙存吾编，分前后集，共 24 卷，《四库全书》据内府藏本收录②，《四部丛刊》据高丽翻元本影印③，流传最广。第三种即为蒋易辑，30 卷，少见，仅《续修四库全书》和北京图书馆出版社先后据国家图书馆藏元建阳张氏梅溪书院刻本影印④，但由于与傅习、孙存吾所编书同名，容易被误认此书即彼书，故而出版之后，一直未能引起研究者的注意。而桂海君注意到此书，固然与此书原刻为国图旧藏有关，但也不能不承认，桂海君读书之广博和细心。该文认为练梅谷《木绵歌》以简练的语言，叙述了元代四川地区种植、加工棉花以及纺织成布匹的全部工序，是关于中国古代棉花种植与棉纺织业的重要材料，故他对《木绵歌》进行疏证，提供给学界利用。疏证言简意赅，读后颇长知识。但有的疏证，感觉还是稍嫌简单。譬如第五句"蜀江橦老鹆衔子"，关于"橦"，仅云"即棉花"。按钟遹撰文介绍 1966 年浙江兰溪出土南宋棉毯，引西晋左思《蜀都赋》"布有橦华"，云："橦华就是棉花，直到元代还有人称棉花为橦花的。"原注："陈高《不系舟渔集》卷三：'炎方有橦树，衣被代蚕桑。'"⑤陈高，元人，至正中卒，故云。这几条材料，紧扣《木绵歌》的时代（元）、地域（蜀）、物名（橦），没有引用稍觉可惜。

纵观桂海君的学术经历和研究成果，他治学的根基是建立在传世文献的研究上的。这并不奇怪，他的硕导张金光先生、博导吴荣曾先生，原本都是以

---

① （元）戴良：《九灵山房集》卷二九《皇元风雅序》，《景印文渊阁四库全书》第 1219 册，台北商务印书馆 1986 年版，第 587—589 页。按：丁鹤年，西域回回，家世仕元，元亡不仕，曾隐居东海，有《丁鹤年集》（原名《海巢集》）传世，永乐中卒。事迹见《明史》卷二八五《文苑一·戴良附丁鹤年传》，不具录。

② （元）傅习、孙存吾编：《元风雅》，《景印文渊阁四库全书》第 1368 册，台北商务印书馆 1986 年版，第 1—172 页。

③ （元）傅习、孙存吾编：《皇元风雅》，《四部丛刊初编·集部》，上海商务印书馆 1936 年版。

④ （元）蒋易辑：《皇元风雅》，《续修四库全书》第 1622 册，上海古籍出版社、北京线装书局 2002 年版，第 1—209 页；（元）蒋易辑：《皇元风雅》，北京图书馆出版社 2006 年版。

⑤ 钟遹：《从兰溪出土的棉毯谈到我国南方棉纺织的历史》，《文物》1976 年第 1 期，第 90、93 页注⑦。

研究传世文献见长的。从他的三部专著来看:第一部《汉代官文书制度》实质是传世文献与出土文献互为证据的制度史研究,第二部《秦汉简牍探研》偏重出土文献,第三部《册府零拾——古文献研究丛稿》又回归传世文献。我认为这才是治学的正途。

陈寅恪先生 1930 年发表《陈垣敦煌劫余录序》,首次提出"敦煌学",继云:"自(敦煌文书)发见以来,二十余年间,东起日本,西迄法英,诸国学人,各就其治学范围,先后咸有所贡献。"①周一良先生《何谓"敦煌学"》一文对这句话进行解读,云:"这就是说,必需在某一方面学有专长,以之为依据或基础,去解释敦煌新材料,或者利用新材料以解决旧有的或新出现的问题。我看无论中国或外国学者,运用敦煌资料取得成绩,有所贡献的,都不例外。假如了无根柢,即使遍读几万件写本,恐怕也成不了'敦煌学家'。"②这里所谓"就其治学范围",所谓"在某一方面学有专长",实际都是指有传世文献根基。没有传世文献根基,直接研究敦煌文书,必然如同沙上建塔,早晚是会坍塌的。

陈寅恪先生 1942 年撰《杨树达积微居小学金石论丛续稿序》,更加明确指出:"自昔长于金石之学者,必为深研经史之人,非通经无以释金文,非通史无以证石刻。群经诸史,乃古史资料多数之所汇集;金文石刻,则其少数脱离之片段。未有不了解多数汇集之资料,而能考释少数脱离之片段不误者。"③这里"群经诸史"指传世文献,是"古史资料多数之所汇集";"金文石刻"指出土文献,是"古史资料多数之所汇集"中的"少数脱离之片段"。传世文献与出土文献的关系属于皮和毛的关系。没有传世文献根基,直接研究金文石刻,即所谓"皮之不存,毛将焉附",或许能够侥幸于一时,但终究是不可能长久的。

桂海君传世文献功底扎实,又深谙制度史,以此研究出土文献,自是无往

① 陈寅恪:《陈垣敦煌劫余录序》,原载《历史语言研究所集刊》第 1 本第 2 分,1930 年,收入《陈寅恪集:金明馆丛稿二编》,生活·读书·新知三联书店 2001 年版,第 266 页。
② 周一良:《何谓"敦煌学"》,原载《文史知识》1985 年第 10 期,收入《周一良全集》第三编《佛教史与"敦煌学"》,高等教育出版社 2015 年版,第 488 页。
③ 陈寅恪:《杨树达积微居小学金石论丛续稿序》,《陈寅恪集:金明馆丛稿二编》,生活·读书·新知三联书店 2001 年版,第 260 页。按:此文似为寅恪先生生前未刊之作。末云:"1942 年岁次壬午 12 月 25 日陈寅恪谨书于桂林雁山别墅。"知为 1942 年撰写也。

而不利,固非"剽学"①之士所能同喻者也。故本书编竣,桂海君前来索序,我虽不暇,但同声相应,自古而然,不敢辞。兹不揣浅陋,论其大略如上,权作小序,兼与桂海君共勉!

王 素

2019 年 1 月 4 日

于北京故宫城隍庙

---

① (宋)周密记真德秀少儿时事云:"幼,颖悟绝人。家贫,无从得书,往往假之他人及剽学里儒,为举子业。"见《齐东野语》卷一"真西山"条,中华书局 1983 年版,第 12 页。

目　录

《史记·三王世家》标点、分段辨误[*]

　　传世汉代碑刻中保存有一部分官文书材料，王国维、劳榦曾经利用这部分材料研究汉代官文书制度，在研究方法上具有开创性。碑刻材料因其准确可信，可以帮助我们校读古籍，准确地为古书中的官文书标点、分段，纠正古书在流传过程中产生的文字错误。本文即试图运用汉代碑刻及其他材料对中华书局点校本《史记·三王世家》的标点、分段及文字错误予以辨正。①

　　汉代，臣下的章奏文书一般要通过尚书令转呈皇帝。《汉旧仪》云"尚书令主赞奏、封下书"。《续汉书·百官志》也记载说尚书令负责"奏、下尚书曹文书众事"。这表明将百官上给皇帝的文书奏呈皇帝以及把皇帝的诏书封印向有司下达，都属于尚书令的职事。尚书令奏呈每一份章奏文书通常要留有"某月某日，（尚书令）奏未央宫"（东汉曰"奏洛阳宫"）之类的工作记录，附接于所奏呈文书之后，《三王世家》第一节文字里的"三月乙亥，御史臣光守尚书令奏未央宫"，即是守尚书令向皇帝奏呈大司马霍去病奏疏时的记录文字。在此之后，是皇帝处理该文书的批示文字。《三王世家》第一节的"制曰：下御史"即为汉武帝对霍去病奏疏的批示，命令把此文书下给御史大夫等官员讨论。有时皇帝的批示语也可插于"某月某日奏未央宫（或"洛阳宫"）"之前，如《隶释》卷一《孔庙置守庙百石孔龢碑》司徒雄、司空戒联名所上奏章之后，是桓帝的批示"制曰：可。"然后才是奏呈记录"元嘉三年三月廿七日壬寅，奏洛阳宫"。同书卷三《无极山碑》太常耽等的奏疏之后也是先为灵帝的批示"制曰：可。太常承书从事"，再为奏呈记录"〔光和四年八〕月十七日丁丑，尚书令忠奏洛阳宫"。② 通过这些材料，可以看出如下两点：

---

* 原刊《书品》1997 年第 2 期。
① 这里的中华书局点校本《史记》指 1982 年第二版，1989 年第 11 次印刷本。
② "光和四年八"五字，因刻石剥损未释，今据碑文所涉时间拟补。

一、汉代的章奏文书和尚书令转呈此文书的工作记录,以及皇帝对该文书的批示,这三类文字都是分别另起行抬头书写,自为一段,没有前后紧相连属的,这在保存了汉代官文书原格式的碑刻中反映的至为明显,例如《孔庙置守庙百石孔龢碑》的文书格式是:

司徒臣雄、司空臣戒所上书。

"制曰:可。"

"元嘉三年三月廿七日壬寅,奏洛阳宫。"

《无极山碑》的文书格式是:

太常臣耽、丞敏所上书。

"制曰:可。"

"[光和四年八]月十七日丁丑,尚书令忠奏洛阳宫。"

二、奏呈记录与皇帝批示语无论是此前彼后,还是此后彼前,它们与相关的章奏文书共同组成一组文书,如果欲作节段划分的话,绝不应将同是一组的文书割裂开。

明白了汉代官文书制度的这些特点,再来看中华书局点校本《史记·三王世家》。为了便于说明问题,现将目前通行的本子(第二版)自第一段起有关部分的段落划分情况表示如下:

第一段:大司马霍去病奏疏。"三月乙亥,御史臣光守尚书令奏未央宫。""制曰:下御史。"

第二段:"六年三月戊申朔,乙亥,御史臣光守尚书令、丞非下御史,书到,言:'丞相臣青翟、御史大夫臣汤……昧死请所立之国名。'"

第三段:"制曰:……"

第四段:"三月丙子,奏未央宫。"丞相、御史大夫等二次上书。"三月丙子,奏未央宫。"

第五段:"制曰:……"

第六段:"四月戊寅,奏未央宫。"丞相、御史大夫等三次上书。"四月癸未,奏未央宫,留中不下。"

第七段:丞相等四次上书。"制曰:可。"

第八段:"四月丙申,奏未央宫。"太仆臣贺行御史大夫事上书。

第九段:"制曰:……"

第十段:"四月丁酉,奏未央宫。"御史大夫、丞相等依次转下诏书。

比照碑刻文书,我们可以发现,这里对《三王世家》的标点、分段存在多处错误。

首先,以第一、二段为例,霍去病奏疏之后的"三月乙亥,御史臣光守尚书令奏未央宫",是守尚书令转呈文书的记录文字;"制曰:下御史",是汉武帝的诏书批示文字。这两句话皆应分别另起行书写。丞相等的首次上书也应另起行书写,不宜接在守尚书令转下此文书的行下之辞后面。尤其是守尚书令的行下之辞本是附接于霍去病奏疏和汉武帝批示之后的文字,它们共同组成一组紧密关联的文书,点校本把守尚书令的行下之辞另起行为一段,与霍去病奏疏、汉武帝批示割裂开,反而与丞相等的上书合在一起,这样做显然也不对。

其次,自第四段直至第十段,除了第六段的"四月癸未,奏未央宫,留中不下"是指丞相等第三次上书而言,点校本未将二者割裂外,其他每份奏疏与尚书令奏呈此奏疏的记录文字之间皆被割裂开,误与别的奏疏合为一段。例如,第四段出现的第一个"三月丙子,奏未央宫",是指第二段丞相等的首次上书而言,点校本却以之与丞相等的第二次上书合为一处;第六段的"四月戊寅,奏未央宫",本是关于丞相等第二次上书的奏呈记录,点校本又以之与丞相等的第三次奏疏误合为一段文字;第八段的"四月丙申,奏未央宫",应是丞相等第四次上书的奏呈记录,点校本误与太仆公孙贺行御史大夫事所上奏疏合在一起;第十段的"四月丁酉,奏未央宫",是第八段公孙贺奏疏被转呈入未央宫时的记录文字,点校本误以之与御史大夫等转下诏书的行下之辞合为一段。所有这些节段的划分都是错误地把本是前一份奏疏的奏呈记录与下一份奏疏合为一组文书;而且每一份奏疏及与之有关的奏呈记录、皇帝批示,本应分别另起行为一段文字,点校本的处理方法却是或另起行,或与其他文书前后连接而不予区分,没有统一起来。至于第四段中第二次出现的"三月丙子,奏未央宫",当是涉前一"三月丙子,奏未央宫"而产生的衍文。泷川资言《史记会注考证》提到日本枫山文库所藏古本《史记》"无此八字",当是保存了《史记》的原貌。

再次,第二段的"御史臣光守尚书令、丞非下御史,书到,言。"点校本(第二版,下同)原作"御史臣光,守尚书令丞非,下御史书到,言。"其标点也有三处不妥:第一,守尚书令者乃御史臣光,不是尚书丞非,此由前文之"御史臣光守尚书令奏未央宫"一语可得证明,故在"御史臣光"与"守尚书令"之间用逗号断开,作"御史臣光,守尚书令丞非"是不正确的。这是《史记》点校本第二版的情况,第一版的标点原作"御史臣光守尚书令、丞非",则是正确的,可见此处的错误是第二版误改所致。第二,"下御史书到"之"下御史"是指下御史大夫,此处"御史"为御史大夫的省称,"下御史"与"书到"之间应断以逗号,否则,极易使人误以为守尚书令所下的文书是御史书,而不是霍去病奏疏。正确的断句应是"御史臣光守尚书令、丞非下御史,书到,言。"第三,这句话是守尚书令光与尚书丞非向御史大夫移下文书的行下之辞,是文书之辞,点校本误认作史家的叙述语,把"言"字之后丞相等的上书误作守尚书令光、丞非所说的话,在"言"字后加了冒号、引号。当然,这个错误并非始自点校本,泷川资言《史记会注考证》于此句下注云:"言,书中所言也,下文所记即是。"已经误以为"言"字之下的一段文字是下御史书中的话。点校本大概受了泷川氏的影响。

　　总之,由于不明汉代文书制度,今天通行的中华书局点校本《史记·三王世家》中诸文书的标点、分段存在许多错误。这部分的正确标点、分段应如下所示:

　　一、大司马霍去病奏疏。

　　"三月乙亥,御史臣光守尚书令奏未央宫。"

　　"制曰:下御史。"

　　"六年三月戊申朔,乙亥,御史臣光守尚书令、丞非下御史,书到,言。"

　　二、丞相、御史大夫等首次上书。

　　"制曰:……"

　　"三月丙子,奏未央宫。"

　　三、丞相、御史大夫等二次上书。

　　("三月丙子,奏未央宫。")

　　"制曰:……"

　　"四月戊寅,奏未央宫。"

　　四、丞相、御史大夫等三次上书。

　　"四月癸未,奏未央宫,留中不下。"

　　五、丞相等四次上书。

"制曰:可。"

"四月丙申,奏未央宫。"

六、太仆臣贺行御史大夫事上书。

"制曰:……"

"四月丁酉,奏未央宫。"

御史大夫、丞相等依次转下诏书之辞。

顺便提一下,《三王世家》中御史大夫、丞相等下达诏书之辞作"六年四月戊寅朔癸卯,御史大夫汤下丞相,丞相下中二千石,二千石下郡太守、诸侯相,丞书从事下当用者。如律令。"王国维以为"丞书从事"之"丞"应作"承"。[1] 劳榦又指出"丞相下中二千石,二千石下郡太守、诸侯相"之第二个"下"字为衍文,应该作"丞相下中二千石、二千石、郡太守、诸侯相"。[2] 他们的看法都是正确的。日本的大庭脩曾复原过居延汉简中的元康五年诏书册,[3]其中御史大夫丙吉、丞相魏相继下达诏书的行下之辞分别是:

元康五年二月癸丑朔癸亥,御史大夫吉下丞相,承书从事下当用者,如诏书。(简 10·33)

二月丁卯,丞相相下车骑将军、将军、中二千石、二千石、郡太守、诸侯相,承书从事下当用者,如诏书。(简 10·30)

由此简牍文书可知,《三王世家》中从"六年四月戊寅朔癸卯"至"如律令"这段文字经过了删节。大概丞相下达诏书的时间和御史大夫下诏书给丞相的时间是同一天,"御史大夫汤下丞相"与"丞相下中二千石,二千石下郡太守、诸侯相"之后的文字又完全相同,故而褚少孙在抄录时作了一些删节,其本来的面貌应该是:

六年四月戊寅朔癸卯,御史大夫汤下丞相,承书从事下当用者。如律令。

四月癸卯,丞相下中二千石、二千石、郡太守、诸侯相,承书从事下当用者。如律令。

---

① 罗振玉、王国维编著:《流沙坠简·屯戍丛残》,中华书局 1993 年版。
② 劳榦:《居延汉简考释之部·居延汉简考证》,历史语言研究所专刊之四十,1960 年。
③ [日]大庭脩:《居延出土的诏书册与诏书断简》,姜镇庆译,《简牍研究译丛》第二辑,中国社会科学出版社 1987 年版。

中华书局本《汉书》点校疑误拾遗[*]

平时阅读中华书局点校本《汉书》，遇有疑问之处，辄随文标记，因其琐碎，且不敢自是，一直未作专门整理。因中华书局有修订点校本"二十四史"之议，遂将其中认为确有必要修订之处标出来，略加整理，共计 38 条，仅供大家批评、参考。

这里所依据的是中华书局 1990 年第 6 次印刷本。

1. 卷五《景帝纪》中六年五月诏曰："……车骑从者不称其官衣服，下吏出入闾巷亡吏体者，二千石上其官属，三辅举不如法令者，皆上丞相御史请之。"（页 149）

案："下吏"乃汉代习用语，《汉书》中数见此语。如《盖宽饶传》中盖宽饶被劾以大逆不道之罪，"遂下宽饶吏，宽饶引佩刀自刭北阙下"。《诸葛丰传》："上不直丰，乃制诏御史：'城门校尉丰，前与光禄勋堪、光禄大夫猛在朝之时，数称言堪、猛之美。丰前为司隶校尉，不顺四时，修法度，专作苛暴，以获虚威，朕不忍下吏，以为城门校尉。……'"意思是捕系并下于狱中，交由狱吏审讯拷问，定其罪名。此处"下吏"一词乃上承"车骑从者不称其官衣服"而来，与下文所言"出入闾巷亡吏体者"不属同一类情况，"下吏"之后需断开。其断句应作："……车骑从者不称其官衣服，下吏；出入闾巷亡吏体者，二千石上其官属，三辅举不如法令者，皆上丞相、御史请之。"

2. 卷九《元帝纪》："令从官给事宫司马中者，得为大父母父母兄弟通籍。"颜师古注曰："……卫尉有八屯，卫候司马主卫士徼巡宿卫。"（页 286）

案：按照今之标点，颜师古注文中"卫候司马"作一词，不准确。《百官公

---

*　原刊《点校本"二十四史"及〈清史稿〉修订工程简报》2008 年第 22 期。

卿表》:卫尉掌宫门卫屯兵,"诸屯卫候、司马二十二官皆属焉"。卫候、卫司马属二职,不应连读。此处断句应作:"……卫尉有八屯,卫候、司马主卫士徼巡宿卫。"

3. 卷一九上《百官公卿表上》:"仆射,秦官,自侍中、尚书、博士、郎皆有。古者重武官,有主射以督课之,军屯吏、驺、宰、永巷宫人皆有,取其领事之号。"(页728)

案:颜师古于此句下注引孟康曰:"皆有仆射,随所领之事以为号也。若军屯吏则曰军屯仆射,永巷则曰永巷仆射。"甚是。此言古代重视武事,《左传·成公十三年》有"国之大事,在祀与戎"的话。故设主射之官以督促、考课。此处断句应作:"古者重武,官有主射以督课之。"

4. 卷一九上《百官公卿表上》:"元鼎四年更置(二)〔三〕辅都尉、都尉丞各一人。"(页736)

案:点校本于此处改"二"为"三",并于《校勘记》曰:"钱大昭说'二'当作'三'。按景祐、殿本都作'三'。"此显然受钱大昭说影响。钱氏《汉书辨疑》卷九云:"二当作三。《地理志》左冯翊高陵,左辅都尉治;右扶风郿,右辅都尉治。不言京辅都尉治,缺文也。《田叔传》少子仁拜为京辅都尉。"三辅都尉确如钱氏所说,指左辅、右辅、京辅三都尉,隶属于执金吾。然此处仍应以"二辅都尉"为是。元鼎四年尚无三辅。三辅初为内史,景帝二年分内史为左、右内史。武帝太初元年,更名右内史为京兆尹、左内史为左冯翊,又将景帝六年改称都尉的主爵中尉更名右扶风,治内史右地,是为三辅。因此,三辅之设始于太初元年,此前并无三辅,故元鼎四年所置不应为三辅都尉,应为二辅都尉,即左、右内史之都尉。

5. 卷二一上《律历志上》:"物聚臧宇覆之也。"(页958)
案:"物聚臧"与"宇覆之也"之间语气有停顿,宜加逗号点断。

6. 卷二一上《律历志上》颜师古注曰:"柷与俶同,俶,始也。乐将作,先鼓之,故谓之柷。状如漆桶,中有椎,连底动之,令左右击。音昌六反。"(页958

注[五])

案:此句描述柷的形制,言柷的底部立有椎,椎与底相连,能摇动并击打桶壁,以此来发声演奏。故应以"中有椎连底"为一句,其后加逗号。如依照原标点,则文义不通。

7.卷二一上《律历志上》:"著于其中旅助姑洗宣气齐物也。"(页959)

案:"著于其中"之后语气有停顿,宜加逗号。

8.卷二一上《律历志上》:"助蕤宾君主种物使长大楙盛也。"(页959)

案:"助蕤宾君主种物"之后语气停顿,宜加逗号。

9.卷二一上《律历志上》:"言阳气正法度而使阴气夷当伤之物也。"(页959)

案:"阳气正法度"之后语气停顿,宜加逗号。

10.卷二一上《律历志上》:"乃命羲、和"(页973)、"羲氏、和氏重黎之后。"(页974注[六])

案:羲(羲氏)、和(和氏)为人名,今点校本无专名线,宜标专名线。

11.卷二一上《律历志上》:"匝四时凡三百六十六日,而定一岁。十二月月三十日,正三百六十日,则余六日矣。"(页974注[六])

案:"匝四时"与"凡三百六十六日"之间,"十二月"与"月三十日"之间语气有停顿,宜各加逗号。

12.卷二一下《律历志下》:"凡晨见、伏,六十五日一亿二千二百二万九千六百五分。"(页1000)

案:今点校本于"见""伏"二字之间加顿号,"见伏"之后加逗号。案,自"凡"至"分"为完整的一句,言水星晨见伏的全部时间,下文又言水星夕见伏的全部时间,此处原来的顿号、逗号应删除。

13. 卷二一下《律历志下》："凡夕见伏,五十日。"(页1000)

案："凡夕见伏"后无语气停顿,不宜加逗号。今点校本此处的逗号应删除。

14. 卷二一下《律历志下》:〔注〕"以冬至越弗祀先王于方明,以配上帝。"(页1014)

案:今点校本于此处作一句处理,之间无逗号。案,颜师古注引如淳、孟康注皆加于"方明"下,知应断句于此。"以冬至越弗祀先王于方明"一句话的语意相对完整,"以配上帝"是对这句话的补充,之间宜加逗号。

15. 卷二一下《律历志下》:"子恭公奋立。"(页1022)

案:奋为鲁恭公的名字,今点校本漏标书名专用线,应补加。

16. 卷二一下《律历志下》:"汉高祖皇帝。"(页1023)

案:依前"武王""春秋""六国"等例,此处"汉"之下应空一字,表示此下为汉之世系年纪。

17. 卷二一下《律历志下》:"孺子,著《纪》新都侯王莽居摄三年,王莽居摄,盗袭帝位,窃号曰新室。"(页1024)

案:自"孺子"至"三年"语意完整,与下一句之间今点校本标以逗号,若改为句号则更妥。

18. 卷二一下《律历志下》:"更始帝,著《纪》以汉宗室灭王莽,即位二年。"(页1024)

案:周寿昌《汉书注校补》:"《志》于更始称帝,岂以其系汉宗室耶?下云'赤眉贼立宗室刘盆子,灭更始帝。自汉元年讫更始二年,凡二百三十岁',是竟以更始归入西汉之统绪矣。《后书·张衡传》云:'更始居位,人无异望。光武初为其将,然后即真,宜以更始之号建于光武之初。'班此志亦犹衡意也。"案,周氏所言甚是。此处将更始归入西汉统绪,则其与西汉诸帝并行,故自"更始帝"三字起,应另起为一段。

19. 卷四三《郦食其传》："沛公麾下骑士适食其里中子,沛公时时问邑中贤豪。骑士归,食其见,谓曰:'吾闻沛公嫚易人,有大略,此真吾所愿从游,莫为我先。若见沛公,谓曰"臣里中有郦生,年六十余,长八尺,人皆谓之狂生",自谓我非狂。'"(页 2105)

案:此段文字中,"臣里中有郦生,年六十余,长八尺,人皆谓之狂生"与"自谓我非狂"皆属郦食其为刘邦麾下骑士所拟定的话语。其中"自谓'我非狂'"一句,乃以骑士口气复述郦食其之语,不应断于郦食其为骑士所拟话语之外。故郦食其对骑士所说的话应作如下断句:"吾闻沛公嫚易人,有大略,此真吾所愿从游,莫为我先。若见沛公,谓曰'臣里中有郦生,年六十余,长八尺,人皆谓之狂生,自谓"我非狂"。'"

20. 卷四三《叔孙通传》："惠帝为东朝长乐宫,及间往,数跸烦民,作复道,方筑武库南,通奏事,因请间,曰:'陛下何自筑复道高帝寝,衣冠月出游高庙?子孙奈何乘宗庙道上行哉!'"(页 2129—2130)

案:此处对叔孙通言语所作的断句,令人无法理解。实际上叔孙通对惠帝所讲的话的意思是:惠帝下令修筑的复道恰好位于汉高帝陵寝衣冠出游高帝庙的道路上方,这不合乎礼,子孙不宜在宗庙道路上方修复道行走。因此,该处断句应作:"陛下何自筑复道?高帝寝衣冠月出游高庙,子孙奈何乘宗庙道上行哉!"

21. 卷四六《石奋传》:"(石)建老白首,万石君尚无恙。每五日洗沐归谒亲,入子舍,窃问侍者,取亲中帬厕牏,身自澣洒,复与侍者,不敢令万石君知之,以为常。"(页 2194)

案:此言石奋之子石建孝行,竟至于亲自浣洗父亲中衣。此处的"问"并非动词,而是介词,表示方向、对象,相当于"向"。"问"字此义在后世出现较多,如唐杜甫《入宅三首》之二:"相看多使者,一一问函关。"宋郑少微《鹧鸪天》:"有花无叶真潇洒,不问胭脂借淡红。"直至今日,山东方言中仍有此用法,如"问某人要某物""问某人打听某事"等。此处言石建向侍者取要父亲的中衣,不应作"询问"解。故断句应作:"(石)建老白首,万石君尚无恙。每五日洗沐归谒亲,入子舍,窃问侍者取亲中帬厕牏,身自澣洒,复与侍者,不敢令万石君知之,以为常。"

22.卷五一《路温舒传》:"路温舒字长君,巨鹿东里人也。父为里监门。使温舒牧羊,温舒取泽中蒲,截以为牒,编用写书。"颜师古注曰:"小简曰牒,编联次之。"(页 2367—2368)

案:联系原文,颜师古注实际包括了对"牒"和"编"二字所作的解释。目前对颜注的标点则语义不明。标点应作:"小简曰牒。编,联次之。"

23.卷五二《窦婴传》:"四年,立栗太子,以婴为傅。七年,栗太子废,婴争弗能得,谢病,屏居蓝田南山下数月,诸窦宾客辩士说,莫能来。梁人高遂乃说婴曰:'能富贵将军者,上也;能亲将军者,太后也。今将军傅太子,太子废,争不能拔,又不能死,自引谢病,拥赵女屏闲处而不朝,祗加怼自明,扬主之过。有如两宫螫将军,则妻子无类矣。'婴然之,乃起,朝请如故。"(页 2376)

案:"祗加怼自明"一句,应于"怼"字后断开,"自明"二字下读。窦婴因为栗太子被废,心有怨愤,遂退隐蓝田南山下,不上朝。梁人高遂劝窦婴说:这样做解决不了任何问题,只能使得你更加怨愤不已,而且使君主的过错显扬于天下,会引起太后和君主的不满。故此句应断作:"祗加怼,自明扬主之过。"

24.卷五四《苏武传》:"后陵复至北海上,语武:'区脱捕得云中生口,言太守以下吏民皆白服,曰上崩。'武闻之,南乡号哭,呕血,旦夕临。

数月,昭帝即位。数年,匈奴与汉和亲。汉求武等,匈奴诡言武死。"(页 2465—2466)

案:当前的标点,将"数月"下读,且另起行为一段,则意为昭帝即位在武帝崩后数月,显与史实不符。《汉书补注》引刘敞曰:"'数月'字当属上句。"王先谦曰:"刘说是也。《通鉴》作'旦夕临数月'。"刘敞、王先谦所言甚是。另,"数年"亦应上读。此处断句应作:"武闻之,南乡号哭,呕血,旦夕临数月。昭帝即位数年,匈奴与汉和亲。"

25.卷六八《霍光传》:"于是盖主、上官桀、安及弘羊皆与燕王旦通谋,诈令人为燕王上书,言'光出都肄郎羽林,道上称跸,太官先置。又引苏武前使匈奴,拘留二十年不降,还乃为典属国,而大将军长史敞亡功为搜粟都尉。又擅调益莫府校尉。光专权自恣,疑有非常。臣旦愿归符玺,入宿卫,察奸臣变。'"(页2935)

案:盖长公主、上官桀、上官安、桑弘羊以及燕王刘旦合谋除掉霍光,以夺取政权,遂上书诬陷霍光。该段文字自"言"之下皆其所上奏书的内容,其中有的语句大致是奏书的原话,如:"光出都肄郎羽林,道上称跸,太官先置。""又擅调益莫府校尉。光专权自恣,疑有非常。臣旦愿归符玺,入宿卫,察奸臣变。"有的就不是原话,而是班固的撮要叙述,如:"又引苏武前使匈奴,拘留二十年不降,还乃为典属国,而大将军长史敞亡功为搜粟都尉。"目前的标点把这两种类型的文字一概放入引号内,作为奏书的原文,这不符合实情。故此处的标点应是:"于是盖主、上官桀、安及弘羊皆与燕王旦通谋,诈令人为燕王上书,言:'光出都肄郎羽林,道上称跸,太官先置。'又引苏武前使匈奴,拘留二十年不降,还乃为典属国,而大将军长史敞亡功为搜粟都尉。'又擅调益莫府校尉。光专权自恣,疑有非常。臣旦愿归符玺,入宿卫,察奸臣变。'"

26. 卷六八《霍光传》:"击鼓歌吹作俳倡。"(页2940)颜师古曰:"俳优,谐戏也。倡,乐人也。"(页2943)

案:此处对颜师古注的标点有误,依目前的标点,"俳优,谐戏也。"一句不可解,俳优指演滑稽戏之人,非指滑稽戏。实际上,颜注乃对"俳"和"倡"二字各作解释,其标点应作:"俳,优谐戏也。倡,乐人也。"

27. 卷六九《赵充国传》:"充国子右曹中郎将印,将期门佽飞、羽林孤儿、胡越骑为支兵,至令居。"(页2976)

案:"期门"与"佽飞"不同,不应连读。《百官公卿表》云,期门隶属于光禄勋,"期门掌执兵送从,武帝建元三年初置,比郎,无员,多至千人,有仆射,秩比千石"。佽飞隶属于少府,原名左弋,武帝太初元年更名为佽飞。《汉旧仪》云:"上林苑中,广长三百里,置令、丞、左右尉。百五十亭苑,苑中养百兽、禽鹿,尝祭祠祀、宾客用鹿千枚,麛兔无数。佽飞具缯缴以射凫雁,应给祭祀置酒,每射收得万头以上,给太官。"可见,佽飞职掌射杀上林苑中的凫雁,供祭祀、酒宴之用。"期门"与"佽飞"两不相属,故此处断句应作:"充国子右曹中郎将印,将期门、佽飞、羽林孤儿、胡越骑为支兵,至令居。"

28. 卷六九《赵充国传》:"愿罢骑兵,留弛刑应募,及淮阳、汝南步兵与吏士私从者。"(页2986)

案:《宣帝纪》记载此次发兵情况,曰:"西羌反,发三辅、中都官徒弛刑,及应募、佽飞射士、羽林孤儿,胡、越骑,三河、颖川、沛郡、淮阳、汝南材官,金城、陇西、天水、安定、北地、上郡骑士、羌骑,诣金城。"汉代的刑徒在得到皇帝的赦令诏书后,可以解除身上的刑具、罪衣,到边塞戍守一段时期,此即弛刑徒,弛又作"施"。应募,即在官府招募兵员的情况下,参加征战的人员。弛刑与应募属于本次所发兵的两种类别,不宜连读,应予断开,作:"愿罢骑兵,留弛刑、应募,及淮阳、汝南步兵与吏士私从者。"

29. 卷六九《赵充国传》:"卬坐禁止而入至充国莫府司马中乱屯兵下吏,自杀。"(页2994)

案:此句之下有如淳注曰:"方见禁止而入至充国莫府司马中。司马中,律所谓营军司马中也。"知赵卬乃违反禁令而进入赵充国莫府司马之中,扰乱屯兵,被捕系入狱,遂自杀。"乱屯兵"是赵卬违反禁令所致,"下吏"是对赵卬的处理,应分别为句,不宜连读。故此处断句应作:"卬坐禁止而入至充国莫府司马中,乱屯兵,下吏,自杀。"

30. 卷七十《陈汤传》:"昔齐桓公前有尊周之功,后有灭项之罪,君子以功覆过而为之讳行事。贰师将军李广利捐五万之师,靡亿万之费,经四年之劳,而厪获骏马三十匹,虽斩宛王毌鼓之首,犹不足以复费,其私罪恶甚多。孝武以为万里征伐,不录其过,遂封拜两侯、三卿、二千石百有余人。今康居国强于大宛,郅支之号重于宛王,杀使者罪甚于留马,而延寿、汤不烦汉士,不费斗粮,比于贰师,功德百之。"(页3017—3018)

案:元帝建昭三年(前36年),西域都护副校尉陈汤矫制发西域诸国兵,击杀郅支单于,威震西域。事后,陈汤未得封赏。此段是刘向上书为陈汤讼冤请功的话,他以齐桓公为例,认为评价一个人,应该赏其功劳,掩其过失。又将陈汤杀郅支单于与贰师将军李广利伐大宛之事相比较,认为陈汤功德是李广利的百倍,更应奖赏。此处的"行事"即往事、旧例之意,具体指李广利伐大宛虽然功不足以当过,仍得到封赏。因此,"行事"一词不应上读。其断句应作:"昔齐桓公前有尊周之功,后有灭项之罪,君子以功覆过而为之讳。行事:贰师将军李广利捐五万之师,靡亿万之费,经四年之劳,而仅获骏马三十匹,虽斩宛王毋鼓之首,犹不足以复费,其私罪恶甚多。孝武以为万里征伐,不录其过,遂封拜两侯、三卿、二千石百有余人。……"

31. 卷七八《萧望之传》附《萧由传》:"哀帝崩,为复土校尉、京辅左辅都尉。"(页 3291)

案:"京辅左辅都尉"为两职,分别指京辅都尉、左辅都尉,二者与右辅都尉合称三辅都尉,为执金吾属官,始置于武帝太初元年。(详见卷一九上《百官公卿表上》"中尉""主爵中尉"二条)故此处标点应作:"哀帝崩,为复土校尉,京辅、左辅都尉。"言萧由在哀帝崩后为复土校尉,后又先后改任京辅都尉、左辅都尉。

32. 卷八一《张禹传》:"元帝崩,成帝即位,征禹、宽中,皆以师赐爵关内侯,宽中食邑八百户,禹六百户。拜为诸吏光禄大夫,秩中二千石,给事中,领尚书事。是时,帝舅阳平侯王凤为大将军辅政专权,而上富于春秋,谦让,方乡经学,敬重师傅。而禹与凤并领尚书,内不自安,数病上书乞骸骨,欲退避凤。"(页 3348)

案:此为《张禹传》中的一段,讲成帝即位之后,张禹、郑宽中皆以帝师而赐爵封拜,张禹鉴于帝舅大将军王凤辅政专权,内不自安。按照现在的标点,其中"拜为诸吏光禄大夫,秩中二千石,给事中,领尚书事"等句似专指张禹而言。实际则不然,据《儒林传》:"宽中有俊材,以博士授太子,成帝即位,赐爵关内侯,食邑八百户,迁光禄大夫,领尚书事,甚尊重。"郑宽中在成帝即位后也拜光禄大夫,领尚书事。汉代光禄大夫秩级为比二千石,《儒林传》虽未交待郑宽中作为光禄大夫的秩级是否即《张禹传》中的中二千石,但以郑宽中官职与张禹相同,而食邑多于张禹的事实来看,他的秩级不应低于《张禹传》所说的中二千石。《张禹传》中的这几句话应当是兼指张禹和郑宽中二人而言,故其标点应是:"元帝崩,成帝即位,征禹、宽中,皆以师赐爵关内侯,宽中食邑八百户,禹六百户,拜为诸吏光禄大夫,秩中二千石,给事中,领尚书事。……"

33. 卷八三《朱博传》:"迁廷尉,职典决疑,当谳平天下狱。博恐为官属所诬,视事,召见正监典法掾史,谓曰:'廷尉本起于武吏,不通法律,幸有众贤,亦何忧!然廷尉治郡断狱以来且二十年,亦独耳剽日久,三尺律令,人事出其中。掾史试与正监共撰前世决事吏议难知者数十事,持以问廷尉,得为诸君覆意之。'正监以为博苟强,意未必能然,即共条白焉。"(页3403)

案:"当谳"应上读。当,定罪。《汉书·贾谊传》颜师古注引如淳曰:"决罪曰当。"《字汇·田部》:"当,断罪曰当,言使罪法相当。"谳,上报请问。《续汉书·百官志二》:廷尉"掌平狱,奏当所应。凡郡国谳疑罪,皆处当以报"。胡广曰:"谳,质也。"质即问。《太玄·数》:"爰质所疑"。《周礼·讶氏》郑注:"谓谳疑辨事。"贾公彦疏曰:"谳,白也。谓谘白疑辨之事。"这里引申指上报给廷尉的疑难狱案。"决疑当谳"即决断、评判上报给廷尉的疑难狱案。

又"正监典法掾史""正监"皆不宜连读,"正"指廷尉正,"监"指廷尉监,"典法掾史"指廷尉府负责司法的掾、史。

此段标点应作:"迁廷尉,职典决疑当谳,平天下狱。博恐为官属所诬,视事,召见正、监、典法掾史,谓曰:'……掾史试与正、监共撰前世决事吏议难知者数十事,持以问廷尉,得为诸君覆意之。'正、监以为博苟强,意未必能然,即共条白焉。"

34. 卷八六《何武传》:"及为御史大夫司空,与丞相方进共奏言:'往者诸侯王断狱治政,内史典狱事,相总纲纪辅王,中尉备盗贼。今王不断狱与政,中尉官罢,职并内史,郡国守相委任,所以壹统信,安百姓也。今内史位卑而权重,威职相踰,不统尊者,难以为治。臣请相如太守,内史如都尉,以顺尊卑之序,平轻重之权。'制曰:'可。'以内史为中尉。"(页3485—3486)

案:何武与翟方进的上书可分几个部分。首先是讲早期诸侯王国主要官职的设置及其职权,接着是讲现今的情况,最后是提出的建议。其中第二部分的"郡国守相委任,所以壹统信,安百姓也"这几句,是说郡国重要官员的设置原则,与前面的"今王不断狱与政,中尉官罢,职并内史"数句有别,二者之间不应用逗号,应标以句号。

又,颜师古在"郡国守相委任,所以壹统信,安百姓也"下有注曰:"令百姓信之而安附也。"知其应读作:"郡国守相委任所以壹统,信安百姓也。"

成帝对何武与翟方进上书给予同意,即:"制曰:可。"按照目前的标点,批示文字仅一"可"字,下文的"以内史为中尉"乃班固之语。实际上,此句也应是汉成帝的批示文字。根据汉代的官府文书制度,皇帝如果完全同意臣民的奏书,其批示仅作"可",而无其他语词;如果对奏书所提出的意见原则上同意,具体细节则略有调整,则在"可"之后会附加几句话。这里,何武与翟方进奏请使诸侯王国的"相如太守,内史如都尉",成帝实际上只认可对内史职位的提升,相的职位维持现状。

因此,这段文字的标点应作:"及为御史大夫司空,与丞相方进共奏言:'往者诸侯王断狱治政,内史典狱事,相总纲纪辅王,中尉备盗贼。今王不断狱与政,中尉官罢,职并内史。郡国守相委任所以壹统,信安百姓也。今内史位卑而权重,威职相踰,不统尊者,难以为治。臣请相如太守,内史如都尉,以顺尊卑之序,平轻重之权。'制曰:'可。以内史为中尉。'"

35. 卷九五《西南夷两粤朝鲜传》:"乃拜蒙以郎中将,将千人,食重万余人,从巴符关入,遂见夜郎侯多同。"(页3839)

案:目前的标点以"巴符关"作为关名,在其左划专名号,这不正确。《史记·西南夷列传》作"巴蜀笮关","笮""符"字虽不同,所指则一。可见"巴符关"实际上是巴郡的符关。据《地理志》及《中国历史地图册》(第二册),西汉犍为郡有符县,地界与巴郡相接,符(符)关即在符县。此处云"巴符关",盖符县早先为巴郡辖属,后来改归犍为郡。此处标点应在"巴""符关"之左分别加专名线。

36. 卷九五《西南夷两粤朝鲜传》:"骞因盛言大夏在汉西南,慕中国,患匈奴隔其道,诚通蜀,身毒国道便近,又亡害。"(页3841)

案:张骞出使西域返回之后,向武帝讲述所获有关西域各国的信息,鉴于匈奴阻断了大夏等国与汉王朝相通的道路,建议打通由蜀至身毒国的通道,通过这条道路与大夏等国联系交往。此处"诚通蜀,身毒国道便近,又亡害"的标点显然有误,汉朝与蜀地之间的交通一直畅通,不存在需要打通的问题。其标点应作:"诚通蜀、身毒国道,便近,又亡害。""蜀、身毒国道"即由蜀地直通身毒国的道路。

37. 卷九五《西南夷两粤朝鲜传》:"后二十三岁,孝昭始元元年,益州廉头、姑缯民反,杀长吏。牂柯、谈指、同并等二十四邑,凡三万余人皆反。"(页3843)

案:此言昭帝始元元年在益州出现民众造反的同时,牂柯郡二十四个城邑也都造反。据《地理志》,谈指、同并皆为牂柯郡属县,但无牂柯县,可见"牂柯、谈指、同并等二十四邑"一句标点将牂柯当作一处县邑是错误的,应作"牂柯谈指、同并等二十四邑",指牂柯郡的谈指、同并等二十四邑。《地理志》记载牂柯郡仅辖有十七个县,与此不同。但《地理志》所根据的资料是平帝年间的,此则记昭帝时事。大约牂柯郡所辖县邑在昭帝年间有二十四个,后来因行政区划调整而归属他郡,至西汉末剩余十七县。

38. 卷九九上《王莽传上》:"宇即使宽夜持血洒莽第,门吏发觉之,莽执宇送狱,饮药死。"(页4065)

案:王莽独揽朝廷大权之后,其子王宇想通过迷信方式使他归政,遂有涂血之举。此事亦见于《游侠传》,曰:"元始中,王莽为安汉公,专政,莽长子宇与妻兄吕宽谋以血涂莽第门,欲惧莽令归政。发觉,莽大怒,杀宇,而吕宽亡。"又《云敞传》:"宇与吴章谋,夜以血涂莽门,若鬼神之戒,冀以惧莽。"这两处一致记载,王宇与人谋划涂血的地点是王莽府第之门,则《王莽传上》这段文字中的"门"字应上读,标点应是:"宇即使宽夜持血洒莽第门,吏发觉之……"唯发觉此事之吏很可能是"门吏",或许此处"门"字原以重文符号表示,后人不知,遂致遗漏,亦未可知。

中华书局本《后汉书》点校疑误拾遗[*]

笔者曾作《中华书局本〈汉书〉点校疑误拾遗》，对中华书局点校本《汉书》提出一些点校方面的琐碎意见。今续将《后汉书》的点校问题也整理出来，共计48条，供大家批评、参考。

这里所依据的是中华书局1965年第一版1982年第3次印刷本。

1. 卷三《章帝纪》永平十八年十二月癸巳，有司奏言："孝明皇帝……除日祀之法。"李贤注曰："《春秋外传》曰：'日祭，月祀，时享。祖祢则日祭，高曾则月祀，三祧则时享。'今此除日祀之法，从时月之祭。"（页131）

案：《春秋外传》即《国语》。李贤注中仅"日祭，月祀，时享"为《春秋外传》之文，详见《国语》卷一《周语上》"祭公谏穆王征犬戎"条下："日祭、月祀、时享、岁贡、终王，先王之训也。"又"三祧"当为"二祧"之误。"二祧"指古代帝王七庙中两位功德特殊而保留不迁的远祖庙（文、武二庙），不月祭，但四时祭而已。《国语》韦昭注："时享于二祧也。"《礼记·祭法》："远庙为祧，有二祧，享尝乃止。"孔颖达疏："远庙为祧者。远庙谓文、武庙也。文、武庙在应迁之例，故云远庙也；特为功德而留，故谓为祧。祧之言超也，言其超然上去也。"

此处应校点作："《春秋外传》曰：'日祭，月祀，时享。'祖祢则日祭，高曾则月祀，（三）［二］祧则时享。今此除日祀之法，从时月之祭。"

2. 卷三《章帝纪》建初七年"秋八月，饮酎高庙，禘祭光武皇帝、孝明皇帝。"李贤注："《前书》高庙饮酎，奏《武德》《五行》之舞。《音义》云：'正月旦作酒，八月成，名曰酎者，言醇也。'武帝时因八月尝酎，令诸侯出金助祭，所谓

---

*　原刊《点校本"二十四史"及〈清史稿〉修订工程简报》2009年第25期。

酎金也。"（页142）

案：《汉书》卷五《景帝纪》"元年冬十月，诏曰：'高庙酎，奏《武德》《文始》《五行》之舞。'"颜师古注引张晏曰："正月旦作酒，八月成，名曰酎。酎之言纯也。至武帝时，因八月尝酎会诸侯庙中，出金助祭，所谓酎金也。"李贤注所引《音义》云云，实际是张晏注文，其中"武帝时因八月尝酎，令诸侯出金助祭，所谓酎金也"，也属于张晏注文，因此，此处标点应是：《音义》云："正月旦作酒，八月成，名曰酎者，言醇也。武帝时因八月尝酎，令诸侯出金助祭，所谓酎金也。"

3. 卷五《安帝纪》："年十岁，好学《史书》，和帝称之，数见禁中。"李贤注："《史书》者，周宣王太史籀所作书也。凡五十五篇，可以教童幼。"（页203）

案：所谓《史书》，即《史籀》。《汉书·艺文志》著录"《史籀》十五篇"。李贤注云"凡五十五篇"，前一"五"乃衍文，应作"凡十五篇"。

4. 卷五《安帝纪》："（延光）二年春正月，旄牛夷叛，寇灵关，杀县令。益州刺史蜀郡西部都尉讨之。"（页236）

案：《后汉书》卷八十六《南蛮西南夷列传》："延光二年春，旄牛夷叛，攻零关，杀长史，益州刺史张乔与西部都尉击破之。于是分置蜀郡属国都尉，领四县如太守。"可见，领兵讨平旄牛夷的"益州刺史"与"蜀郡西部都尉"是两个职官，且非一人兼领，其中的益州刺史是张乔。故二者之间宜以顿号断开，作"益州刺史、蜀郡西部都尉讨之"。

5. 卷七《桓帝纪》："（延熹）五年春正月，省太官右监丞。"李贤注："永寿三年置。"（页309）

案：据此，太官右监丞置于永寿三年。然《桓帝纪》永寿二年之下明确记载"冬十一月，置太官右监丞官"。知"三年"应是"二年"之误。王先谦《后汉书集解》正作"二年"。此处应据以校改。

6. 卷八《灵帝纪》中平六年"八月戊辰，中常侍张让、段珪等杀大将军何进，于是虎贲中郎将袁术烧东西宫，攻诸宦者。庚午，张让、段珪等劫少帝及陈

留王幸北宫德阳殿。何进部曲将吴匡与车骑将军何苗战于朱雀阙下,苗败斩之。"(页358)

案:今"苗败斩之"作一句,则含义似为何苗杀死吴匡,然事实并非如此。《续汉书·天文志下》:"中平二年十月癸亥,客星出南门中,大如半筵,五色喜怒稍小,至后年六月消。占曰:'为兵。'至六年,司隶校尉袁绍诛灭中官,大将军部曲将吴匡攻杀车骑将军何苗,死者数千人。"可见,是车骑将军何苗在交战中被吴匡杀死,而非何苗杀死吴匡。"苗败斩之"一句应加逗号,作:"苗败,斩之。"

7.卷十上《皇后纪上·明德马皇后》:"吾少壮时,但慕竹帛,志不顾命。"注[二]:"言少慕古人,书名竹帛,不顾命之长短。"(页414)

案:马皇后说的是仰慕古人书名竹帛,名垂史册。李贤注"少慕古人,书名竹帛"一句之间以逗号断开,含义不明,不如不断。应删去逗号,作:"少慕古人书名竹帛。"

8.卷一三《公孙述传》:"述性苛细,察于小事。敢诛杀而不见大体,好改易郡县官名。"(页541)

案:此言公孙述生性习于苛察细小之事,而不知关注大局,行文连贯,之间不宜加句号。应改作:"述性苛细,察于小事,敢诛杀,而不见大体,好改易郡县官名。"

9.卷一六《邓禹传》:"光武筹赤眉必破长安,欲乘衅并关中,而方自事山东,未知所寄,以禹沈深有大度,故授以西讨之略。乃拜为前将军持节,中分麾下精兵二万人,遣西入关,令自选偏裨以下可与俱者。"(页601)

案:"乃拜为前将军持节"一句,宜断作"乃拜为前将军,持节"。

10.卷一六《邓禹传》附《邓训传》:"训字平叔,禹第六子也。少有大志,不好文学,禹常非之。"(页607)

案:邓禹批评邓训,乃因其"不好文学",似非以其"有大志"之故。此处"少有大志"后的逗号应改作句号,为:"少有大志。不好文学,禹常非之。"

11. 卷二四《马援传》附《马防传》："岁时赈给乡间,故人莫不周洽。"（页857）

案：此句标点似以"岁时赈给乡间、故人,莫不周洽"为更佳。"乡间"与"故人"均应是"岁时赈给"的对象,"莫不周洽"是对前一句的补充、强调。

12. 卷二八下《冯衍传下》："臣衍之先祖,以忠贞之故,成私门之祸。"注〔一〕："衍之祖冯参忠正,不屈节于王氏五侯。参姊为中山王太后,后为哀帝祖母,傅太后陷以大逆,参自杀,亲族死者十七人。见前书。"（页984）

案：此处"后为哀帝祖母,傅太后陷以大逆"中间以逗号断开,易使人将哀帝祖母与傅太后理解为二人。这是错误的。《汉书·外戚传》："孝元傅昭仪,哀帝祖母也。"哀帝祖母即傅太后。傅太后陷害冯氏,事见《汉书·冯奉世传》附《冯参传》："哀帝即位,帝祖母傅太后用事,追怨参姊中山太后,陷以祝诅大逆大罪,语在《外戚传》。参以同产当相坐,谒者承制召参诣廷尉,参自杀。"《外戚传》之外,又见《汉书·外戚恩泽侯表》。因此,该句标点应作："参姊为中山王太后,后为哀帝祖母傅太后陷以大逆,参自杀,亲族死者十七人。"

13. 卷三一《孔奋传》："奋乃率厉锺留等令要遮钞击,共为表里。"（页1097）

案："率厉锺留等"与"令要遮钞击"乃二事,之间宜断开。应作"奋乃率厉锺留等,令要遮钞击,共为表里。"

14. 卷三一《羊续传》："续妻后与子秘俱往郡舍,续闭门不内,妻自将秘行,其资藏唯有布衾、敝祇裯、盐、麦数斛而已,顾敕秘曰：'吾自奉若此,何以资尔母乎？'使与母俱归。"（页1110）

案：此为羊续为官廉洁的一个故事。现在的标点以"妻自将秘行"为一句,似有未通之处。既然羊续之妻带着儿子羊秘走了,下文羊续"顾敕秘"云云又从何说起？通读这段文字,后一"妻"字似应属上句,"自将秘行"则应与"其资藏"连读,意思是羊续闭门不让妻子进郡舍,只带着儿子进去,让儿子看一下自己的资产情况,并向儿子说明自己不能收留母子二人的原因。"行其资藏"的"行"字有巡视的意思。因此,该处的标点应改作："续妻后与子秘俱往郡舍,续闭门不内妻,自将秘行其资藏,唯有布衾、敝祗裯,盐、麦数斛而已,顾敕秘曰:'吾自奉若此,何以资尔母乎?'使与母俱归。"

15. 卷三二《樊宏传》附《樊准传》:"如遣使者与二千石随事消息,悉留富人守其旧土,转尤贫者过所衣食,诚父母之计也。"(页1128)

案:"转尤贫者过所衣食"一句所言乃二事,"转尤贫者"是说将最为贫困的灾民迁徙到富庶之地,以解决饥荒问题。"过所衣食"是说在迁徙途中,凡是所经过的郡县等有关地方官府,都要给予被迁徙灾民以衣食方面的照顾。因此,该句中间应加逗号,作:"转尤贫者,过所衣食。"

16. 卷三二《樊宏传》附《樊准传》:"拜巨鹿太守。时饥荒之余,人庶流迸,家户且尽,准课督农桑,广施方略,期年间,谷粟丰贱数十倍。"(页1128)

案:巨鹿太守樊准采取有效措施,使得粮食丰收,饥荒大大缓解,粮价下降,仅为价格最高时的数十分之一。"谷粟丰贱数十倍"一句所言为二事,即粮食的产量与价格,中间宜断开,作:"谷粟丰,贱数十倍。"

17. 卷三三《郑弘传》:"旧制,尚书郎限满补县长令史丞尉。"(页1155)

案:照此标点,尚书郎任职期限满之后,可以出任县长、令史、丞、尉等职。这是错误的,县之令史为县令长之属吏,乃斗食小吏,职位很低,不应介于县长与县丞、县尉之间。尚书郎无论如何也不会出任县令史之职。实际上,此处所言包含尚书郎与尚书令史两种情况:尚书郎任职期限满之后,可以出任县长;尚书令史任职期限满之后,可以出任县丞或县尉。该"令史"是尚书令史,而非县令史。因此,该句标点应改作:"旧制,尚书郎限满补县长,令史丞尉。"

18. 卷四五《袁安传》附《袁闳传》:"年五十七,卒于土室。"李贤注引《汝南先贤传》曰:"闳临卒,敕其子曰:'勿设殡棺,但著裈衫疏布单衣幅巾,亲尸于板床之上,以五百墼为藏。'"(页1526)

案:裈、衫、疏布单衣、幅巾乃四种衣物,应分别标顿号区分。

19. 卷四八《霍谞传》注[五]:"于公,东海人,为郡决曹,决狱平。其闾门坏,父老共修之。于公曰:'少高大闾门,令容驷马盖车。我决狱多有阴德,子孙必有兴者。'至子定国为丞相,孙永御史大夫。"(页1617)

案:定国、永皆为人名,即于定国、于永,原未标专名线,应加标专名线。

20. 卷五一《李恂传》:"西域殷富,多珍宝,诸国侍子及督使贾胡数遗恂奴婢、宛马、金银、香罽之属,一无所受。"(页1683)

案:李贤注:"督使,主蕃国之使也。贾胡,胡之商贾也。"又注:"袁山松《书》曰:'西域出诸香、石蜜。'罽,织毛为布者。""督使"是官员,"贾胡"是商贾,香是香料,罽是毛织物,各自为类。"督使"与"贾胡"之间,"香"与"罽"之间,并宜加标顿号。

21. 卷六一《黄琼传》:"琼以前左雄所上孝廉之选,专用儒学文吏,于取士之义,犹有所遗,乃奏增孝悌及能从政者为四科,事竟施行。"(页2035)

案:东汉顺帝之后选拔官吏主要分儒生与文吏二科,后以黄琼议,增德行("孝悌")、政事("能从政"),凡四科。此处"儒学""文吏"宜作区别,标点作:"琼以前左雄所上孝廉之选,专用儒学、文吏,于取士之义,犹有所遗,乃奏增孝悌及能从政者,为四科,事竟施行。"

22. 卷六二《陈寔传》:"复再迁除太丘长。修德清静,百姓以安。邻县人户归附者,寔辄训导譬解,发遣各令还本司官行部。吏虑有讼者,白欲禁之。寔曰:'讼以求直,禁之理将何申? 其勿有所拘。'"(页2066)

案:"邻县人户归附者,寔辄训导譬解,发遣各令还"所述是一个完整的内容,讲的是陈寔劝说归附太丘县的邻县人户,发遣他们回归本县。而"本司官行部"与"吏虑有讼者,白欲禁之"云云,所述是另一完整内容,讲的是有的主司之官担心行部时会遇到不少诉讼者,建议在行部时禁止平民诉讼,陈寔反对这种做法,认为禁止平民此时向行部官员诉讼,将不能申冤理屈。因此处原标点有误,导致语义不清。应改作:"邻县人户归附者,寔辄训导譬解,发遣各令还。本司官行部,吏虑有讼者,白欲禁之。寔曰:'讼以求直,禁之,理将何申? 其勿有所拘。'"

23. 卷六四《赵岐传》注［二］《三辅决录注》曰："岐娶马敦女宗姜为妻。敦兄子融尝至岐家,多从宾与从妹宴饮作乐,日夕乃出。"（页2121）

案:"多从宾与从妹宴饮作乐"一句当在"宾"后断开,否则易致歧义。"多从宾"谓马融至赵岐家时有很多宾客跟随。"与从妹宴饮作乐"谓马融与从妹马宗姜宴饮作乐。

24. 卷六五《皇甫规传》:"所著赋、铭、碑、赞、祷文、吊、章表、教令、书、檄、笺记,凡二十七篇。"（页2137）

案:章、表为两种不同的文书名称,之间应加顿号。

25. 卷八三《逸民列传》:"论曰:先大夫宣侯尝以讲道余隙,寓乎逸士之篇。"李贤注:"沈约《宋书》曰:'范泰字伯伦。祖汪。父宁,宋高祖受命,拜金紫光禄大夫,加散骑常侍,领国子祭酒,多所陈谏。泰博览篇籍,好为文章,爱奖后生,孜孜无倦。薨谥宣侯。'即晔之父也。"（页2769）

案:依照现在对李贤注的标点,"宋高祖受命"至"多所陈谏"所言是范泰之父范宁。事实上,此段文字全部是对范晔之父范泰的介绍,详见《宋书·范泰传》。正确标点应作:"范泰字伯伦。祖汪,父宁。宋高祖受命……"

26. 卷八六《南蛮西南夷列传》"交阯蛮":"武帝末,珠崖太守会稽孙幸调广幅布献之,蛮不堪役,遂攻郡杀幸。幸子豹合率善人还复破之,自领郡事,讨击余党,连年乃平。"（页2835）

案:官府征敛繁重,导致交阯蛮武装反抗,杀死太守孙幸,孙幸之子孙豹聚合"率善人"反击并攻破他们。这里的"率善人"应指交阯蛮中那些顺服汉朝政权并听从调遣的部族。"率善"一词常见于汉晋时期赐予少数民族的官印,此类官印通常是赐给为朝廷征伐有功的少数民族头人。可见,此词既非人名、地名,也非部族名。原点校本于"率善"一词加专名线,误,应删。

27. 卷八七《西羌传》:"时先零羌与封养牢姐种解仇结盟,与匈奴通,合兵十余万,共攻令居、安故,遂围枹罕。"（页2876）

案:此处的标点将"封养牢姐种"作为一个词,共用一个专名线,不正确。

事实上，"封养"与"牢姐"是当时羌人的两个种落。如："天水兵为牢姐种所败于白石，死者千余人"（页2879），"迷吾又与封养种豪布桥等五万余人共寇陇西、汉阳"（页2881）。因此，该句正确的标点应作："时先零羌与封养、牢姐种解仇结盟……""封养""牢姐"各自单标专名线。

28. 卷八八《西域传》"安息国"："而道多猛虎、师子，遮害行旅，不百余人，赍兵器，辄为所食。"（页2920）

案：此言自安息国陆路至大秦国，沿途多狮、虎遮害行人，必须一百以上的人手持兵器在一起行路，才会避免被狮、虎所吞食。"不百余人，赍兵器"之间的逗号宜删去，可使文气通贯而不支离。

29.《续汉志》第二《律历志中》："以群臣会司徒府议。"李贤注：《蔡邕集》载："三月九日，百官会府公殿下，东面，校尉南面，侍中、郎将、大夫、千石、六百石重行北面，议郎、博士西面。户曹令史当坐中而读诏书，公议。蔡邕前坐侍中西北，近公卿，与光、晃相难问是非焉。"（页3037）

案：熹平四年，冯光、陈晃上书请改历元为甲寅，诏书下三府议。李贤注引《蔡邕集》所记载的，就是三月九日百官会集在司徒府论议时的座次。此次论议的参加人员上自三公，下至令史。但依照目前的标点，看不出三公的座次，原因是将"百官会府公殿下，东面"一句标点错了。此句标点应作："百官会府，公殿下，东面"，即东面者为三公，否则，依照原先的标点，东面者为百官，这与下文相矛盾了。又"户曹令史当坐中而读诏书"，从文意看，"当"为人名，应加标专名线。

30.《续汉志》第二《律历志中》："诏书下太常：'其详案注记，平议术之要，效验虚实。'"（页3041）

案：两《汉书》中引用很多档案文书的原文，以诏书而言，往往可见"诏书下某某官云云"，这是皇帝对臣下上奏作出的批示，其中"下某某官云云"即为批示文字，意思是将此奏文转下给某某官，由该官员组织人来实施。目前一般在标点时未作辨别，未加顿号、引号。若要加顿号、引号，则应将顿号加在"诏书"一词之后。此处的"下太常。其详案注记，平议术之要，效验虚实"，明显属于批示的原文,标点应作:"诏书:'下太常。其详案注记,平议术之要,效验虚实。'"

另外,紧接此句的"太常就耽上"五字之后,直至"以审术数,以顺改易",这段文字是太常就耽将论议结果上奏汉灵帝的原文,应加引号。

31.《续汉志》第二《律历志中》:"诏书报,恂、诚各以二月奉赎罪,整适作左校二月。"(页3042)

案:"恂、诚各以二月奉赎罪,整适作左校二月",为诏书批复的原文,标点应作:"诏书报:'恂、诚各以二月奉赎罪,整适作左校二月。'"

32.《续汉志》第五《礼仪志中》:"谒者赞皇太子臣某,中谒者称制曰'可'。"(页3120)

案:这里的"皇太子臣某""制曰'可'"分别是谒者、中谒者在拜皇太子之仪中所要说的两句话,属于固定的程式,应加引号,作"谒者赞:'皇太子臣某',中谒者称:'制曰"可"'。"

33.《续汉志》第五《礼仪志中》:"读策书毕,谒者称臣某再拜。……赞谒者曰:'某王臣某新封,某公某初〔除〕,谢。'中谒者报谨谢。"(页3121)

案:这是拜诸侯王公之仪,"臣某再拜""谨谢"分别是谒者、中谒者在仪式中要说的两句话,应加引号,作:"读策书毕,谒者称:'臣某再拜。'……赞谒者曰:'某王臣某新封,某公某初〔除〕,谢。'中谒者报:'谨谢'。"

34.《续汉志》第五《礼仪志中》:"三公奏《尚书·顾命》,太子即日即天子位于枢前,请太子即皇帝位,皇后为皇太后。奏可。"(页3143)

案:此处标点应作:"三公奏:'《尚书·顾命》,太子即日即天子位于枢前,请太子即皇帝位,皇后为皇太后。'奏可。"《尚书·顾命》"至"皇后为皇太后",是三公的程式性奏请文字,意思是依照《尚书·顾命》周康王在周成王去世当天即天子位于枢前的成例,请太子即日即皇帝位,皇后为皇太后。

35.《续汉志》第六《礼仪志下》注:"《汉旧仪》曰:'高帝崩三日,小敛室中

牖下。……七日大敛棺,以黍饭羊舌祭之牖中。"(页3148)

案:黍饭、羊舌为两种祭品,之间宜加顿号。

36.《续汉志》第七《祭祀志上》刘昭补注引《汉祀令》曰:"天子行有所之,出河,沈用白马珪璧各一,衣以缯缇五尺,祠用脯二束,酒六升,盐一升。涉渭、灞、泾、雒佗名水如此者,沈珪璧各一。律,在所给祠具;及行,沈祠佗川水,先驱投石,少府给珪璧。不满百里者不沈。"(页3162)

案:此述祭水之礼,白马、珪、璧为不同的祭品,应以顿号区分。标点作:"天子行有所之,出河,沈用白马、珪、璧各一,衣以缯、缇五尺,祠用脯二束、酒六升、盐一升。涉渭、灞、泾、雒佗名水如此者,沈珪、璧各一。律,在所给祠具;及行,沈祠佗川水,先驱投石,少府给珪、璧。不满百里者不沈。"

37.《续汉志》第十一《天文志中》:"二年正月乙卯,金、木俱在奎,丙寅,水又在奎。奎主武库兵,三星会又为兵丧。辛未,水、金、木在娄,亦为兵,又为匿谋。二月丁酉,有流星大如桃,起紫宫东蕃,西北行五丈稍灭。四月丙辰,有流星大如瓜,起文昌东北,西南行至少微西灭。有顷音如雷声,已而金在轩辕大星东北二尺所。八月丁未,有流星如鸡子,起太微西,东南行四丈所消。十月癸未,有流星大如桃,起天津,西行六丈所消。十一月辛酉,有流星大如拳,起紫宫,西行到胃消。

三年九月丁卯,有流星大如鸡子,起紫宫,西南至北斗柄间消。紫宫天子宫,文昌、少微为贵臣,天津为水,北斗主杀。流星起,历紫宫、文昌、少微、天津,文昌为天子使,出有兵诛也。窦宪为大将军,宪弟笃、景等皆卿、校尉,宪女弟婿郭举为侍中、射声校尉,与卫尉邓迭母元俱出入宫中,谋为不轨。至四年六月丙(寅)〔辰〕发觉,和帝幸北宫,诏执金吾、五校勒兵屯南、北宫,闭城门,捕举。举父长乐少府璜及迭,迭弟步兵校尉磊,母元,皆下狱诛。宪弟笃、景等皆自杀。金犯轩辕,女主失势。窦氏被诛,太后失势。"(页3234—3235)

案:这两段主要记述流星经过紫宫、文昌、少微、天津的天象,认为此类天象的出现预示着有兵诛,然后以窦氏家族的覆灭作为例证。《续汉书·天文志》的体例是先记述某一种天象及其所预示事件的吉与凶,然后列举所印证的史事,在作标点分段时,通常作为完整的一段。此处的后一段自"(永元)三年九月丁卯"起,所记天象与前一段为同一类,而且其下的分析文字以及史事印证都是与前一段有关,不可分割,应该合并为一段。

38.《续汉志》第十一《天文志中》:"二年正月戊子,太白昼见。

三年正月庚戌,月犯心后星。己亥,太白入斗中。十二月,彗星起天菀南,东北指,长六七尺,色苍白。太白昼见,为强臣。是时邓氏方盛,月犯心后星,不利子。心为宋。五月丁酉,沛王(牙)〔正〕薨。太白入斗中,为贵相凶。天菀为外军,彗星出其南为外兵。是后使羌、氐讨贼李贵,又使乌桓击鲜卑,又使中郎将任尚、护羌校尉马贤击羌,皆降。"(页3239)

案:如前例,此两段应合并为一段,主要是太白星的有关天象及其垂示的吉凶和史事印证。

39.《续汉志》第十五《五行志三》:刘昭补注:"其被灾害民轻薄无累重者,两府遣吏护送饶谷之郡。或惧死亡,卒为佣赁,亦所以消散其口救,赡全其性命也。"(页3307)

案:此为杜林上奏中的几句话,建议官府将受灾民众迁移到粮食充足的郡,以解决灾民的生存问题,并提到如果有人为困穷所迫,为了生活下去,不得已沦为佣赁,这也是解决部分灾民生存问题的途径。这里的"救"字应属下读。"救赡"是一词,即救济的意思,指灾民沦为他人的佣赁,也是一种救济的途径。因此,相关的句子标点应作:"亦所以消散其口,救赡全其性命也。"

40.《续汉志》第二十二《郡国志四》:"武陵郡"条下刘昭补注引《荆州记》曰:"郡社中木麃树,是光武种至今也。"(页3484)

案:"光武种至今"不辞。此句实是说这棵树乃光武帝所种,"至今"仍存活。故标点应作:"郡社中木麃树,是光武种,至今也。"

41.《续汉志》第二十四《百官志一》:"记室令史主上章表报书记。"(页3559)

案:此句言记室令史的职掌。"上章表""报书记"为其文书工作的两项内容,具体工作大约是题署所经手上呈和回复文书的封检。《北堂书钞》卷六十九引晋干宝《司徒仪》："记室之职，凡掌文墨章表启奏吊贺之仪，则题署也。"此为晋制，汉制应相差不远。此处标点应作："记室令史主上章表、报书记。"

42.《续汉志》第二十六《百官志三》："宗正"条下刘昭补注引胡广曰："又岁一治诸王世谱差序秩第。"（页3589）

案：此言宗正的一项职掌，即每年都编定一次诸王世谱，并按照嫡庶远近重新排序。治世谱与排序为二事。故标点应作："又岁一治诸王世谱，差序秩第。"

43.《续汉志》第二十六《百官志三》刘昭补注[一〇]引蔡质《汉仪》曰："……卫士传言五更，未明三刻后，鸡鸣，卫士踵丞郎趋严上台，不畜宫中鸡，汝南出《鸡鸣》，卫士候朱爵门外，专传《鸡鸣》于宫中。"应劭曰："楚歌，今《鸡鸣歌》也。"《晋太康地道记》曰："后汉固始、铜阳、公安、细阳四县卫士，习此曲于阙下歌之，今《鸡鸣》是也。"（页3598）

案：此注言汉代宫中以《鸡鸣》卫士讴《鸡鸣歌》，而不畜养鸣鸡。注引蔡质《汉仪》中第一个"鸡鸣"指《鸡鸣歌》，应加书名线且与"卫士"连读。第二个"《鸡鸣》"也应与"卫士"连读，且在"卫士"后断开。云"汝南出《鸡鸣》卫士"，因为汉代的《鸡鸣》卫士均出自汝南郡的固始、铜阳、细阳等县。《汉官仪》云："高祖既登帝位，铜阳、固始、细阳发遣《鸡鸣歌》士，常讴于阙下。"又注引《晋太康地道记》"习此曲"三字应属上读。正确的标点应是：蔡质《汉仪》曰："……卫士传言五更，未明三刻后，《鸡鸣》卫士踵丞郎趋严上台。不畜宫中鸡，汝南出《鸡鸣》卫士，候朱爵门外，专传《鸡鸣》于宫中。"应劭曰："楚歌，今《鸡鸣歌》也。"《晋太康地道记》曰："后汉固始、铜阳、公安、细阳四县卫士习此曲，于阙下歌之，今《鸡鸣》是也。"

44.《续汉志》第二十八《百官志五》："初岁尽诣京都奏事，中兴但因计吏。"（页3617）

案："初"字后宜断开，作："初，岁尽诣京都奏事，中兴但因计吏。"

45.《续汉志》第二十八《百官志五》:"边郡太守各将万骑,行障塞烽火追虏。"(页3624)

案:"行障塞"与"烽火追虏"是边郡太守的两项职责。"行障塞"是定期巡视边塞防务。"烽火追虏"是指一旦发现有烽火报警,立刻率军抵御或追击入侵者。详细可参见居延、敦煌等汉代边塞遗址出土简牍。此处标点应作:"边郡太守各将万骑,行障塞,烽火追虏。"

46.《续汉志》第二十九《舆服志上》:"建太常,十有二斿,九仞曳地。"刘昭补注引郑众曰:"太常九旗之画日月者。"(页3643—3644)

案:注引郑众之语是为正文中的"太常"一词作解,郑众之语中的"太常"是主语,指王者之旌旗。标点应作:"太常,九旗之画日月者。"九旗,见《周礼·春官》"司常":"掌九旗之物名,各有属,以待国事。日月为常,交龙为旗,通帛为旃,杂帛为物,熊虎为旗,鸟隼为旟,龟蛇为旐,全羽为旞,析羽为旌。及国之大阅,赞司马颁旗物:王建大常,诸侯建旗,孤卿建旃,大夫、士建物,师都建旗,州里建旟,县鄙建旐,道车载旞,斿车载旌。皆画其象焉,官府各象其事,州里各象其名,家各象其号。"

47.《续汉志》第二十九《舆服志上》:"公卿以下至县三百石长导从,置门下五吏、贼曹、督盗贼功曹,皆带剑,三车导;主簿、主记,两车为从。"(页3651)

案:此处明言公卿以下至三百石的县长出行时的随从车骑仪仗规格,有五种属吏可以随行,其中贼曹、督盗贼、功曹都可佩戴剑,各乘一车为导车,另有主簿、主记各乘一车为从车。按照目前的标点,语句不通,意思不明。应修改作:"公卿以下至县三百石长导从,置门下五吏:贼曹、督盗贼、功曹,皆带剑,三车导;主簿、主记,两车为从。"

48.《续汉志》第二十九《舆服志上》:"公以下至二千石,骑吏四人,千石以下至三百石,县长二人,皆带剑,持棨戟为前列,捷弓韣九鞬。"(页3652)

案:此处亦言公卿以下至三百石的县长出行时的随从车骑仪仗规格,按照级别,车骑仪仗中的骑马属吏人数有四名和两名两种规格。骑吏都可佩戴剑,持棨戟在最前列。很显然,此处"县长"应属上读,与"三百石"连读,"二人"

是"骑吏二人"的省文,而不是"县长二人"。标点应改作:"公以下至二千石,骑吏四人,千石以下至三百石县长,二人,皆带剑,持棨戟为前列,揥弓韣九鞬。"

《后汉书》帝纪编纂的两个问题*

　　范晔《后汉书》的编纂始于南朝宋文帝元嘉九年(432年)宣城太守任上，至元嘉二十二年，因参与谋划拥立彭城王刘义康的活动而被杀，前后约12年，其中的《志》尚未定稿，是一部未完成的史书。范晔编纂《后汉书》时，世间流传的有关东汉历史的著作甚多，他对这些著作笔削整理，成一家之言。《后汉书》的基本内容在范晔任宣城太守期间大约就完成了。《史通·古今正史篇》说："宋宣城太守范晔，乃广集学徒，穷览旧籍，删烦补略，作《后汉书》。"说明他当时组织了一大批人员来协助自己。范晔担任宣城太守的时间不长，《宋书》本传说他"在郡数年，迁长沙王义欣镇军长史，加宁朔将军。兄暠为宜都太守，嫡母随暠在官。(元嘉)十六年，母亡，报之以疾，晔不时奔赴"。据此推断，范晔在宣城任上不过四五年的光景。书的编纂既有众手参加，时间又比较短促，虽然由范晔统一裁度，势必难以一一细审，逐条核订，书中对有关史料的删弃存留，难免会有前后照应不周的地方。《后汉书》诸帝纪里由于这一方面的原因而导致的错误不少。这些错误，个别的前人已经指出过，今天通行的中华书局点校本《后汉书》多加以吸收，①另有一些则尚未引起注意。下面把它们分为两类来谈一下。

一、时间脱漏

　　自从司马迁作《史记》创立本纪之后，历代正史皆有帝纪，以编年方式记载重要史事，为一代之大事记。编年记事的方法是以事系日，以日系月，以月

＊　原刊《史学史研究》2007年第3期。
①　参见中华书局点校本《后汉书》各卷帝纪后《校勘记》。

32

系时,以时系年,以时间为经,以史事为纬。《后汉书》诸帝纪也采用编年体记录东汉大事,总体来说,编纂合理,记事简明,年经事纬,眉目清楚。但范晔剪裁处理《东观汉记》等各家史书的材料时,①对年月日的系属关系注意不够,主要表现在删去某年某月的第一条史事记录之后,连带史事前面所冠的月份也删除,而对所取用的该月其他日子的史事记录没有加标所属月份,致使多处出现史事系错月份的情况。例如:

1.《光武帝纪上》建武元年,"秋七月……壬午,以大将军吴汉为大司马,偏将军景丹为骠骑大将军,大将军耿弇为建威大将军,偏将军盖延为虎牙大将军,偏将军朱祐为建义大将军,中坚将军杜茂为大将军。……己亥,幸怀。遣耿弇率强弩将军陈俊军五社津,备荥阳以东。"

案:从行文看,"己亥,幸怀"及耿弇军五社津等事系属于七月之下。但查陈垣《二十史朔闰表》,建武元年七月丁卯朔,有壬午(十六日),无己亥;而八月丁酉朔,己亥为三日。因此,此处于"己亥"前似脱漏"八月"二字。

2.《安帝纪》元初四年,"秋七月辛丑,陈王钧薨。京师及郡国十雨水。诏曰:'……方今案比之时,郡县多不奉行。'"

案:从行文看,这里所提到的诏书系属于七月。查《二十史朔闰表》,元初四年七月壬申朔,辛丑为三十日,次日壬寅,值八月朔日。又此处诏书"方今案比之时"一句下面,李贤注引《东观记》中记录的该诏书原文作"方今八月案比之时",说明此诏书的颁布是在八月。因此,"诏曰"之前脱漏"八月"二字。

3.《顺帝纪》阳嘉元年,"秋七月,史官始作候风地动铜仪。丙辰,以太学新成,试明经下第者补弟子,增甲、乙科员各十人,除郡国耆儒九十人补郎、舍人。"

案:从行文关系上看,这里的太学新成等事系属于七月之下。但查《二十史朔闰表》,是年七月丙子朔,无丙辰;八月乙巳朔,十二日为丙辰。知此处"丙辰"前脱漏"八月"二字。

4.《顺帝纪》永和五年五月,"己丑晦,日有食之。且冻羌寇三辅,杀令长。丁丑,令死罪以下及亡命赎,各有差。"

---

① 有关范晔《后汉书》史料来源,参见吴树平先生研究《东观汉记》《后汉书》的诸篇论文,俱收入《秦汉文献研究》,齐鲁书社 1988 年版。

案:从行文看,虽然"己丑晦"一语已表明是五月最末一天,下文"丁丑"必不属五月,但"丁丑"属于哪个月,并未交代清楚,而且"且冻羌寇三辅,杀令长"一条实际上也不应系于五月之下。袁宏《后汉纪》卷十九的相关记载是这样的:"永和五年五月己丑晦,日有蚀之。秋七月,羌寇金城及三辅。将遣西师,谋元帅,佥曰护羌校尉马贤。……丁丑,赦死罪以下及亡命赎罪各有差。"据此,知羌寇三辅和下达赦令二事发生的时间均系七月。查《二十史朔闰表》,是年七月己未朔,十九日丁丑,可见丁丑之事确应系于秋七月。

5.《桓帝纪》延熹五年五月,"乙亥,京师地震。诏公卿各上封事。甲申,中藏府承禄署火。秋七月己未,南宫承善闼火。"

案:此处对月、日关系的处理也很容易使人认为甲申发生的火灾属于五月,而查《二十史朔闰表》,是岁五月癸丑朔,乙亥为二十三日,无甲申;六月壬午朔,初三日甲申。这说明"甲申,中藏府承禄署火"一条应系于六月,其前脱漏"六月"二字。司马光《资治通鉴》中采用了这条史料,仍沿袭范晔的疏误。

6.《桓帝纪》延熹五年,"八月庚子,诏减虎贲、羽林住寺不任事者半奉,勿与冬衣;其公卿以下给冬衣之半。艾县贼焚烧长沙郡县,寇益阳,杀令。又零陵蛮亦叛,寇长沙。己卯,罢琅邪都尉官。"

案:在这段记载里,"己卯,罢琅邪都尉官"一条,显然是系于八月之下的。查《二十史朔闰表》,这一年八月朔日值辛巳,庚子为二十,无己卯;九月辛亥朔,二十九日己卯。可见,"己卯,罢琅邪都尉官"这条记事前应补"九月"二字。

7.《桓帝纪》延熹九年,"秋七月,沈氏羌寇武威、张掖。诏举武猛,三公各二人,卿、校尉各一人。太尉陈蕃免。庚午,祠黄老于濯龙宫。遣使匈奴中郎将张奂击南匈奴、乌桓、鲜卑。九月,光禄勋周景为太尉。"

案:根据这段文字,作者显然把"庚午,祠黄老于濯龙宫"等事归属于七月。后人读这段文字也会很自然地作此理解,如中华书局出版的点校本袁宏《后汉纪》第440页《校勘记》[四十五]即如此理解并加以引用。查《二十史朔闰表》,是岁秋七月戊子朔,无庚午;八月戊午朔,十三日庚午。这里"庚午"条记事显然应系属于八月。袁宏《后汉纪》的相关记载作:延熹九年"六月庚午,祀老子濯龙中,用夜郊而乐。鲜卑、乌桓寇边,匈奴中郎将张奂击降之。"作"六月",当是"八月"的讹误,"八""六"二字形近易讹。

顺便提一下《章帝纪》《桓帝纪》里另外两处材料的时间问题。

《章帝纪》元和二年"二月甲寅,始用《四分历》。

诏曰:'今山川鬼神应典礼者,尚未咸秩。其议增修群祀,以祈丰年。'

丙辰,东巡狩。"

查《二十史朔闰表》,元和二年二月辛亥朔,甲寅为四日,丙辰为六日。根据这里的编年次序来看,增修群祀诏书是二月甲寅,或者是在甲寅之后、丙辰之前颁布的。而据《续汉书·祭祀志中》记载:"章帝即位,元和二年正月,诏曰:'山川百神应祀者未尽。其议增修群祀宜享祀者。'"明确说此诏书是正月颁布的。《章帝纪》此处应属于错简,也有可能是范晔编纂前,错误就产生了。

《桓帝纪》永寿二年,"冬十一月,置太官右监丞。"

延熹五年,"春正月,省太官右监丞。"李贤注:"永寿三年置。"

李贤注云太官右监丞的设置时间在永寿三年,与《桓帝纪》记载不同。应以《桓帝纪》为是。李贤注作永寿三年应属于文字讹误,不可能另有依据,否则,他会在注中标明出处,至少在永寿二年"冬十一月,置太官右监丞"条下会注明。这条注文的错误流传了近千年,在现存的北宋刻递修本《后汉书》里面已经如此,此后的南宋刻本、元明刻本,乃至今天通行的中华书局点校本都作"永寿三年"。只有虚受堂刊刻王先谦《后汉书集解》改作"永寿二年置",但未作任何文字说明。

二、"是岁"记事的重复及其他

《后汉书》帝纪中绝大多数记事都系日、系月、系年,也有相当多的记事只系年,不系月、系日。这类记事通常附在每一年的最后,前面冠以"是岁"字样。这应是对该年记事的补充记载,是前面所未记载的,其记事自然不应与前文的记事有重复。而《后汉书》诸帝纪里有数处"是岁"的记事属于复出的:

1.《光武帝纪下》建武八年:"秋,大水。""是岁,大水。"

2.《光武帝纪下》建武二十五年:"春正月,乌桓大人来朝。""是岁,乌桓大人率众内属,诣阙朝贡。"

3.《顺帝纪》永建六年:"秋九月丁酉,于阗王遣侍子贡献。""十二月壬申客星出牵牛。于阗王遣侍子诣阙贡献。"

案:《光武帝纪》建武八年下的"是岁,大水",所言当即该年的"秋,大水"。

《光武帝纪》建武二十五年下的"是岁,乌桓大人率众内属,诣阙朝贡"与"春正月,乌桓大人来朝"所言也应当是同一件事。司马光《资治通鉴考异》卷二《汉纪中》解释说:"《帝纪》今春既著乌桓来朝,岁末又纪是岁乌桓朝贡内属。盖始独大人来朝,后乃率种族内属耳。"他认为这条记事不属于复出,实际上并没有提出证据,只是基于相信《后汉书》记事不会有这种现象的一种猜测。历史上的少数民族主动归附中原王朝,在其首领率部众正式归附之前,通常是先派使者朝见,以了解中原王朝的态度,未见首领先行入朝,然后返回再率众内属的。司马光的解释缺乏根据。

《顺帝纪》永建六年下的"于阗王遣侍子诣阙贡献"是系于该年下的最后一条记事,其前面很可能脱漏了"是岁"二字。这条记事与前面的"秋九月丁酉,于阗王遣侍子贡献"不会有什么不同,也应为同一件事。

以上三例都属于记事复出。

为什么在帝纪里出现记事复出现象呢?这应与当时范晔编纂《后汉书》的情况分不开。前面提到,范晔在宣城太守任内编纂《后汉书》时,采用了组织众人协作的方式,"穷览旧籍,删烦补略"。他在史料上主要依据《东观汉记》,另外参考其他各家《后汉书》。估计帝纪中系月、系日的记事主要采自《东观汉记》,那些未系月、系日,仅冠以"是岁"二字而置于岁末的记事,大约不少是直接采自当时流传的各家《后汉书》。各家《后汉书》中,有的可能略微变通了一下编年记事的方式,略去了事件系属的月、日,仅以"是岁"二字系事于岁末。因范晔《后汉书》的资料搜集,甚至部分内容的编写,出自众手,时间短促,对所有采用的资料是否有重复,来不及逐一反复加以细致的核订,难免有所疏漏,导致个别记事重复。

《安帝纪》元初元年十一月下无任何记事,大约也是出自同一原因。

《后汉书》帝纪每年最末以"是岁"方式补叙该年重要史事的地方很多,粗略统计有近百处。各处"是岁"之下所记录的史事,或一两条,或三四条,或五条,总共记事一百余条。我们知道,范晔正式编纂《后汉书》之前,撰写过一篇《序例》,规定了编撰《后汉书》的则例。这篇《序例》早就散失,现在能够见到的不过四条,内容涉及著述的体例和笔法、记载灾异祥瑞时遵循的义例。① 那么,运用次数如此之高的"是岁"记事法是否也是其中的一条则例呢? 这需要对这些记事的内容加以分析。

史书中以"是岁"的方式补叙史事于岁末,并非始自范晔《后汉书》。《左传》僖公十五年末记载:"是岁,晋又饥。"《史记·秦始皇本纪》二十七年末记载:"是岁,赐爵一级;治驰道。"《汉书·成帝纪》阳朔二年末记载:"是岁,御史大夫张忠卒。"颜师古注曰:"史不记其月,故书于岁末。"并且说下文永始二年末的"是岁,御史大夫王骏卒",情况与此相同。颜师古的注解实际上告诉我们,这些以"是岁"的方式补叙于岁末的史事,在原始的历史记录或者在后人撰著史书时所能找到的历史记录里,原本就没有记载清楚这些史事发生的月份,因而,后人撰写史书时,只能把它们补叙于岁末,冠以"是岁"二字。《后汉书》帝纪中的一部分"是岁"记事,也应当存在这种情况。

但《后汉书》帝纪中还有一些冠以"是岁"的记事,并不是因为原始史料中未记它们所属的月份,而是属于另外的情况。某些史事跨越的时间非止一两个月,没有确定的某个月份,不适宜于采用明晰月、日的方式来记载。用"是岁"的方式在岁末总结叙述一下,可以起到简洁明白的效果,避免烦琐的文字记录。例如:

1.《光武帝纪上》建武二年,"是岁……初,王莽末,天下旱蝗,黄金一斤易粟一斛。至是,野谷旅生,麻菽尤盛,野蚕成茧,被于山阜,人收其利焉。"

2.《光武帝纪上》建武五年,"是岁,野谷渐少,田亩益广焉。"

3.《明帝纪》永平二年,"是岁,始迎气于五郊。"

4.《明帝纪》永平九年,"是岁,大有年。"

5.《明帝纪》永平十二年,"是岁,天下安平,人无徭役,岁比登稔,百姓殷富,粟斛三十,牛羊被野。"

6.《灵帝纪》光和六年,"大有年。"

这六条记事中,有五条是关于农业生产恢复情况的,这五条记录都不适合系于某一具体的月份下面。第三条记录的是永平二年开始举行迎时气之礼。

---

① 参见吴树平:《范晔〈后汉书〉的〈纪传例〉》,《秦汉文献研究》,齐鲁书社 1988 年版。

案,《续汉志·祭祀志中》,迎气于五郊分别是立春之日,迎春于东郊;立夏之日,迎夏于南郊;先立秋十八日,迎黄灵于中兆;立秋之日,迎秋于西郊;立冬之日,迎冬于北郊。这条记事如果系以具体月、日,就需要按照迎气的时间次序分为五条记录,先后分别系于不同的月之下。相比较而言,不如《后汉书》以"是岁"的叙述方式,在岁末综述一下,行文更为简明扼要,真正是疏而不漏。

如果《后汉书》帝纪里的"是岁"记事都分别属于上面的这两种情况,那么,把它看作《后汉书》编撰的一条则例完全可以。事实是,帝纪里大多数冠以"是岁"的记事基本没有什么特殊的地方,它们也不是在原始史料中未记录下所属的月份,本节开头提到的三则记事重复的例子本身就足以说明这一点,因此,完全可以系于具体的月、日之下。

不仅如此,这些记事从内容上看,也与系有具体月、日的史事没有严格区别,同类内容的记事屡见于系有具体月、日的史事中。下面列举几个《光武帝纪》中的例子:

1.《光武帝纪上》建武三年,"是岁,李宪自称天子。西州大将军隗嚣奉奏。建义大将军朱祐率祭遵与延岑战于东阳,斩其将张成。"

2.《光武帝纪下》建武六年,"是岁,初罢郡国都尉官。始遣列侯就国。匈奴遣使来奉献,使中郎将报命。"

3.《光武帝纪下》建武十年,"是岁,省定襄郡,徙其民于西河。泗水王歙薨。淄川王终薨。"

4.《光武帝纪下》建武十五年,"是岁,骠骑大将军杜茂免。虎牙大将军盖延薨。"

5.《光武帝纪下》中元元年,"是岁,初起明堂、灵台、辟雍及北郊兆域。宣布图谶于天下。复济阳、南顿是年徭役。参狼羌寇武都,败郡兵,陇西太守刘旴遣军救之,及武都郡兵讨叛羌,皆破之。"

以上记事的内容涉及割据武装建立政权、地方武装对新政权的态度、战争、职官设置、封侯政策、外族奉献、省并郡县、诸侯王以及大将等重要人物去世、思想文化政策、减免赋役、异族反叛等。其他未一一列举的"是岁"记事,还有灾异、祥瑞、赈灾、异族贡献、刑罚等。这些方面的史事记载,在各帝纪系有月、日的记事中不胜其数,没有任何独具特色之处。把这些史事冠以"是岁"记录于岁末,不仅见不出有什么义例或笔法,反而在一定程度上模糊了历史事件的时间性,不能不说是《后汉书》帝纪编纂上的一个缺陷。

　　岁末以"是岁"方式补充记事,虽非始自范晔《后汉书》,但在早期的史书,如编年体的《左传》,纪传体的《史记》《汉书》各本纪中都是偶而出现。只是到了《三国志》,情况才有所不同,陈寿在本纪里开始比较多地采用以"是岁"的方式记事于岁末,总计出现 12 次,也基本上没有明确的义例可循。《三国志》成书于范晔《后汉书》之前,范晔在《后汉书》帝纪中大量运用"是岁"方式记事,不知是否受此影响。

《后汉书》述略*

    《后汉书》是南朝刘宋时范晔撰写的一部纪传体断代史书,纪、传九十卷。又志三十卷,晋司马彪撰。全书共一百二十卷,记载了自光武至献帝一百九十五年的史事,是研究东汉历史的重要依据。这部书规模宏大,编次周密,记事简明扼要,疏而不漏,议论深刻,辞采壮丽,将史学与文学融为一体,历来受到人们的称赞和重视,它与《史记》《汉书》《三国志》并称为前四史。

一、范晔的生平

    范晔,字蔚宗,小字砖,出身世族之家。祖父范宁,父范泰。范晔生于晋安帝隆安二年(398年)。他是范泰的第四个儿子,过继给父亲的叔伯兄弟范宏之,袭封武兴县五等侯。累官至尚书吏部郎。

    据《宋书》本传,范晔"少好学,博涉经史,善为文章,能隶书"。他自幼深受儒家思想的教育,但平日恃才傲物。他曾撰《和香方》,借陈述各种香料、药物的性能与特征,对满朝权贵遍加讽刺。

    宋文帝元嘉九年(432年)冬,彭城王刘义康之母病故,出葬的前一夜,刘义康僚属故旧皆到王府来。范晔在王府值宿人员所住室内饮酒,开窗听挽歌以取乐。事情传到彭城王耳中,刘义康大怒,范晔被贬为宣城太守,时年35岁。他在宣城太守任内数年,编纂成了《后汉书》。

    在宣城太守任上只数年,即迁他职。后来,范晔被召回做左卫将军、太子詹事,参与机要。元嘉十七年(440年),因为彭城王刘义康在朝中秉政日久,威权颇重,宋文帝担心他危及自己的帝位,遂解除彭城王的司徒之职,改授都

---

* 原刊《二十四史导读》,同心出版社2013年版。

督江、广、交三州诸军事,出镇豫章(今江西南昌)。刘义康被贬黜,引发了员外散骑侍郎孔熙先阴谋策划拥戴刘义康为皇帝的活动。

范晔虽然对左右之人与事或有不满,但最初并无反叛之意。孔熙先借博戏之机,给予他很多财物,范晔经不起诱惑与煽动,终于萌发谋反念头,参与了拥立刘义康的活动。元嘉二十二年(445年)十一月,由于参与人之一徐湛之告发,范晔入狱,以首谋之罪于元嘉二十二年十二月被处死,终年48岁。此案株连被杀者,有范晔之子范蔼、范遥、范叔萎,还有孔熙先,熙先之弟休先、景先、思先,熙先之子桂甫,熙先之孙白民,范晔外甥谢综、谢约等人。

对于范晔谋反一事,在很长的时间里没有人提出异议,只是到了清代,才出现不少学者为他辩诬、鸣不平。

第一个为范晔申辩的是乾隆时期的著名学者王鸣盛,他在《十七史商榷》卷六十一"范蔚宗以谋反诛"条力辩"蔚宗不反"。他认为,范晔"决不当有谋反事",然而,为什么被诬以首乱之人呢?这是因为他"善弹琵琶,文帝欲闻,终不肯,其耿介如此。序《香方》,一时朝贵,咸加刺讥。想平日恃才傲物,憎疾者多,共相倾陷。《宋书》全据当时锻炼之词书之,而犹详载其辩语。《南史》并此删之,则蔚宗冤竟不白矣"。

王鸣盛的分辨,很有力量,得到不少学者的赞同。道光时,陈澧《东塾集》有《申范》一篇,就《宋书·范晔传》逐条驳斥,认为范书"大有益于世,而著书之人负千古奇冤,安得而不申之"。

同治、光绪年间,李慈铭《越缦堂读书札记》也支持王鸣盛的看法,认为:"蔚宗此狱,揆之以事以势,以情以理,皆所必无,《宋书》《南史》亦皆游移其辞,本无显据,实由《和香方》之刺,遍及盈廷,人士共仇,证成其狱。"

光绪时,傅维森《缺斋遗稿》中《读〈宋书·范蔚宗传〉书后》也认为所谓范晔谋反,纯系"诋毁诬谤"。

一直到今天,仍有很多学者持这种观点。其实大可不必。这都是封建皇权思想作怪,视犯上作乱为罪大恶极,万人唾弃。大家人人推崇范晔《后汉书》,爱此书而及于其作者,不愿接受范晔有叛乱的事实,于是相继对史书的有关记载加以辩驳。其实,关于范晔谋反一事,在《宋书》《南史》《资治通鉴》中都有记载,这是研究范晔事迹的基本史料,而它们都明确叙述了范晔谋反的来龙去脉,这三部史书不会都是子虚乌有之词。如果没有另外确凿可信的史料证明三史所记有误,就难以推翻这一陈案。所谓"冤枉"之类的议论,并不能站得住脚。范晔拥立刘义康的举动属于他的政治取向,他认为刘义康比起在位的宋文帝更有才能,更值得辅佐,所以才参与谋反。在今天为此事争论出一个是非来,已经没有意义。范晔虽死,其所撰写的《后汉书》却流传千古,为人称颂。

范晔是一个很有个性的人,他思想活跃,不墨守陈规,不迷信世俗偏见,敢于"称情狂言"。这种性格使他在撰写史书时,能够突破传统观念,提出不同于流俗的创见。例如他在史学思想上反对"贵古贱今"、故步自封而不敢创新。正因为如此,《后汉书》的体例有很多创造,《后汉书》的论赞中也往往闪烁着他可贵的思想之光。在《西域传》中,他就批评佛法"好大不经,奇谲无已"。清人王鸣盛称赞说:"范书贵德义,抑势利,进处士,黜奸雄","宰相无多述而特表逸民,公卿不见采而惟尊独行。"(《十七史商榷》卷六十一"范蔚宗以谋反诛"条)

范晔除撰写了《后汉书》外,还有其他不少著述。据《隋书·经籍志》记载,范晔著有《汉书缵》十八卷,《百官阶次》一卷。当时还有《范晔集》十五卷流传。这些著作后来都散失了。今天尚能见到的只有零星的几篇,基本上全收录在清代严可均辑《全上古三代秦汉三国六朝文》中,包括了《探时旨上言》《作彭城王义康与徐湛之书》《狱中与诸甥侄书》《双鹤诗序》《和香方序》。

二、范晔编纂《后汉书》的动机

第一,总结历史。司马迁撰写《史记》,作有《太史公自序》;班固撰写《汉书》,作有《叙传》。他们都通过这种方式来叙述自己的著述动机。司马迁撰写《史记》,主要是为了使汉朝天子的明圣盛德、功臣世家贤士大夫的功业能够传布后世。班固撰写《汉书》,也是为了使汉朝的功德"扬名后世,冠德百王"。他们都是通过史书证明汉朝的建立是符合天命的,以此来崇扬汉朝。范晔所处时代的史学思想已经发生了变化,东汉之后诸王朝的短命与频繁更替,使天命论贬值,史学家撰写史书的目的更多的是要总结过去的经验教训。范晔因被杀而没有留下类似《太史公自序》《叙传》这样的专篇文章供后人研究他的史学思想和著述动机,但他在狱中给甥侄们写过一封信,信里详细叙述了自己治学为文的态度和有关《后汉书》撰写的一些看法。从内容上看,这封信含有自序的性质,现在一般把它作为"自序"附在全书之末。范晔在《狱中与诸甥侄书》里说,自己撰写《后汉书》"欲因事就卷内发论,以正一代得失"。也就是说,他著书的动机是为了总结东汉兴亡的原因,为人们提供历史的借鉴。

第二,整理创新。有关东汉的史书既然在当时社会上已经流传很多种,范晔为什么还要撰写一部《后汉书》呢?他在《狱中与诸甥侄书》中说:"本未关史书,政恒觉其不可解耳。既造《后汉》,转得统绪。详观古今著述及评论,殆少可意者。班氏最有高名,既任情无例,不可甲乙辨。后赞于理近无所得,唯志可推耳。博赡不可及之,整理未必愧也。"这表明,范晔在大量阅读史书的基础上,对编纂史书的理论和方法,已逐渐有所领会和掌握。尤其是对当时所见到的关于东汉历史的著作,他有了自己的一套看法,其中能够令他满意的著述和评论很少。他又说班固的《汉书》"任情无例,不可甲乙辨。后赞于理近无所得,唯志可推耳"。他对自己的能力也有正确的了解和自信,认为自己比起班固来,"博赡不可及之,整理未必愧也"。因此,他决心动手整理所有的东汉史论著,编纂出一部令人满意的新史书。

三、《后汉书》的史料来源

范晔撰写《后汉书》时,距东汉建国有 400 多年,距东汉亡国(220 年)也已有 200 多年。这数百年中,记载东汉历史的著作出现了很多,有东汉人撰写的,也有东汉之后的人撰写的。各家撰述体裁多样,资料丰富,不乏名作。根据现有的记载,这类著作的基本情况如下。

1.《东观汉记》

这是东汉官修纪传体史书。东观是东汉洛阳宫中的一处殿名,因史官在此修《汉记》,故名所修《汉记》为《东观汉记》。《东观汉记》的撰写始于汉明帝时,之后,章帝、安帝、桓帝、灵帝、献帝时期又陆续撰修。参与撰修的学者先后有班固、陈宗、尹敏、孟异、刘珍、刘骑騄、刘毅、王逸、李尤、伏无忌、黄景、崔寔、边韶、朱穆、延笃、曹寿、马日磾、蔡邕、杨彪、卢植、刘洪、张华等人,其中,贡献最大的是班固、刘珍、蔡邕。通常题为刘珍撰。

《东观汉记》的体裁构成分本纪、列传、表、载记，每一篇纪传皆有序。《隋书·经籍志》著录该书一百四十三卷，注云："起光武记注至灵帝，长水校尉刘珍等撰"。《旧唐书·经籍志》作一百二十七卷。《新唐书·艺文志》则作一百二十六卷，又录一卷。此书很早就亡佚，清乾隆间由《永乐大典》辑出，仅存二十四卷。

魏晋间人称《史记》《汉书》《东观汉记》为三史。到唐永徽年间，《后汉书》开始取代《东观汉记》，成为"三史"之一。开元年间，《后汉书》作为"三史"之一的地位再次确认下来，《东观汉记》丧失"三史"之一地位，渐至亡佚。《东观汉记》具有国史的性质，其材料来源十分丰富，有历朝的起居注、注记、文书档案、功臣功状、前人的旧闻旧事和私家著作等等，可视为东汉史料的总汇。魏晋以后，凡是撰修东汉史者，大都取材于《东观汉记》。

2. 谢承《后汉书》

谢承，字伟平，三国吴会稽山阴（今浙江绍兴）人，其姐为孙权夫人。曾任五官郎中，迁长沙东部都尉、武陵太守。史称谢承博学洽闻。其书《隋书·经籍志》作一百三十卷，注云："无帝纪。吴武陵太守谢承撰。"《旧唐书·经籍志》作一百三十三卷。《新唐书·艺文志》作一百三十三卷，又录一卷。此书至马端临作《文献通考·经籍考》时已亡佚。谢承书著述颇具特色，不仅纪、志、传俱全，而且又有所创新，根据蔡邕为《东观汉记》所撰《车服志》而设《舆服志》，发展《汉书·百官公卿表》而别立新目曰《百官志》，皆为司马彪《续汉志》所仿效。

3. 薛莹《后汉记》

薛莹，字道言，沛郡竹邑（今安徽宿县符离集）人。吴孙皓时历选曹尚书、光禄勋等职。入晋，为散骑常侍。事附载《三国志·吴书·薛综传》，称其"涉学既博，文章尤妙"。此书《隋书·经籍志》著录为六十五卷，注云："本一百卷，梁有，今残缺。"新旧唐书志均作一百卷。

4. 司马彪《续汉书》

《晋书·司马彪传》云八十篇，《史通·古今正史篇》同。但《隋书·经籍志》著录为八十三卷，《旧唐书·经籍志》同。《新唐书·艺文志》云八十三卷，又录一卷。今存志三十卷。

5. 华峤《汉后书》

华峤,字叔骏,晋平原高唐(今山东高唐)人,才学深广,博闻多识。泰始中,拜散骑常侍,典中书著作,元康中封乐乡侯,转秘书监。《晋书》本传说:"峤以《(东观)汉记》烦秽,慨然有改作之意。会为台郎,典官制事,由是得遍观秘籍,遂就其绪。起于光武,终于孝献,一百九十五年,为帝纪十二卷、皇后纪二卷、十典十卷、传七十卷及三谱、序传、目录,凡九十七卷。"十典未成,经其子华彻、华畅相继整理,始成完书。永嘉丧乱,经籍遗没,此书残存者三十余卷。《隋书·经籍志》仅载十七卷,新旧唐书志均作三十一卷。今亡。

6. 谢沈《后汉书》

谢沈,字行思,晋会稽山阴人。据《晋书》本传,曾任参军、太学博士、尚书度支郎等职,博学多识,明练经史,著《后汉书》一百卷,又录二卷,《后汉书外传》二十卷。《隋书·经籍志》著录为八十五卷,注云"本一百二十二卷",是将二书合而言之。新旧唐书志均作一百零二卷,是仅指《后汉书》。

7. 张莹《后汉南记》

《隋书·经籍志》作四十五卷,注云:"本五十五卷,今残缺,晋江州从事张莹撰。"新旧唐书志均作张莹《汉南记》五十八卷。今亡。

8. 袁山松《后汉书》

袁山松,陈郡阳夏(今河南太康)人。袁宏族侄。少有才名,博学有文章,善音乐。曾为吴郡太守,因拒孙恩而死。所撰《后汉书》,《隋书·经籍志》作九十五卷,注云:"本一百卷。"《旧唐书·经籍志》作一百零二卷,《新唐书·艺文志》作一百零一卷,又录一卷。今亡。袁山松书,志书较全,可考者有《律历志》《礼仪志》《祭祀志》《天文志》《五行志》《郡国志》《百官志》《艺文志》。

9. 张璠《后汉纪》

张璠,晋之令史,曾出为官长,具体事迹无考。此书"言汉末之事差详",袁宏《后汉纪》曾汲取其部分成果。《隋书·经籍志》和新旧唐书志均作三十卷。今亡。

10. 袁宏《后汉纪》

袁宏,字彦伯,陈郡阳夏人,为袁山松族叔。曾任谢安参军、桓温记室,又自吏部郎出为东阳郡守。《晋书》有传。袁宏因不满意当时已出的几种《后汉书》,继荀悦《汉纪》著《后汉纪》三十卷,其书今存。刘知几《史通·正史篇》

称："世言汉中兴史者,惟袁、范二家而已。"对此书评价极高。

此外,还有袁晔《献帝春秋》十卷,刘芳《汉灵献二帝纪》,乐资《山阳公载记》十卷,王粲《汉末英雄记》十卷,侯瑾《汉皇德纪》三十卷,刘义庆《后汉书》五十八卷,孔衍《后汉尚书》六卷、《后汉春秋》六卷,张温《后汉尚书》十四卷,《汉献帝起居注》五卷等著作,都是当时流传的记载东汉历史的重要史书。在范晔之前成书的陈寿《三国志》,也提供了不少汉献帝时期的东汉史料。

后汉人的文集也有很多流传于当时,如《冯衍集》《班彪集》《杜笃集》《傅毅集》《班固集》《崔骃集》《贾逵集》《刘騊駼集》《崔瑗集》《刘珍集》《张衡集》《胡广集》《李固集》《马融集》《王逸集》《边韶集》《朱穆集》《延笃集》《崔寔集》《皇甫规集》《刘陶集》《侯瑾集》《卢植集》《郑玄集》《蔡邕集》《应劭集》《孔融集》《虞翻集》《祢衡集》等。

应该说,范晔撰写《后汉书》时可以利用的史料是相当丰富的,而范晔之所以能够成功,原因之一就是有了前人的这些大量著述作基础。范晔在此基础上,博采众书之长,斟酌去取,成一家之言。其中,在史料方面,他主要依据《东观汉记》。《东观汉记》保留了系统完备的原始材料,堪称东汉的史料宝库。它是各家后汉书汲取材料的基本来源。《文心雕龙·史传篇》说:"后汉纪传,发源《东观》。"刘知几《史通·曲笔篇》也说:"中兴之史,出自《东观》。"范晔修《后汉书》也是这样。如果没有《东观汉记》,范晔《后汉书》之前的诸家《后汉书》都不可能产生,范晔就谈不上删取众家之书了。《东观汉记》的缺点是记事烦碎,范晔对其中的材料做了大量删削工作。一是压缩人物专传。二是对所作纪传取用的材料精心剪裁和简化,这显示出他善于驾驭史料和擅长叙事的才能。三是对行文用字进行润色、锤炼,使文笔洗练,语言生动。四是对《东观汉记》史料的错误进行订正或删除。

在诸家《后汉书》中,华峤《汉后书》是出类拔萃的,它一经问世,即得到好评,被认为"文质事核,有迁、固之规,实录之风"(《晋书·华峤传》)。范晔对此书也十分欣赏,在撰写《后汉书》时,较多利用了华峤《汉后书》残存的三十余卷。例如,在体例上,华峤在纪传体史书中首先创立《皇后纪》,认为"皇后配天作合,前史作《外戚传》,以继末篇,非其义也,故易为《皇后纪》,以次帝纪"。①

---

① 《晋书·华峤传》。

范晔沿用了这一体例。华峤《汉后书》行文"言辞简质,叙致温雅",①他的序、论尤其精绝,范晔往往全部或部分予以采用。今可考者有《刘赵淳于江刘周赵列传序》《章帝纪论》《马武传论》《桓谭冯衍传论》《班固传论》《袁安传论》《皇甫嵩朱儁传论》《王允传论》《郎顗襄楷传论》。范晔书中的某些片段也是以华峤书为基础而又略作笔削的。

四、《后汉书》的《序例》

史家修史皆有则例可循,否则,就如同铸造器物却没有铸范一样,是不可能的事情。战国至三国这一段时期,史家著史的则例大都只存于心中,很少有特意书写出来的。到东晋以后,史学领域形成了一种风气,史家著史大多将作史则例见诸文字。范晔作《后汉书》时也不例外,他曾为全书(主要是纪传部分)特地撰写制定过则例。他在《狱中与诸甥侄书》中明确地说:"《纪传例》为举其大略耳,诸细意甚多。"这篇《纪传例》又称《序例》,当时大约已经传布于世间了。北齐魏收作《魏书》时,全部取用了范晔的这篇《序例》,刘知几讥讽他是"贪天之功以为己力"。② 隋唐时,《序例》还在,李贤注《后汉书》,三次引用《序例》:

其一,"《例》曰:'多所诛杀曰屠。'"③这是关于著述笔法的。

其二,"范晔《序例》云:'帝纪略依《春秋》,唯字彗、日食、地震书,馀悉备于《志》。'"④这是记载灾异时遵循的义例。

其三,"《序例》曰:'凡瑞应,自和帝以上,政事多美,近于有实,故书见于某处。自安帝以下,王道衰缺,容或虚饰,故书某处上言也。'"⑤这是记载所谓祥瑞时遵循的义例。

有了史例,记人叙事就有了章法,就有了统一的准绳。史例的优劣,决定着史书质量的优劣。范晔的《序例》因为全文散失殆尽,无法加以评价。但就

---

① 《史通·序例篇》。
② 《史通·序例篇》。
③ 见《光武帝纪上》李贤注。
④ 见《光武帝纪上》李贤注。
⑤ 《后汉书·安帝纪》李贤注。

见到过此文者对它的称赞来看,它属于"序例之美者"。① 例如,刘昭认为:"《序例》所论,备精与夺。"(见《后汉书注补志序》)刘知几还说范晔《序例》"定其臧否,惩其善恶","理切而多功"。② 确定了好的著史则例,这是范晔《后汉书》撰写成功的基本前提。

五、《后汉书》的编纂体例和方法

《后汉书》的体例继承了《史记》《汉书》,采用纪传体,这是范晔经过一番比较思考之后作出的选择。他曾说:"春秋者,文既总略,好失事形,今之拟作,所以为短。纪传者,史、班之所变也,网罗一代,事义周悉,适之后学,此焉为优,故继而述之。"③在撰写《后汉书》之前,他先衡量编年体和纪传体这两种不同的体裁,认为撰写断代史时,编年体不易系统完整地反映历史人物和历史事件,纪传体则"网罗一代,事义周悉",④胜过编年体。因而,他采用了纪传体。

《后汉书》有本纪、列传、志,却没有表。其中的志范晔虽未撰就,有司马彪的《续志》移补,也算完整。与《史记》《汉书》相比,真正能反映《后汉书》编纂体例特点的是纪与传两部分,其编纂方法别具匠心。

1. 改《外戚传》为《皇后纪》

自从司马迁创立纪传体以来,皇后在史书中通常入《外戚传》。《史记》只为吕后立作本纪,其中的原因很可能是司马迁为了凑足十二本纪的数目。至于其他的皇后,《史记》列入《外戚世家》。《汉书》一仍《史记》,仅将《外戚世家》改为《外戚传》。但东汉的情形较为特殊。《皇后纪》序说:东汉"皇统屡绝,权归女主。外立者四帝,临朝者六后"。200 年内先后有六位皇后或皇太后临朝听政,这个现象在历史上确实是少有的,皇后在东汉政治活动中的地位和作用自然不同于以往。因此,在《后汉书》中专立《皇后纪》是合乎这段历史实际的。最先创立《皇后纪》的是华峤《汉后书》。范晔继承了这一体例上的

---

① 《史通·序例篇》。
② 《史通·序例篇》。
③ 《隋书·魏澹传》引。
④ 《隋书·魏澹传》引。

变动,也在帝纪之后立《皇后纪》。皇后预政必然导致外戚专权。《后汉书》为曾长期手握重权的外戚如窦宪、邓骘、梁冀、何进等另立有专传。

2. 类传新增七种

类传的设立,始于《史记》,有刺客、循吏、儒林、酷吏、游侠、佞幸、滑稽等列传。《汉书》里也有类传。范晔沿用了这种编纂方法,于《后汉书》立类传,分别叙述同属某一类的人物事迹。《后汉书》的类传比较多,除循吏、酷吏、儒林三类传与《史记》《汉书》名目相同外,另有七个为《史记》《汉书》所无,分别是党锢、宦者、文苑、独行、方术、逸民、列女。七个类传的设立完全是根据东汉社会历史发展的特点,不是凭空虚造。

《党锢》《宦者》二传,反映的是东汉一代统治阶级内部的矛盾和斗争。

《文苑列传》系统记载一些有文学才华的人物。

《独行列传》记载的大多是志性介特之士,也有沽名钓誉之徒。

《逸民列传》记载的则是逃避政治、隐居不仕、以清高标榜的人物。

《方术列传》集中记载东汉有关医药、占卜和神仙怪异一类的代表人物。

单为列女作传,始于刘向的《列女传》。范晔在《后汉书》增入《列女传》,记载才行高秀的妇女,这在正史中是第一次出现,应给予较高的评价。

3. 运用合传

合传是把时代未必相同而性情行事很相近的较为重要的人物,采取以类相从的方法,合为一个列传。这也是仿效《史记》《汉书》的做法。例如郭伋、杜诗、孔奋、张堪、廉范皆东汉初人,王堂、苏章皆安帝时人,羊续、贾琮、陆康皆桓、灵时人,而合为一传,因为他们都是品行卓著的人;张纯、曹褒、郑玄也不是同时人,而合为一传,因为他们都深于经学;邓彪、张禹、徐防、张敏、胡广合传,因为他们都和光取容,人品相似;班超、梁懂合为一传,因为他们都立功西域;王充、王符、仲长统合传,因为他们都淡于荣利,著述能切中时弊;苏竟、杨厚、郎颛、襄楷合传,因为他们都明于天文,并能借助天文规切时政。《后汉书》列传人物仅见于目录者就有 500 人左右,很多采用了合传的方法叙述,全书编次雁行有序,毫无杂乱之感。

4. 运用类叙法

东汉历史上有许多名位不很显著的人物,不能每个人或几个人再立一传,但他们的人品值得称道,他们的某一两件事迹值得记载流传,《后汉书》对这一类的人物采用类叙法来编次,把他们附录在参与同一历史事件的某一个重要人物的传内,皆详其姓氏里居。例如《卓茂传》叙述当时与卓茂俱不仕王莽者,即孔休、蔡勋、刘宣、龚胜、鲍宣五人;《来历传》叙述与他一同谏废太子者17人,即祋讽、刘玮、薛皓、闾丘弘、陈光、赵代、施延、朱伥、第五颉、曹成、李尤、张敬、龚调、孔显、徐崇、乐闱、郑安世。这样叙事可起到简洁周密的效果。

5. 一事不两载

在史料的剪裁运用上,《后汉书》处理得详略得宜,当同一件史事涉及不同列传里的传主时,绝不用大量篇幅重复叙述,而是有所侧重,详于此则略于彼,疏而不漏。例如《吴汉传》叙其破公孙述之功,《公孙述传》则不详细记载;《耿弇传》叙其破降张步之功,《张步传》也不再详细记载;张俭奏劾中常侍侯览之家,事见《侯览传》,而《张俭传》不复记载;张俭避难投孔褒,褒弟孔融藏之,后来事情泄露,孔褒兄弟争相死,事见《孔融传》,而《张俭传》也不复记载。这种情况很多,可见作者是经过悉心核订,避免繁复的。

范晔作《后汉书》的时间,《宋书》本传说是在元嘉九年(432年)"左迁晔宣城太守。不得志,乃删众家后汉书,为一家之作。"这时,范晔才27岁。到元嘉二十二年范晔被杀,已12年,仅完成本纪十卷、列传八十卷。

六、范晔编纂《后汉书》时的组织协作

范晔个人具有卓越的史学才能,这是他作好《后汉书》的重要因素。但还有一个因素也不可忽视,即范晔是通过众人的协助来完成的。

首先,他组织生徒做材料的搜集、整理。《史通·古今正史篇》说:"宋宣城太守范晔,乃广集学徒,穷览旧籍,删烦补略,作《后汉书》。"这说明,范晔的弟子帮助他做了不少的材料准备工作,为他编纂《后汉书》提供了有利条件。

其次,他延请一些学者参与《后汉书》的编纂。现在知道,《后汉书》传末的部分论赞就是谢俨帮助范晔撰写。例如《后汉书·班彪传》赞:"二班怀文,裁成帝坟。"李贤注引沈约《宋书》说:"初,谢俨作此赞,云'裁成典坟',以示范晔,晔改为'帝坟'。"谢俨对《后汉书》纪、传的贡献不会仅限于作论赞,可能包括有的纪、传的初稿也是由他撰写,范晔再加润色修改的。如前文所说,范晔还曾托谢俨协助撰写十志,由谢俨负责材料的搜集和草稿的撰写,这是谢俨在《后汉书》撰写中的又一项重要工作,只可惜没有留下成品。

谢俨在今本《宋书》中无传,但《宋书·王景文传》《南齐书·刘休传》《南史·刘休传》里提到过他,知道他是陈郡人,生活在宋文帝、孝武帝时期。泰始六七年间,谢俨正在征南大将军桂阳王休范手下为参军事。后来,谢俨依附于南郡王义宣,孝武帝孝建元年与义宣一起反叛,这次叛乱失败,估计谢俨死于这一年。谢俨擅长笔墨,具备修史能力,所以范晔请他协助撰写《后汉书》。

七、司马彪与《续汉书》八志

范晔撰写《后汉书》时,本来计划效法《汉书》,撰写十志,因被杀而未及完成。他在《狱中与诸甥侄书》中说过:"欲遍作诸志,前汉所有者悉令备。虽事不必多,且使见文得尽。"从现有的资料看,范晔打算撰写的十志篇目可能是:《百官》《礼乐》《舆服》《五行》《天文》《州郡》《律历》《刑法》《食货》《艺文》。关于十志的撰写,范晔曾托付给协助他的谢俨来负责。谢俨本已经将材料收集完毕,初稿的撰写也很快要完成,恰遇范晔谋反之事暴露,谢俨恐怕自己受牵连,便把草稿全部销毁。等到宋文帝派丹阳尹徐湛之去谢俨家中寻求这部志的稿子时,已经找不到了,给后人留下遗憾。

今天见到的《后汉书》所附"八志"三十卷,是晋司马彪撰述。司马彪,字绍统,祖籍河内温县(今河南温县),晋高阳王司马睦之长子。曾任秘书丞、散骑侍郎等职。司马彪少笃学不倦,但为人好色薄行,受到司马睦的斥责,废而不得为嗣。彪由此不交人事,专精学问,博览众籍,从事于著述。

司马彪为什么要撰写《续汉书》呢?《晋书》卷八十二本传说:"汉氏中兴,迄于建安,忠臣义士亦以昭著,而时无良史,记述烦杂。谯周虽已删除,然犹未尽,安顺以下,亡缺者多。彪乃讨论众书,缀其所闻,起于世祖,终于孝献,编年二百,录世十二,通综上下,旁贯庶事,为纪、志、传凡八十篇,号曰《续汉书》。"

司马彪撰述《续汉书》八志之前,已经有一些记录东汉典章制度的著作了。张衡、蔡邕、刘洪、胡广、应劭、谯周、董巴等人对天文、五行、律历、礼仪、舆服等志,都有很多论述或者撰写成篇。尤其是蔡邕在参与《东观汉记》撰写时即有志于撰写汉志,他拟定了十篇志的名称,并且部分成篇。这十篇志的篇名今天可考的有七个,即《律历志》《礼乐志》《郊祀志》《天文志》《地理志》《车服志》《朝会志》。后来,谯周依据胡广、蔡邕的旧作改写有《礼仪志》。谢承《后汉书》里也专门设立了志,根据《史通·书志篇》的记载,当中就有《百官志》《舆服志》。

司马彪撰写《续汉书》八志时,利用了这些成果和资料。刘昭《后汉书注补志序》说:"推检旧记,先有《地理》,张衡欲存炳发,未有成功。《灵宪》精远,《天文》已焕。自蔡邕大弘鸣条,寔多绍宣。协妙元卓(刘洪字元卓),《律历》以详;承洽伯始(胡广字伯始),《礼仪》克举;郊庙社稷,《祭祀》该明;轮骈冠章,《车服》赡列。于是应(劭)、谯(周)缵其业,董巴袭其轨。司马《续书》总为八志,《律历》之篇仍乎(刘)洪、(蔡)邕所构,《车服》之本即依董(巴)、蔡(邕)所立,《仪》《祀》得于往制,《百官》就乎故簿,并籍据前修,以济一家者也。"

司马彪在部分志的序或论中对自己作志的依据也有所交代。例如《律历志》论曰:"光和元年中,议郎蔡邕、郎中刘洪补续《律历志》,邕能著文,清浊钟律,洪能为算,述叙三光。今考论其业,义旨博通,术数略举,是以集录为上下篇,放续《前志》,以备一家。"这表明他的《律历志》基本是录用了蔡邕、刘洪《律历志》。

又如《五行志》序曰:"故泰山太守应劭、给事中董巴、散骑常侍谯周并撰建武以来灾异。今合而论之,以续《前志》云。"这表明他的《五行志》是综合应、董、谯三家著述而成。

又如《百官志》序曰:"世祖(刘秀)节约之制,宜为常宪,故依其官簿,粗注职分,以为《百官志》。"这表明他的《百官志》是以汉代的"官簿"为框架,加以注解而成。

又如《舆服志》,《后汉书·明帝纪》永平二年春正月下,李贤注引董巴《舆服志》中的一段文字:

> 显宗初服冕衣裳以祀天地。衣裳以玄上纁下,乘舆备文日月星辰十二章,三公、诸侯用山龙九章,卿已下用华虫七章,皆五色采。乘舆刺绣,公卿已下皆织成。陈留襄邑献之。

又《太平御览》卷六百九十引董巴《汉舆服志》曰:

> 上古衣毛而冒皮,后世圣人易之以丝麻。观翚翟之文、荣华之色,乃染帛以效之,始作五彩,成以为服。黄帝尧舜垂衣裳,盖取诸乾坤有文,故

上衣玄而下裳黄。秦以战国即天子位,灭去礼学,郊祀之服皆以袀玄。汉承秦故,至显宗初服冕旒衣章以祀天地。养三老五更於三雍,三公九卿郊祀天地明堂,皆冠冕垂旒,衣裳玄上纁下,乘由备文日月星辰十二章,三公诸侯用山龙九章,九卿以下用华虫七章,皆五彩衣裳。乘舆刺史(绣?),公侯、九卿已下皆织成,陈留襄邑献之。

《续汉书·舆服志下》则有如下记载:

上古穴居而野处,衣毛而冒皮,未有制度。后世圣人易之以丝麻,观翚翟之文,荣华之色,乃染帛以效之,始作五采,成以为服。见鸟兽有冠角顿胡之制,遂作冠冕缨蕤,以为首饰。凡十二章。故《易》曰:"庖牺氏之王天下也,仰观象于天,俯观法于地,观鸟兽之文,与地之宜,近取诸身,远取诸物,于是始作八卦,以通神明之德,以类万物之情。"黄帝尧舜垂衣裳而天下治,盖取诸乾巛。乾巛有文,故上衣玄,下裳黄。日月星辰,山龙华虫,作缋宗彝,藻火粉米,黼黻絺绣,以五采章施于五色作服。天子备章,公自山以下,侯伯自华虫以下,子男自藻火以下,卿大夫自粉米以下。至周而变之,以三辰为旂旗。王祭上帝,则大裘而冕;公侯卿大夫之服用九章以下。秦以战国即天子位,灭去礼学,郊祀之服皆以袀玄。汉承秦故。至世祖践祚,都于土中,始修三雍,正兆七郊。显宗遂就大业,初服旒冕,衣裳文章,赤舄绚履,以祠天地,养三老五更于三雍,于时致治平矣。

天子、三公、九卿、特进侯、侍祠侯,祀天地明堂,皆冠旒冕,衣裳玄上纁下。乘舆备文日月星辰十二章,三公、诸侯用山龙九章,九卿以下用华虫七章,皆备五采,大佩,赤舄绚履,以承大祭。百官执事者,冠长冠,皆祇服。五岳、四渎、山川、宗庙、社稷诸沾秩祠,皆袀玄长冠,五郊各如方色云。百官不执事,各服常冠袀玄以从。

冕冠,垂旒,前后邃延,玉藻。孝明皇帝永平二年,初诏有司采《周官》《礼记》《尚书·皋陶篇》,乘舆服从欧阳氏说,公卿以下从大小夏侯氏说。冕皆广七寸,长尺二寸,前圆后方,朱绿里,玄上,前垂四寸,后垂三寸,系白玉珠为十二旒,以其绶采色为组缨。三公诸侯七旒,青玉为珠;卿大夫五旒,黑玉为珠。皆有前无后,各以其绶采色为组缨,旁垂黈纩。郊天地,宗祀,明堂,则冠之。衣裳玉佩备章采,乘舆刺绣,公侯九卿以下皆织成,陈留襄邑献之云。

　　对比一下可以发现,上面的几条董巴《舆服志》佚文,在《续汉书·舆服志下》可以说都能找到完全对应的文字,考虑到李贤的引文应该是节引,不一定是完整的引录,因此,二者之间的渊源关系应该是比较明显的。刘昭说司马彪撰《舆服志》时依照了董巴《舆服志》,这是可信的。况且,当时董巴《舆服志》必定流传在世,直至唐代李贤给《后汉书》作注时,尚且能见到此书,时人有条件对二者加以比较。

　　由此看来,八志都是有所依据的,是在已有篇章的基础上加工成的。

　　当然,司马彪撰八志所取用的材料不会仅限于刘昭提到的这些。以《百官志》的史料来源分析,当时人们能见到的关于汉代职官仪式方面的著述除了"百官簿"外,还有不少。今天知道的就有:

　　1.《汉官》,作者不详,成书年代也不详,汉末应劭为之作注。《隋书·经籍志》曰五卷。内容侧重于公卿员吏的人数和品秩,并附记诸郡治所距京师洛阳的里程。

　　2.《汉官解诂》三篇,原名《小学汉官篇》,东汉王隆撰,胡广注。其书"略道公卿内外之职,旁及四夷,博物条畅,多所发明"。①

　　3.《汉旧仪》四卷,东汉卫宏撰。主要记载西汉官制,以及当时的籍田、宗庙、春蚕、酎、祭天等礼仪制度。此书有注,史书中所引《汉仪注》即是。

　　4.《汉中兴仪》一卷,东汉卫宏撰。此书在梁朝时还有,隋时已经亡失。从书的标题看,内容应该是与《汉旧仪》相衔接,主要记东汉时的职官与礼仪制度。

　　5.《汉官仪》十卷,东汉应劭撰。此书所记最为系统、翔实。

　　6.《汉官典职仪式选用》二卷,东汉蔡质撰。杂记官制及上书谒见礼式。

　　7.《汉仪》一卷,又作《汉官仪式选用》,三国吴太史令丁孚撰。

　　司马彪在《百官志》序里说,他是以光武帝以来的官簿为依据,在此基础上,"粗注职分,以为《百官志》"。司马彪注释百官各自职务时所采用的资料是什么,他本人没有说,但上面列举的当时能见到的这些重要的官制资料,他应该是作了参考的。

　　将司马彪撰写的八志补入《后汉书》,填补了范晔书的空白。但他的这八

---

　　① 《续汉书·百官志》刘昭补注引胡广语。

志并不全面，首先缺少反映一代社会经济制度与活动的《食货志》，其次缺少反映学术文化的《艺文志》。相关类别的史志，在《史记》中有《河渠书》《平准书》，在《汉书》里有《沟洫志》《食货志》《艺文志》等，而在司马彪的《续汉志》中则没有。这一方面是由于多次战乱造成书籍的毁损，东汉的藏书存世无几，无法编一部准确反映东汉学术状况的《艺文志》，另一方面也是作者不够重视。当时编就一部《艺文志》，固然不足以反映东汉典籍全貌，但总胜于后世欲了解东汉学术源流而缺少一种凭借。就《食货志》的编纂来说，司马彪的时代还有很多文献资料比较容易找到，下功夫编纂出一部反映东汉社会经济的《食货志》来，尚非难事。更何况迟至唐代编《晋书·食货志》时，人们仍然能够找到足够资料，追述东汉一段的情况。因此，主要是作者对经济的重视程度不够，没有认识到社会经济的重要性。在这一点上，司马彪的史识显然远逊于司马迁和班固了。

刘昭为《后汉书》作注时，能见到的各家《后汉书》中，有志的不止司马彪一个。除了上文提到的谢承《后汉书》撰写了志之外，华峤《汉后书》里也包含十典十卷。华峤死，十典未成，经其子华彻、华畅相继整理，始成完书。华峤《后汉书》的质量是不错的，十典写得也很好，当时的评价较高。但是经永嘉丧乱，十典亡失。这就是刘昭说的："叔骏（华峤字叔骏）之书，是为十典，矜缓杀青，竟亦不成。二子平业，俱称丽富。华辙乱亡，典则偕泯，雅言邃义，于是俱绝。"（见中华书局点校本《后汉书》附刘昭《后汉书注补志序》）刘昭已经看不到这十典，所以，十典虽好，却无法选用。

此后产生的几部《后汉书》中，谢沈和袁山松两家都编纂了汉志，袁山松还鉴于以前诸家汉志皆缺《艺文志》，补作了《艺文志》。那么，刘昭为何没有在这两家编纂的汉志中挑选一家，以补范晔《后汉书》之缺呢？他的《后汉书注补志序》对此有个说明。他说，谢沈和袁山松的志是在其他人的志的基础上修改字句而成，没有去努力搜集、增加新的资料，是因循之作。所作的《艺文志》虽然矫正了前人的缺失，但东汉的典籍经董卓和五胡之乱，大半湮灭，袁山松著史时，秘阁藏书才万余卷，他的著录肯定是很不完备的，算作东晋的《艺文志》尚可，充当东汉的《艺文志》则远不能反映事实。当时的人们对此就未认可。由于这些缘故，刘昭没有选用谢沈和袁山松编纂的汉志。

相比之下，司马彪的《续汉志》尽管也有不足之处，令人不尽满意，但仍不失为较好反映东汉典制的史志,"王教之要,国典之源,粲然略备,可得而知矣"(见刘昭《后汉书注补志序》)。此外,没有别家撰写的更好的汉志可以替代。因此,刘昭决定把它补入范晔书中,并为其作注,补充资料,使之充实。

司马彪《续汉书》的纪、传在后世散佚,现在只有零星的佚文。其八志却因补范晔《后汉书》之缺,使范书近于完备,而得以传世。除《续汉书》外,司马彪还为《庄子》作过注,作《九州春秋》,又据《汲冢纪年》,条谯周《古史考》中的错误122处,他因此而名噪当世。

八、《后汉书》的优点与不足

《后汉书》的优点大致反映在以下几个方面。

1. 体例方面

虽然大都沿袭了《史记》《汉书》,也吸取了其他史书的一些创新,但有不少改进,编次更加周密。这些在上面都已说过,不再详论。

2. 包举一代,首尾完整,文赡事详,史料丰富

如前所述,《后汉书》的史料来源众多,东汉近200年的历史,每一时期的重要事件、重要人物、重要制度等,基本上都能得到准确反映。

需要格外说明的是,《后汉书》对东汉人的重要文章、奏章和诗赋,大多直接选录,这和《汉书》的做法相同。东汉时的许多重要政论和文学作品,赖以保存下来。例如桓谭《陈时政疏》,崔寔《政论》,仲长统《昌言》中的《理乱》《损益》等篇,王符《潜夫论》中的五篇,都是有关东汉社会政治的重要论文,刘陶《改铸大钱议》是研究东汉社会经济的重要论文。班固《两都赋》《典引》,杜笃《论都赋》,傅毅《迪志诗》,崔琦《外戚箴》,赵壹《刺世疾邪赋》,边让《章华赋》等,都是辞采壮丽的诗赋。这些文章汇集起来,无异于一部东汉文粹。

《后汉书》还保存了一些重要的先秦史料。如《竹书纪年》为晋代发现的战国时魏国的史书,其中记事多与《史记》及儒家所传的六艺不同,所以当时不受重视,很少有人引用。范晔在《东夷列传》和《西羌列传》等列传中大量征引采用《竹书纪年》的资料,这些资料对后人的辑佚和研究先秦文献、历史,很有意义。

3. 是非分明,不以成败论人

清王鸣盛《十七史商榷》说:"今读其书,贵德义,抑势利,进处士,黜奸雄。论儒学,则深美康成,褒党锢,则推崇李杜。宰相多无述,而特表逸民,公卿不见采,而惟尊独行。"确实,《后汉书》中对鱼肉人民的外戚、宦官等豪强恶势力表示了极端的厌恶;而对不畏强暴、刚直不阿、敢于同阉宦等恶势力斗争的党锢人士和太学生表示了强烈的同情,对他们极力表彰、歌颂。马融是一代学者,但他阿附外戚梁冀,为梁冀打击正直的李固而起草奏章,又为梁冀作《大将军西第颂》,丧失气节,范晔在书中进行了严正批评。

难能可贵的是,《后汉书》不以成败论人。例如隗嚣是和光武帝斗争失败的人,而范晔在《隗嚣传》中记载他"素谦恭爱士,倾身引接为布衣交","名震西州,闻于山东"。认为他"区区两郡,以御堂堂之锋,至使穷庙策,竭征徭,身殁众解,然后定之,则知其道有足怀者,所以栖有四方之杰,士至投死绝亢而不悔者矣"。难怪清人赵翼说《后汉书》"立论持平,褒贬允当"(《廿二史札记》卷四)。确实如此。

4. 议论精彩

范晔《后汉书》各纪、传大都作序、论、赞,综述所记人物,总结他们的特点,阐明事情的前因后果,大都很精当。例如《党锢列传序》综述说:"自武帝以后,崇尚儒学,怀经协术,所在雾会。至有石渠分争之论,党同伐异之说,守文之徒,胜于时矣。"这是指明党锢之狱的远因。又说:"逮桓灵之间,主荒政谬,国命委于阉寺,士子羞与为伍,故匹夫抗愤,处士横议,遂乃激扬名声,互相题拂,品核公卿,裁量执政,婞直之风,于斯行矣。"这是党锢之狱的近因。然后,叙述党锢之狱的经过。最后论其后果是"朝野崩离,纲纪文章荡然矣"。叙述议论兼备,秩序井然。

范晔《后汉书》贯穿着一个思想,即总结东汉由盛而衰、由统一走向分裂的深层原因。他认为,东汉一代的得失,几乎与儒学的盛衰、儒士的荣辱息息相关,故而,他的许多史论,皆意在崇经学、扶名教、进处士、振清议。他专立《儒林列传》,述儒学师承源流。其他如《列女传》《循吏列传》《独行列传》《逸民列传》《文苑列传》,也都贯穿这一思想。他还总结认为,东汉的衰亡,一是由于羌戎之患,二是由于宦官之祸,这两个问题没有处理好,直接导致了国家的衰落、灭亡。《南蛮西南夷列传》论曰:"汉氏征伐戎狄,有事边远,盖亦与王业而终始矣。"《宦者列传》论曰："东都缘阉尹倾国。"他还认为，曹操代汉，乃水到渠成，自然之势，如《荀彧传》论所说："方时运之屯邅，非雄才无以济其溺，功高势强，则皇器自移矣。"这都是他对历史的精彩总结。他的议论每有独创之见，因此而备受后人的重视和欣赏。

范晔对纪传里的这些议论文字，颇为自许。他说："吾杂传论，皆有精意深旨，既有裁味，故约其词句。至于《循吏》以下及六夷诸序论，笔势纵放，实天下之奇作。其中合者，往往不减《过秦篇》。尝共比方班氏所作，非但不愧而已。"又说："赞自是吾文之杰思，殆无一字空设，奇变不穷，同含异体，乃自不知所以称此也。"（《狱中与诸甥侄书》）应该说，范晔的自信不是没有根据的，他的自我评价是完全符合事实的。尤其是《循吏列传》以下的各传，夹叙夹议，分析当时的形势，探寻历史现象的缘由，堪称"审思之论"，超过班固《汉书》的议论文字，远开王夫之《宋论》《读通鉴论》等史论的先导。

5. 有很高的文学成就

后世论及《后汉书》文辞之美，异口同声。它之所以能后来居上，取代其他各家后汉史书，与《史记》《汉书》《三国志》并美，是和范晔的文章精美分不开的。

范晔很了解作史者应如何发挥文章的辞采，他说："常谓情志所托，故当以意为主，以文传意。以意为主，则其旨必见；以文传意，则其词不流。然后抽其芬芳，振其金石耳。"（《狱中与诸甥侄书》）注重文字的优美，这与南北朝时文学的发展分不开，但范晔和当时流行的只讲究辞藻、不看重内容的文学观点不一样，他首先强调的是文章的思想内容，优美的文笔是为内容服务的。另外，他虽注重文笔，却不赞同辞藻的繁复堆砌，主张行文简明扼要，反对为文"事尽于形，情急于藻，义牵其旨，韵移其意"（《狱中与诸甥侄书》）。因此，他的《后汉书》记事，能牢笼纲纪，要言不烦。如《刘焉传》以寥寥百余字，写出以州牧代刺史的客观背景和提出这一建议的刘焉的个人打算，将原因和过程交代得原原本本，十分清楚。刘知几称赞《后汉书》"简而且周，疏而不漏"（《史通·补注篇》），是很恰当的。

《后汉书》对人物的描写栩栩如生，呼之欲出。例如《党锢列传》中，名士范滂被宦官捕系，与母亲诀别时的一段对话，写得慷慨悲壮，激扬气节，虽千载之下，犹足使人动容。其他如写胡广苟合取容、不敢持正，写杨震"抗直方以临权枉,先公道而后身名"(《杨震传》),等等,都写出了个性,写出了特点。

正是因为以上优点,后人给予《后汉书》很高的评价。南朝梁刘昭《后汉书注补志序》说:"范晔《后汉》,良诚跨众氏。"认为超过了当时所有的各家《后汉书》。唐刘知几《史通·补注篇》说:"范晔之删《后汉》也,简而且周,疏而不漏,盖云备矣。"同书《书事篇》说:"范晔博采众书,裁成汉典,观其所取,颇有奇工。"同书《古今正史篇》说:"世言汉中兴史者,唯范、袁二家而已。"

当然,《后汉书》也有一些不足,这主要表现在以下几个方面。

1. 缺表

史书有表,是从《史记》开始的,司马迁创立十表,"旁行斜上,体仿周谱"(《梁书·王僧虔传》)。班固《汉书》继承了这一体例,编有八表。表和列传可以互相补充,与当时的政治经济关系比较大、功名显著的人物可以入列传,其余那些既没有显著政绩可言、又没有大过错的大臣,传不胜传,而事实又不可湮没,则列表记载,文字简省,眉目清楚。至陈寿《三国志》始缺表。范晔《后汉书》也没有表,"遂使东京典故散缀于纪传之内,不能丝联绳贯,开帙厘然"(《四库全书总目》)。这不能不说是一大缺陷。

2. 史实考订偶有失误

《后汉书》在史料的采择、运用上的问题,可以归纳为以下几种情况:

第一,前后矛盾,上下相戾。如《刘表传》记刘表囚韩嵩。接着记刘表死后,韩嵩与他人共劝刘琮降曹操,说明刘琮已将韩嵩赦出。但下文又说曹操进入荆州,"释嵩之囚",则韩嵩尚在囚中。史文前后抵牾。

第二,叙次颠倒。如《马融传》历叙马融生平,至桓帝时为南郡太守,下面又追叙在此之前因忤梁冀,曾被髡徙朔方。赦还,复拜议郎,以病去官。下面又总叙一生性行著述。再下又追叙马融曾为梁冀草拟奏章弹劾李固,此事据《李固传》在质帝时。叙述某人的一生行事,应该按时间先后编次,不宜如此颠倒次序,令人错杂眩目,难以明了先后。

第三,记事有繁复。如《皇后纪上》郭皇后"从兄竟,以骑都尉从征伐有功,封为新郪侯,官至东海相。竟弟匡,为发干侯,官至大中大夫"。郭竟、郭匡所历任的官职,在后文都有详细交代,此处的叙述文字完全可以省并。这类记事繁复可省的例子,钱大昕《廿二史考异》卷十列举了一些,可参看。

第四,记事有疏漏。如《光武帝纪下》建武十六年,"郡国大姓及兵长、群盗处处并起,攻劫在所,害杀长吏。郡县追讨,到则解散,去复屯结。青、徐、幽、冀四州尤甚"。对于这次变乱,本纪及列传皆未言其根由。清人赵翼联系相关记载,进行分析,才推断出此事乃建武十五年的检核户口、田亩不均引起的。

第五,有的记事过简而不连贯。如《赵王良传》:"(建武)十三年,降为赵公。十七年,薨于京师,子节王栩嗣。"据《光武帝纪下》:"建武十七年正月,赵公良薨。十九年四月,进赵、齐、鲁三国公爵为王。"则刘栩袭公爵之后二年,才进为王。传文于降封为公之后,即书"节王栩嗣",行文过于简单,缺乏必要的交代,致使文意不连贯。

第六,原始资料本不误,范晔使用时搞错。如《安帝纪》永初七年春正月庚戌,邓太后"率大臣命妇谒宗庙"。但《东观汉记》《续汉书》、袁山松《后汉书》、谢沈《后汉书》、袁宏《后汉纪》等书都一致记载此事在永初六年。这些史书都是范晔书撰写时所参考、所依据的,尤其《东观汉记》是他所需史料的可靠来源,它们不会全都错误。问题显然是范晔整理编次史料时疏忽所致。

以上这些失误虽然在整部《后汉书》里并不普遍,不足以降低此书的价值,但毕竟是不应出现的缺陷。

3. 记载农民起义暴动时持偏见

《后汉书》记载了两次农民大起义:一次是东汉政权建立前,为推翻新莽政权发挥主力作用的绿林、赤眉起义;另一次是东汉末年的黄巾起义,都是农民不堪统治阶级的残酷压迫,向反动集团发动的武装反抗。范晔在书中把起义的农民称为"盗贼"、称为"轻黠乌合之众",口吻颇为鄙夷。统率十几万绿林军的领袖人物刘玄,在他的笔下被塑造成一个草包:刘玄初即位,"南面立,朝群臣。素懦弱,羞愧流汗,举手不能言"。起义军进入长安后,刘玄居长乐宫朝见众臣,竟然"羞怍,俛首刮席不敢视"(见《刘玄刘盆子列传》)。刘知几《史通·曲笔篇》指出:"夫以圣公(刘玄)身在微贱,已能结客报仇,避难绿林,名为豪杰。安有贵为人主,而反至于斯者乎?特作者曲笔阿时,独成光武之美,谀言媚主,用雪伯升之怨也。"刘知几的分析很正确,一定是东汉初撰写《东观汉记》的史臣为美化光武帝,而反过来丑化更始帝刘玄,不顾事实,曲笔撰史的结果。范晔保持原样未改,说明他和东汉的史臣所持态度相同,意在讥讽农民军不能成就大事。

黄巾起义是加速东汉政权灭亡的重大事件,但《后汉书》没有立专传予以叙述,仅将主要内容附录在镇压起义的皇甫嵩传中,还称起义者为"黄妖",这同样反映了作者的时代局限。

九、《后汉书》的版本

雕版印刷技术发明之前,书籍的流传全靠手抄,因此,《后汉书》在早期的传播形式只有手抄本。刻本形式的《后汉书》是在北宋才出现的。下面对宋代曾出现过的几种重要版本依次予以介绍,以了解《后汉书》在历史上的刊刻情况。

1. 淳化本

宋太宗淳化五年(994 年),命官分校《史记》,前、后《汉书》,其中《后汉书》由孙何、赵安仁负责。校毕,由内侍裴愈送到杭州镂板。这是《后汉书》最早的刻本。

2. 景德本

宋真宗咸平中,命刁衎、晁迥与丁逊覆校《后汉书》版本,景德年间(1004—1007 年)奏上,予以刊刻。

3. 乾兴本

宋真宗乾兴元年(1022 年),翰林侍讲学士孙奭奏请把刘昭注补的《续汉志》三十卷(孙奭误以为《续志》三十卷是刘昭补作的)与范晔《后汉书》合刻,以补范书之阙。他的建议被采纳,以后的刻本都把《续志》刻入范书。

4. 景祐本

宋仁宗景祐元年(1034 年),诏余靖、王洙于崇文院尽取馆阁诸本参校,以备刊行。次年九月校毕。

5. 熙宁本

嘉祐七年(1062 年),宋仁宗读《后汉书》,发现仍有误字,又诏刘攽等分手校正。至神宗熙宁初,书成奏上。

6. 绍兴本

宋高宗绍兴末年,张彦实奏请下诸道州学取北宋监本书籍镂板颁行。诏书分命两淮江东转运司刻《史记》《汉书》《后汉书》。孝宗时始成书,此即南宋监本。

流传到今天的宋代刻本极为罕见，而且没有一种完整的本子，其中，相对完整一些的有南宋绍兴年间江南东路转运司刻本以及钱塘王叔边刻本。

到元代，有麻沙刻板的小字本，有大德九年宁国路儒学刻本。

明代有南北国子监刻本、闽本（福建周采等刊刻）、汲古阁本（毛晋刊刻）等。

需要说明的是，自从宋乾兴本以来，所有的刻本都是把《续汉志》附刻于范晔书纪传之后。毛氏汲古阁本还是如此。明监本则按照《汉书》等正史中帝纪在前、志次之、列传又次之的固定顺序，把《续汉志》刻于纪之后、传之前，并且还抹去司马彪的名字，又改刘昭的"注补"为"补并注"。到清代，武英殿本又按照明监本翻刻。这样编排和标注很容易使人误认为《续汉志》不仅注是刘昭所作，而且正文也是刘昭撰写。

目前存世的最早而且较完整的本子是南宋绍兴刻本，商务印书馆影印百衲本《二十四史》时，《后汉书》选用的就是这个本子（原缺五卷，借用其他宋本残册补配）。与其他版本相比较，绍兴本的错误较少。

现在最流行最理想的版本是中华书局出版的点校本。这个本子以商务印书馆影印的百衲本《后汉书》为底本，用汲古阁本和武英殿本来对校，同时参考了前人的校勘考订成果，如宋人刘攽的《东汉刊误》、清人王先谦的《后汉书集解》、近人张森楷的《后汉书》校勘记等，纠正了许多错误，每一卷后都附录校勘记，说明校改的依据，或补充其他的校改意见，以备参考。这是迄今为止最好的《后汉书》读本。

十、《后汉书》的研究

1. 后人为《后汉书》补表、志

（1）补表。《史记》《汉书》都有表，范晔《后汉书》却没有，"遂使东京典故散缀于纪传之内，不能丝联绳贯，开帙厘然"（《四库全书总目》），给学习和研究东汉史的人带来许多不方便。后人有感于此，陆续撰写了许多补表之作。宋人熊方在高宗年间撰成《补后汉书年表》（包括《同姓王侯表》《异姓诸侯表》《百官表》），他在《进状》中说，他编撰此表是"仿班史撰著两汉人表，以补范史不足"。《四库全书总目》认为熊方的补表"经纬周密,叙次井然,使读者按部可稽,深为有裨于史学"。当然,熊方补表采撷未备,有其短处。后来,清人诸以敦撰《熊氏后汉书年表校补》,钱大昭撰《后汉书补表》(包括《诸侯王表》《王子侯表》《光武明章和安顺冲功臣侯表》《桓灵献功臣表》《外戚恩泽侯表》《宦者侯表》《公卿表》),比熊方补表有所完善。

清人万斯同博通诸史,年轻时即撰有《东汉诸帝统系图》《东汉诸王世表》《东汉外戚侯表》《东汉宦者侯表》《东汉云台功臣侯表》《东汉将相大臣年表》《东汉九卿年表》等。这些表都是"从故籍中精览详稽,心通本末,定其世次岁月,以补前人所未有"(见《东汉诸帝统系图》序)。

清人练恕很有才华,从小有志于表谱之学,14岁完成了《后汉公卿表》,18岁去世。他的表虽然有缺漏,但仍瑕不掩瑜。

此外,清人黄大华撰《东汉皇子王世系表》《东汉中兴功臣侯世系表》《东汉三公年表》《汉志郡国沿革表》,华湛恩撰《后汉三公年表》,沈维贤撰《后汉匈奴表》,民国周明泰撰《后汉县邑省并表》都可弥补他表所未及。

(2)补志。范晔《后汉书》缺志,最早为之补志的是刘昭,他把司马彪《续汉书》的八篇志补入,使之在体例上趋于完整。但司马彪撰写的志并不全面,特别是缺少反映一代经济制度与活动的《食货志》,也缺少反映学术文化的《艺文志》,这两种志都是极为重要的。《食货志》方面,幸而有后来的《晋书·食货志》对东汉的经济制度与政策活动有所追述,聊可补其不足。《艺文志》的补作主要是清代学者的贡献,其中影响比较大的如下:

《补后汉书艺文志》三十一卷　(清)顾櫰三撰

《后汉艺文志》四卷　(清)姚振宗撰

《补后汉书艺文志》四卷　(清)侯康撰

《补续汉书艺文志》一卷　(清)钱大昭撰

《补后汉书艺文志》一卷考十卷　(民国)曾朴撰

此外,关于《后汉书》的补作,还有李韦求撰《后汉书儒林传补》二卷,田普光撰《后汉儒林补遗》一卷,徐乃昌《后汉儒林传补遗续》一卷。

2. 后人对《后汉书》的注解

(1)唐以前注。范晔《后汉书》一经问世,即受到了人们的推重,南朝梁时就有人为之作注。最早为范晔书作注的是刘昭。刘昭,字宣卿,平原高唐人,自幼聪慧,七岁通《老子》《庄子》之义。长大后,勤学善属文,外兄江淹对他的才学很称赏。刘昭曾任临川王萧宏的记室和通直郎,后来任剡县令等职。他为范书的纪、传作了注。考虑到范书没有志,他就把司马彪《续汉书》里的八篇志分为三十卷,补入其中,并且也作了注。他在《后汉书注补志序》一文对此作了说明。《梁书·刘昭传》称他"集'后汉'同异,以注范晔书,世称博悉"。可见,他注范书略同于裴松之注《三国志》,"掇众史之异辞,补前书之所阙",偏重于史实的补充,而略于文字的训诂。八篇志的注就是这样的。本传记载《集注后汉》一百八十卷,《隋书·经籍志》著录为一百二十五卷,新旧唐书志只有补注五十八卷,《宋史·艺文志》则仅存《补注后汉志》三十卷。这表明刘昭的注到隋代已经有所残缺,到唐代已经所存不多,陆续散失了。只是因为唐朝选举制度规定,凡习史书者,"《后汉书》并昭所注为一史"(《通志·选举略》),才使《续汉志注》三十卷得以保存至宋代。今天,刘昭对八篇志的注文也不完整,《天文志》下卷和《五行志》的第四卷全卷没有注,大约注文后来散失了。

刘知几《史通·补注篇》说:"窃惟范晔之删《后汉》也,简而且周,疏而不漏,盖云备矣。而刘昭采其所捐,以为补注,言非尽要,事皆不急。譬夫人有吐果之核,弃药之滓,而愚者乃重加捃拾,洁以登荐。持此为功,多见无识也。"刘知几对刘昭的注持批评态度。这样的批评实际上是不公正的。为史书作注的方式通常有两种:一种是文字音义、名物典章的训诂,使人明白它的含义;另一种则偏重于史实的补充,使后人读史时可以对同一事件的不同记载有所比较,或因记载的详略不同而对史实了解更加详细。研究历史对史料的要求,如同大将点兵,多多益善,从来不会嫌史料多。刘昭把见于其他后汉史书里面的与范晔《后汉书》记载不同的史料补充在注文里,这无论对阅读范晔《后汉书》,还是对研究东汉史,都是一件大好事,是后人求之不得的,怎能讥讽他没有见识呢?王鸣盛《十七史商榷》卷二十九"刘昭李贤注"条就说:"(刘)知几称蔚宗之美甚确,至其诋斥刘昭,恐未必然。"又说:"凡著述,空际掉弄,提唱驰骋,愈多愈乱人意。记载实事,以备参考,虽多,不甚可憎。"这一评论是很恰当的。刘昭对范书纪、传作的注在今天已看不到,这是很遗憾的。

刘昭注之外,梁代的吴均注范晔《后汉书》九十卷,见于《梁书》本传,《隋书·经籍志》已无著录,大约散失了。梁元帝之子方等也为范书作过注,但未完成。在这之后,有陈人臧竞撰《范汉音训》三卷,后魏太常刘芳撰《后汉书音》一卷,隋萧该撰《范汉音》三卷。《隋书·经籍志》还著录"韦阐《后汉音》二卷,亡"。《新唐书·艺文志》著录刘熙《范注》一百二十二卷,此书到《宋史·艺文志》就没有著录。这些注先后都散失了。

(2)李贤注。继续为《后汉书》作注的是唐朝的章怀太子李贤。李贤,字明允,唐高宗第六子,武后所生。初封雍王。上元二年(675年)六月,立为皇太子。永隆元年(680年)八月,废为庶人。文明元年(684年),武则天临朝,逼令自杀,年32。睿宗即位,追谥章怀太子。事迹见《旧唐书》卷八十六本传。《新唐书》卷八十一本传,作年34。

李贤注《后汉书》当在仪凤元年(676年)后的一二年内。因为书出众手,所以完成得很快。据本传记载,协助他作注的,有太子左庶子张大安,洗马刘讷言,洛州司户格希玄,学士许叔牙、成玄一、史藏诸、周宝宁等。李贤注《后汉书》着重于文字音义、名物制度等方面的训诂。除此之外,对史实的补充也不少,当时,东汉以来,各家有关后汉史的著作还都有传本可供检阅,故注文得以多所征引,其中引《东观汉记》和谢承《后汉书》较多。范晔撰史,曾对不少史籍有所借鉴,其文字的继承之处,李贤等人往往在注中加以标明。例如《刘赵淳于江刘周赵列传序》《章帝纪论》《马武传论》《桓谭冯衍传论》《班固传论》《袁安传论》,李贤都注上"自此已上皆华峤之词也"之类的话。《南蛮西南夷列传》中的《南蛮传》《哀牢夷传》两部分各有一处李贤注曰:"自此已上并见《风俗通》也。"这一类的注无论对研读范晔书,还是作古书辑佚工作,都很有帮助。后人对李贤注一直比较重视,王先谦评价说:"详观章怀之注范,不减于颜监之注班。"把这部注和颜师古的《汉书注》同等看待。

李贤组织人注《后汉书》是从他被立为太子开始的,到他被废为庶人,注书工作可能还没有结束,例如《南匈奴传》的注,复沓纰缪,至于不可究诘,体例和文字也跟前后各卷不同,可能不是出自他们之手,而是后人补撰。李贤对经众手完成的注大约没来得及进行彻底详细的核订、统一,其中不免有蹖驳漏略之处。曾经有人怀疑李贤的注盗用了刘昭所作范书纪传的注,并非他的成果。这一怀疑没有根据,王先谦《后汉书集解述略》对这个问题已经辨明,可以参看。

(3)清代学者的注。唐代以后,对《后汉书》作注比较有名的,应是清代学者了。著名学者惠栋认为范晔《后汉书》有缺略遗误,而《东观汉记》以及谢承、薛莹、司马彪、华峤、谢沈、张莹、袁山松等各家《后汉书》都已亡佚,无法检核,于是就取《初学记》《艺文类聚》《北堂书钞》《太平御览》等类书中引用的资料,作《后汉书补注》二十四卷。此后,侯康撰《后汉书补注续》一卷,沈铭彝撰《后汉书注又补》一卷。

《后汉书》的注本以清末王先谦的《后汉书集解》一百二十卷最为完备。王氏在门弟子的协助下,以汲古阁本为底本,广收唐宋以来尤其是清代学者有关《后汉书》的注解考订,排比入注中,校勘异同,纠正讹误,丰富资料,对研究后汉的学者极为方便。不过里面属于王氏自己的心得不多,不如他先此完成的《汉书补注》功力深。此书尚未完成,王先谦去世,由其学生黄山、柳从辰校订成书。

3. 后人对《后汉书》内容的校补考订

对《后汉书》进行校补考订主要分两个时期。

第一个时期是宋代。宋太宗淳化五年(994年),命孙何、赵安仁校《后汉书》。这大约是第一次对《后汉书》作校对。宋真宗咸平年间(998—1003年),诏令刁衎、晁迥与丁逊覆校淳化时的《后汉书》版本。景德年间(1004—1007年)奏上。宋仁宗景祐元年(1034年),余靖、王洙于崇文院取馆阁诸本参校,凡增512字,删143字,改正411字。到嘉祐七年(1062年),宋仁宗读《后汉书》,发现仍有误字,又诏刘攽等分手校正。刘攽撰《东汉刊误》四卷,对《后汉书》的伪误多所刊正。宋孝宗淳熙年间(1174—1189年),吴仁杰又撰《两汉刊误补遗》,今存十卷。

第二个时期是清代。清人在这方面比较有成就的很多,如何焯《义门读书记》,陈景云《两汉书举正》,王鸣盛《十七史商榷》,赵翼《廿二史札记》,钱大昕《二十二史考异》《三史拾遗》,钱大昭《后汉书辨疑》《后汉郡国令长考》,丁锡田《后汉郡国令长考补》,卢文弨《续汉书志注补》,洪亮吉《四史发伏》,沈钦韩《两汉书疏证》,何若瑶《前后汉书注考证》,周寿昌《后汉书注补正》,李慈铭《后汉书札记》,朱佑曾《后汉郡国志校补》,徐绍桢《后汉书朔闰考》,等等,都是这方面的重要著作。

参考文献

1.(南朝宋)范晔:《后汉书》,中华书局(点校本)1973年版。

2.（唐）房玄龄：《晋书》，中华书局（点校本）1974年版。

3.（南朝齐）沈约：《宋书》，中华书局（点校本）1974年版。

4.（唐）姚思廉：《梁书》中华书局（点校本）1973年版。

5.（唐）魏徵：《隋书》，中华书局（点校本）1973年版。

6.（唐）刘知几：《史通》，中华书局（影印本）1961年版。

7.（清）王先谦：《后汉书集解》，中华书局（影印本）1984年版。

8.（清）王鸣盛：《十七史商榷》，丛书集成初编本。

9.（清）赵翼：《廿二史札记》，中国书店1987年版。

10.（清）钱大昕著，陈文和主编：《嘉定钱大昕全集》，江苏古籍出版社1997年版。

11. 周天游辑注：《八家后汉书辑注》，上海古籍出版社1986年版。

12. 柴德赓：《史籍举要》，北京出版社1982年版。

13. 王树民：《史部要籍解题》，中华书局1981年版。

14. 王树民：《中国史学史纲要》，中华书局1997年版。

15. 刘节：《中国史学史稿》，中州古籍出版社1982年版。

16. 金毓黻：《中国史学史》，河北教育出版社2000年版。

17. 钱穆：《中国史学名著》，三联书店2000年版。

18. 王锦贵：《〈汉书〉和〈后汉书〉》，人民出版社1987年版。

19. 吴树平：《秦汉文献研究》，齐鲁书社1988年版。

20. 王运熙：《范晔〈后汉书〉的序论》，《文学遗产增刊》第十辑，中华书局1962年版。

21. 谭绪缵：《范晔不敢作志辨——驳郑樵说》，《中国历史文献研究集刊》第四集。

22. 陈光崇：《中国史学史论丛》，辽宁人民出版社1984年版。

谈《太平御览》所引《唐书》[*]

　　《太平御览》中引录了大量《唐书》的资料,一部分出自刘昫《(旧)唐书》,但也有一些与刘昫《(旧)唐书》有很明显的区别,这部分引文出自哪种《唐书》,存在疑问。清道光年间岑建功首先发现了这个问题。岑氏当时以明闻人诠本为基础,重新刊刻《旧唐书》,他延请罗士琳、刘文淇、刘毓崧、陈立等学者"排列各本,讨论群籍",作《校勘记》,所参考文献中就包括了《太平御览》《册府元龟》等类书。在参考《太平御览》等引文时,岑氏发现《御览》征引的《唐书》与《旧唐书》有很明显的区别,比如《御览》引《唐书·官品志》,名称、内容都与《旧唐书·职官志》不同。岑建功推测这部分引文应该出自韦述《唐书》。他在《旧唐书逸文序》中说:"《官品志》与《职官志》显然不同,《御览》所引各条疑是韦述所撰《唐书》,今列于诸志之后,别自为卷以俟考。"①他在《旧唐书校勘记序》②中引述他人观点说:

　　　　或谓《御览》所引之《唐书》,不仅刘氏之书,有韦述之《唐书》在。郑樵《通志·艺文略》、马端临《文献通考·经籍考》俱载有韦述《唐书》一百三十卷,《御览》所引书目有《唐书》,有《旧唐书》,虽系后人所编,非李昉等当时所订,然《御览》中所引,自当有韦述书,不得以为皆刘氏书。

　　这段文字开头标以"或谓"二字,说明不是岑氏自己的观点,是有人提出的意见。其中,所说的"刘氏书"即署名刘昫修撰的《唐书》。很显然,当时整理《御览》等类书中的引文之际,有人即提出《御览》所引的《唐书》条文,既有

　　* 　原刊《点校本"二十四史"及〈清史稿〉修订工程简报》2009 年第 27 期。刊出后又有修改。

　　① 　见(清)岑建功辑:《旧唐书逸文》,清道光二十八年扬州岑氏惧盈斋刻本。
　　② 　见(清)罗士琳、刘文淇、刘毓崧、陈立撰:《旧唐书校勘记》,清道光二十六年扬州岑氏惧盈斋刻本。

刘昫《(旧)唐书》的文字,也有韦述《唐书》的文字,不能全部当作刘昫《(旧)唐书》的文字。这一认识无疑是很通达的,但岑氏显然没有接受这个观点,他反驳说:

> 然韦述所编至开元止,其后于休烈、令狐峘等所续修者,亦仅止于代宗,已下十余朝未有正史。《御览》所引《唐书》有德宗以后至哀帝事,而所引者亦多与闻人本不同。《册府》虽间据实录,然唐自武宗以后无实录,王钦若等于《册府》注中尝言之,而各门所载武宗后事正复不少,则系正史而非实录也。刘氏之书代宗以前多据国史原文……然则韦述《唐书》固刘氏所据以为本者也,以其所本之书校其所撰之书,不仅于以新史校旧史矣。

末句所说的"正史",也指刘昫《(旧)唐书》。这里,岑建功不仅没有很好区分韦述《唐书》与刘昫《(旧)唐书》,而且再次提出《御览》等类书所征引的《唐书》,尤其是德宗以后至哀帝事,都应来自刘昫《(旧)唐书》。至于《御览》等类书所征引而未见于刘昫《(旧)唐书》的文字,岑氏也一概作为《旧唐书》逸文看待。他所辑的《旧唐书逸文》就基本都是未见于今本《旧唐书》中的文字,而冠以"旧唐书逸文"这样的标题,说明他认为除了引自《官品志》这样的文字有可能属于韦述《唐书》之外,其余未见于刘昫《(旧)唐书》的文字仍应按照刘氏《旧唐书》逸文来处理,尤其是代宗朝之后的纪传史事。这完全是以刘昫《(旧)唐书》为中心来审视《御览》等类书所征引的《唐书》资料,无视不同文献的存在,违背了文献整理的基本原则,显然是不妥当的。

20世纪30年代,岑仲勉在经过重新分析之后,对岑建功的"逸文"说提出质疑:

> 所辑逸文,几纯以《御览》为主,共成一十二卷,仲勉览而惑之,岂刘昫之书脱漏至于此极耶?[1]

指出"刘书逸文"说不可信。他推翻了岑建功的观点,认为《御览》征引的《唐书》并非刘昫《(旧)唐书》。他说:

> 《御览》之《唐书》,多韦氏旧著,非经刘昫增损后之《唐书》也。
>
> 《御览图书纲目》云《唐书》者,并韦、柳两书言之也;《旧唐书》者,指

---

① 岑仲勉:《旧唐书逸文辨》,见《岑仲勉史学论文集》,中华书局1990年版。

历朝实录等言之也。惟卷内引文又统称曰《唐书》,则直犹通名之"唐史"矣。

与岑建功的观点不同,岑仲勉明显走向另一极端。依照岑仲勉的论述,《太平御览》所引《唐书》与刘昫《(旧)唐书》无关,而是《御览》对韦述《唐书》、柳芳《唐历》以及唐代历朝实录的统称。这也是不对的。

吴玉贵《唐书辑校·前言》对岑仲勉先生的观点一一作了辩驳,又回到了岑建功对这些引文的处理办法,全部视作刘昫《(旧)唐书》中的文字,认为:

> 通过将《太平御览》引《唐书》的全部内容逐条与《旧唐书》对比研究,我们认为,《太平御览》引用的《唐书》既不是韦述《唐书》,也不是柳芳《唐历》,更不是唐代历朝实录,实际上它就是刘昫领衔修撰的《旧唐书》,只不过《太平御览》引《唐书》保留了《旧唐书》早期的面目,与我们今天见到的刻本《旧唐书》有较大的差异,从而引起了种种不同的推测。

> 北宋初年,随着印刷术的普及和发展,宋朝官方开始陆续将前朝十七史修订刻板,继宋太宗淳化五年下诏修订《史记》和前后《汉书》后,在宋真宗咸平三年,又下诏修订《三国志》《晋书》《唐书》,两年之后修订工作完成,但因为《唐书》错讹太多,准备另修,所以没有刻板。今天见到的《旧唐书》,就是咸平三年做了大量修订工作后的《旧唐书》;而《太平御览》引用的《唐书》,则是修订前的《旧唐书》,更多保留了刘昫原书的面貌。换言之,《太平御览》引《唐书》与今天见到的《旧唐书》的差异,是因为咸平三年修订《旧唐书》造成的。我们今天只能见到被宋人修改后的《旧唐书》,而《太平御览》引《唐书》则直接引自未经修订的《旧唐书》,所以《太平御览》引《唐书》不仅对于校勘和研究《旧唐书》具有不可替代的意义,对唐代历史研究也具有十分重要的史料价值。

以上是迄今为止有关该问题较为重要的三家观点。

如同《唐书辑校·前言》所说,岑仲勉把刘昫《(旧)唐书》排除在《御览》等类书所引《唐书》之外,这个结论靠不住。那么沿着岑建功"《旧唐书》逸文"的观点进一步走下去,把《御览》等书征引的《唐书》全部视作来自刘昫《(旧)唐书》,把未见于今本《旧唐书》的引文当作北宋"修订"《旧唐书》时删除的部分,这一新说是否成立呢?恐怕问题也不少。

首先,北宋从未对刘昫《(旧)唐书》作过内容上的修订。自宋太宗淳化五年(994年)开始,北宋政府陆续组织人员对前朝的史书进行校勘,然后刊刻颁行。《玉海》《宋会要辑稿》等书记载这些校勘活动,各方面的记载涉及这些活动时,都明确使用"分校""再校""覆校""校定"等字样,而非"修订"。校勘只是通过版本比勘,校正文献流传过程中产生的文字衍脱讹倒等错误,而不是对原来的行文和内容作增删调整之类的改动,与修订是两种不同的文献整理方式。北宋政府组织的这些校史,都属于校勘,不是修订。具体到刘昫《唐书》也是如此。《玉海》卷四十三记载:"咸平三年(1000年)十月,校《三国志》《晋书》《唐书》,五年毕。(原小字注:《唐书》将别修,不刻板。)"咸平三年针对《唐书》所作的同样是"校"不是"修"。只是因为刘昫《唐书》有很多缺点,当时决定准备"别修",即另修纂一部《唐书》,所以在校勘完毕之后没有刻板颁行。而真宗咸平三年决定"别修《唐书》",直到宋仁宗时才付诸实施,在嘉祐五年(1060年),宋祁、欧阳修等新修《唐书》完成。可见,校《唐书》与修《唐书》是完全不同的两件事,咸平三年所作的只是校刘昫《唐书》,当时没有对刘昫《唐书》作任何的删改,《太平御览》所引《唐书》与今天所见《旧唐书》之间的差异,与咸平三年校《旧唐书》无关。

《旧唐书》本身也足以证明北宋时未对《旧唐书》作过删改修订。大家知道,刘昫署衔的《旧唐书》出自乱世,又源于众手,成书迅速,其粗率备受后人诟病。比如书中保留有很多"今上"之类明显为转抄实录等原始文献的痕迹。同一份文书,在纪和传内重复抄录,造成了不应有的芜杂。甚至出现某些人物同时并列两传的情况,如《杨朝晟传》既载于卷一二二,又见于卷一四四;《王求礼传》既载于卷一〇一,又见于卷一八七下;丘神绩于卷一八六上有专传,又附见于卷五九《丘和传》;李善附见于卷一八九上《曹宪传》,又附见于卷一九〇中《李邕传》,叙事完全相同。正是因为书中有如此荒唐之处,北宋初年政府才不予刊刻,决定重修一部《唐书》。若宋代确曾对《旧唐书》的文字内容加以修订,这类粗率之处必不至于保留至今。这从反面证明,刘昫《(旧)唐书》在宋代没有经过文字内容方面的修订,没有专门安排人作过删削,《御览》征引的《唐书》逸文,并非今本《旧唐书》所原有而后被删掉的文字。

既然《御览》征引的《唐书》逸文不可能属于刘昫《(旧)唐书》,它们究竟是来自哪一种《唐书》? 在这个问题上,岑建功的推测还是值得重新考虑的。岑建功把《御览》征引的《唐书》逸文作为《旧唐书》逸文来辑录,是错误的,但他提出其中部分逸文可能出自韦述《唐书》的观点却极富启发性。笔者认为，不仅像《官品志》这样的引文应源自韦述《唐书》，甚至其他所有未见于刘昫《(旧)唐书》的逸文基本上都应属于韦述《唐书》。理由很简单，《御览》在征引这些资料时，一律称来自《唐书》，而编纂《太平御览》时，以《唐书》为名者只有韦述《唐书》和刘昫《唐书》两种，既然这些所谓逸文与刘昫《唐书》无关，那就只能属于韦述《唐书》。如此，也就很好理解《太平御览》卷前《经史图书纲目》所列举引用书目中的《旧唐书》和《唐书》究竟分别指何种书了。《经史图书纲目》在罗列书名时，为了区分同一题名的书籍，往往在书名前冠以作者的名字，如王隐《晋书》、臧荣绪《晋书》，范晔《后汉书》、薛莹《后汉书》，盛弘之《荆州记》、范汪《荆州记》，宋膺《异物志》、曹叔雅《异物志》，等等，但对待韦述《唐书》和刘昫《唐书》却采用了另外一种方式，即在韦述《唐书》题名前只添加了一个"旧"字，以与刘昫《唐书》有别。因为当时这两部书已经被人们分别以新、旧《唐书》来称呼了。宋太宗雍熙四年(987年)，胡旦奏书建议修撰国史时，就称韦述《唐书》曰《旧唐书》：

> 自建隆元年至雍熙三年，实录、日历皆未备。臣按汉明帝后撰《光武纪》，至灵帝时，成百二十七卷，今《东观记》是也。唐太宗述国初起义，纪、表、传、志，每朝编录，至代宗成百三十卷，今《旧唐书》是也。望准汉、唐故事，撰纪、表、传、志，以备将来国史。①

与韦述《旧唐书》相对，刘昫《唐书》当时就被称作《新唐书》。淳化五年(994年)，苏易简奏称：

> 故知制诰赵邻几留心史学，以《新唐书》纪传及近朝史书多有漏略，遂寻访自唐以及近代将相名贤事迹，及家状、行状甚多。虽美志不就，而遗稿尚在。望遣直史馆钱熙暂往宋州，询问邻几家人，寻检奏御。②

《唐书辑校·前言》也指出"此所谓《新唐书》，显然就是指刘昫《唐书》"，甚是。《唐书辑校·前言》发现在宋祁、欧阳修等《新唐书》出现之前，北宋人有不同于今天的新旧《唐书》概念，这很重要，只是未能与《太平御览》卷前《经史图书纲目》列举的《旧唐书》和《唐书》联系起来作进一步的思考。现在看

———

① (宋)王应麟：《玉海》卷一六八，广陵书社2007年版。
② (清)徐松辑：《宋会要辑稿》"崇儒"四，中华书局2006年版。

来,《经史图书纲目》列举的《旧唐书》和《唐书》应分别指韦述《唐书》和刘昫《唐书》。唯以《旧唐书》称韦述《唐书》,以《新唐书》称刘昫《唐书》,都只是这两部书的别称,《御览》卷内引文时,仍使用二者的真实书名《唐书》,却未标作者名字以作区分,才造成迄今的混乱。类似的混乱在《太平御览》中屡见不鲜,不止发生在《唐书》身上。《御览》卷内引书与《经史图书纲目》所列书目并不是都能一一对应,比如《纲目》所列《南康记》分邓德明、王歆之两家,而卷内征引的《南康记》除了标明两家的名字者外,还有不少应该分别属于两家中的某一家的引文,没有标署撰人;又如《纲目》所列《益州记》分任预、李膺两家,卷内征引的《益州记》除了有一部分标署撰人外,也有不少没有标署撰人;又如《纲目》列《交州记》一种,未著撰人,而实际上,卷内在具体征引时却有分别标署黄义恭《交州记》、刘澄之《交州记》、刘欣期《交州记》三种。所以,在运用《经史图书纲目》研究《御览》引书时,一定要与实际情况结合起来分析,不可仅执其一端。

明确了《御览》所征引《唐书》包括韦述《唐书》和刘昫《唐书》两种之后,就可以确定以前发现的与刘昫《(旧)唐书》不同的引文,不能说是来自刘昫《(旧)唐书》的逸文。在这些引文中,属于代宗朝及其之前的纪传文字,应来自韦述《唐书》;之后的纪传文字,则由于资料不足,目前还很难判定来自哪部史书,但至少可以明确,它们不应是刘昫《(旧)唐书》逸文。事实上,就目前看来,不仅未见于刘昫《(旧)唐书》的部分逸文可以确定属于韦述《唐书》,那些在刘昫《(旧)唐书》可以找到基本对应文字的引文中,有一部分很可能也属于韦述《唐书》。因为刘昫《(旧)唐书》在编纂时本来就存在大量原封不动抄录实录和韦述《唐书》的情况,这就必然会在这些文献之间存在彼此雷同或相当接近的文字段落,只是由于文献阙如,今天已经无法准确分辨出这部分引文中,哪些来自韦述《唐书》,哪些来自刘昫《(旧)唐书》了。韦述《唐书》一百三十卷,是吴兢、韦述、于休烈、令狐峘等人陆续编纂而成,所记内容止于代宗朝。有鉴于此,在利用《太平御览》所征引的《唐书》资料辑佚,乃至校勘《旧唐书》(刘昫《唐书》)时,凡涉及唐初至代宗这一段历史的引文,需要特别慎重,切勿引起新的混乱。

《永乐大典》录副诸人考略 *

　　《永乐大典》是明永乐年间编纂的一部大型类书,全书二万二千八百七十七卷,目录六十卷,共一万一千零九十五册,书中保存了我国上起先秦,下迄明初的各种典籍资料达八千余种。此书修成后,一直收藏在南京文渊阁的东阁。永乐十九年(1421年),朱棣迁都北京,《永乐大典》随之运到了北京,以后长期贮藏在宫城内的文楼。传至嘉靖年间,世宗"好古礼文",于《永乐大典》"时取探讨,殊宝爱之""凡有疑却,悉按韵索览,几案间每有一二帙在焉"。嘉靖三十六年(1557年)四月十三日,奉天门并三殿、午门火灾,危及文楼,明世宗急命挪救,移贮史馆。经此火灾,明世宗深感孤本难存,决定重录一部,两处收藏,以备不虞。嘉靖四十一年(1562年)秋,命徐阶、高拱、张居正等人校理缮写《永乐大典》副本。① 至隆庆元年(1567年)完成。之后,正本移放到文渊阁,以后下落不明,学术界一般认为,这部正本毁于明清之际的战火。副本一部先是存放在新落成的皇史宬,到清朝雍正年间,又移贮到以南的翰林院。因管理不善,又历经兵火战乱,副本亦亡佚甚多,存世无几。

　　郭伯恭《永乐大典考》一书是研究《永乐大典》的重要著作,此书对永乐年间修纂《永乐大典》(以下也称《大典》)诸人,如正副监修、正副总裁以及编纂诸人,考证甚详;唯于抄录副本诸人,则付诸阙如。书中仅据《世宗实录》卷五百十二嘉靖四十一年八月乙丑诏书、徐阶《世经堂集》卷六重录《大典》诸疏,云:"重录《大典》馆之组织,内设总校官二员(原注:"据徐阶奏疏言总校官二员,但按今存《大典》残本,除高拱、瞿景淳外,充总校官者尚有陈以勤、王大任、秦鸣雷、胡正蒙等,殆开馆后又复续增欤?"),分校官十员,催攒、收掌各二

　　＊　　本文与李红英合撰,原刊《文献》2008年第3期。
　　①　　《明世宗实录》卷五一二,台北"中研院"历史语言研究所影印,1962年,第8413—8414页。

员,考取誊录一百零九名,分为十馆,每人日钞三叶,嘉靖四十一年八月开馆于朝门东西廊下。馆务进行,概由徐阶擘画处理。"①郭氏又于"总校官二员"下注云:"据徐阶奏疏言总校官二员,但按今存《大典》残本,除高拱、瞿景淳外,充总校官者尚有陈以勤、王大任、秦鸣雷、胡正蒙等,殆开馆后又复续增欤?"确如郭氏所言,重录《大典》之总校官员数不止二人。事实上,分校官亦不止十人。嘉靖四十一年八月乙丑诏书以及徐阶奏疏所言各职及其员数多属事前之计划或初期的情况,与持续五年之久的全部录副过程并非完全契合。我们通过存世的《永乐大典》副本各册附叶题名,可以清楚地看到这一点。

存世的《永乐大典》副本各册末,多数仍保存原来的附叶题名,其衔名分作总校官、分校官、写书官、书写儒士或生员等。这些题名原为录副时作考核之用。徐阶《世经堂集》卷六《处理重录大典奏一》云:

> 每日所写《大典》书叶,须逐一校对,遇有差错,即发与另写。合无容臣等于翰林春坊官内,选举勤慎精敏者数员,分理分事;仍照副总裁例,于堂上官内推举二员,总理其事;各书职名于卷末,以便查考。

可见,当初准备录副之时,为保证抄录、校对、圈点诸事之完美无缺,已经考虑到要求总校官、分校官、写书官、书写儒士或生员等录副人员在卷末题名,以备考核。今天,这些原为考核之用的题名,则成为了解当时录副情况的重要资料。

目前所知海内外公私收藏《永乐大典》辑本都已经影印出版,而且这些影印本把各册附叶的题名影印入内,这给我们探讨《大典》的重录提供了极大方便。我们利用的《大典》影印本主要有三种。

1.1986 年,中华书局影印出版的 10 册 16 开精装本,该影印本收录了当时所知的七百九十七卷,最为齐全。

2.2003 年,上海辞书出版社影印出版的《海外新发现永乐大典十七卷》,该影印本收录了在美国、日本、英国、爱尔兰最新发现的十七卷,以朱墨两色套印。

3.2003 年,北京图书馆出版社仿真影印《永乐大典》163 册,其中包括国家图书馆藏《永乐大典》161 册,上海图书馆与四川省图书馆各藏一册。该影

---

① 郭伯恭:《永乐大典考》,商务印书馆 1938 年版,第 106 页。

印本依照原书的版式规格,原尺寸仿真出版,保存了原书信息。

收入这三种影印本的《大典》应该是目前所知存世残册的大部分。据这些影印本,有311册的附叶题名仍在,上面保留着参与录副人员的职衔、姓名。根据这311册所存录副人的衔名,可以考知的重录人员有166人,每册有6人负责,包括重录总校官正、副各一人,分别由侍郎、学士或谕德充任;分校官一人,由编修、检讨或谕德等充任;抄录一人,由写书官、书写儒士、生员、监生等相关人员充任;圈点监生二人。我们根据这部分材料,结合文献记载,对嘉靖年间参与录副诸人作了汇辑、考证,其中生平可考者多为总校官、分校官等重要职员;至于抄录人员及圈点监生,因其平凡无闻,史书缺乏记载,大多数生平无考。

一、录副总校官考

嘉靖四十一年准备《大典》录副时,筹备者既已考虑设立总校官一职。例如徐阶《世经堂集》卷六《处理重录大典奏二》多次提到"总校官"之职,在《处理重录大典奏三》中更是具体提到了总校官的员额和职责,云:"官生一百九员名,分为十馆,所写之书,总校官二员,总管各馆;分校官十员,各管一馆。除校对外,各要钤束官生,勿容怠肆。有不服者,开送臣等以凭参治。"根据这段话可以知道,总校官负责全部录副的校对,保证录副的质量,同时,要对所有录副人员在工作中出现的管理问题进行最后的处理。他们为录副工作负总责。

徐阶奏疏中称"总校官二员"。这大约是徐阶最初的设想。在《大典》录副初期也确实是照此设立总校官的员额的。《明实录·世宗实录》有这样一段记载:

> 嘉靖四十一年(1562年)八月乙丑(十三日),诏重录《永乐大典》。命礼部左侍郎高拱、右春坊右中允管国子监司业事张居正各解原务,入馆校录。拱仍以侍郎兼翰林院学士,同左春坊、左谕德兼侍读瞿景淳充总校官。

据《世经堂集》卷六《处理重录大典奏三》得到明世宗批复的时间是"嘉靖四十一年八月初三日"。而明世宗颁诏任命高拱、瞿景淳为总校官的时间是此年八月十三日,在明世宗批复徐阶奏疏之后十天。可见,最初设立总校官的员额,完全是按照徐阶的设想。

如前文所说,实际的录副总校官人数不是二人,而是远远超过这个数字。大概在后来的工作进展中,发现仅设两名总校官难以满足整个录副需要,所以对总校官的员额作了增加。全部总校官的数量到底是多少,现在已经难以查考,仅从现存《大典》副本各册的附叶题名来看,就有 6 人,他们是侍郎高拱、秦鸣雷,学士瞿景淳①、胡正蒙、陈以勤、王大任。又据《明穆宗实录》卷七,隆庆元年(1567 年),《永乐大典》录副完成,隆庆皇帝对参加录副的人员特予颁赐,在诏书中列举了参与此事的重要人员:

> 隆庆元年四月……以重录《永乐大典》成,加少师兼太子太师、吏部尚书、建极殿大学士徐阶正一品俸;少保兼太子太保、吏部尚书、武英殿大学士李春芳、郭朴,少保兼太子太保、礼部尚书、武英殿大学士高拱,各加少傅兼太子太傅;礼部尚书兼文渊阁大学士陈以勤加太子太保;吏部左侍郎兼东阁大学士张居正升礼部尚书兼武英殿大学士;原任太子太保、吏部尚书兼武英殿大学士严讷,给应得诰命。总校等官:礼部左侍郎瞿景淳兼翰林院学士,升俸一级;国子监祭酒林燫升太常寺卿,管祭酒事;侍读吕旻、王希烈,修撰诸大绶俱左春坊谕德,修撰丁士美右春坊、右谕德,各兼侍读,大绶、士美仍加俸一级;编修孙铤为左春坊左中允,张四维右春坊右中允,各兼编修,仍与五品服色;修撰马自强、编修陶大临俱侍读;侍郎汪镗升俸一级;吏部左侍郎秦鸣雷赏银二十两、纻丝二表里;南京国子监祭酒胡杰银十五两、一表里;谕德姜金和、修撰徐时行各十两,一表里;闲住学士王大任、检讨吴可行各复职致仕;制敕房侍郎王槐俸二级;郎中季芮、左监正丛恕,俱河南右参议;右寺丞顾从礼光禄寺少卿,与四品服色;周维藩、吴自成俱尚宝司少卿兼侍书;馀各加俸秩。及书写生、儒,以次授职、给赏有差。已而阶等上疏辞免恩命,俱优诏不允。②

在此诏书中最先提到的是徐阶、李春芳、郭朴、高拱、陈以勤、张居正、严讷。其中,出现于现存《大典》之总校官题名的仅高拱、陈以勤二人,张居正在现存题名中尚属于分校官,其余四人则未见于现存题名。但这 7 人名列在总

① 其重录《永乐大典》时先任谕德,后任学士。
② 《明穆宗实录》卷七,台北"中研院"历史语言研究所影印,1962 年,第 204—205 页。

77

校等官之前,显然都应当做过总校官之职。

徐阶等 7 人名字之后,是总校等官瞿景淳、林燫、吕旻、王希烈、诸大绶、丁士美、孙铤、张四维、马自强、陶大临、汪镗、秦鸣雷、胡杰、姜金和、徐时行、王大任、吴可行、王槐、季芮、丛恕、顾从礼、周维藩、吴自成。此处,诏书称“总校等官”,是将总校官、分校官和写书官(主簿、司务、序班、知事等)等合在了一起。从存世《大典》残册附叶题名看,他们当中明确为总校官的只有瞿景淳、秦鸣雷、王大任,其余诸人为分校官、写书官等(当然也不排除他们当中后来有人升任为总校官)。

总之,结合《明实录》和《永乐大典》各册附叶题名所提供的材料,可以知道在嘉靖年间的录副中,至少有 11 人做过总校官,而不是二人。这一情况的出现有两种可能,一是后来人数增加;二是人员的轮替,即任总校官者不是自始至终一直担任此职。在两者中间,似乎前一种的可能性更大一些,因为重录的工作量巨大,总校之事非两三人所可胜任,为加快进度,不断增加后续人员,也在情理之中。

关于这 11 名总校官生平相关资料都可以找到一些,但多寡不一,有的生平记载较多,有的则甚少。

1. 徐阶(1503—1583)

字子升,号少湖,又号存斋,明松江府华亭县人。早年即工诗文,善书法。嘉靖二年(1523 年)以探花及第,授翰林院编修。后因忤张孚敬,被斥为延平府推官。后升黄州府同知,又擢为浙江按察佥事,进江西按察副使,并主浙、闽二省学政。皇太子出阁(读书),擢为国子监祭酒。后又进礼部尚书,兼文渊阁大学士,参与朝廷机要大事。与首辅严嵩一起在朝十多年,谨慎以待;又善于迎合帝意,故能久安于位。后取代严嵩而为首辅。隆庆二年(1568 年)以少师致仕回家。因任宰相多年,为两朝元老,人都称他为“徐阁老”。著作有《经世堂集》二十六卷、《少湖文集》十卷。另编有《岳庙集》,并行于世。(明王世贞《弇山堂别集》卷四十五、《明史》卷二百一十三本传)

2. 李春芳(1511—1584)

字子实,号石麓,直隶兴化(今江苏省兴化市)人。嘉靖二十六年(1547年)中丁未科状元。历任翰林院修撰、翰林院学士、礼部尚书。时宗室蕃衍,岁禄苦不继。春芳考故事,为书上之,诸吉凶大礼及岁时给赐,皆严为之制。

帝嘉之,赐名《宗藩条例》。寻加太子太保。嘉靖四十四年命兼武英殿大学士,与严讷并参与机要。为人谦恭谨慎,不仗势凌人。以廉洁自持,凡送礼谋私者,皆予拒绝。隆庆二年,李春芳任内阁首辅。后因遭朝廷其他权臣忌恨,遂以奉养父母辞官归里。卒年75岁,赠太师,谥文定。著有《贻安堂集》十卷。(明王世贞《弇山堂别集》卷四十一、《明史》卷一百九十三本传、《四库全书总目》卷一百七十七)

3. 郭朴(1511—1593)

字质夫,世称东野先生,河南安阳人。嘉靖十四年(1535年)进士。选庶吉士,授编修。历礼部右侍郎,吏部左、右侍郎兼太子宾客。累官吏部尚书,掌铨一秉至公,爱惜人才。嘉靖四十五年(1566年)进武英殿大学士,入预机务,与高拱并命。时内阁首辅为徐阶。在相位以大权还朝廷,以职守还百司,挈纲敕要。隆庆元年(1567年),言者劾高拱,朴与拱乡里,不自安,亦求去。以少傅致仕,家居二十余年卒,赠太傅,谥文简。著有《郭林文集》五卷。(明王世贞《弇山堂别集》卷四十一、卷四十五,明俞汝楫编《礼部志稿》卷四十二、《明史》卷九十九《艺文志四》、《明史》卷二百一十三本传、《钦定大清一统志》卷一百五十七、《河南通志》卷五十八《人物》二)

4. 高拱(1513—1578)

字肃卿,号中玄,河南新郑人。嘉靖二十年(1541年)进士,选庶吉士,逾年授编修。时明穆宗为裕王,拱迁侍讲学士。后拜太常卿,掌国子监祭酒事。嘉靖四十一年擢礼部左侍郎,寻改吏部兼学士,掌詹事府事。进礼部尚书,召入直庐。嘉靖四十五年拜文渊阁大学士。明穆宗即位后,颇得宠信,进少师兼太子太师、尚书、建极殿大学士,后进柱国,中极殿大学士。明神宗即位后,高拱以主幼,欲收司礼监之权,还之于内阁。与张居正谋,但张居正在太后前责高拱专恣,致被罢官。著作有《高文襄公集》。(《明史》卷二百一十三本传)

5. 陈以勤(1511—1586)

字逸甫,号松谷,别号青居山人,南充人。嘉靖二十年(1541年)进士,选庶吉士,授检讨。后迁修撰,进洗马,为太子讲官九年。父丧除,还为侍读学士,掌翰林院。进太常卿,领国子监。擢礼部右侍郎,寻转左,改吏部,掌詹事府。隆庆元年(1567年)春,擢礼部尚书兼文渊阁大学士,累加少傅兼太子太傅,改武英殿。卒赠太保,谥文端。(明王世贞《弇山堂别集》卷四十一、四十

五,《明史》卷一百九十三本传)

6. 张居正(1525—1582)

字叔大,江陵(今湖北)人。嘉靖二十六年(1547 年)进士,改庶吉士。寻迁右谕德兼侍读,进侍讲学士,领院事。隆庆初,迁礼部右侍郎兼翰林院学士,再拜吏部左侍郎兼东阁大学士,充《世宗实录》总裁,进礼部尚书兼武英殿大学士,加少保兼太子太保。万历中累加太师、吏部尚书、中极殿大学士,谥文忠。著有《四书直解》二十六卷、《通鉴直解》二十五卷、《召对纪事》一卷、《帝鉴图说》六卷、《奏对稿》十卷、《张太岳全集》四十一卷、《太岳杂著》等。(《明史》卷二百一十三本传、清黄虞稷《千顷堂书目》)

7. 严讷(1511—1584)

字敏卿,常熟人。嘉靖二十年(1541 年)进士,改庶吉士,授编修。迁侍读。与李春芳入直西苑。撰青词,超受翰林学士。历太常少卿,礼部左、右侍郎,改吏部,皆兼学士。后历礼部尚书、吏部尚书。寻加太子太保。嘉靖四十四年,兼武英殿大学士入参机务。冬十一月,以疾乞归。逾年,明世宗崩,遂不复出,家居二十年卒,年七十有四,赠少保,谥文靖。(《明史》卷一百九十三本传)

8. 秦鸣雷(1518—1593)

字子豫,号华峰,浙江临海人。嘉靖二十三年(1544 年)进士。嘉靖四十一年(1562 年)任礼部右侍郎,嘉靖四十三年(1564 年)升任礼部左侍郎,嘉靖四十四年(1565 年),改吏部左侍郎兼翰林学士。著有《谈资》三卷、《倚云楼稿》等。(明王世贞《弇山堂别集》卷四十六、四十九、五十六,清黄虞稷《千顷堂书目》等)

9. 瞿景淳(1507—1569)

字师道,常熟人。嘉靖二十三年(1544 年)举会试第一,殿试第二,授编修。历侍读学士,掌院事。改太常卿,领南京国子祭酒,迁吏部右侍郎。隆庆元年(1567 年),召为礼部左侍郎,总校《永乐大典》。兼翰林院学士,侍经筵,修《嘉靖实录》。卒赠礼部尚书,谥文懿。(《明史》卷二百一十六等)

10. 胡正蒙(1512—1566)

浙江余姚人。嘉靖二十六年(1547 年)会元探花。嘉靖四十三年任读学,迁太常卿兼祭酒。嘉靖四十五年卒。(明王世贞《弇山堂别集》卷四十六、六十三,《浙江通志》卷一百三十八等)

11. 王大任

陕西保安人,嘉靖三十二年(1553年)进士,官御史,升任侍讲学士。后削籍。(明王世贞《弇山堂别集》卷四十六)

二、录副分校官考

《永乐大典》录副时在总校官之下设有分校官,"每日所写《大典》书叶,须逐一校对,遇有差错,即发与另写"①。确保录副不出现丝毫差错。可见,分校官对《大典》录副的质量起到至为关键的作用。此外,还有责任对该馆的书写生员予以管束、督促,禁止懈怠或违背规章制度。② 担任分校官者是从翰林、春坊官内选举出的,皆为"勤谨精敏者"。③ 最初确定的名额是10人,每人负责一个馆所抄录副本的校对。④ 最初任命的10位分校官的名字见于《明实录·世宗实录》嘉靖四十一年(1562年)八月乙丑(十三日)重录《永乐大典》诏,诏曰:

> (张)居正仍以中允兼翰林院编修,同修撰林燫、丁士美、徐时行,编修吕旻、王希烈、张四维、陶大临,检讨吴可行、马自强充分校官。⑤

我们在现存《大典》副本附叶题名中找到了这10名分校官的名字,印证了《明实录》的记载。不过我们找到的分校官至少有15人,他们是:

编修:陶大临、张四维、王希烈⑥、吕旻⑦、孙铤

检讨:吴可行、马自强⑧

修撰:林燫⑨、丁士美⑩、徐时行、诸大绶

谕德:张居正、汪镗

① 徐阶:《世经堂集》卷六《处理重录大典奏一》。
② 徐阶:《世经堂集》卷六《处理重录大典奏三》。
③ 徐阶:《世经堂集》卷六《处理重录大典奏一》。
④ 徐阶:《世经堂集》卷六《处理重录大典奏三》。
⑤ 《明世宗实录》卷五一二,台北"中研院"历史语言研究所影印,1962年,第8413页。
⑥ 按卷次,其重录《永乐大典》时先署编修,次署侍读。
⑦ 按卷次,其重录《永乐大典》时先署编修,次署洗马,又次署侍读。
⑧ 按卷次,其重录《永乐大典》时先署检讨,次署修撰。
⑨ 按卷次,其重录《永乐大典》时先署修撰,次署洗马,又次署修撰、洗马。
⑩ 有卷末署侍读。

中允:胡杰

侍读:姜金和

又《明实录·穆宗实录》卷七记载隆庆元年(1567 年)四月诏书赏赐参与《大典》录副的主要人员,点名提到了林燫、吕旻、王希烈、诸大绶、丁士美、孙铤、张四维、马自强、陶大临、汪镗、胡杰、徐时行、吴可行等人,他们都在上举分校官题名内。这样,现在所知道的《大典》录副分校官至少有 15 人,已经超过了徐阶最初设定的 10 人,而在《大典》录副中的全部分校官必定还要大大超过此数。可见,徐阶所说的设分校官 10 名应该只是最初的计划,后来陆续有所增加。这 15 人中,张居正后来升任总校官。

1. 陶大临(1526—1574)

字虞臣。嘉靖三十五年(1556 年)进士第二,授编修,历吏部左侍郎兼学士。卒赠吏部尚书,谥文僖。(明俞汝楫《礼部志稿》卷四十二、明凌迪知《万姓统谱》卷三十三)

2. 张四维(1526—1585)

字子维,蒲州人。嘉靖三十二年(1553 年)进士。改庶吉士,授翰林编修。隆庆初,进右中允,直经筵,寻迁左谕德。累加至少师、吏部尚书、中极殿大学士。嘉靖四十一年(1562 年)、四十四年(1565 年)两充会试同考官。分校《永乐大典》。卒赠太师,谥文毅。(《明史》卷二百一十九本传、明王世贞《弇山堂别集》卷四十一、《山西通志》卷一百九十八申时行《张文毅公墓碑》)

3. 王希烈(?—1577)

字子忠,江西南昌人,嘉靖三十二年(1553 年)进士,选庶吉士,初任翰林院编修,后任左春坊左谕德。隆庆三年(1569 年)任国子监祭酒。历官礼、吏二部侍郎兼侍读学士,掌詹事府事,充经筵日讲与纂修副总裁。丁父忧回籍守制,于万历四年十二月内服阕蒙恩行取,仍以原官掌管府事。启程赴任间,万历五年六月二十一日在家病故。(明潘季驯撰《潘司空奏疏》卷七、明李贤等撰《明一统志》卷四十九、明俞汝楫《礼部志稿》卷四十二)

4. 吕旻

字仁甫,龙溪人。九岁能文,嘉靖三十二年(1553 年)进士。授翰林编修,历官礼部右侍郎。著有《滨溪集》《玉堂摘稿》等。(《福建通志》卷五十一、清黄虞稷《千顷堂书目》卷二十四)

5. 孙铤（1528—1570）

余姚人,嘉靖二十八年（1549 年）解元,嘉靖三十二年（1553 年）进士。隆庆元年（1567 年）,以左春坊左中允兼翰林院编修身份与左春坊左谕德兼翰林院侍读王希烈同主应天试。（明王世贞《弇山堂别集》卷八十三、《浙江通志》卷一百三十八）

6. 吴可行（1528—?）

嘉靖三十二年（1553 年）特开科,为庶吉士。（明王世贞《弇山堂别集》卷八十三）

7. 马自强（1513—1578）

字体乾,同州人。嘉靖三十二年（1553 年）进士。改庶吉士,授检讨。隆庆中,历洗马,直经筵。迁国子祭酒,振饬学政。再迁少詹事兼侍读学士,掌翰林院。卒赠少保,谥文庄。（《明史》卷二百一十九）

8. 林燫（1523—1579）

字贞恒,福建闽县人。尚书林廷机之子。嘉靖二十六年（1547 年）进士,改翰林院庶吉士,授检讨,充景恭王讲读官。严嵩专政,燫不与会通。嵩败,累擢洗马兼侍讲,校录《永乐大典》。《大典》成,进太常寺卿祭酒。迁礼部右侍郎,兼翰林院学士。后充《世宗实录》副总裁,改吏部右侍郎。后改南京礼部尚书,卒年 57 岁。著有《福州府志》三十六卷、《林燫文集》十六卷、《诗》六卷、《对山集》等。（明俞汝楫《礼部志稿》卷五十六,《明史》卷九十九《艺文志四》,《明诗综》卷四十八）

9. 丁士美（1521—1577）

字邦彦,直隶清河人,嘉靖三十八年（1559 年）进士第一。隆庆二年（1568 年）任吏部右侍郎。隆庆三年（1569 年）升吏部左侍郎兼学士,赠礼部尚书,谥文简。（明王世贞《弇山堂别集》卷五十四、明凌迪知《万姓统谱》卷五十五）

10. 徐时行（1535—1614）

即申时行,曾寄养于徐氏,从其姓,后改回申姓。字汝默,长洲人。嘉靖四十一年（1562 年）进士第一,授修撰,历左庶子,掌翰林院事。（明王世贞撰《弇山堂别集》卷十九、《明史》卷二百一十八、《江南通志》卷一百二十八）

11. 诸大绶（1523—1573）

字端甫,浙江山阴人,嘉靖三十五年（1556 年）进士。隆庆四年,任礼部右侍郎,隆庆六年(1572年)改吏部右侍郎。著有《诸文懿公集》八卷。(明俞汝楫《礼部志稿》卷四十二、清黄虞稷《千顷堂书目》卷二十四、明王世贞《弇山堂别集》卷五十六)

12. 张居正

已见于前文"总校官"部分,此处不再赘述。

13. 汪镗(1512—1588)

字振宗,浙江鄞县人,嘉靖二十六年(1547年)进士。嘉靖四十五年(1566年)任南京工部右侍郎。官至礼部尚书,掌詹事府事兼翰林院学士,赠太子少保。著有《馀清堂稿》十二卷、《馀清堂定稿》三十二卷。(明王世贞《弇山堂别集》卷五十九、明俞汝楫《礼部志稿》卷四十二、《明史·艺文志》、清黄虞稷《千顷堂书目》)

14. 胡杰(1520—?)

字子文,江西丰城人,嘉靖二十六年(1547年)进士。改庶吉士。隆庆元年(1567年)任南京国子监祭酒,升太常寺卿。著有《剑西稿》。(明王世贞《弇山堂别集》卷六十三、清黄虞稷《千顷堂书目》卷二十四)

15. 姜金和(1514—?)

字节之,鄱阳人。嘉靖二十九年(1550年)进士第三。授翰林编修,升修撰。历春坊谕德、国子祭酒。以疾告老还乡,卒于家。(明凌迪知《万姓统谱》卷五十,《江西通志》卷五十四《选举》六《明》、同书卷九十《人物》二十五《饶州府》四《明》)

三、写书官诸人考

现存《大典》各册附叶题名中有写书官,其具体职务又有分工,如主簿、序班、知事、司务、中书、中书舍人、监正、办事官、办事吏、当该吏等。在这些写书官中,只有"当该吏"一职的职责比较清晰,此职名见于徐阶《世经堂集》卷六《处理重录大典奏二》,云:"吏部拨送当该吏四名,总管书籍及查照馆数;每馆拨送当该吏二名,专管纸笔器用、启闭馆门等事。"说明当该吏分两种,一种负责整个《大典》录副所用书籍等事项的管理,另一种是分管重录《大典》各馆所需纸笔供应以及馆门的启闭。其他写书官的具体职责不很清楚,估计都应该是在《大典》录副工作中负责处理与抄写相关的一些具体事务(或管理、监督抄写生员,或协助抄写人员,等等)的官吏。

值得注意的是,写书官在各册题名中的位置与书写儒士或书写生员等相同,而他们与书写儒士或书写生员却不同时出现。这说明写书官与书写儒士或书写生员一样,需要完成一定量的《大典》抄写任务。书写儒士或书写生员等每天必须完成所规定的抄写任务,写书官的抄写任务量与书写儒士们有无区别,目前找不到确切的资料,估计二者应有一定区分。

现将我们找到的写书官的职衔、姓名辑录如下:

写书官主簿:沈洧(6)①、徐继中(1)、吴自成(2)、郑瑶(1)

写书官序班:郑瑶(2)、何初(4)、吴继芳(5)、杨宗傅(1)、郭东都(2)、成楫(1)、马继文(3)、刘大武(1)

写书官知事:汪梅(1)、李中(1)

写书官评事:李中②(1)

写官中书舍人:李凤(2)

写书官司务:黎民表(1)

写书官中书:阎锐(4)、周维藩(1)

写书官寺正:丛恕(1)

写书官监正:丛恕(2)

书写当该吏:吴邦彦③(1)

书写办事官:张天祚(3)、吴邦彦(3)、梅元绍(2)

书写办事吏:张天祥(1)、李应阳(1)

在这 23 人中,郑瑶曾担任过写书官主簿、写书官序班二职。李中曾担任过写书官知事、写书官评事二职。丛恕曾担任写书官寺正、写书官监正二职。吴邦彦亦曾担任过两种职务,即书写当该吏、书写办事官,还有书写儒士的题署④。丛恕、周维藩、吴自成三人亦见于隆庆元年(1567 年)四月诏书赏赐的名单内,其中吴自成在现存《大典》题名中有一处尚作"书写儒士",后来职位

---

① 括号内的数字为其在各册附叶题名中出现的册数。下同。
② 卷七三二九末署"写书官评事"。
③ 按重录《永乐大典》卷次先后,题署依次为书写当该吏、书写办事官、书写儒士。
④ 见下文"书写诸人考"。

提升为写书官主簿。

隆庆元年赏赐诏书还提到三个人:王槐、季芮、顾从礼,亦名列"总校等官",在现存《大典》题名中尚未发现其名,依理推测,他们至少应属于写书官,故亦暂列于此。

合计现在知道的写书官人数,应至少有 27 人。当然,实际数目远远多于27 人。这 27 人的有关资料很少,只有其中 10 人可以找到简单的记载。

1. 李凤

祁州人,嘉靖中为象山训导,博学能书,坐斋舍中日肃诸生课讲,多所发明。(《御定佩文斋书画谱》卷四十三《书家传》二十二《明》四)

2. 黎民表

字惟敬,从化人。举乡试久不第,授翰林孔目,迁吏部司务。因其能文,后用为制敕房中书,供事内阁,加官至参议。著有《瑶石山房集》十六卷。(《明史》卷二百八十七《黄佐本传》附、清黄虞稷《千顷堂书目》卷二十三)

3. 丛恕

《御定佩文斋书画谱》卷四十三《书家传》二十二《明》四"丛恕"条:"嘉靖四十一年徐时行榜进士题名碑。大学士知制诰袁炜撰文,大理寺右寺正丛恕书。"(《六馆日钞》)

4. 王槐

《御定佩文斋书画谱》卷四十三《书家传》二十二《明》四"王槐"条:"嘉靖三十二年陈谨榜进士题名碑。礼部尚书徐阶撰文,山东布政司参议王槐书。"(《六馆日钞》)

5. 顾从礼

《天禄琳琅书目》卷八"明版史部"《秦汉印统》条:"顾从礼,字汝由,上海人,以夏文愍荐修《承天大志》,特授翰林院典籍,累官光禄寺少卿。"

《御定佩文斋书画谱》卷四十三《书家传》二十二《明》四"顾从礼"条:"嘉靖三十八年丁士美榜进士题名碑。吏部左侍郎郭朴撰文,中书舍人顾从礼书。"(《六馆日钞》)

《钦定国子监志》卷四十八:"(嘉靖)三十八年己未科赐丁士美等三百三名及第出身题名碑,吏部侍郎郭朴撰文,中书舍人顾从礼书。"

6. 吴自成

《御定佩文斋书画谱》卷四十三《书家传》二十二《明》四"吴自成"条:"隆庆二年罗万化榜进士题名碑,大学士李春芳撰文,尚宝司少卿兼翰林院侍书吴自成书。"(《六馆日钞》)

《钦定国子监志》卷四十八:"隆庆二年戊辰科赐罗万化等四百三名及第出身题名碑,大学士李春芳撰文,尚宝司少卿吴自成书。"

7. 成楫

《钦定国子监志》卷四十八:"万历二年甲戌科赐孙继高等三百名及第出身题名碑,大学士王锡爵撰文,光禄寺少卿(缺)成楫书。"

《御定佩文斋书画谱》卷四十四《书家传》二十三《明》五"成楫"条:"成楫(神宗时人),万历二年孙继皋榜进士题名碑,大学士王锡爵撰文,光禄寺少卿兼司经局正字成楫书。"(《六馆日抄》)

8. 马继文

《御定佩文斋书画谱》卷四十四《书家传》二十三《明》五"马继文"条:"马继文(神宗时人),万历五年沈懋学榜进士题名碑,大学士许国撰文,太仆寺少卿兼司经局正字马继文书。"(《六馆日抄》)

钱塘倪涛撰《六艺之一录》卷一百《石刻文字》七十六《明碑刻》:"万历五年沈懋学榜进士题名碑,大学士许国撰文,太仆寺少卿兼司经局正字马继文书。"

9. 刘大武

《山西通志》卷九十一《名宦》九:"刘大武,江陵人,嘉靖间以进士任潞安推官。值旱,步祷五龙山,拜毕还,雨即随之,衣尽湿。左右进肩舆,不许。是岁大稔,升主事。"

10. 李应阳

《福建通志》卷三十八《选举》六《明·举人》:"嘉靖三十一年壬子黄星耀榜……李应阳,曲阳令,性醇朴,不能逢迎,司李以供帐簿谮,御史劾,归。"

四、书写诸人考

具体承担《大典》副本抄录的人员称为"书写官生",是经过吏部、礼部糊名考试选取出来的善于楷书者。据嘉靖四十一年徐阶奏疏称,当时考取了109名官生,分为十馆。《明实录·世宗实录》嘉靖四十一年(1562年)八月乙丑(十三日)重录《永乐大典》诏曰:"选各色善楷书人礼部儒士程道南等百余人,就史馆分录。"正式批准这些官生参加《大典》的重录。在现存《大典》各册附叶题名中,有"书写儒士""书写生员""书写监生"等77人,儒士程道南亦见于其中,他们都是具体抄录《大典》的官生。按照规定,他们每天必须抄写三叶,所抄写叶数"以实写之字扣算,凡图画等项不许概作叶数混开"。《大典》重录要求非常严格,写书官生不能在抄写的副本中出现任何差错,若发现所抄写副本有一点差错,就要发还另写,不拘一次二次,只算作一叶。"其论行数,双行小字,只随大字作一行计算。"①

下面是我们在现存《大典》找到的77名书写官生。

书写儒士:

金琦(4)、王以成(6)、张梦祯(6)、张梦祥(2)、王允吕(4)、张栋(4)、毛国光(4)、陈国泰(4)、谢用枢(4)、程道南(1)、胡邦宁(4)、吴仁(5)、张盛(3)、吴子像(9)、杨继成(6)、宣鹊(5)、齐祝寿(2)、黄邦琦(3)、范滨(3)、曹一奇(3)、吴一鸾(1)、李承考(5)、汪玄寿(3)、盛以仁(4)、汪可宗(4)、韩继荣(8)、王一凤(5)、张九鹤(1)、韩标(2)、陈海(2)、章仲京(6)、章伯辉(6)、刘大孝(3)、吕鸣瑞(6)、白寿祥(3)、程大宪(7)、孙应凤(7)、陈栋(3)、赵应宿(6)、梅贯春(2)、汤应龙(3)、孙说(6)、吴自成(1)、倪珺(5)、章玄(5)、汪文孙(7)、姜宪(3)、朱轼(3)、章必进(4)、陆万春(3)、许永禄(2)、韩槐(3)、梅子琦(2)、郭宗义(1)、刘赞(3)、陈晋卿(1)、杜美(1)、金书(2)、林泾(2)、章如铤(1)、钟凤(1)、周冕(2)、杜民(1)、何询(4)、吴鸾(1)、陈大吉(1)、鸣瑞②(2)、吴邦彦(1)、吕鸣端(1)、吕鸣玚(1)、王□□(1)

书写生员:

曹嘉宾(3)、汪增光(5)、崔光弼(2)、赵继祖③(4)、陈晋卿(1)

书写监生:

许泾(2)

① 徐阶:《世经堂集》卷六《处理重录大典奏三》。
② 疑即"吕鸣瑞"的简称。
③ 卷一二〇一八卷末署"书写儒士"。

这 77 人大都属于普通人员,很难在史书中留下生平方面的材料。其中只有三人因进士及第或担任过一定职务,才有几句极为简单的记载。他们是:

1. 王一凤

开州人,嘉靖四十三年进士。(《畿辅通志》卷六十五《举人》)

2. 陈栋

字隆之,南昌人,嘉靖四十四年(1565 年)会元,廷试及第,授编修。隆庆间,擢右赞善侍班。(《江西通志》卷六十九《人物》四《南昌府》四《明》)

3. 章如铤

《御定佩文斋书画谱》卷四十四《书家传》二十三《明》五"章如铤"条:"章如铤(神宗时人)万历二十年翁正春榜进士题名碑,大学士张位撰文,通政司经历章如铤书。"(《六馆日抄》)

《钦定国子监志》卷四十八《金石》三《题名》:"(万历)二十年壬辰科赐翁正春等三百名及第出身题名碑,大学士张位撰文,通政司经历章如铤书。"

这三位《大典》书写官生中,王一凤、陈栋在重录《大典》期间参加科举考试并进士及第,进入仕途,估计不可能继续回到重录《大典》的官生中。类似的情况不应仅此二例。为保证重录《大典》的进度,必定会随时选取合格人员予以补充。因此,在整个重录过程中,参与其事的书写官生应该不止 109 人。

另外,《明史》卷二百一十《周冕传》:资县人,嘉靖二十年(1541 年)进士。授太常博士,擢贵州道试御史。后因得罪严嵩下狱。隆庆初,起用先朝直臣,为太仆少卿,遭母忧,未任,卒。此周冕似乎与《大典》题名中的周冕不是同一人。

五、圈点监生

存世《大典》副本,在句读之处都有朱笔圈点。圈点监生应该就是专门为抄写完的《大典》副本标句读的人员。可见当时《大典》录副分工之细。

现存《永乐大典》副本题名中可查考的圈点监生共有 45 人,每册两人,他们是:

丛仲楫(13)[①]、徐璜(5)、尹之先(2)、李湄(2)、马承志(37)、尼三顾(3)、

---

① 括号内为其所圈点册数。

祝廷召(5)、曹惟章(5)、陈惟杰(5)、林汝松(25)、毕三留(10)、傅道立(25)、周芬(7)、曹忠(7)、吴璥(34)、徐克私(15)、欧阳卿(28)、傅拱章(4)、敖河(40)、孙世良(35)、徐浩(26)、陶大恒(1)、蒋洲(16)、苏泰(9)、雷辰化(3)、马宗孝(18)、董仲辂(20)、陈于廷(12)、曲成学(10)、扈进第(15)、李庄春(19)、苏性愚(19)、林民表(43)、翁嘉言(16)、冯柟(2)、董于翰(20)、乔永华(14)、许汝孝(13)、龚良相(6)、管希仲(7)、包渐林(7)、唐虞(7)李继文(5)、管仲希①(1)、姚灿(2)

因资料不足,以上圈点监生的生平不得而知。

附　录

大陆现存《永乐大典》残本重录人员一览表

序号	卷次	韵部	重录总校官		分校官	誊录	圈点监生	钤印
			侍郎	学士(谕德)				
1	480—481	一东	高拱	(谕德)瞿景淳	编修:陶大临	书写儒士:金琦	丛仲楫、徐璜	吴兴刘氏嘉业堂藏书印、刘承幹字贞一号翰怡
2	538—539	一东	高拱	(谕德)瞿景淳	检讨:吴可行	书写儒士:王以成	尹之先、李湄	无
3	540—541	一东	高拱	(谕德)瞿景淳	编修:陶大临	书写儒士:张梦祯	丛仲楫、徐璜	无
4	551—553	一东	高拱	(谕德)瞿景淳	修撰:林燫	写书官主簿:沈洎	马承志、尼三顾	吴兴刘氏嘉业堂藏书印、刘承幹字贞一号翰怡、大连图书馆藏
5	623—624	一东	(首尾残)					
6	821—823	二支	高拱	瞿景淳	修撰:丁士美	书写办事官:张天祚	祝廷召、曹惟章	藏园秘籍、双鉴楼珍藏印、傅增湘印

----

　　①　疑即"管希仲"。

续表

序号	卷次	韵部	重录总校官		分校官	誊录	圈点监生	钤印
			侍郎	学士（谕德）				
7	895—896	二支	（首尾残）					
8	899—900	二支	高拱	瞿景淳	洗马：林爌	书写生员：曹嘉宾	马承志、尼三顾	吴兴刘氏嘉业堂藏书印、刘承幹字贞一号翰怡、南满洲铁道株式会社大连图书馆、大连图书馆藏
9	901—902	二支	高拱	瞿景淳	修撰：丁士美	书写当该吏：吴邦彦	祝廷召、曹惟章	无
10	905—907	二支	高拱	瞿景淳	编修：陶大临	书写儒士：张梦祥	丛仲楫、徐璜	吴兴刘氏嘉业堂藏书印、刘承幹字贞一号翰怡、南满洲铁道株式会社大连图书馆、大连图书馆藏
11	917—919	二支	高拱	瞿景淳	洗马：林爌	书写生员：汪增光	马承志、尼三顾	同上
12	920—922	二支	高拱	瞿景淳	修撰：徐时行	书写儒士：王允吕	陈惟杰、林汝松	无
13	978	二支	（卷末无）					
14	980	二支	高拱	瞿景淳	编修：张四维	书写儒士：张栋	毕三留、傅道立	濠园秘笈、徐世章印
15	2217—2218	六模	（卷末无）					同上
16	2262—2263	六模	高拱	瞿景淳	编修：张四维	书写儒士：毛国光	毕三留、傅道立	吴兴刘氏嘉业堂藏书印、刘承幹字贞一号翰怡、南满洲铁道株式会社大连图书馆、大连图书馆藏

续表

序号	卷次	韵部	重录总校官		分校官	誊录	圈点监生	钤印
			侍郎	学士（谕德）				
17	2264—2265	六模	（卷末残）					同上
18	2270—2271	六模	高拱	瞿景淳	编修：王希烈	书写儒士：陈国泰	下阙	同上
19	2275	六模	（卷末无）					涵芬楼、海盐张元济经收
20	2276	六模	（卷末无）					同上
21	2277—2278	六模	高拱	瞿景淳	编修：陶大临	书写儒士：谢用枢	丛仲楫、徐浩	无
22	2340—2342	六模	高拱	瞿景淳	谕德：张居正	写书官序班：郑瑶	周芬、曹忠	吴兴刘氏嘉业堂藏书印、刘承幹字贞一号翰怡、南满洲铁道株式会社大连图书馆、大连图书馆藏
23	2343—2344	六模	高拱	瞿景淳	谕德：张居正	写书官序班：何初	周芬、曹忠	同上
24	2345—2347	六模	高拱	瞿景淳	谕德：张居正	写书官序班：何初	周芬、曹忠	吴兴刘氏嘉业堂藏书印、刘承幹字贞一号翰怡、南满洲铁道株式会社大连图书馆、大连图书馆藏
25	2367—2369	六模	高拱	瞿景淳	洗马：林燫	书写儒士：程道南	马承志、吴璥	同上
26	2401	六模	高拱	瞿景淳	洗马：林燫	写书官主簿：沈洧	马承志、吴璥	无
27	2406—2408	六模	高拱	瞿景淳	编修：吕旻	写书官知事：汪栴	徐克私、欧阳卿	吴兴刘氏嘉业堂藏书印、南满洲铁道株式会社大连图书馆、大连图书馆藏

续表

序号	卷次	韵部	重录总校官		分校官	誊录	圈点监生	钤印
			侍郎	学士（谕德）				
28	2535—2536	七皆	高拱	瞿景淳	修撰：丁士美	书写生员：崔光弼	祝廷召、曹惟章	涵芬楼、海盐张元济经收
29	2537—2538	七皆	高拱	瞿景淳	修撰：徐时行	书写儒士：胡邦宁	陈惟杰、林汝松	南满洲铁道株式会社图书印、南满洲铁道株式会社大连图书馆、大连图书馆藏
30	2539—2540	七皆	高拱	瞿景淳	修撰：徐时行	书写儒士：吴仁	陈惟杰、林汝松	涵芬楼、海盐张元济经收
31	2603—2604	七皆	高拱	瞿景淳	编修：张四维	书写儒士：张盛	毕三留、傅道立	吴兴刘氏嘉业堂藏书印、刘承幹字贞一号翰怡、南满洲铁道株式会社大连图书馆、大连图书馆藏
32	2605—2607	七皆	（卷末无）					同上
33	2739—2740	八灰	高拱	瞿景淳	谕德：张居正	写书官序班：吴继芳	周芬、曹忠	□□图书之□
34	2741—2742	八灰	高拱	瞿景淳	谕德：张居正	书写监生：许泾	周芬、曹忠	吴兴刘氏嘉业堂藏书印、刘承幹字贞一号翰怡、南满洲铁道株式会社大连图书馆、大连图书馆藏
35	2754—2755	八灰	高拱	瞿景淳	洗马：林燫	书写生员：赵继祖	马承志、吴璈	同上
36	2807	八灰	高拱	胡正蒙	编修：吕旻	书写儒士：吴子像	徐克私、欧阳卿	无
37	2972	九真	（卷末无）					无

续表

序号	卷次	韵部	重录总校官		分校官	誊录	圈点监生	钤印
			侍郎	学士（谕德）				
38	2973	九真	高拱	瞿景淳	编修：吕旻	书写儒士：杨继成	徐克私、傅拱章	无
39	2978—2980	九真	高拱	瞿景淳	修撰：徐时行	书写官知事：李中	陈惟杰、林汝松	吴兴刘氏嘉业堂藏书印、刘承幹字贞一号翰怡、南满洲铁道株式会社大连图书馆、大连图书馆藏
40	2999—3000	九真	高拱	瞿景淳	修撰：丁士美	书写办事官：张天祚	祝廷召、曹惟章	同上
41	3003—3004	九真	高拱	瞿景淳	编修：王希烈	书写儒士：宣鹄	敖河、孙世良	无
42	3005—3007	九真	高拱	瞿景淳	编修：张四维	书写儒士：齐祝寿	毕三留、傅道立	吴兴刘氏嘉业堂藏书印、刘承幹字贞一号翰怡、南满洲铁道株式会社大连图书馆、大连图书馆藏
43	3008	九真	高拱	瞿景淳	编修：陶大临	书写儒士：金琦	丛仲楫、徐浩	同上
44	3009—3010	九真	高拱	瞿景淳	编修：陶大临	书写儒士：黄邦琦	丛仲楫、徐浩	同上
45	3133—3134	九真	高拱	瞿景淳	编修：陶大临	书写儒士：谢用枢	陶大恒、徐浩	同上
46	3145—3146	九真	高拱	瞿景淳	编修：王希烈	书写儒士：范滨	敖河、孙世良	□公度鉴藏印、大兴、□公度家珍藏
47	3150—3151	九真	（卷末无）					无

续表

序号	卷次	韵部	重录总校官		分校官	誊录	圈点监生	钤印
			侍郎	学士（谕德）				
48	3155—3156	九真	高拱	瞿景淳	编修:陶大临	书写儒士:谢用枢	丛仲楫、徐浩	吴兴刘氏嘉业堂藏书印、刘承幹字贞一号翰怡、南满洲铁道株式会社大连图书馆、大连图书馆藏
49	3518—3519	九真	（首尾残）					无
50	3525—3526	九真	高拱	瞿景淳	谕德:张居正	写官中书舍人:李凤	蒋洲、苏泰	涵芬楼、海盐张元济经收
51	3527—3528	九真	高拱	瞿景淳	编修:吕旻	书写儒士:赵应宿	徐克私、欧阳卿	无
52	3614	十寒	（卷末无）					南满洲铁道株式会社大连图书馆、大连图书馆藏
53	5248—5249	十三萧	（卷末残）					吴兴刘氏嘉业堂藏书印、刘承幹字贞一号翰怡、祁阳陈澄中藏书记、御赐金声玉色
54	5251—5252	十三萧	高拱	瞿景淳	修撰:丁士美	书写办事吏:张天祥	雷辰化、马宗孝	同上
55	5296—5297	十三萧	高拱	瞿景淳	修撰:丁士美	书写办事官:吴邦彦	雷辰化、马宗孝	无
56	5343	十三萧	高拱	（谕德）瞿景淳	修撰:林燫	写书官主簿:沈洧	马承志、吴璇	无

续表

序号	卷次	韵部	重录总校官		分校官	誊录	圈点监生	钤印
			侍郎	学士（谕德）				
57	5345	十三萧	高拱	（谕德）瞿景淳	修撰：徐时行	书写儒士：曹一奇	林汝松、董仲辂	南满洲铁道株式会社大连图书馆、大连图书馆藏
58	5453—5454	十四爻	高拱	陈以勤	谕德：张居正	写书官序珏：何初	蒋洲、苏泰	无
59	5769—5770	十六麻	高拱	陈以勤	谕德：张居正	写书官序珏：吴继芳	苏泰、陈于廷	濠园秘笈、徐世章印
60	6504—6505	十八阳	高拱	陈以勤	修撰：诸大绶	书写儒士：胡邦宁	林汝松、董仲辂	吴兴刘氏嘉业堂藏书印、刘承幹字贞一号翰怡、南满洲铁道株式会社大连图书馆、大连图书馆藏
61	6523—6524	十八阳	高拱	陈以勤	编修：吕旻	书写儒士：吴一鸾	徐克私、欧阳卿	无
62	6558—6559	十八阳	（卷末无）					涵芬楼、海盐张元济经收
63	6564—6565	十八阳	高拱	陈以勤	编修：陶大临	书写儒士：黄邦琦	徐浩、曲成学	吴兴刘氏嘉业堂藏书印、刘承幹字贞一号翰怡、南满洲铁道株式会社大连图书馆、大连图书馆藏
64	6837—6838	十八阳	高拱	陈以勤	修撰：丁士美	书写儒士：吴邦彦	马宗孝、扈进第	同上
65	7159	十八阳	高拱	陈以勤	编修：陶大临	书写儒士：李承考	徐浩、曲成学	无

续表

序号	卷次	韵部	重录总校官		分校官	誊录	圈点监生	钤印
			侍郎	学士（谕德）				
66	7213—7214	十八阳	高拱	陈以勤	检讨：马自强	书写儒士：汪玄寿	李庄春、苏性愚	祁阳陈澄中藏书记
67	7235—7236	十八阳	高拱	陈以勤	修撰：诸大绶	书写儒士：吴仁	林汝松、董仲辂	吴兴刘氏嘉业堂藏书印、刘承幹字贞一号翰怡、南满洲铁道株式会社大连图书馆、大连图书馆藏
68	7239—7240	十八阳	高拱	陈以勤	洗马：林燫	书写儒士：盛以仁	马承志、吴璥	同上
69	7325	十八阳	（卷末无）					涵芬楼、海盐张元济经收
70	7326	十八阳	高拱	陈以勤	修撰：丁士美	写书官司务：黎民表	马宗孝、扈进第	同上
71	7328	十八阳	高拱	陈以勤	编修：王希烈	书写儒士：汪可宗	敖河、孙世良	无
72	7385—7386	十八阳	高拱	陈以勤	编修：孙铤	书写儒士：韩继荣	林民表、翁嘉言	无
73	7387—7388	十八阳	高拱	陈以勤	编修：孙铤	书写儒士：王一凤	林民表、翁嘉言	无
74	7393—7394	十八阳	高拱	陈以勤	编修：孙铤	书写儒士：张九鹤	林民表、翁嘉言	无
75	7449—7450	十八阳	高拱	陈以勤	编修：孙铤	书写儒士：韩继荣	林民表、翁嘉言	无

序号	卷次	韵部	重录总校官		分校官	誊录	圈点监生	钤印
			侍郎	学士（谕德）				
76	7455	十八阳	高拱	陈以勤	编修:孙铤	书写儒士:韩继荣	林民表、翁嘉言	无
77	7456—7457	十八阳	高拱	陈以勤	检讨:马自强	书写儒士:韩标	李庄春、苏性愚	无
78	7458	十八阳	高拱	陈以勤	编修:陶大临	写书官序班:杨宗傅	徐浩、曲成学	无
79	7459—7460	十八阳	高拱	陈以勤	编修:张四维	书写儒士:陈海	傅道立、冯柟	无
80	7461—7462	十八阳	高拱	陈以勤	谕德:张居正	书写儒士:章仲京	苏泰、陈于廷	无
81	7506	十八阳	（卷末无）					涵芬楼、海盐张元济经收
82	7507	十八阳	高拱	胡正蒙	修撰:丁士美	书写儒士:章伯辉	马宗孝、扈进第	无
83	7510	十八阳	（卷末无）					涵芬楼、海盐张元济经收
84	7513—7514	十八阳	高拱	胡正蒙	编修:陶大临	书写儒士:刘大孝	徐浩、曲成学	同上
85	7517—7518	十八阳	高拱	胡正蒙	编修:王希烈	书写儒士:吕鸣瑞	敖河、孙世良	吴兴刘氏嘉业堂藏书印、刘承幹字贞一号翰怡、南满洲铁道株式会社大连图书馆、大连图书馆藏
86	7543	十八阳	高拱	胡正蒙	洗马:林燫	书写儒士:盛以仁	马承志、吴璩	同上

续表

| 序号 | 卷次 | 韵部 | 重录总校官 | | 分校官 | 誊录 | 圈点监生 | 钤印 |
			侍郎	学士（谕德）				
87	7602—7603	十八阳	高拱	胡正蒙	编修：王希烈	书写儒士：汪可宗	敖河、孙世良	周暹
88	7889—7890	十九庚	高拱	胡正蒙	洗马：林燫	书写儒士：盛以仁	马承志、吴璥	无
89	7891—7892	十九庚	（卷末无）					无
90	7893—7895	十九庚	高拱	陈以勤	编修：王希烈	书写儒士：宣鹄	敖河、孙世良	无
91	7960—7962	十九庚	高拱	胡正蒙	编修：吕旻	书写儒士：白寿祥	徐克私、欧阳卿	南满洲铁道株式会社图书印、南满洲铁道株式会社大连图书馆、大连图书馆藏
92	8020	十九庚	陈以勤	王大任	侍读：王希烈	书写儒士：程大宪	敖河、孙世良	涵芬楼、海盐张元济经收
93	8091—8093	十九庚	高拱	胡正蒙	洗马：林燫	写书官中书：阎锐	马承志、吴璥	无
94	8164—8165	十九庚	高拱	胡正蒙	编修：吕旻	书写儒士：孙应凤	徐克私、欧阳卿	吴兴刘氏嘉业堂藏书印、刘承幹字贞一号翰怡、南满洲铁道株式会社大连图书馆、大连图书馆藏
95	8199	十九庚	高拱	胡正蒙	编修：王希烈	书写儒士：范滨	敖河、孙世良	无
96	8413—8414	十九庚	高拱	胡正蒙	检讨：马自强	书写儒士：陈栋	李庄春、苏性愚	□经堂藏、□经堂珍藏金石书画□帖记
97	8506—8507	十九庚	高拱	胡正蒙	洗马：林燫	书写儒士：盛以仁	马承志、吴璥	无

续表

序号	卷次	韵部	重录总校官		分校官	誊录	圈点监生	钤印
			侍郎	学士（谕德）				
98	8706	十九庚	（卷末无）					祁阳陈澄中藏书记
99	8978	二十尤	高拱	胡正蒙	侍读：吕旻	书写儒士：赵应宿	徐克私、欧阳卿	无
100	8979	二十尤	（卷末无）					南满洲铁道株式会社大连图书馆、大连图书馆藏
101	9762—9764	二十二覃	高拱	胡正蒙	修撰：诸大绶	书写儒士：梅贯春	林汝松、董仲辂	濠园秘笈、徐世章印
102	10286—10287	二纸	（卷末缺）					无
103	10309—10310	二纸	高拱	胡正蒙	侍读：王希烈	书写儒士：汤应龙	敖河、孙世良	无
104	10458—10459	四济	高拱	胡正蒙	洗马：林燫	书写儒士：孙说	马承志、吴璥	吴兴刘氏嘉业堂藏书印、刘承幹字贞一号翰怡、南满洲铁道株式会社大连图书馆、大连图书馆藏
105	10888—10889	六姥	高拱	胡正蒙	侍读：王希烈	书写儒士：吴自成	敖河、孙世良	濠园秘笈、徐世章印
106	11127—11128	八贿	高拱	胡正蒙	侍读：王希烈	书写儒士：程大宪	敖河、孙世良	涵芬楼、双鉴楼藏书印、海盐张元济经收
107	11129—11130	八贿	高拱	胡正蒙	侍读：吕旻	书写儒士：吴子像	蒋洲、欧阳卿	同上
108	11131—11132	八贿	（卷末无）					同上
109	11133—11134	八贿	高拱	胡正蒙	编修：孙铤	书写儒士：倪珺	林民表、翁嘉言	涵芬楼、海盐张元济经收

续表

序号	卷次	韵部	重录总校官		分校官	誊录	圈点监生	钤印
			侍郎	学士（谕德）				
110	11135	八贿	高拱	胡正蒙	编修:孙铤	书写儒士:章玄	林民表、翁嘉言	□云忆□居珍藏善本书籍印、李宗侗藏书、李宗侗印
111	11136—11137	八贿	高拱	胡正蒙	编修:孙铤	书写儒士:汪文孙	翁嘉言、林民表	同上
112	11138—11139	八贿	高拱	胡正蒙	编修:孙铤	书写儒士:韩继荣	林民表、翁嘉言	同上
113	11140—11141	八贿	高拱	胡正蒙	修撰:丁士美	书写生员:崔光弼	马宗孝、扈进第	同上
114	11620	十四巧	高拱	胡正蒙	洗马:林燫	写书官主簿:沈洎	马承志、吴璸	涵芬楼、海盐张元济经收
115	13017	一送	秦鸣雷	胡正蒙	修撰:马自强	书写儒士:姜宪	李庄春、苏性愚	吴兴刘氏嘉业堂藏书印、刘承幹字贞一号翰怡、南满洲铁道株式会社大连图书馆、大连图书馆藏
116	13018	一送	秦鸣雷	胡正蒙	修撰:马自强	书写儒士:汪玄寿	李庄春、苏性愚	无
117	13019	一送	（卷末无）					南满洲铁道株式会社大连图书馆、大连图书馆藏
118	13082—13084	一送	秦鸣雷	胡正蒙	修撰:诸大绶	书写儒士:朱轼	林汝松、董仲辂	吴兴刘氏嘉业堂藏书印、刘承幹字贞一号翰怡、南满洲铁道株式会社大连图书馆、大连图书馆藏

续表

序号	卷次	韵部	重录总校官		分校官	誊录	圈点监生	钤印
			侍郎	学士（谕德）				
119	13135—13136	一送	秦鸣雷	胡正蒙	洗马:林燫	书写生员:赵继祖	马承志、吴璇	无
120	13450	二寘	秦鸣雷	胡正蒙	编修:孙铤	书写儒士:倪珺	林民表、董于翰	无
121	13494—13495	二寘	秦鸣雷	王大任	修撰:丁士美	书写儒士:章伯辉	马宗孝、扈进第	羖斋藏书记
122	13506—13507	二寘	秦鸣雷	王大任	侍读:吕旻	书写儒士:杨继成	乔永华、欧阳卿	同上
123	14046	四霁	高拱	瞿景淳	编修:张四维	书写儒士:陈海	毕三留、傅道立	无
124	14049—14050	四霁	秦鸣雷	王大任	编修:孙铤	书写儒士:章玄	林民表、董于翰	无
125	14051—14052	四霁	（卷末无）					无
126	14053—14054	四霁	秦鸣雷	王大任	编修:孙铤	书写儒士:韩继荣	林民表、董于翰	无
127	14380—14381	四霁	秦鸣雷	王大任	编修:张四维	写书官监正:丛恕	傅道立、许汝孝	□公度家珍藏、大兴、□公度鉴藏印
128	14382—14383	四霁	秦鸣雷	王大任	编修:张四维	书写儒士:章必进	傅道立、许汝孝	□□图书之□
129	14384	四霁	高拱	瞿景淳	编修:张四维	书写儒士:陆万春	毕三留、傅道立	涵芬楼、海盐张元济经收
130	14461—14462	五御	秦鸣雷	王大任	侍读:王希烈	书写儒士:陈国泰	敖河、孙世良	无

序号	卷次	韵部	重录总校官		分校官	誊录	圈点监生	钤印
			侍郎	学士（谕德）				
131	14463—14464	五御	秦鸣雷	王大任	修撰：丁士美	书写辨事官：吴邦彦	马宗孝、扈进第	吴兴刘氏嘉业堂藏书印、刘承幹字贞一号翰怡、南满洲铁道株式会社大连图书馆、大连图书馆藏
132	14536—14537	五御	秦鸣雷	王大任	谕德：汪镗	写书官序班：郭东都	陈子廷、龚良相	同上
133	14544—14545	五御	秦鸣雷	王大任	洗马：林燫	书写生员：赵继祖	马承志、吴璸	濠园秘笈、徐世章印
134	14574—14576	六暮	秦鸣雷	王大任	洗马：林燫	书写生员：曹嘉宾	马承志、吴璸	吴兴刘氏嘉业堂藏书印、刘承幹字贞一号翰怡、南满洲铁道株式会社大连图书馆、大连图书馆藏
135	14620—14621	六暮	秦鸣雷	王大任	编修：张四维	书写儒士：张盛	傅道立、许汝孝	同上
136	14624—14625	六暮	秦鸣雷	王大任	编修：张四维	书写儒士：毛国光	傅道立、许汝孝	同上
137	14626	六暮	（卷末无）					无
138	14707—14708	六暮	（卷末无）					濠园秘笈、徐世章印
139	14948	六暮	（卷末无）					无
140	14998	七泰	（卷末无）					濠园秘笈、徐世章印
141	14999	七泰	秦鸣雷	王大任	编修：陶大临	书写儒士：许永禄	徐浩、管仲希	无
142	15138—15139	七泰	秦鸣雷	王大任	侍读：吕旻	书写儒士：韩槐	乔永华、包渐林	无

续表

序号	卷次	韵部	重录总校官		分校官	誊录	圈点监生	钤印
			侍郎	学士（谕德）				
143	15140—15141	八队	秦鸣雷	王大任	侍读：丁士美	书写儒士：章伯辉	马宗孝、扈进第	涵芬楼、海盐张元济经收
144	15873—15875	九震	秦鸣雷	王大任	侍读：吕旻	书写儒士：杨继成	乔永华、包渐林	濠园秘笈、徐世章印
145	18222—18224	十八漾	（卷末无）					无
146	18402—18403	十八漾	秦鸣雷	王大任	侍读：吕旻	书写儒士：吴子像	乔永华、包渐林	无
147	20204—20205	二质	陈以勤	王大任	编修：孙铤	书写儒士：章玄	林民表、唐虞	无
148	20353—20354	二质	陈以勤	王大任	修撰：马自强	书写儒士：梅子琦	李庄春、苏性愚	濠园秘笈、徐世章印
149	20424—20425	二质	陈以勤	王大任	侍读：王希烈	书写儒士：程大宪	敖河、孙世良	无
150	20648—20649	二质	陈以勤	王大任	中允：胡杰	书写生员：汪增光	马承志、吴璥	彀斋藏书记
151	21029—21031	三术	陈以勤	王大任	编修：孙铤	书写儒士：汪文孙	林民表、唐虞	无
152	21983—21984	七药	（首尾残）					涵芬楼、李□所藏书画金石、海盐张元济经收

续表

序号	卷次	韵部	重录总校官		分校官	誊录	圈点监生	钤印
			侍郎	学士（谕德）				
153	22180—22182	八陌	陈以勤	王大任	修撰：诸大绶	书写儒士：郭宗义	林汝松、董仲辂	无
154	22536—22537	九缉	陈以勤	王大任	编修：陶大临	书写儒士：张梦祯	徐浩、管希仲	䒰斋印、□亭镏氏所藏秘笈、盐山刘□藏书、戊亥
155	22570—22572	九缉	陈以勤	王大任	编修：孙铤	书写儒士：王以成	林民表、唐虞	大连图书馆藏
156	22576—22578	九缉	陈以勤	王大任	编修：张四维	书写儒士：陆万春	傅道立、许汝孝	无
157	22749—22750	十合	陈以勤	王大任	中允：胡杰	写书官中书：周维藩	马承志、吴璥	涵芬楼、海盐张元济经收
158	22760	十合	（卷末无）					大连图书馆藏、南满洲铁道株式会社大连图书馆、大连图书馆藏
159	18764—18766	十九敬	（卷末无）					无
160	18767—18769	十九敬	（卷末无）					无
161	18770—18771	十九敬	（卷末残）					无
162	7322—7324	十九敬	高拱	陈以勤	编修：王希烈	书写儒士臣:鸣瑞	敖河、孙世良	□生目□棣□、颜得□堂、上海图书馆藏
163	19791	一屋	陈以勤	王大任	编修：王希烈	书写儒士臣:鸣瑞	敖河、孙世良	无

重錄總校官侍郎臣　高拱

分校官修撰臣　丁士美

學士臣　瞿景淳

書寫生員臣　崔光翔

圈點監生臣　祝廷名

圈點監生臣　曹惟章

《永乐大典》卷 2535—2536 末录副诸人衔名（涵芬楼旧藏，今藏中国国家图书馆）

棉花种植与纺织史的一则新资料

——读练梅谷《木绵歌》

　　中国植棉历史至少已有 2000 年。《尚书·禹贡》有"岛夷卉服,厥篚织贝"的记载,通常认为这是当时东南沿海一带居民已穿着棉织品的证据。汉武帝(公元前 140—前 87 年)时海南岛植棉与纺织已相当发达。新疆民丰县的东汉古墓中多次发掘出棉布和棉絮制品,在新疆巴楚和吐鲁番的晚唐遗址中曾多次发现棉籽,据鉴定此为草棉棉籽,表明 1000 多年前在新疆草棉已经广泛种植。宋末元初,棉花在中国得到大范围的传播,经元、明、清三代的提倡,长江流域、黄河流域的棉区不断扩大。

　　有关早期棉花在中国传播的史料比较少,撰写宋元时期棉花种植与棉纺织业史时所依据的文献也屈指可数。元代诗人练梅谷所撰《木绵歌》,以简练的语言叙述了元代四川地区种植、加工棉花以及纺织成布匹的全部工序,对我们研究当时棉花种植的传播和棉花加工、纺织技术的水平,都很有帮助。由于学术界对此诗尚未注意,笔者不揣浅陋,介绍于此。

木绵歌

吴姬织绫双凤花,越女制绮五色霞。

烟熏麝染脂粉气,落落不到山人家。

蜀江橦老鹁衔子,种我南园饱春雨。

浅金花小亚黄葵,浓绿苞肥压青李。

吐成秋茧不用缲,回看春箔真徒劳。

乌镣笭滑脱绒核,竹弓弦紧翻云涛。

按挲玉箸光夺雪,纺络新丝细如发。

津津贫女得野蚕,轧轧寒梭纬霜月。

布成奴视白氎毡,价重博取青铜钱。

不须坐我炉火上，便欲挟纩春风前。

衣无美恶暖则一，木绵裘敌天孙织。

饮散金山弄玉箫，风流未逊扬州客。

该诗最初收录于元代蒋易编《皇元风雅·杂编卷上》，清代顾嗣立、席世臣编《元诗选癸集》亦收录此诗。作者练梅谷，生平不详。《皇元风雅·杂编》目录后有一段话，说："记以杂名者，旁及他事，不专于一也。诗以杂名者，不拘流例，遇物即言也。是编杂采江湖之所传而不睹其全者，故题曰《风雅杂编》云。"据此推测，练梅谷大约是当时一位不太出名的普通诗人，故其生平未著于史书，传世诗作亦仅此一首。关于此诗的作者，《元诗选癸集》注云："《乾坤清气》作胡艾山。"是《乾坤清气》以此诗为胡艾山所作，与蒋易《皇元风雅》有歧异。今从《皇元风雅》。

下面将此诗作简单的疏证。

"蜀江橦老鹄衔子，种我南园饱春雨。"此二句言棉花的播种。橦，即棉花，北宋孙光宪《南越》诗云："晓厨烹淡菜，春杼织橦花。"所说的"橦花"即指棉花。值得注意的是"蜀江橦老鹄衔子"一句，它表明作者描写的应是蜀地的棉花种植情况。这一记载很重要。根据研究，棉花种子传入中国腹地大约是在宋元之际，主要是沿着由南而北的路线传入的，先传入广东、福建，然后进入华中。[1] 漆侠先生考证："棉花之于宋代逾岭表而至两浙、江东，宋末又逾长江而至扬州，并及于淮南，棉花之由南向北传播告一结束。"[2]《元史·世祖本纪》记载，至元二十六年（1289年），元世祖下令设立浙东、江东、江西、湖广、福建五省"木绵提举司"，此五省的民众岁输木绵布十万疋。这表明元初棉花的种植、加工已经在这些区域得到推广普及。此时与湖广毗邻的四川是否也已经引种棉花，则无任何记载。较晚些时候成书的《万历会计录》记载万历六年（1578年）明政府征收棉花布实物贡赋的区域有山东、山西、河南、陕西、湖广、四川、江西各布政司及南北直隶各府。其中如重庆府，所辖仅20州县，而征纳地亩棉花绒的达17州县。可见当时四川已经成为重要的产棉区之一。今由练梅谷《木绵歌》知道，四川早在元代就和长江中下游的各省一样，开始了棉

---

[1] 刘进宝：《唐五代敦煌棉花种植研究——兼论棉花从西域传入内地的问题》，《历史研究》2004年第6期。

[2] 漆侠：《宋代植棉考》，载《探知集》，河北大学出版社1999年版。

花的种植。可以说,这一句诗是研究四川植棉史的一条珍贵材料,它使今人清楚了四川植棉的最早年代,认识到四川后来成为我国重要的产棉区是经过了一定历史过程的。

棉花的种植时间为春天,一般在农历三月份左右。当时,人们对棉花的种植时间有较准确的把握。《资治通鉴》卷一百五十九胡三省注:"木绵,江南多有之,以春二三月之晦下子种之。"胡氏为宋末元初人,与练梅谷同时代。因此,"种我南园饱春雨"也是写实之语。

"浅金花小亚黄葵,浓绿苞肥压青李。吐成秋茧不用缲,回看春箔真徒劳。"此四句叙述了棉花从开花到成熟的全过程。棉花栽植后,约经两个月的时间便会开花,早上开花时为淡黄色,有 4 个花瓣,等到花朵授粉后,则转为浅红色至紫红色,花瓣也会包合起来。"浅金花小亚黄葵"所写的正是棉花刚开花时的情景。棉花开花后会结出桃子状的青绿果实,称为棉铃。"浓绿苞肥压青李"写的是棉花结出棉铃。每个棉铃成熟时,都会裂开,露出 4 团洁白的棉花。"吐成秋茧不用缲,回看春箔真徒劳",是说棉花成熟后即结出棉絮,不像桑蚕需要采桑喂养,蚕结成茧后,还需要缲丝,工序繁多,劳动量大。这是种植棉花较养桑蚕优越之处。关于棉花的优点,在元代传播到中国之后,人们很快就认识到了,王祯《农书》卷二十五说,棉花"比之蚕桑,无采养之劳,有必收之效;埒之枲苎,免绩缉之工,得御寒之益,可谓不麻而布,不茧而絮"。

"乌镠筍滑脱绒核",此句叙述的是为棉花去籽的工序。棉花是从棉籽的表皮长出的,紧紧地附着在棉籽上,因此要利用棉花,必须先将棉籽和棉花分离,将棉籽去掉。陶宗仪《辍耕录》卷二十四"黄道婆"条云,元朝初年,中国刚开始植棉之时,"初无踏车椎弓之制,率用手剥去籽"。完全依靠手剥的方法为棉花去籽,这是最为原始的去籽方法。

至元十年(1273 年)司农司颁布的《农桑辑要》卷二,记载有另一种去籽方法,较为便捷一些,具体是:"用铁杖一条,长二尺,粗如指,两端渐细,如赶饼杖样;用梨木板长三尺,阔五寸,厚二寸,做成床子逐旋;取棉籽置于板上,用铁杖旋赶出籽粒,即为净棉。"用铁杖赶搓去籽,自然比手剥法的效率高出了许多。

此句所叙述的去籽方法显然与手剥不同。镠,本义为纯美的黄金,这里应该是指某种金属。筍,箭杆。绒核,即棉花籽。结合《农桑辑要》的记载可知,诗句中的"乌镠筶"很可能指专门用来赶棉花去籽的铁杖。《农桑辑要》的编纂与颁布,是为了指导农业生产,劝课农桑,以恢复和发展当时的农业。《木绵歌》中四川地区采用的棉花去籽方法很可能是《农桑辑要》颁布推广的结果。

"竹弓弦紧翻云涛",此句写的是弹棉花。把棉花弹松、弹匀,是棉花初步加工的第二步工序。《辍耕录》卷二十四"黄道婆"条云,元初弹棉花,"线弦竹弧,置案间振掉成剂,厥工甚艰"。这种使用于案间的弓,其形制之小可想而知,大约即胡三省《通鉴注》所说的"以竹为小弓,长尺四五寸许,牵弦以弹绵,令其匀细"。这种小弓只能用手指去弹拨,而不能用椎来击打,故而效率很低。《木绵歌》所言弹棉花的竹弓似非这样的小弓,而应是较大的弓。元贞年间(1295—1296 年),松江府的黄道婆在海南岛向黎族学得种棉和棉纺技术,回故乡后改革纺织工具和工艺,并加以传播,传授新的棉花加工、纺织技术,其中弹棉花的工具即为椎弓。王祯《农书》卷二十五记载了当时所用椎弓的形制:"木棉弹弓,以竹为之,长可四尺许,上一截颇长而弯,下一截稍短而劲,控以绳弦,用弹棉英,如弹毡法。"《木绵歌》所说的竹弓应是这种椎弓。使用这种稍大一些的椎弓弹棉花,确实有"翻云涛"的效果。大约黄道婆传授的这项新技术工具很快沿着长江传入四川地区。这说明《木绵歌》创作的时间应在元贞年间之后,它所反映的四川棉花种植与加工技术水平也大致属于这一时期。

"挼挲玉箸光夺雪",此句写的是用棉花纺纱之前的准备工序——拼条,即把弹好的棉花制成管状棉条。做这道工序,只需要一条粗细适宜的短杆,短杆用竹或木或高粱秆都可以。"挼挲玉箸"即是用短杆来卷制棉条。"光夺雪"是形容棉条之洁白。

"纺络新丝细如发",此句写的是纺纱。《资治通鉴》卷一百五十九胡三省注描述手工纺纱说,将弹好的棉花"卷为小筒,就车纺之,自然抽绪,如缫丝状"。当时纺纱所用的工具,诗句未作交代,估计是农村家庭使用最普遍、最简单的手摇一锭纺车。这种纺车一直到近代的农村还在使用,它虽然简单,效率低,但比较适合农业时代男耕女织的家庭自然经济。《农书·农器图谱十九》记载当时有三锭的木棉纺车,叙谓:"轮动弦转,莩繀随之,纺人左手握其绵筒,不过二三。"这种纺车虽然仍为手动,但较之一锭的纺车效率要高。不知三锭的纺车是否在当时的四川地区已经推行。

"津津贫女得野蚕,轧轧寒梭纬霜月。"此二句言贫人之家得有棉花以供纺织。津津,众多的样子。贫女,泛指普通的平民家庭妇女。野蚕,借指棉花。这两句诗说明,与桑蚕相比较,棉花是更为容易获得的一种纺织原料。此处所使用的织机应该是丝麻业所用的投梭织机。这种织机一直到近现代的农村还在使用,其构造沿用一两千年而变化不大,能够完成开口、投梭、打纬、移综、放经、卷布六个步骤的动作,织成布匹。

"布成奴视白氎毡,价重博取青铜钱。"此二句言织成棉布,可与细毛布、毛毡相媲美;棉布以其自身优势,能够卖出好价钱。视,可与之相比之意。毡乃以毛压碾而成。氎有二义,一指细毛布,一指棉布。唐慧琳《一切经音义》卷二十七《妙法莲花经》"氎":"《切韵》'细毛布也。'今谓不然,别有氎花,织以为布。"卷三十三《转女身经》"抽毛纺氎":"氎者,西国木绵草花,如柳絮,彼国土俗皆抽捻以纺成缕,织以为布,名之为氎。"卷四十《大力金刚经》"妙氎"引《考声》云:"毛布也,亦草花布也。"此处"氎"与"毡"联用,当指细毛布。

"价重博取青铜钱",是说棉布的价钱很高,这是当时的实际。在棉花传入内地之前,中原能够见到的棉布主要是来自周边民族和外国的贡品,非常珍稀,价格十分昂贵。宋元时期,棉花虽然在内地许多地区大面积传播开来,但相比于传统的丝麻织物,仍比较少,况且朝廷很快就将棉织物作为重要的征敛物品,向民间搜刮,棉布在当时依然属于价格高的商品,尤其是在棉花种植尚不是很普遍的地区。四川在元代之所以未像浙东、江东、江西、湖广、福建五省那样也设立"木绵提举司",显然是因为棉花在这里的种植还处于推广、发展阶段,不是很普遍,故而这里的棉织物价格很高。

"不须坐我炉火上,便欲挟纩春风前。衣无美恶暖则一,木绵裘敌天孙织。"此四句极言棉絮和棉布衣服保暖效果之佳,谓其胜过织女纺织的衣物,衣此则冬日不必坐拥炉火。纩,指棉絮。挟纩,是指于衣中纳棉絮以御寒。《左传》宣公十二年:"王巡三军,拊而勉之,三军之士,皆如挟纩。"裘本为皮衣,这里借指棉衣。天孙,星名,即织女星。《史记·天官书》:"河谷大星……其北织女。织女,天孙也。"

"饮散金山弄玉箫,风流未逊扬州客。"此二句典故出自苏轼《金山梦中作》:"东来贾客木绵裘,饮散(一作"会散")金山月满楼。夜半潮来风又热,

我南園報春雨淺金花小距黃葵濃綠苞肥壁
青李吐成秋繭不用繅迴看春箔真徒勞烏鏐
苧謂脫絖絺竹弓弦緊翻雲濤授爭玉箸光奪
雪絥絡新綠細如綅津二貧女得野蠶軋二寒
梭緯霜月布成奴視白韁運價重博取青銅錢
不須坐我爐火上便欲挾纊春風前袄無美惡
煖則一木綿柰敵天孫織飲散金山弄玉簫風
泝未遜楊州客
　　采茶歌　　卓元野
山之顛水之涯産靈草年二采摘當春早製成
窟濩足清風灘
　　木綿歌　　練梅谷
朝容易殘雖処四壁立享如万鍾安靜坐明月
二一念間所得甚尠所求亦怪三百年修不足一
所安五升分固云薄吾志亦非單靜看如山禍差
食李勿嫌苦食梅勿嫌酸不爲身所累且徒心
　　　　　前人
履微嫌貴蹟剝末若氏李地絕不見吾跡
　　書警
吳姬織綺雙鳳花越女製絺五色霞烟熏麝染
脂粉氣落二不到山人家蜀江檀老鶴衛子種

（元）蔣易輯，《國朝風雅》不分卷《雜編》三卷，"中華再造善本"據中國國家圖書館藏元刻本影印卧吹箫管到扬州。"《诗话总龟后集》卷八引此诗云:"盖坡尝衣此,坐客误云木绵袄俗,饮散乃出此诗,且云,虽欲俗不可得也。坐客大惭。贾客事乃《南史》,孔觊二弟,颇营产业。请假东还。觊出渚迎之。辎重二十余船,皆绵绢纸席之属,觊伪喜,因命且置岸侧,既而正色谓曰:'汝辈忝预士流,何至还东作贾客耶?'命烧尽乃去。"

总之,通过解读这首诗,我们至少可以得到以下几点认识:

第一,四川地区的棉花种植与棉纺业自元代已经开始。之后,经过长期发展,成为全国重要的产棉区之一。

第二,元代四川地区的棉花初加工和纺织既采用了一些新的技术,又受自然经济条件的限制,某些更先进的技术设备没有能够得到推广,这与当时的生产力水平大致是吻合的。

第三,棉花种植传播到内地之后,之所以能够迅速推广开来,是它与桑蚕相比有很多的优越性。人们对棉花优越性的认识在这首诗中得到很鲜明的反映。

谈古书中的计字尾题 *

古代书籍往往在每篇的末尾有一条标明该篇文字数量的尾题,此于流传至今的许多古代书籍抄本、刻本中经常可以见到,近现代出土文献中也有不少例证。这是古代书籍制度中的一个重要现象,但目前学界对这个问题很少给予关注,没有足够的认识。下面综合传世文献与出土材料,对该问题做一些分析和探索。

写本书籍中的计字尾题

先说出土简牍文献。这些文献都以简牍为载体,完整地保留了早期写本的诸多特点,计字尾题即是其一。银雀山汉简《孙子兵法》《孙膑兵法》某些篇目的末尾就题署有这样的数字,例如:

(1)《孙子兵法》之《军争》篇末题"四百六十五",《吴问》篇末题"二百八十四",《见吴王》篇末题"千□十五";

(2)《孙膑兵法》之《擒庞涓》篇末题"四百六",《篡卒》篇末题"二百卅五",《月战》篇末题"八十",《八阵》篇末题"二百一十四",《地葆》篇末题"二百",《十阵》篇末题"七百八十七",《十问》篇末题"七百一十九",《客主人分》篇末题"五百一十四",《善者》篇末题"二百□□□",《五名五恭》篇末题"二百五十六",《五度九夺》篇末题"四百二字",《奇正》篇末题"四百八十七"。①

这些篇末数字都是关于该篇字数的标注。现在所见到的是残留下来的一部

---

* 2003 年初稿,2007 年二稿并刊于《文津学志》第 2 辑,2017 年 4 月修改。

① 银雀山汉墓竹简整理小组编:《银雀山汉墓竹简〈孙子兵法〉》,文物出版社 1976 年版;银雀山汉墓竹简整理小组编:《银雀山汉墓竹简〈孙膑兵法〉》,文物出版社 1975 年版。

分,估计当时这两种书的所有篇章末尾都有类似的数字。又如定州汉墓竹简《论语》也有不少属于这种计字尾题的残简:

　　(3)●凡二章　凡三百廿二字　简612

　　(4)……章……五百七十五字　简614

　　(5)凡卅六章　●凡九百九十字　简615

　　(6)●凡卅章　●凡七百九十字　简616

　　(7)●凡卅七章□□百八十一字　简618

　　(8)●凡廿八章●凡八百五十一字　简621①

这些篇末尾题简不仅有字数,还有该篇的分章数。

　　阜阳汉简《诗经》的残简中,也有这类计字尾题。例如:

　　(9)南有枎木卅八字　简S002

　　(10)[鹊]巢卅八字　简S003

　　(11)日月九十六字　简S026

　　(12)君子阳阳卅一字　简S082

　　(13)此右涠(绸)穆(缪)七十五字　简S120

　　(14)□七月三百八十三字　简S136

　　(15)十二篇八　简S144②

这些竹简上的文字应属于《诗经》各篇的计字尾题,它们都包括两项内容,前半部分如"南有枎木""[鹊]巢""日月""君子阳阳""涠(绸)穆(缪)""七月"等,为《诗经》各篇的题名,后半部分如"卅八字""卅八字""九十六字""卅一字""七十五字""三百八十三字"等,则为该篇诗的字数。阜阳汉简《诗经》除了在具体各篇诗的末尾有计字尾题外,在十五国风之下又分别记有各自的总字数。比如例(15)即简S144所残留下来的"十二篇八",据学者反复核查,应该就是《诗经·唐风》之下记载篇数、字数的内容,其完整的格式原应作:"右方唐国,凡十二篇八百一十四字。"这表示《唐风》收诗12篇,总计814字。③

　　① 河北省文物研究所定州汉墓竹简整理小组编:《定州汉墓竹简〈论语〉》,文物出版社1997年版。

　　② 胡平生、韩自强编:《阜阳汉简诗经研究》,上海古籍出版社1988年版。

　　③ 胡平生、韩自强编:《阜阳汉简诗经研究》,上海古籍出版社1988年版。

武威汉简《仪礼》共九篇,除甲、乙本《服传》外,其余七篇也都有这种计字尾题,一般都作"●凡若干字":

(16)●凡千二十字　甲本《士相见之礼》简16

(17)●凡三千四百册字　甲本《特牲》简53

(18)●凡二千九百五十四字　甲本《少牢》简47

(19)●凡四千八百字　甲本《有司》简79背面

(20)●凡三千六十六字　甲本《燕礼》简47

　　●记三百三文　甲本《燕礼》简53

(21)●凡六千八百五十八字　甲本《泰射》简114

(22)●凡千四百七十二[字]　丙本《丧服》简34①

陈梦家将这七篇的计字尾题分为三种情况:第一,仅有经文而无记文,故仅记经文字数。如甲本《士相见之礼》《少牢》《有司》《泰射》四篇。第二,经文与记文合计为一篇字数。如甲本《特牲》、丙本《丧服》。第三,经文与记文合计为一篇字数,另外又单计记文字数。如甲本《燕礼》。②

在以简牍为载体的写本中,计字尾题通常位于每篇最后一简的正面下部。若最后一简正面的文字已经足行,没有多余的空间,则把计字尾题书写于该简背面。

简册写本《仪礼》七篇的计字尾题所记字数,往往与简文实际应有的字数有出入。对此,陈梦家认为,计字尾题与篇题、篇次一样,属于书籍篇章已有的部分。这些抄本所录的字数,是原先就有的,是抄写者照录下来的。此说有道理。书籍篇章的字数本来是固定的,但在实际抄写过程中难免有衍脱,故而存在真实字数与尾题所署字数之间的出入。

居延、敦煌出土汉代诏书汇编简册的残简,在每件诏书的末尾往往补注其字数。如:

(23)孝文皇帝五年十一月壬寅下,凡卅八字。《居延汉简释文合校》118·1,117·43,255·25

(24)前三年十二月辛巳下,凡九十一字。《居延汉简释文合校》

———————————

① 甘肃省博物馆、中国科学院考古研究所编:《武威汉简》,文物出版社1964年版。

② 陈梦家:《由实物所见汉代简册制度》,载《汉简缀述》,中华书局1980年版。

126·29

（25）☐符令。制曰可。孝文皇帝三年七月庚辰下，凡六十六字。《居延汉简释文合校》332·9,179·5

（26）马以节，若使用传信及将兵吏边言变☐以惊闻献☐写驾者匹将以美以除候，其以教令及……☐孝武皇帝元鼎六年九月辛巳下，凡六百一十一字。《敦煌悬泉汉简释粹》87XC:9(1298)

这些计数的"凡若干字"，都是当时人选抄诏书、编纂学吏教材时所补加在诏书后的。

马王堆汉墓出土的帛书写本中也同样有这种计字尾题。例如：

《老子乙本卷前古佚书》之《经法》篇末题"《经法》凡五千"，《十大经》篇末题"《十大经》凡四千六☐☐六"，《称》篇末题"《称》千六百"，《道原》篇末题"《道原》四百六十四"。①

《老子》乙本之《德经》篇末题"《德》三千卌一"，《道经》篇末题"《道》二千四百廿六"。②

《战国纵横家书》"须贾说穰侯章"篇末题"●五百七十"；"朱己谓魏王章"篇末题"●八百五十八"；"谓起贾章"篇末题"●五百六十三"；"触龙见赵太后章"篇末题"●五百六十九"；"秦客卿造谓穰侯章"篇末题"●三百"。③这些数字都是各章文字的统计数。"秦客卿造谓穰侯章"计字尾题后又有单独一行"●大凡二千八百七十"，该数字并非以上各章字数的总和，应是原来与"秦客卿造谓穰侯章"编于同一个篇卷的各章的总字数。④

简帛写本如此，以简帛写本为底本而摹刻上石的书籍也不例外。汉熹平

---

① 湖南省博物馆、复旦大学出土文献与古文字研究中心编纂，裘锡圭主编：《长沙马王堆汉墓简帛集成》（肆），中华书局 2014 年版。

② 湖南省博物馆、复旦大学出土文献与古文字研究中心编纂，裘锡圭主编：《长沙马王堆汉墓简帛集成》（肆），中华书局 2014 年版。

③ 湖南省博物馆、复旦大学出土文献与古文字研究中心编纂，裘锡圭主编：《长沙马王堆汉墓简帛集成》（叁），中华书局 2014 年版。

④ 古书在早期的流传过程中并无固定的篇章，读书者往往根据需要或所能得到的传本予以抄录，故同一书有不同的本子，不同的本子所包含的篇章又有多有少。帛书《战国纵横家书》有的篇章有计字尾题，有的没有计字尾题，且具有总字数统计性质的计字尾题"●大凡二千八百七十"，并不是所有篇章的字数总和，也不是某几个篇章的字数总和，这说明帛书《战国纵横家书》是根据两个以上不同的本子抄撮加工而成，在抄写过程中，原来的计字尾题被原封不动地保留下来。

石经《鲁论》残石,每篇必计其章数,终篇又总其字数,在其末行云:"凡廿篇万五千七百一[十]字。"①

造纸术发明后,笨重的简册为轻便的纸卷所替代,纸张成为文献的重要载体,这时的写本仍然保留计字尾题。以敦煌藏经洞发现的古写本为例:

英藏《毛诗诂训传》(斯789)(始《汉广》讫《干旄》)每卷后都有篇、章、句、字的总数,如:

召南之国十有四篇(以下残缺)。

背(邶)国十九篇、七十章、三百六十句,凡七千九百六十八字。②

法藏《礼记·大传第十六》(伯3380)末行作:

凡一千九百二言。③

国家图书馆藏《老子道德经》(BD14633)每一章末尾也都以双行小字书写该章字数,例如《德经》:

第一章末云:"一百廿九字";

第二章末云:"一百三十二字";

第三章末云:"廿一字";

第四章末云:"九十五字"。④

计字尾题的意义

为什么古书的篇末会有这样的计字尾题?笔者认为,它的出现是为了便于管理,主要是便于计算抄写者的劳动量,核算报酬。雕版印刷术发明以前,书籍完全靠手工抄写。当时无论官府还是有能力的人家,需要抄书时,都会雇佣社会上一些专门靠为人抄书而谋生者。抄书者通过为人抄书,获

---

① 马衡:《汉石经集存》第500号,科学出版社1957年版。

② 王重民:《敦煌古籍叙录》,商务印书馆1958年版,第44页。中国社会科学院历史研究所、中国敦煌吐鲁番学会敦煌古文献编辑委员会、英国国家图书馆、伦敦大学亚非学院合编:《英藏敦煌文献(汉文佛经以外部分)》第2册(s.789),四川人民出版社1990年版,第166、168页。

③ 上海古籍出版社、法国国家图书馆编:《法国国家图书馆藏敦煌西域文献》第24册,上海古籍出版社2002年版,第38页。

④ 中国国家图书馆善本特藏部、上海龙华古寺、《藏外佛教文献》编辑部合编:《中国国家图书馆藏敦煌遗书精品选》图版34,2000年。

取报酬。

《后汉书·班超传》：

> 永平五年，兄固被召诣校书郎，超与母随至洛阳。家贫，常为官佣书以供养。……久之，显宗问固："卿弟安在？"固对："为官写书，受直以养老母。"

《北堂书钞》卷 101 引谢承《后汉书》：

> 陈长字君渊，昼则躬耕，夜则赁书以养母。

又引同书《公孙晔传》云：

> 晔字春光，到太学受《尚书》，写书自给。

又引《李郃别传》云：

> 至京师学，常以赁书自给。

《三国志·吴书·阚泽传》：

> 家世农夫，至泽好学，居贫无资，常为人佣书，以供纸笔，所写既毕，诵读亦遍。

"佣书""赁书""佣书"，都是受他人雇佣抄写书。班超在洛阳通过为官府抄写书籍，获取报酬，养活母亲和自己。陈长、公孙晔、李郃、阚泽等为人抄书，也都是为获取报酬，以资生计。可见，为他人抄写书，是雕版印刷术发明并较为普遍地应用于书籍印刷之前许多人赖以谋生的一种手段，成为一种职业。

抄书应当与其他许多雇佣劳动一样，报酬的多少是根据抄写的数量来计算的。这样，所抄书的字数多少，在当时就是比较令人关心的事情，书籍篇章后面附加该篇章的字数，也就不足为怪了。而那些重要的、比较受关注的书籍，因流通量大，其篇章的字数逐渐为人所熟知，逐渐变成一个固定的数字，至于该篇章每一抄写件是否有文字脱漏，实际字数是否与尾题字数相符，则往往不为人所察。更何况当时已经有了书肆这样的书籍销售场所，有不少人抄书是为了向人销售，赚取利润。为追求便捷，难免存在偷工减料，至少难免疏忽遗漏。武威《仪礼》简各篇后面的计字尾题与其实际应有的字数不尽吻合，原因就在于此。

汉代人著书，常于其叙内自计全书之篇数、字数。如，《史记·自序》："凡百三十篇，五十二万六千五百字，为太史公书序"；许慎《说文解字后叙》："此十四篇……解说凡十三万三千四百四十一字";赵岐《孟子题辞》："著书七篇,二百六十一章,三万四千六百八十五字。"这一习惯,估计也与计字付酬的影响分不开,作者自叙字数,应是为了便于为他人抄录时计算报酬。

古代抄写书籍的报酬标准是多少? 这方面的例证不多见,王仲荦先生曾考证南北朝时期抄写经书的报酬,有三条材料值得关注:①

《云笈七签》卷一百七十引陶翊《华阳隐居先生本起录》："翊从叔隐居先生讳弘景,丹阳人也……父讳贞宝……善藁隶书,家贫,以写经为业,一纸直价四十。"

《法苑珠林》卷一一三引《梁高僧传》："宋京师瓦官寺有释慧果……得钱三千文,为造《法华》一部。"

《魏书·刘芳传》："北徙为平齐民。……芳常为诸僧佣写经论,笔迹称善,卷直以一缣,岁中能入百余匹,如此数十年,赖以颇振。"

P.2912 号敦煌文书上有一段文字也涉及抄写经书的报酬,很有意义。该文书现在收藏于法国国立吉美亚洲艺术博物馆,正面是《大乘稻芉经随听疏》,背面是五件内容相对独立的文书,其中涉及抄写经书报酬的一段文字如下:

> 写大般若经一部,施银盘子叁枚,共卅五两。
>
> 麦壹百硕、粟五十硕、粉肆斤。
>
> 右施上件物写经　谨请
>
> 炫和上(尚)收掌货卖充写经
>
> 直,纸墨笔自供足,谨疏
>
> 四月八日弟子康秀华②

整理者将该件文书命名为"四月八日康秀华施写大般若经一部疏",因为其内容是一位名叫康秀华的俗家弟子为请寺院抄写《大般若经》一部,向寺院施舍银盘子三个(折合三十五两银)、麦一百硕、粟五十硕、粉四斤,请炫和尚收下这些财物,变卖来充当写经的费用。至于写经所用的纸、墨、笔,另行充足提

① 王仲荦遗著,郑宜秀整理:《金泥玉屑丛考》"抄经价"条,中华书局 1998 年版,第 90 页。
② 上海古籍出版社、法国国家图书馆编:《法国国家图书馆藏敦煌西域文献》第 20 册,上海古籍出版社 2002 年版,第 37 页。

供。或说依照当时的物价,这些财物可折合小麦3000斤。而《大般若经》六百卷,字数达480余万,按照一个人一天抄2000字计算,需要2400天,平均每天可以有1.25斤小麦。这个报酬的标准确实不高。①

值得注意的是,在某些古写本的计字尾题中,还将大小字的数量分别作统计。敦煌藏经洞发现的唐五代写本中就可以见到这样的显著例子,如国家图书馆藏敦煌遗书《春秋穀梁传桓公第二》(BD15345)卷末左下方题:

凡大小字六千五百五十言,三千五百言本,三千五百言解。

龙朔三年三月十八日　皇甫智炭写。

用纸十九张。②

又法藏敦煌文书《春秋穀梁传哀公第十二》(伯2486)卷末左下方题:

凡大小字四千一百六十言,一千九百言大,二千二百六十言小。

龙朔三年三月　日亭长娄思恽写。

用纸十二张。③

这两例尾题都清楚地注明了本卷的大小字的数量。大字是经文,是正文,小字是注解。大小字分别统计,应当是由于大字与小字的计酬标准不同。这两件文书的尾题除了字数统计外,还注出了抄写的年月日、抄写者姓名,以及用纸数量。在这些内容类项中,作为计算报酬的重要依据,字数与抄写者姓名两项应当是一个较为完整的计字尾题所必备的。字数与抄写者姓名兼具的尾题在敦煌写本中并不少见。例如:法藏《佛地经》残卷(伯3709)末尾题:

贞观廿二年八月十九日直司书手臣郗玄爽写

凡五千五百二言

装潢手臣辅文开④

英藏《中阿含经卷第八》(斯3548)末尾题:

阿修罗经第四竟,二千三百五十八字

①　赵声良:《敦煌古代写经手的报酬》,2014年8月6日,http://public.dha.ac.cn/content.aspx? id=905035638530(敦煌研究院网站)。

②　中国国家图书馆善本特藏部、上海龙华古寺、《藏外佛教文献》编辑部合编:《中国国家图书馆藏敦煌遗书精品选》图版14,2000年。

③　《法国国家图书馆藏敦煌西域文献》第14册,第272页。

④　《法国国家图书馆藏敦煌西域文献》第27册,第41页。

      中阿含经卷第八,一万六百六十三字

      仁寿二年十二月廿日经生张才写

      用纸廿五张①

现在所知最早的抄写者署名的例子应属张家山汉简《二年律令》,在第81简下端书写有"郑妖书"三字,即是抄写该简之前所有律令者的署名。② 这一资料十分珍贵,它证明古代书籍的抄写很早就如同其他手工行业一样,需要将抄工的名字录于所抄写的书籍之后。这一传统历经汉魏南北朝,一直延续到雕版印刷时代,在古代印本中演变为我们经常见到的在版心上注明刻工名字的做法。

雕版印刷书籍中的计字尾题

    进入雕版印刷时代之后的一段时期,刻本书仍然延续着计字尾题这一传统。下面介绍一下国家图书馆藏部分宋元刻本的计字尾题情况。

    北宋刻宋元递修本《汉书》,现存的大部分卷末有此类尾题。例如:

    (1)惠纪第二　正经八百六十三字

    注一千四百九十四字

    (2)高后纪第三正经一千六百九十二字

    注一千四百六十九字

"正经"指《汉书》的原文,"注"指颜师古注。原文为大字,注为小字,故而分开统计。

    宋余仁仲万卷堂家塾刻本《礼记注》,在每卷之末都标明该卷经文与注文的字数,其中卷三末为:

      经伍仟柒拾肆字,

      注肆仟捌伯玖拾捌字,

      音义贰仟玖佰壹拾陆字。

宋淳熙四年抚州公使库刻本《礼记注》在每卷之末也都以小字双行标明该卷

---

①　池田温:《中国古代写本识语集录》,东京大学东洋文化研究所,1990年,第168页。

②　张家山二四七号汉墓竹简整理小组编:《张家山汉墓竹简[二四七号墓]》(释文修订本)》,文物出版社2006年版。整理者注:"郑妖,抄写者姓名。"

经文与注文的字数,例如:

卷一末为:

　　　经五千七百二十二字,

　　　注八千三百二十七字。

卷二末为:

　　　经五千四百二十二字,

　　　注五千三百二十字。

卷三末为:

　　　经五千八十一字,

　　　注四千九百三十六字。

在该书的末尾,则标明全书的字数:

　　　凡二十万一千九百九十二字,(以上为大字一行)

　　　经九万七千七百五十九字,

　　　注一十万四千二百三十三字。(以上为小字双行)

同为淳熙四年抚州公使库刻的《春秋公羊经传解诂》也在每卷之末以小字双行标明该卷经文与注文的字数,格式与《礼记注》相同,这里不再作举例。

原宝礼堂藏宋刻本《春秋经传集解》,内收晋杜预注、唐陆德明释文。该书每一卷的末尾分别标明有经传若干字、注若干字、音义若干字。如卷一末尾:

　　　春秋左氏传卷第一

　　　经传伍仟伍佰叁拾柒字

　　　注柒仟肆佰贰拾陆字

　　　音义贰仟捌佰玖拾柒字

卷三十末尾:

　　　春秋左氏传卷第三十

　　　经传捌仟贰拾贰字

　　　注肆仟伍佰贰拾玖字

　　　音义叁仟壹佰贰拾捌字

应当注意的是,计字尾题虽仍存在于一些宋刻本的古书中,但与写本时代相比,此时的计字尾题已经没有多少实际意义,很可能只是对旧写本原有文字的完全照录。① 因为在雕版印刷技术广泛应用于典籍之后,一名刻工通常很少能够独立一人把一部书的某一卷的雕刻任务承担下来,同一卷书的雕刻工作一般需要由多名刻工共同承担。这样就不可能继续按照卷末的计字尾题来计算某位刻工的工作量。单块书板的雕刻则可以由一人(通常也只由一人)雕刻完毕。为了更加方便地计算刻工的劳动量,就改在每一块刻板的(即一叶)版心上端或下端镌刻上该版面内所容纳的大字、小字的数量。如:

宋抚州公使库本《礼记注》二十卷,卷一首叶版心刻"大一百六十八,小三百七十",即表示该版面以大字雕刻的经文文字共一百六十八个、以小字雕刻的经注文字共三百七十个。

宋本《欧阳先生文粹》五卷,除了极个别叶外,几乎所有叶的版心都刻有该叶的字数与刻工。例如:

卷一第一叶版心刻"六百六十三　升",

第三叶刻"七百廿八　元",

第五叶刻"七百廿八　李忠",

卷二第十一叶刻"六百九九　渠",

第十四叶刻"七百一　吴仲",

第二十叶刻"六百八五　马正",等等。

元大德三年(1299 年)广信书院刻本《稼轩长短句》十二卷,每叶版心上端都刻有字数,以卷七叶一至叶六为例,版心所刻字数分别是:"二百十""二百卅""二百十七""二百卅八""二百五十五""二百三十四"。

类似的例子很多。可以说,这种计工付酬的方式在当时的刻书业是很通

---

① 张政烺先生早年曾经谈到这一问题,具体见于《中国古代的书籍》一文,这是张先生为中国社会科学院历史研究所 1978 级研究生讲授版本目录学误时撰写的讲义。讲义分两部分:一、甲骨文不是书;二、最早的书是竹简。在第二部分中有一段文字是讲自简册书籍到宋版书籍的计字尾题现象,说:"竹简记每篇总字数,放在篇末,银雀山竹简如此。……武威汉简《士相见之礼第三》篇末有'凡千二十字',其它各篇也有。这种习惯延续下来,如汉熹平石经、唐开成石经以及比较讲究的宋版古书末,皆记'经若干字'、'注若干字'。这些字数不是写完数出来的,而是从旧本抄袭下来的,对考据有用处(严州本《仪礼·士相见礼》后记'经七百五十三字',与武威简字数相差如此之大,就是一个可以研究的问题)。"(案:着重号是引者所加。)张先生的话虽然仅寥寥几句,皆精到之语。张先生提出利用计字尾题研究一种文献的不同传本的差别,足见计字尾题现象在古文献研究上的重要意义。详见《张政烺文史论集》,中华书局 2004 年版,第524—525 页。

行的,雕版工人据此领取报酬,篇章末尾计字尾题的原有意义已经不大。与此相应,在大多数书籍中就逐渐地取消了计字尾题这一项内容。尤其是元以后的古籍刻本,基本没有了计字尾题。

金元刻善本古籍解题(七十一种)*

新编孔子家语句解十卷　　元至正二十七年(1367 年)清泉刘祥卿家刻本。框高 16.2 厘米,宽 10.3 厘米。半叶十行,行十八、十九字不等,小字双行同,细黑口,四周单边,间有左右双边。

《孔子家语》最早著录于《汉书·艺文志》,二十七卷。盖当时孔门弟子编辑其师言论而成。原书早佚。过去认为此书乃王肃杂取秦汉诸书所载孔子遗文逸事,综合成编;卷前孔安国序,亦王肃自为;王氏摘取《论语》《左传》《国语》《荀子》《大戴礼记》《礼记》《说苑》等书中有关古代婚姻、丧祭、郊祀、庙祧诸制度与郑玄不同处,借孔子之名,攻击郑学,并作为其所撰《圣证论》的论据。

王肃在经学上反对郑玄学说,确有借此书代替郑学思想并与郑学对立之意。肃自序即云:"郑氏学行五十余载矣……义理不安,违错者多,是以夺而易之。"清皮锡瑞《经学历史·经学中衰时代》云:"郑学出而汉学衰,王肃出而郑学亦衰。"王学代替郑学,以此书为标识。但指其伪造整部《家语》,恐未尽妥当。近世于安徽阜阳双古堆、河北定州八角廊先后出土《儒家者言》汉墓竹简,内容以孔子及其弟子言行为主,多与今本《家语》有关,应是《家语》正式成书之前的别行单篇。或认为《家语》乃孔氏家学长期编纂、改动、增补而成。

---

　　* 说明:2004 年初开始,因工作需要,我被安排参加当时正在陆续出版的《中华再造善本(唐宋编、金元编)》的提要撰写,这套书总共选印了大陆各图书馆收藏的善本古籍 750 余种,能参与这项重要工作,是可遇而不可求的。当时分给我的任务是撰写"金元编"集部大部分善本古籍的提要。撰写的过程不仅仅是完成工作任务,更主要是学习和积累。在提要撰写过程中,《中华再造善本(唐宋编、金元编)》编委会的诸位专家提出过很多宝贵的建议。在此谨表谢忱! 限于当时的条件,所撰写的文字原本可以作进一步充实提高而没办法推进,原本打算撰写更多种善本书的提要而不得不暂时停止。承蒙王菡老师不弃,大部分条目得以在《文献》杂志陆续刊发,全部条目已收录于《中华再造善本总目提要》。今汇编于此,借机重新看了一遍,修改了个别不妥的文字。

《家语》保存了部分上古典籍遗文,如《问玉》可考见《齐论》遗文;《王言解》可校勘《大戴礼记》等。由于书中引征详洽、考证精细,遗文轶事,多见于其中,故过去虽视其伪,但仍受到历代经学家重视,对研究经学历史有较高价值。

王肃(195—256年),字子雍,东海郡郯县(今山东郯城)人。官至中领军、散骑常侍。肃为曹魏后期儒学宗师,搜采同异,遍注群经,善贾逵、马融之学而反郑玄。好伪作古书。有《书》《诗》《论语》《三礼》《左氏解》,又撰定父朗所作《易传》,皆列于学官。又有《圣证论》十二卷,《家语解》二十一卷,《政论》十卷,集五卷。事迹详《三国志》本传。

此书前有孔衍序,无王肃序。序后为目录。框栏上加格,内标事目、音义。卷一首叶第二行题"并依王肃注义详为句解"。句解,乃据王肃注逐句解说大旨。

卷五之尾刊有"清泉刘祥卿家丁未春新刊行"十二字木记,知此本乃元至正二十七年(1367年)刘祥卿家刻。其编次较通行本殊异,如此本"五帝德第二十三"入卷六而不入卷五,"礼运第三十二"列入卷八而不入卷七,与他本不同。卷内行款偶有前后不一之处,如孔安国序半叶十二行,行二十一字,卷八"屈节解第三十七"有二叶之前半叶九行,后半叶八行。

卷端钤有"孔子七十一世孙昭鋆藏书印",知其曾为南海孔昭鋆藏书。书中又有"周暹"印,盖后为周叔弢所得。今藏中国国家图书馆(书号8137)。

周子通书训义一卷 (元)保八撰 元刻本。框高23.2厘米,宽14.9厘米。半叶八行,行十八字,黑口,左右双边。

第三十二叶以下缺,各叶间有残破缺字。

保八,字普庵,元初色目人,居于洛阳。著有《易源奥义》一卷、《周易原旨》六卷。今本《易源奥义》(明代人伪托)卷前有《进太子笺》,结衔称"太中大夫前黄州路总管兼管内劝农事",又有任士林"序",称"贰卿宝公"。不知其终于何官。

《通书》为周敦颐的重要著作,以《易传》为文本依据,以阴阳五行说构造其宇宙论,认为宇宙万物生生不息,来自太极之动静。包括诚、诚几德、圣、慎动等四十章。《通书》经朱熹解说发挥,成为宋代理学之经典,周敦颐亦遂为宋代理学的源头。

《周子通书训义》乃保八为《通书》所作简注本,注文皆小字双行。

此本纸墨、字体,均为元刊风格。原为内阁大库藏书。今藏中国国家图书馆(书号 2239)。

近思录集解十四卷 (宋)朱熹、吕祖谦撰 (宋)叶采集解 元刻明修本,有抄配。框高 17.5 厘米,宽 11.9 厘米。每半叶八行,行十八字,小字双行同,黑口,左右双边。

卷前有淳熙二年(1175 年)朱子原序及淳熙三年吕祖谦题词,又有淳祐八年(1248 年)叶采序、淳祐十二年叶采进书表。

此书为周敦颐、程颢、程颐、张载四子语录类编,乃朱熹与吕祖谦共同编纂。编纂缘起见朱熹自序,曰:"淳熙乙未(1175 年)之夏,东莱吕伯恭来自东阳。过余寒泉精舍,留止旬日。相与读周子、程子、张子之书,叹其广大宏博,若无津涯,而惧夫初学者不知所入也,因共掇取其关于大体而切于日用者,以为此编。"书成于淳熙二年,其后又数经删补。《晦庵集》中有乙未八月、丙申、戊戌与吕祖谦书各一,皆商榷改定《近思录》。

全书依朱、吕两人理学思想体系编排而成,阐述理学思想。凡六百六十二条,分十四卷。卷前朱熹自序曰:"穷乡晚进,有志于学,而无明师良友以先后之者,诚得此而玩心焉,亦足以得其门而入矣。然后求诸四君子之全书……以致其博而返诸约焉……庶乎其有以尽得之。若惮烦劳,安简便,以为取足于此而可,则非今日所以纂集此书之意。"吕祖谦题词,论首列阴阳性命之故,亦曰:"后出晚进,于义理之本原虽未容骤语,苟茫然不识其梗概,则亦何所底。列之篇端,特使知其名义,有所向往而已。至于余卷所载讲学之方,日用躬行之实,自有科级。循是而进,自卑升高,自近及远,庶不失纂集之旨。若乃厌卑近而骛高远,躐等凌节,流于空虚,迄无所依据,则岂所谓近思者耶?"可见,《近思录》书名乃取"切问而近思"之意,即以《近思录》为学习四子著作之阶梯,四子著作又为学习《六经》之津梁,以正"厌卑近而骛高远"之失。此亦为朱熹、吕祖谦编纂《近思录》之旨。

《近思录》集理学之大成,为后来性理诸书之祖,是宋代以来最为流行、影响最著的理学典籍之一。为确立儒家道统、传播理学思想起过重要作用。

《集解》乃朱子殁后叶采所补作。叶采（生卒年不详），字仲圭，号平岩，建安（今福建省建瓯）人。或曰成都人、邵武人，误。初从蔡渊受《易》学，已而往见陈淳，淳以其好躐高妙而少循序就实工夫，屡痛砭之。采自是屏敛锋芒，骎趋著实。淳深喜之。淳祐元年（1241年）进士，授邵武尉，历昌化县令、景献府教授。宝庆初为秘书监，迁枢密检讨，知邵武军。官至翰林侍讲，乞归。（《闽中理学渊源考》卷二十五）淳祐十二年（1252年），叶采官朝奉郎，监登闻鼓院，兼景献府教授时，赍进《集解》于朝。

据叶采序，《集解》"悉本朱子旧注，参以升堂记闻及诸儒辨论，择其精纯，刊除繁复，以次编入，有略阙者，乃出臆说"，又举其大旨，著于各卷之下，凡阅30年而后成。《近思录》成书后，注者虽有多家，然清代以前叶采《集解》最为盛行。

此本为元刻明修本，初为元人据宋淳祐时刻本重为刊刻之本，宋本讳字有未回改者，故卷内"惇"字阙笔。《铁琴铜剑楼藏书目录》卷一三以此而误定该书为宋淳祐刻本。

此书曾为汪士钟艺芸书舍、瞿氏铁琴铜剑楼收藏，卷内有"汪印士钟""阆源真赏""铁琴铜剑楼"等印鉴可证。今藏中国国家图书馆（书号4185）。

类编标注文公先生经济文衡前集二十五卷、后集二十五卷、续集二十二卷
（宋）马括辑。元泰定元年（1324年）梅溪书院刻本。框高16.3厘米，宽10.2厘米。每半叶十三行，行二十三字，黑口，四周双边。

卷前有淳祐辛亥（十一年，1251年）黄暑序及马括自序。黄暑，《天禄琳琅》误作"黄昇"。关于该书编者，《四库全书总目》云："乾隆乙未（四十年，1775年），南昌杨云服重刻，程恂序之，称为宋滕珙编。"今人著录此书遂多作"宋滕珙辑"（如《中国古籍善本书目·子部》）。查黄暑序及马括自序，皆明言此书之编纂者为马括；《千顷堂书目》卷十一、《天禄琳琅书目》卷六、《增订四库简明目录标注》卷九、《藏园订补邵亭知见传本书目》卷七著录此书，亦皆曰宋马括（季机）编。则编纂者实为马括，而非滕珙。马括，生平不详。

此书取朱子文集、语录分类编次。《前集》皆论学，分太极、天地、性命、理气、仁义忠恕、格物穷理等类；《后集》皆论古，分历代帝王、大臣、名儒、老释、经学、史学、文学等类；《续集》则兼二集所遗而补之，主要收朱子所上封事奏议。每一论皆首先著明其缘起,其次标其立论之意,条分缕析,整齐有序,涵盖朱熹平生学问大要。较之他家所编经世大训之类,或简而不详,或繁而少绪者,迥乎不同。(《四库全书总目》)书以"经济"名者,乃取"经邦济国",亦即"经世"之意。

《天禄琳琅书目》称:"马括当时纂辑此书,似未刻梓。"不确。黄晷序及马括自序已明言此书之《前集》于淳祐十一年(1251年)刊刻,时《后集》亦即将编纂。

《天禄琳琅书目》卷六著录此书元刻本一部,为元泰定元年(1324年)梅溪书院刻本,《前集》总目后有牌记曰"时泰定甲子刊于梅溪书院"。今此清华大学图书馆所藏之本牌记却作"时景定甲子刊于梅溪书院",景定为南宋理宗年号,景定甲子(五年)当1264年。果如此,则此本应为南宋刊刻。然细审牌记,剜改痕迹宛然,作"景定"者,乃书贾挖改伪造,以元刊充宋刻。且据马括自序,《前集》首刊于淳祐十一年,至景定五年才13年,此书似不必重新刊刻。此本应即《天禄琳琅书目》著录泰定元年梅溪书院刻本。

张氏梅溪书院为刻书名肆,主人张子禹,古邢人。该书坊曾于大德十一年(1307年)刻《校正千金翼方》三十卷、泰定四年(1327年)刻《书集传纂疏》六卷、元统二年(1334年)刻《韵府群玉》,后至元三年(1337年)刻蒋易编《皇元风雅》三十卷。

卷内钤有"姚江何氏藏书""半巢书屋"等印鉴,姚江何氏不知系何人,半巢乃清沈进斋号。今藏清华大学图书馆。

朱子成书十卷　(宋)朱熹撰　(元)黄瑞节附录　元至正元年(1341年)日新书堂刻本。框高19.1厘米,宽12.5厘米。半叶十一行,行二十一字,小字双行同,黑口,四周双边。

题"庐陵后学黄瑞节附录"。黄瑞节,字观乐,吉州安福(今江西)人。举乡试,授泰和州学正,未赴。元季弃官隐居。为学得朱门传授,辑朱子书在"四书"之外者共十种,曰:《太极图说解》《通书解》《西铭解》《正蒙解》《易学启蒙》《文公家礼》《律吕新书》《皇极经世指要》《周易参同契考异》《阴符经解》,每种为一卷,总名曰《朱子成书》。

《太极图说解》《通书解》《西铭解》乃朱熹解说周敦颐《太极图说》《通书》

和张载《西铭》之作。朱熹之师李侗于周敦颐颇为仰慕。受乃师影响,朱熹究心于周敦颐《太极图说》,并巧妙地把无极、太极之说与二程性命学说融会贯通,谓濂学之妙,"具于《太极》一图,《通书》之言,皆发此图之蕴,而程先生兄弟语及性命之际,亦未尝不因其说",把宋代理学源头自二程推至周敦颐,此乃朱熹于当时理学之一大贡献。张载《西铭》所阐发皆道德伦理学说,甚受二程推重。朱熹赞赏《西铭》较二程更深,他把《西铭》与《太极图说》并举,撰作具有哲学本体论意义的《西铭解》。三书之成,构建起朱熹的太极本体论与宇宙观,亦将张载与周敦颐作为"圣人"纳入道统。

《正蒙》为张载的重要著作,书中系统阐述了万物皆本于"气"之说。朱熹注解《正蒙》,作《正蒙解》。

《易学启蒙》原四卷,卷为一篇,共四篇。《宋史·艺文志》作三卷,《文献通考》作一卷。此书以"本图书""原卦画""明蓍策""考变占"为篇次,发明图书象数之义,统一周敦颐太极说与邵雍先天学,为朱熹《易》学代表作。

《皇极经世指要》乃蔡元定撰,朱熹校正,为程朱理学中象数学之代表作。此书以《易》解说邵雍《皇极经世》,皆得其要,在某些方面超过邵伯温注释,成为学者学邵氏《易》学必读之书。

《文公家礼》是朱熹研究《礼》学的三部著作之一,意在借助整顿、推行家礼,以挽救世风之衰败。

《律吕新书》乃蔡元定撰,朱熹校正,为乐律学名著,深受当时学者推崇。

《周易参同契》本方士炉火之书。朱熹以其词韵古奥,且多有舛误,因合诸本,加以校正,著《周易参同契考异》,凡诸同异,悉存之以备考证。

《阴符经》本唐李筌伪造。朱熹以其时有精语,非深于道者不能作,曾为考定其文,作《阴符经考异》。此《阴符经解》则为蔡元定撰,朱熹校正。

黄瑞节编纂《朱子成书》,于所收各书本文下,以大字为朱熹或蔡元定解,解之下小字为附录。附录征引各家解说,以朱熹之说为主,皆"他书之互见,同时之讲明,门弟之难疑,后来之阐说"者,于其他各家著述,亦间取附录,采摭为用,颇为详备。

本卷前有大德乙巳(九年,1305年)庐陵刘将孙序,目录后有牌记"至正元年辛巳日新书堂刊行"二行。刘氏日新书堂(又曰日新堂)为元代建安书林著名书坊,主人刘锦文,刊刻书籍甚多,今所知者有40余种。

此本卷内有"铁琴铜剑楼"等藏书印,曾为瞿氏铁琴铜剑楼珍藏。今藏中国国家图书馆(书号6825)。

新雕注疏珞琭子三命消息赋三卷 (宋)李仝注 东方明疏 **新雕李燕阴阳三命二卷** 金刻本。唐寅题款,黄丕烈跋。框高19.7厘米,宽14.3厘米。半叶十二行,行二十字,小字双行二十九字,左右双边。

《珞琭子赋》乃讲论禄命之书。星命术士以人所生之年月日所属干支为三命,以此推衍命运之吉凶祸福。李淑《邯郸图书志》云,"珞琭"者,取"珞珞如玉,琭琭如石"之义。此书最早著录于《郡斋读书志》卷十四"五行类",曰《珞琭子三命》一卷,无撰作者。《宋史·艺文志》亦著录《珞琭子赋》一卷,不知作者为何人。晁公武认为三命之术曾为唐吕才所诋,故此书内容渊源久远。朱弁《曲洧旧闻》卷八曰:"世传《珞琭子三命赋》,不知何人所作。序而释之者以为周灵王太子晋,世以为然。考其赋所引秦河上公,如悬壶化杖之事,则皆后汉末壶公、费长房之徒,则非周灵王太子晋明矣。赋为六义之一,盖《诗》之附庸也。屈宋导其源而司马相如斥而大之。今其赋气质卑弱,辞语儇浅,去古人远甚。殆近世村夫子所为也。俚俗以为子晋,论其世,玩其文,理不相侔。"《四库全书总目》认为此书为北宋人所作。

古代命学家视此书为"天下命论之母",故而多有为之注疏者。李仝、东方明注疏本著录于《郡斋读书志》,作五卷,注云:"皇朝李仝、东方明撰。"《宋史·艺文志》著录《珞琭子赋》一卷,宋李仝注。宋代注疏《珞琭子赋》者除李仝、东方明外,尚有徐子平、王廷光、释昙莹三家。至清代,《珞琭子赋》宋人注疏本已传世绝少,有"原书散佚"之叹。清人纂修《四库全书》时,仅自《永乐大典》中辑得徐子平撰《徐氏珞琭子赋注》二卷、释昙莹撰《珞琭子三命消息赋注》二卷,此本则未予收录,盖四库馆臣所未及见。

此本为目前所知李仝注《珞琭子赋》最早的本子。虽然释昙莹注《珞琭子赋》时于王廷光与李仝注多有收录,然李仝注及东方明疏之原貌则仅见于此本。又今本释昙莹撰《珞琭子三命消息赋注》昙莹自序虽收录郑潾注,而卷中无郑潾一语,"疑传写脱佚,或《永乐大典》有所删节,亦未可定也"(《四库全书总目》)。此本李仝所取郑潾注则保留下来,益见其珍贵。其后所附《李燕阴阳三命》二卷,从未见于著录,亦为珍罕之籍。

卷前有嘉祐四年(1059 年)宜春李仝序。序称:"尝因劬瘁之暇笺释其文,皆出诸书,诚非臆[造];有所未悟,以待来者。"李仝,事迹不详。东方明,爵里事迹亦均无可考。

《郡斋读书志》卷十四著录《珞琭子疏》五卷。钱曾《读书敏求记》著录《珞琭子三命消息赋》二卷,注者王廷光、李仝、释昙莹、徐子平。卷数皆与此不合。

卷首目录前有墨笔行书"吴郡唐寅子畏桃花坞学圃堂藏书",《消息赋》卷下末书名前有墨笔篆书"吴郡唐寅子畏甫堂",知此书曾为唐寅收藏。入清,则相继为徐乾学、黄丕烈、陆树声等收藏,之后辗转入藏涵芬楼,书中有"乾学""徐健庵""黄印丕烈""荛夫""士礼居藏""归安陆树声藏书之记""涵芬楼"等印鉴为证。今藏中国国家图书馆(书号 7521)。

白虎通二卷 (汉)班固撰 元刻本。清黄丕烈嘉庆四年(1799 年)跋。框高 17.8 厘米,宽 12 厘米。半叶十二行,行二十三字,黑口,左右双边。

东汉章帝建初四年(79 年),诏书下太常,将大夫、博士、议郎、郎官及诸生、诸儒会北宫白虎观,讲论五经同异,使五官中郎将魏应承制问难,侍中淳于恭奏上,章帝亲自称制裁决,作《白虎议奏》,统名曰《白虎通德论》。白虎观会议,统一了今文经义,事后,汉章帝命班固等根据辩论结果撰集成书,名《白虎通义》,后世又名《白虎通》。

《白虎通义》以阴阳五行为基础,解释自然、社会、伦理、人生和日常生活各种现象。认为天有意志和目的;性情来自阴阳,仁义礼智信来自五行。该书对社会生活、国家制度和伦理原则等作了基本规定,实际上成了一部以今文经义为依据的国家法规,在当时对规范社会生活具有很大的权威性。其思想对宋明理学之人性论有所影响。

《隋书·经籍志》载《白虎通》六卷,不著撰人。《新唐书·艺文志》载《白虎通义》六卷,始题班固之名。宋《崇文总目》载《白虎通德论》十卷,凡十四篇。《直斋书录解题》作十卷,凡四十四门。此本则经刊刻者合并而为二卷。目录前有题记曰:"《白虎通德论》者,后汉孝章帝烜于白虎殿会群儒讲论五经同异所作也。后汉玄武司马班固字孟坚奉诏纂其事奏御,凡十卷,今作上下卷云。"《四库全书》所收《白虎通义》为四卷,《提要》称其为元大德中刘世常所藏,凡四十四篇。是元代另有改编为四卷者,其篇数与《直斋》所言相符。此本则为四十二篇,上、下卷各二十一篇,缺"巡狩""考黜"二篇。

此元刻本,清代有人以为北宋刊刻(参见《拜经楼藏书题跋记》卷一《白虎通》条),黄丕烈以其"字形、纸色俱是元刻式样,其非北宋本明甚",定为元刊(参见《荛圃藏书题识》卷五,惟其著录为四卷,有误)。元代另有大德九年(1305年)无锡州学刻《白虎通德论》十卷,半叶九行,行十七字,黑口,四周双边,与此本不同。

此即黄氏士礼居旧藏,有嘉庆四年(1799年)黄丕烈跋,以及"士礼居""丕烈""荛夫"等印鉴。又有"毛晋""汲古主人""毛氏子晋""平原陆氏家藏",知其入士礼居之前曾为毛氏汲古阁、陆氏翠华轩珍藏;有"汪印士钟""阆源真赏""铁琴铜剑楼"等印,知其自士礼居散出后为汪氏艺芸书舍、瞿氏铁琴铜剑楼收得。今藏中国国家图书馆(书号6889)。上海图书馆亦藏有一部。

新编类意集解诸子琼林前集二十四卷后集十六卷　(元)苏应龙辑　元刻本。框高17厘米,宽10.9厘米。半叶十四行,行二十四字,黑口,左右双边。

卷端题"古番贡士如轩苏应龙雨夫编类",知编辑此书之苏应龙乃鄱阳(今江西)人。卷前有番阳胡云龙序,胡氏与苏氏为同场屋友。胡序不著年代,惟序记年月作"彊梧作噩上月甲子朔"。"彊梧作噩"乃丁酉年。元代有二丁酉,一为成宗大德元年(1297年),一为顺帝至正十七年(1357年)。前者正月朔为甲子,后者为丙子。胡序撰于大德元年正月,此书当成于宋末元初。

据胡云龙序,此书乃苏应龙以一人之力编纂而成。苏氏撷拾先秦汉魏诸子书之文字,按门类加以编辑,共分十门,即《人伦》《儒学》《道德》《内修》《外修》《交接》《仕进》《命分》《选用》《谋为》。每门又分若干类,分类较细。《前集》二十四卷,《后集》十六卷。其中《交接》一门分跨于前、后两集,而《后集》之"后"字,多以"前"字改作;《后集》卷数亦有剜易痕迹。大约苏氏编辑此书时,今所见前后集最初皆为前集,且欲再作续编。后不及为,遂强自分析前集为前后集。书中所引子书皆现存者,如《管子》《老子》《庄子》《荀子》《韩非子》《尉缭子》《亢仓子》《关尹子》《孔丛子》《淮南子》《说苑》《新序》《扬子》《刘子》《中说》等,亦有《国语》。虽皆习见之书,惟所见尚为旧本,亦可为校刊古书之资。

此本雕镂精细,初印精美,朗润悦目。其字体、纸墨,并为元刻本风格。且从未著录,殆为世间孤本。今藏中国国家图书馆(书号 7567)。

汉唐事笺对策机要十二卷后集八卷 (元)朱礼撰 元至正六年(1346年)日新堂刻本。邵渊耀、黄廷鉴跋,程恩泽题款。框高 18.7 厘米,宽 11.9 厘米。十一行二十字,小字双行同,黑口,四周双边。

朱礼(生卒年不详),字德嘉。建昌新城(今江西黎川)人。元顺帝至元元年(1335 年)中乡试,官崇仁(今江西)教谕,改庐陵(今江西吉安)教谕。

卷前有至正元年(1341 年)谢叔孙序,称"《汉唐事要》,吾友朱君所作",知此书原名盖为《汉唐事要》,《汉唐事笺对策机要》之名或为刊书之人所改易。又今卷六末、卷七首标题改为《新笺事要策场足用》,明标供科举之用,亦当出于书坊之广告宣传。

此书取汉唐典章政事关乎治道者,按食货、职官、礼乐等门类编纂,加以论断并为笺释。前集为汉事,分九十九类;后集为唐事,分二十五类。前后集字以白文别之。此书虽名"策要",然议论平允,实读史之津梁,经世致用,非徒供科举之用。阮元称其"穿穴三书,参稽六典,为实是之学,无芜蔓之辞。论二汉之事往往有微言精义,可补颜、李二家注义之所未及者"。又称"礼持议平允,措词尔雅,无繁冗简陋之弊,学识在郑樵之上"(《四库未收书提要》)。

目录后有正书墨色图记"至正丙戌日新堂刊",知其为元至正六年(1346年)日新堂所刊。日新堂为元时建阳著名书坊,主人刘锦文,字叔简。该书坊自元末至明初刻书甚多,质量也较高。现在所知尚有元统三年(1335 年)刻《广韵》五卷、后至元六年刻《伯生诗续编》三卷、至正八年(1348 年)刻《春秋胡氏传纂疏》三十卷、至正十二年刻《诗传通释》二十卷、《纲领》一卷、《外纲领》一卷等三十余种。

书中钤有"周印天球""季印振宜""沧苇""芷斋图书""张印载华""裘日修审定""张印月霄""爱日精庐藏书""虞山张蓉镜芙川信印""清河伯子""味经""铁琴铜剑楼"等印,盖此书于明清两代先后为周天球、季振宜、张载华、裘日修、张金吾、张蓉镜等名家收藏,后入瞿氏铁琴铜剑楼。今藏中国国家图书馆(书号 6922)。又据原著录,书中所钤"停云馆珍藏""钱氏沧""彭城开国"

"兴祖"诸印俱伪。

佛祖历代通载二十二卷　（元）释念常撰　元至正七年（1347年）释念常募刻本。框高21.8厘米,宽13.5厘米。半叶十行,行二十字,细黑口,左右双边。

释念常（1282—1344年）,俗姓黄,号梅屋,华亭（今上海市松江）人。延祐中,住持嘉兴（今浙江）大中祥符禅寺。至治三年（1323年）驿召至京师,缮写金字佛经。撰《佛祖历代通载》二十二卷。念常与畬山住持觉岸最善,故念常此书有觉岸序,而觉岸《释氏稽古略》有念常序。

此书为编年体佛教史籍,成于至正元年（1341年）。卷一为"七佛偈"（天台宗力斥其伪,事见《释门正统》卷四）和元帝师八思巴《彰所知论》中的《器世界品》和《情世界品》。卷二以下始为编年,从盘古氏、天皇氏、地皇氏、人皇氏等"太古诸君"叙起,直至卷二十二元统元年（1333年）为止,内容包括释迦牟尼出生前的帝王统系,释迦牟尼和禅宗所称西天二十八祖事迹,佛教传入中国以来各朝佛教史实。

前此,宋隆兴府沙门祖琇曾撰《隆兴编年通论》二十九卷（末卷为附录）,叙说东汉永平七年（64年）至五代后周显德四年（957年）佛教之传播历史。《佛祖历代通载》自卷四下半卷汉明帝梦金人条起,至卷十七周世宗时清凉文益示寂条止,录用《隆兴编年通论》,但未加注明。同时增补了佛教、道教、政事、神异方面的资料。卷十八至卷二十二,记述两宋和元代（间涉金代）佛教大事及佛教各宗重要人物和生平事迹,均系念常自撰,反映宋元时期禅宗各派的活动较为全面。

该书将《隆兴编年通论》之帝王年号改作干支,时有差错,又大段转录《鸣道集》《辨伪录》《弘教集》之护佛篇章,行文累赘,史实亦有讹误,陈垣《中国佛教史籍概论》批评此书可靠性较其他佛教史著为低。

《佛祖历代通载》之前,有宋代本觉《释氏通鉴》、元代熙仲《历朝释氏资鉴》等禅宗所撰僧史数种,或仅写至五代末,未及宋代;或虽记宋代,但所记皆王公卿相、文人学士与禅僧交往之轶事。念常此书则"于佛教之废兴,禅宗之授受,言之颇悉。于唐以来碑碣、志传之类,采掇尤详,亦足以资考订"（《四库全书总目》）。故在历史上影响仍然较大。

此本卷前有至正元年（1341 年）虞集序，卷末有至正三年（1343 年）"上天竺住持沙门本无""四明阿育王山住持比丘正印""径山守忠"等跋。卷前释念常撰《略例叙》署曰"至正七年龙集丁亥五月五日前嘉兴路大中祥符禅寺住山比丘念常叙"，《略例叙》及卷十五、卷十九、卷二十、卷二十一等末皆有捐资刊刻题记。盖此本乃至正七年释念常募刻于嘉兴路大中祥符禅寺。卷一至十七末皆镌刻"比丘一清书"，知手书上板者为比丘一清。

卷内钤有"安乐堂藏书记""明善堂览书画印记""宋存书室""东郡杨绍和彦合珍藏""东郡杨氏鉴藏金石书画记"，知此书在清代曾为怡亲王府收藏，清末自怡府散出后，为杨氏海源阁所得。今藏中国国家图书馆（书号 871）。

释氏稽古略四卷 （元）释觉岸撰 元至正年间刻明修本。框高 23 厘米，宽 16.2 厘米。半叶九行，行字不等，小字双行二十八字，白口，四周单边。

释觉岸（1296—?），字宝洲，乌程（今浙江湖州）人，俗姓吴。年十三，落发为僧。住持松江畲山昭庆寺。

其书皆叙述释氏事实，用编年之体。以历代统系为纲，以有佛以来释家世次行业为纬，始于太昊伏羲氏，终于南宋瀛国公德祐二年。初名《释氏稽古手鉴》，既以所载尚未赅备，复因旧辑而广之，并改今名，故卷内题曰"乌程职里宝相比丘释觉岸宝洲编集再治"。书成于至正初，中山李桓为之序。

此本卷前有《〈释氏稽古手鉴〉序》（末叶缺失）、大德乙巳（九年，1305 年）王璇序、至正庚寅（十年，1350 年）释念常序，列"稽古图""释迦文佛宗派祖师授受图"。

觉岸记诵赅博，书中所录自内典以外，旁及杂家传记、文集、志乘、碑碣，多能搜采源流派别，详赡可观。惟于列朝兴废盛衰无关于释氏者，亦复分条摘列，参杂成文，失之芜杂。然其援引资料丰富，亦颇有出自僻书，足资考证者。如书中于唐代纪年，哀帝后复有少帝濮王绲一名继，年号天寿，朱全忠所立，旋被鸩，为新旧《唐书》本纪所无，可补史书之阙。又如其间所引书如《感应传》《石佛记》《三宝纪》，皆六朝佚书，为研究佛教史之珍贵资料。

此本为元刻本，卷二末有刊记曰："云间范景真子正写，四明张学文行可偕侄景彝、景范、甥袁子宁、陈德远刊。"中国国家图书馆另有一部与此版本完全相同者（书号 2594），其卷首有至正庚寅李桓序完整，另有"大德乙巳夏五余英竹庵沙门至通"序。至通序后有刊记:"每帙用夹抄纸六十四幅,计钞六百五十文,印墨工匠钱三百五十文,常住收板头钱五百文。"之后又题:"嘉兴福严宝相禅庵比丘宗行重刊。"以此知该书板为比丘宗行主持重行刊刻,手书上板者为云间范景真,刻工为张学文及其侄、甥,为很有价值之刻书业材料。卷前释念常序作于至正十年(1350 年),知此书之刊刻大致亦在此时,可定为至正年间刻本。

此本卷四第六十八叶书板残泐较甚,有七行空白;又因书板有佚,第六十五、六十六叶全缺。盖入明后,此书之刻板尚存,遂取而略加修整,重为印行,原书板虽有残缺,亦未加补刻。

此书曾先后为张蓉镜小琅嬛福地、瞿氏铁琴铜剑楼所藏,卷内钤有"芙川张蓉镜藏""铁琴铜剑楼"等印可证。今藏中国国家图书馆(书号 6955)。

大元至元辨伪录五卷 (元)释祥迈撰 元刻本。框高 19.3 厘米,宽12.5 厘米。半叶十行,行二十字,白口,四周双边。

卷前有翰林直学士奉训大夫知制诰同修国史张伯淳、大云峰住持袭祖沙门雪溪野老贵吉祥所撰二序。张伯淳序有破损,贵吉祥序缺末叶。卷一第一叶上第二至三叶俱破损,又第一叶下缺。

释祥迈,号如意,太原人,俗姓延。至元十年(1273 年)住兴平府道者山云峰寺。

蒙元时期,统治者原本佛、道并重。但支配朝廷者乃藏传佛教,非中原佛教。时中原佛教寺院经战乱而荒废者众,全真道凭借蒙古统治者保护,风靡一时,势力大盛,佛寺荒废者多被全真派道士占据、改建为道观。道教对佛寺财产的侵占,引起佛教反击,中原佛教僧侣为重新取得朝廷庇护,遂宣称道教经典多属于伪造。蒙哥汗五年(1255 年),由蒙哥汗主持,佛、道两家于和林城(今蒙古国哈拉和林)大内万安阁下展开辩论,道教辞屈失败。诏令道士退还所占据寺院,修复佛像。道士不甘心认输,迟迟不予退还。蒙哥汗七年,由忽必烈主持,佛、道于开平府(在今内蒙古正蓝旗东北闪电河北岸)再次辩论,辩论的中心是《老子化胡经》的真伪,道士再次失败。遂按照约定,将参加辩论的十七名道士削发为僧,勒令道士退还寺产,焚毁《老子化胡经》等伪经。元世祖至元十八年(1281 年)冬,再次颁旨,除《道德经》外,道教伪经杂书尽行焚毁,道士或为僧,或还俗。至元二十三年(1286年)至二十四年(1287年)间,仅江南罢道为僧者达七八百人之多。自此之后,释在老上之格局遂成。此书即事后以佛家立场,分十四个标题引述道经之说,加以批判,攻击道教。十四个标题分别是:"妄立天尊伪第一""创立劫运年号伪第二""开分三界伪第三""随代为帝王师伪第四""老子出灵宝三洞伪第五""游化九天伪第六""偷佛经教伪第七""老君结气成字伪第八""周文王时为柱下史伪第九""前后老君降生不同伪第十""三番作佛伪十一""冒名僭圣伪十二""合气为道伪十三""偷佛神化伪十四"。因此书详细记录了当时辩论的要点及有关诏令、碑文,遂为研究蒙元时期佛、道之争的重要文献。

关于此书编纂缘起,张伯淳序称:"至元辛卯之岁孟春,大云峰长老迈吉祥钦奉皇帝明命,撰述《至元辨伪录》,奏对天颜,睿览颁行,入藏流通。"又卷中题"元道者山云峰禅寺沙门祥迈奉敕实录撰",是此书乃至元二十八年(1291年)奉旨而作,并直接收入大藏经。大德十年(1306年),管主八取大都弘法寺大藏经律论数百余卷于杭州路刊刻,"续补天下藏经",此书首次刊板,列入《碛沙藏》《普宁藏》"何"字函。今此本卷前张伯淳序题作"大元至元辨伪录随函序",下题"何字函"三字,盖此本乃据《碛沙藏》或《普宁藏》翻刻之单行本,刊刻时间不早于大德十年,应在大德十年之后。卷末附录佛家编纂抨击道教之八种经书名称及其各自于大藏经中的《千字文》函号,又附《音释》。

卷内钤有"钱曾之印""季振宜藏书""韩氏藏书""玉雨堂印""潘祖荫藏书记""之洞私印",知此书先后为钱曾、季振宜、韩泰华、潘祖荫、张之洞等收藏。今藏中国国家图书馆(书号4929)。

太上感应篇传八卷 (宋)李昌龄传 (宋)郑清之赞 元刻本。框高23.8厘米,宽17.7厘米。半叶十二行,行二十二字,白口,左右双边。

卷三第一至四叶缺,卷四第二十七叶以后缺。

《太上感应篇》系道教善书,本文仅千余字。通篇以太上老君口吻宣教,宣扬天人感应,劝善惩恶之义。传、赞博引三教典籍,历述灵验故事,融宋儒理学于其中,所列诸恶与众善,皆与儒家伦理相合。

此书之形成年代,史无明确记载。或说为老子所著,或说为周秦古籍,或说为汉世道戒,或说为葛洪所撰,或说即晋慕容皝所撰《太上章》。众说纷纭,莫衷一是。考其内容，与《抱朴子》所述《玉钤经》《易内戒》诸书相近，盖此书之内容形成已久，后人乃增添敷衍造作成书。卷前有《天师虚静先生颂》。虚静亦作虚靖，系道教正一派第三十代天师张继先于宋徽宗崇宁四年（1105年）所受赐号，继先卒于钦宗靖康二年（1127年）。南宋时，太一宫道士胡莹微《进太上感应篇表》称该篇出自《宝藏》。《宝藏》即《琼章宝藏》，乃抄录《政和万寿道藏》而成。据此《太上感应篇》正式成书当不迟于北宋。造作者不详。

《太上感应篇》问世以后，最初于民间流传。南宋理宗朝，始获上层统治者重视。时胡莹微刊刻该篇，理宗于卷首亲题"诸恶莫做，众善奉行"八字，称《御题太上感应篇》。

此书注为李昌龄所作。李昌龄，南宋绍兴后人，始末未详。著有《乐善录》二卷。李昌龄乃首位为《太上感应篇》作注之人。《宋史·艺文志》神仙类载"李昌龄《感应篇》一卷"。赵希弁《郡斋读书附志》神仙类有"《太上感应篇》八卷"，谓"汉嘉夹江（今四川省夹江县）隐者李昌龄所编也"。此本题"西蜀李昌龄传"，盖昌龄为嘉定府夹江县人。传文中出现徽宗庙号及绍兴、乾道等南宋年号。盖撰于南宋前期。

郑清之为该篇作评赞。郑清之，初名燮，字文叔。后改此名，字德源，别号安晚。鄞县（今浙江宁波）人。嘉定四年（1211年）进士。理宗宝庆初累官太傅、左丞相，卒谥忠定。事迹详见《宋史》本传。撰《安晚集》六十卷。郑清之赞博引《四书》《五经》，极称《感应篇》句句不虚。

此书有一卷本、八卷本，为简繁两种注本。《道藏》太清部收三十卷本，乃由八卷本析分而成。

此书卷端标题"感应篇灵验记"之下题"空同体玄子重刊"。空同体玄子盖此元刻本之刊者。所谓"重刊"，则当是据宋本重刊。

此本今藏中国国家图书馆（书号0998）。

笺注陶渊明集十卷 （晋）陶潜撰 （宋）汤汉等笺注 **总论一卷** （元）李公焕辑 元刻本（序，卷三、四俱通卷抄配；他卷亦间有抄配、抄补）。邵渊耀、宋康济跋，傅增湘题款。框高15.7厘米，宽11.4厘米。每半叶九行，行十六字，黑口，左右双边。

陶潜（365—427年），字渊明（唐人避高祖李渊名讳，又作深明、泉明），入宋更名潜,字符亮,自号五柳先生,寻阳柴桑(今江西九江)人。陶侃曾孙。晋武帝太元十八年(393年),入仕为江州祭酒,不堪吏职,旋解职归里。晋安帝隆安四年(400年),在荆州任刺史桓玄僚属。次年,丁母忧归里,躬耕自资。义熙元年(405年)为彭泽令,旋辞官归里。卒,诸友好私谥"靖节"。

渊明志行高洁,蔑视富贵,躬耕力田,其诗作多于田园风光中咏怀言志,平和恬淡,浑成含蓄而自寓入世之情。存诗一百二十余首,辞赋、散文十二篇,后人编为《陶渊明集》。

据北齐阳休之序,当时行世的陶集有三种传本,一为八卷本,无序;一为六卷本,有序目,但编次颠乱,兼复阙少;一为萧统编集的八卷本,无《五孝传》及《四八目》(即《圣贤群辅录》)。阳休之汇集三种传本,合序目为十卷,世间遂有陶集十卷本流传。传至隋末,十卷本亡其序目,为九卷本。此后各本为凑足十卷之数,别本纷出。至北宋,又经宋庠重新刊定为十卷本,这大约是目前所知最早的刻本。

此书博采宋朝诸家评注,中有东坡、山谷、诚斋、胡仔、葛常之、陈后山、刘后村、晦庵、蔡宽夫、汤汉、张演等人之注,开集注陶诗之先河。诸家之注陶诗因此编得以完备保留。《渔隐丛话》极称是编最善。

此本字句较他本多有异同,如《归去来兮辞》"胡为乎遑遑"句多"于兮"二字,似音节更胜。道光年间,方若蘅借此本与汲古阁影宋抄本校对,校改抄本之讹误二十五字。可见此本之价值。

此集注本成于南宋之末,淳祐中曾刻于省署,时称玉堂本。此本卷内遇宋代名讳如真、贞、桓、遘、慎等字,有避讳而缺末笔者,亦有不避者,且不避讳者甚多,应是元人据宋本覆刻。

此本今藏中国国家图书馆(书号8370)。同一版本,中国国家图书馆尚有两部,其中一部之卷九至十配清抄本,序目亦抄配;另一部有张元济跋。然细加比较即可发现,有抄配的一部,刊印字画洁净;而此本以及有张元济跋的一部,刊印字画则稍有漫漶,个别书叶有修板痕迹。很显然,有清人抄配的一部应属于初刻初印本,此本并张元济所跋的一部则属于后印本。因三部书皆以宋本覆刻,保留宋本特点较多,过去诸藏家遂多误作宋本。

此本有王曰俞、倚桐山人、孙原湘跋,疑俱伪。又有李日华、席佩兰、蒋因培、方若蘅等题款,亦疑伪。

台北"中央"图书馆藏有此本的另一部,且首尾全具,无所残缺。

分类补注李太白诗二十五卷 (唐)李白撰 (宋)杨齐贤集注 (元)萧士赟补注 元建安余氏勤有堂刻本。框高19.9厘米,宽13.2厘米。每半叶十二行,行二十字,小字双行二十六字。黑口,四周双边。卷三后剜去七行。

杨齐贤,字子见,舂陵(今湖南宁远县东北)人。宋宁宗庆元五年(1199年)进士。颖悟博学,试制科第一,再举贤良方正,官通直郎。

萧士赟,字粹可,号粹斋,宁都(今江西)人。宋辰州通判萧立之(原名立等)次子。笃学工诗,与吴澄相友善。著有《诗评》二十余篇及《冰崖集》,俱已久佚,独此本为世所传。

传世宋蜀刻无注本《李太白文集》三十卷,前二十四卷为歌诗,卷二十五为古赋,后五卷为表、书、序、赞等杂著。此本共二十五卷,为古赋、乐府、歌诗,无表、书、序、赞等杂著,分卷以及分标门类,皆与无注宋本不同。例如此本卷一为"古赋"类,无注宋本则为"序"类,"古赋"类在卷二十五。此本卷七"歌吟"类中《襄阳歌》至《白毫子歌》十一首,在无注宋本编于卷六"乐府"类。又此本卷二十四"感遇"类缺《感寓》二首,"写怀"类缺《南奔书怀》一首,卷二十五"杂咏"类缺《暖酒》一首,此亦皆未见于他卷。此类歧异尚多有之。据卷前萧士赟"序例"言其注释体例云:"或疑其赝作,则移置卷末,以俟具眼者自择焉。"知此乃萧士赟改编所致。明以后刊本皆删去萧氏"序例",遂不知此属何人所为,如《四库全书总目》即云"其为齐贤改编? 或士赟改编? 原书无序跋,已不可考"。由此可见元刻本之可贵。

又"序例",萧氏自言"自弱冠知诵太白诗。时习举业,虽好之,未暇究也。厥后乃得专意于此间",着手考证注释太白诗句之典故出处与意义。后得杨齐贤集注本,见杨注采择不精,博而不能约,有失误之处,遂"为之节文,择其善者存之"。杨注所未尽者,萧氏以己之所知附于其后,无所区分。另全集有赋八篇,杨齐贤未注,萧氏一并注之。二人辑注分别以"齐贤曰""士赟曰"等标示,以为辨别。萧氏虽对杨氏集注之不足有所纠补,此书卷帙浩博,犹不能无失,唐觐《延州笔记》即曾予指摘。然所注多征引故实,兼及意义,大致详赡,足资考证。

萧氏"序例"作于元至元辛卯(二十八年,1291年),称"注成,不忍弃置,又从而刻诸枣",知此当为该书刊印之年。又目录后有"建安余氏勤有堂刊"牌记,知为元建安余氏勤有堂刻本。建阳余氏从事刻书活动始于北宋,南宋以余仁仲万卷堂最为著名,元代则以余志安勤有堂刻书最多,影响最大。余志安(1275—1347 年),又名安定,字栎庄,崇化里人。余氏勤有堂是元代建阳崇化名肆,所刻书今可见者仍有二十余种。

唐代诗人,李白与杜甫齐名。自北宋以来,注杜甫集者不下数十家。宋元人所撰辑李白集注者,今惟此一种行世。明嘉靖二十二年郭云鹏宝善堂校刻本《分类补注李太白诗》三十卷,其前二十五卷即据此本重刻。

书中钤有"会稽王季恺珍藏印""南宫邢氏珍藏善本""邢印之襄"等印记。今藏中国国家图书馆(书号 10192)。

须溪先生校本唐王右丞集六卷　(唐)王维撰　(宋)刘辰翁评点　元刻本。傅增湘题款。框高 16.3 厘米,宽 11 厘米。每半叶八行,行二十字,细黑口,左右双边。

有缺叶。卷一第一、二、十、十三等叶板残,缺字。

王维(701—761 年),字摩诘,太原祁(今山西祁县)人,徙居蒲州(治所在今山西永济西),又称河东人。九岁能属辞。开元九年(721 年)状元及第,授太乐丞,坐贬济州司仓参军。后擢右拾遗,迁给事中。安史之乱,为叛军所俘,逼授以伪职。两京收复后,被降职太子中允。仕至尚书右丞,世称王右丞。王维工草隶,闲音律,善画能诗,为盛唐山水田园诗派杰出代表,笔调雄健清远,被苏轼赞为"诗中有画,画中有诗"。其诗各体俱佳,有多方面成就,是李白、杜甫之外又一位大诗人。有《王右丞集》传世。两《唐书》有传。

评点者刘辰翁(1232—1297 年),字会孟,号须溪。庐陵(今江西吉安)人。南宋末期辛派词人中成就较大的爱国词人。曾先后编纂、批点汉唐迄宋代诸大家诗文。此书而外,另有《评点李长吉歌诗》和《放翁诗选后集》等。

经安史之乱,王维诗文散佚甚多。唐代宗年间,王缙奉诏编次,共成十卷,凡四百余篇,为王维集最早定本。至宋代,王维集有建昌本与蜀本之别。顾广圻《思适斋集》卷五《王摩诘集跋》曰:"题《摩诘集》者,蜀本也。题《王右丞集》者,建昌本也。建昌本前六卷诗,后四卷文,自是宝应二年表进之旧。而蜀本第二以下全错乱,故《直斋》以为'尤无伦'也。"宋蜀刻本《王摩诘文集》

十卷今仍存世,今藏中国国家图书馆,为北宋末年刻梓;另有南宋麻沙本《王右丞文集》十卷,所谓"山中一半雨"本,源出于建昌本。至于二者差异,顾广圻曰:"读洪迈《万首绝句序》云:'如王涯在翰林,同学士令狐楚、张仲素所赋宫词诸章,乃误入王维集。其王维诗后注别本,维又有《游春词》等十五篇并五言十五篇,皆王涯所作,今以之入维诗中。'按蜀本第一卷末有此各篇,但诗前标翰林学士知制诰王涯名,盖其如钞掇于此,而刻者不知删去耳,亦未误为维诗如洪氏所见之别本也。若建昌本,则固无此矣。"

宋本之外,较古之本即此元刻刘须溪评点《王右丞集》六卷。黄丕烈曾以之与麻沙本《王右丞文集》十卷对校,其序次悉同。可见此本与建昌本同源,惟少文四卷。此卷内"山中一半雨"亦不作"一夜雨",《出塞》诗"居延城外猎天骄,白草连天野火烧"一首,于"暮云空碛时驱"下,亦脱漏"马,秋日平原好射雕。护羌校尉朝乘障,破虏将军夜渡"二十一字。蜀本所载王涯等诗三十余首,此本亦未误入。刘辰翁评语多散入当句之下。明弘治甲子(1504 年),吕夔据此本重雕,题曰《唐王右丞诗刘须溪校本》六卷,则尽去其句旁之圈点。《四部丛刊》曾据此本影印行世。

卷首钤有"湖州丁氏八千卷馆所藏书画""涵芬楼"等印鉴,知其曾为丁杰八千卷馆、涵芬楼旧藏。今藏中国国家图书馆(书号 7621)。

黄氏补千家注纪年杜工部诗史三十六卷 (唐)杜甫撰 (宋)黄希、黄鹤补注 **年谱辨疑一卷** (宋)黄鹤撰 元至元二十四年(1287 年)詹光祖月崖书堂刻本。框高 21.1 厘米,宽 13.2 厘米。每半叶十一行,行十九字,小字双行,行二十五字,细黑口,四周双边。

存三十五卷(即卷一至二十九,三十二至三十六,《年谱辨疑》全)。

黄希,字梦得,号师心,临川人。宋孝宗乾道二年(1166 年)进士,官终永新令。鹤,字叔似,号牧隐,黄希之子,著有《北窗寓言集》,今已佚。希以杜诗旧注每多遗舛,尝为随文补辑,未竟而殁。鹤因取遗稿,为之正定。又益以所见,积三十余年之力,至嘉定九年(1216 年),始获成编。杨万里曰:"梦得之学,奄有古今。晚年作诗,慕少陵句法,有《补注杜诗》,搜剔微隐,皆前人所未发,未成而卒。子鹤续成之,重订年谱,名曰《黄氏补注杜诗》。"是当日此书初成,已为名流所推重。

黄氏补注,于诗之有关时事者,皆于题下注明,故谓之《诗史》;所引前人注皆各标名作"某曰",出于希、鹤父子之手者,亦署名"希曰""鹤曰"以别之。时坊间原有千家注本,鹤特因而广之,故以"补注"为名。题虽曰"补千家注",所列注家姓氏实止一百五十一人,且注中所征引则以王洙、赵次公、师尹、鲍彪、杜修可诸家之说为多,其他寥寥罕见。黄氏补注的主旨,在于按年编诗,故冠以《年谱辨疑》,用为纲领。而诗中各以所作岁月注于逐篇之下,使读者得考见其先后出处之大致。钩稽辨证,颇具苦心。

此元刻本乃据宋本翻刻者。今书中遇宋讳,如宋始祖讳"玄"、太祖讳"匡"与"筐"、仁宗讳"贞"与"徵"、钦宗讳"完"、孝宗讳"慎"、光宗讳"敦",皆缺末笔,避讳字止于光宗,知此元刻本所依据的本子大致刊印在南宋光宗朝,即 1190—1194 年间。

是书刊印俱佳,因传世本失去牌记,过去书目著录如《天禄琳琅书目》《宝礼堂宋本书目》等,一直误定为宋刻。1970 年,山东明鲁荒王墓出土的几部书中,有一部《黄氏补千家注纪年杜工部诗史》与此本版刻完全相同,且新发现书之第三十二卷卷尾下半叶有"武夷詹光祖至元丁亥重刊于月崖书堂"牌记一行,使该书刊印年代得以明确,从而纠正了过去鉴定上的错误。

刻书者詹光祖(1284—1299 年),字良嗣,号月崖,崇安(今福建)人。生活年代正值宋末元初,他曾翻刻过《资治通鉴纲目》五十九卷。入元,荐举为武夷书院教授。

此书在中国国家图书馆、成都杜甫草堂皆有藏本,然皆不完全。明鲁荒王墓出土本最完整,藏于山东省博物馆。

唐陆宣公集二十二卷 (唐)陆贽撰 元刻本(卷二十二通卷配抄本,各卷间有抄配)。袁克文跋。框高 22.6 厘米,宽 16.6 厘米。每半叶十行,行十七字,白口,左右双边。

陆贽(754—805 年),字敬舆,唐苏州嘉兴(今浙江嘉兴南)人。大历六年进士,历授郑县尉、渭南县主簿,迁监察御史。德宗即位,召为翰林学士。朱泚之乱,贽从帝至奉天,诏书多出贽拟,时号"内相"。官至中书侍郎、门下同平章事。后为裴延龄等所潛,贬忠州别驾。避谤不著书,惟考校医方,撰《集验方》五十卷。顺宗即位,下诏召回,诏书未至而贽已卒,谥宣。

陆贽前后撰作制诰、奏议百余篇,雄文藻思,榷古扬今。尤其所作奏议,指陈时病,论辩明彻,虽多出于一时匡救规切之语,而于古往今来政治得失之故,无不深切著明,足为万世龟鉴,故为历代所宝重,传抄、刊刻不绝。《新唐书·艺文志》载陆贽《议论表疏集》十二卷,又《翰苑集》十卷,常处厚纂。权德舆《翰苑集序》云《翰苑集》分《制诰》十卷、《奏草》七卷、《中书奏议》七卷,凡二十四卷。《直斋书录解题》卷十六载《陆宣公集》二十二卷,中分《翰苑集》十卷、《榜子集》十二卷;卷二十二载《陆宣公奏议》二十卷,又名《榜子集》。《郡斋读书志》卷四载《陆贽奏议》十二卷;同书《附志》载《陆宣公文集》二十二卷,赵希弁所藏,《制诰》十卷、《奏草》六卷、《奏议》六卷,凡二十二卷。

陆宣公集的编辑、流传,虽卷帙多寡不一,不外乎两种情况,一是制诰与奏议分别单行,一是二者合编。合编有二十四卷本,有二十二卷本,而以二十二卷本最为通行。二十四卷本乃弘治、万历年间刊刻者附会权德舆序,以二十二卷本增分而成,于篇目实无增减。

传世《陆宣公集》二十二卷本最早当为南宋刻本。例如南宋蜀刻本《陆宣公文集》,完帙应为二十二卷,内含《制诰》十卷、《奏议》十二卷。《文禄堂访书记》卷四著录此宋蜀刻本曰:"存文集(案,应为制诰)卷一至六、奏议卷一至十。"今仅存奏议卷一至十(卷十一、十二系清人抄补)。此本半叶十二行,行二十一字,白口。另《百宋一廛赋注》著录宋刻小字残本,其中《陆宣公奏草》存五、六两卷,《中书奏议》存五、六两卷,每半叶十二行,行二十二字。两种宋刻本与此元刻本的行款不同,似无直接渊源。

此元本原为梁清标所藏,后辗转落入袁克文手中,袁氏最终转让给潘氏宝礼堂。今书中有"蕉林藏书""克文"等印。

先前,诸藏家以此书为宋椠。如《宝礼堂宋本书录》集部(12上)著录此书,误作宋本。袁克文于卷前题识、卷末跋内更认定其属宋南渡前刊印者,并举卷内"构"字不缺笔为证。实则"构"字不缺笔不足为北宋末刊刻之足证。元人据宋本翻刻,宋讳自可不避。傅增湘《藏园群书经眼录》卷十二著录:"《唐陆宣公集》二十二卷,宋刊本,半叶十行,行十七字,白口双栏,大版心。钤有'蕉林藏书'印。"据行款、版式以及藏印判断,知傅先生所见者应即此本。误作宋椠者,盖亦因袭旧说。

此本今藏中国国家图书馆(书号8710)。该馆藏有此书同一版本的另一部残帙,卷十三、十七至十九、二十二全卷,及卷十四第一至十叶、卷二十一第二十八下至三十一叶配清抄本。此残本曾藏于刘氏嘉业堂,后入涵芬楼。张元济校并跋。

朱文公校昌黎先生文集四十卷外集十卷遗文一卷 （唐）韩愈撰 （宋）朱熹考异 （宋）王伯大音释 **传一卷** 元至元十八年（1281 年）日新书堂刻本。框高 19.5 厘米,宽 12.6 厘米。半叶十三行,行二十三字,小字双行同,黑口,四周双边。

存文集四十卷、外集八卷（卷一至八）。

韩愈（768—824 年）,字退之,河南河阳（今孟州市）人。郡望昌黎,世称韩昌黎。晚年任吏部侍郎,又称韩吏部。谥号“文”,又称韩文公。七岁读书,十三岁能文,二十五岁登进士第。任监察御史,历官至太子右庶子。曾以行军司马从裴度征讨淮西吴元济叛乱,升任刑部侍郎。因与宦官、权要相对抗,仕宦不得志。韩愈反对魏晋以来的骈文,提倡古文,为唐代古文运动发起者之一。其诗歌有独创成就,对宋诗有重要影响。事迹参见皇甫湜《昌黎韩先生墓志铭》《韩文公神道碑》和李翱《韩公行状》,以及《新唐书》《旧唐书》本传等。

韩愈去世后,其诗文经弟子李汉整理成编,计“赋四、古诗二百一十、联句十一、律诗一百六十、杂著六十五、书启序九十六、哀辞祭文三十九、碑志七十六、笔砚鳄鱼文三、表状五十二,总七百（或作七百一十六,或作七百三十八）,并目录合为四十一卷”（李汉《昌黎先生集序》）,是为《昌黎先生集》。宋人辑佚补缀,又为《外集》十卷、《遗文》一卷,附于正集。

《昌黎先生集》成书之后,流布广,版本多。各本辗转传抄,讹误不少,故宋人于韩集致力于校勘各本异同者较多。欧阳修曾以碑刻校对韩集,方崧卿著《韩集举正》、朱熹著《韩文考异》。注释之作则有韩醇《新刊诂训唐昌黎先生文集》、文谠《新刊经进详注昌黎先生文》、祝充《音注韩文公集》等。因韩集各种版本繁多,学者难以毕览,宋代遂有汇聚诸家校勘、注释成果于一书者,此多由坊肆为之,较有名者如庆元六年（1200 年）魏仲举家塾编刻《新刊五百家注音辨昌黎先生文集》、咸淳（1265—1268 年）年间廖氏世彩堂编刻《昌黎先生集》等,另一种即题朱熹考异、王伯大音释《朱文公校昌黎先生文集》。

朱熹《韩文考异》十卷,作于庆元三年(1197年),初别刻单行。宝庆三年(1227年),王伯大在南剑州任内刊刻《朱文公校昌黎先生集》,始取朱熹《考异》散附书内各句之下,以便披阅。又采集洪兴祖、樊汝霖、孙汝听、韩醇、祝充等各家之说,著为《音释》,各附编末。此即所谓"南剑官本"。

王伯大,字幼学,号留耕,福州人。嘉定七年(1214年)进士,理宗朝官至端明殿学士拜参知政事,事迹具于《宋史》本传。

南宋末,麻沙书坊据"南剑官本"重刊此书,又将王伯大《音释》散注各句之下。《天禄琳琅书目》称麻沙本有题识曰:"留耕王先生倅南剑时,将《考异》附正集本文之下,又集诸家所定《音释》于通卷之左。今本重所刊,系将剑州官本为据,并将《音释》附正集焉。"书名虽仍曰《朱文公校昌黎先生文集》,卷端题名下亦标曰"晦庵朱先生考异、留耕王先生音释",实则既非朱熹《韩文考异》原本,亦非王伯大《音释》原本,而是由书坊编纂、加工之后形成之新本。麻沙本应为至元十八年日新书堂重刊本之最早来源。

该书卷前有《晦庵先生朱文公韩文考异序》、宝庆三年王伯大序、《昌黎先生集诸家姓氏》、李汉《昌黎先生集序》、汪季路书、王伯大《音释》凡例。《朱文公韩文考异序》后有阴文牌记曰"至元辛巳日新书堂重刊"一行。至元辛巳即至元十八年(1281年)。刘氏日新书堂(又曰日新堂)为元代建安书林著名书坊,主人刘锦文,刊刻书籍甚多。

此本与庆元六年魏仲举编刻《新刊五百家注音辨昌黎先生文集》《外集》,南宋末廖莹中世彩堂本《昌黎先生集》《外集》《遗文》,均属汇集宋人校勘、注释韩集成果之作,虽为书坊编纂,当时难称善本,但不少今日早已失传的宋人校注却赖以保存,颇具价值。

此书元代刻本为传世最早之本,今所见三种明刻本均与此本有渊源,如明初十三行二十三字本、明洪武二十一年书林王宗玉刻本,行款格式与此完全相同;明洪武十五年勤有堂刊本行款亦一仍元日新书堂之旧,所不同者,将朱熹序后之"至元辛巳日新书堂重刊"阴文牌记更换作"洪武壬戌春庐陵勤有堂刊"阴文牌记。三种明初刻本应即据此本所翻刻。

日本森立之《经籍访古志》卷六所著录至元辛巳日新书堂重刊《五百家注音辨昌黎先生文集》四十卷,实即此书。

此本为明鲁荒王朱檀墓出土六种元刻本之一,今藏山东省博物馆。传世本一部，藏山东省图书馆。

增广音注唐郢州刺史丁卯诗集二卷 （唐）许浑撰 （元）祝德子订正
续集一卷 元刻本。徐郙、陆润庠等题款 **续补一卷** 清抄本。框高19.9厘米，宽12.9厘米。每半叶十行，行十九字，小字双行同，细黑口，左右双边，边栏线较宽，双鱼尾。小题上刻花鱼尾。

许浑(795—?)字用晦，一作仲晦，润州丹阳(今江苏镇江)人，唐宰相许圉师六世孙。少家贫，苦学劳心，清羸多病。太和六年(832年)登进士第。开成五年(840年)前后，为当涂令，后移摄太平令，以病免。大中三年(849年)，起润州司马，六年为尚书省虞部员外郎，继而任郢州刺史。因病退隐丹阳，所居有丁卯桥，故名集曰《丁卯集》(一说编于丁卯间，故名。此说非是)。其诗多登高怀古之作，尤以律诗最擅名，七言绝句亦富情趣，显名于晚唐诗坛。

祝德子，生平不详。据书中所题"信安后学祝德子订正"字样，知其为信安(今浙江常山)人。

《丁卯集》二卷，乃许浑于大中四年(850年)自编而成。《新唐书·艺文志》《郡斋读书志》等皆有著录。后人掇拾其佚诗，编为《续集》二卷。《直斋书录解题》注云："蜀本又有《拾遗》二卷"。传世宋蜀刻本在卷一、卷二外，有《遗篇》《拾遗》各一卷。知所谓《续集》二卷、《拾遗》二卷者，实应指《遗篇》《拾遗》各一卷。后人续有掇拾增补，遂先后成《续补》一卷、《集外遗诗》一卷。

此元刻本许浑诗集，除《丁卯集》二卷外，有《续集》一卷，然卷内分《遗篇》《拾遗》，是合二卷为一卷。然此本所收诗篇多寡、编次与宋蜀刻本均差异甚多，二者不属于同一个版本系统。此本有《续补》一卷，乃清人抄补。又，此本无《集外遗诗》一卷，知当时《集外遗诗》一卷尚未形成。

传世元刻本《丁卯集》另有两部，其一原为铁琴铜剑楼收藏，今藏中国国家图书馆(书号6644)；其二藏日本内阁文库。二者与此本均不相同，属另外两个版本系统。

《续集》卷前题名下有牌记"建安叶氏刊"一行，知其刊刻于建阳。叶氏是建阳名坊，刻书考究。此本写、刻、印俱精，字画起落顿笔有回锋。明弘治七年(1494年)镇江府郑杰刻印该书，即参考此本版行。

此书原为聊城杨氏海源阁旧藏，后属王懿荣，继归周叔弢，周氏捐赠北京图书馆（今中国国家图书馆。书号 8414）。今书中钤有"古节斋""英龢私印""四经四史斋""王懿荣"等印记。中国国家图书馆藏有一部（书号 7899）与此版本相同者，乃刘少山先生捐赠。

范文正公集二十卷别集四卷政府奏议二卷尺牍三卷 （宋）范仲淹撰 **遗文一卷** （宋）范纯仁、范纯粹撰 **年谱一卷** （宋）楼钥撰 **年谱补遗一卷祭文一卷诸贤赞颂论疏一卷论颂一卷诗颂一卷朝廷优崇一卷言行拾遗事录四卷鄱阳遗事录一卷遗迹一卷褒贤祠记二卷义庄规矩一卷** 元天历至正间范氏褒贤世家家塾岁寒堂刻本。框高 22.6 厘米，宽 16.7 厘米。十二行，二十字或二十二字，白口，左右双边。

范仲淹（989—1052 年），字希文，苏州吴县人。大中祥符八年（1015 年）进士。为秀才时，尝言"先天下之忧而忧，后天下之乐而乐"，以天下为己任。官至陕西四路安抚使，参知政事。仁宗时，与韩琦率兵同拒西夏，镇守延安，边境相安无事。有意改革时政，考核官吏，裁减闲冗，为言者所攻，皆不果行。卒谥文正。工于诗词文章。

范仲淹诗文集，宋代既已传本甚多。据墓志铭及宋人书目等记载，有《范文正公集》二十卷、《范文正公集》十五卷、《丹阳编》八卷、《丹阳集》二十卷、《别集》四卷、《奏议》十七卷、《范文正公奏议》十五卷、《范文正公奏议》二卷、《两府论事》三卷、《范文正尺牍》五卷、《尺牍》三卷。《丹阳集》二十卷乃《范文正公集》二十卷之异名。上举各书大多已失传，不可知其详。其中名同而卷数多寡不一者，盖帙有完有不完。

此元刻本范文正公诸集，乃天历至至正间陆续刊行。

《范文正公集》二十卷传世最早刻本，为北宋元祐年间刻本，今藏中国国家图书馆，一九八四年影印收入《古逸丛书三编》。此书于南宋乾道三年（1167 年）饶州州学再刊，淳熙、嘉定两度重修。元天历元年（1328 年），范仲淹八世孙文英据宋乾道间饶州州学本重刊《范文正公集》二十卷、《别集》四卷于吴门范氏家塾岁寒堂，卷前有苏轼序，序后有篆书牌记云："天历戊辰改元褒贤世家重刻于家塾岁寒堂"。

元顺帝至元三年（1337 年），范文英又刊印《尺牍》三卷于岁寒堂。案，南宋淳熙三年（1176年），张栻曾刻范氏《尺牍》三卷于桂林郡斋。其后，苏州郡庠重刻。范文英此本乃三刻。卷后有文英题记，谓旧刊于郡庠者，版已岁久漫漶，遂命工重新锓梓，刊置家塾之岁寒堂。

《奏议》有十七卷本、二卷本。十七卷本为完帙，后有散佚。二卷本是南宋重辑本。元统二年（1334年），范文英刻《奏议》二卷。前有文英序。

又书中天历三年（1330年）八世孙国俊跋谓有《年谱》，与《文集》《奏议》并行。可见，《范文正公集》二十卷、《别集》四卷、《政府奏议》二卷、《尺牍》三卷，非刻于一时，乃陆续刊就者。

存世范文正公诸集早期刻本中，以此元刻本最为完备。明嘉靖间，范氏家塾岁寒堂据天历本重刊，题"后学时兆文、黄姬水、李凤翔校正，十五世孙启文、十六世孙惟元同校"，苏轼序后亦有天历篆书木记三行。前人或谓元椠之后，以此为佳。其实，嘉靖本有错讹，甚至不及后来的康熙本，并非特别嘉善。

此本今藏中国国家图书馆（书号01027），内钤"学部图书之印"。另有日本人藏书印，曰"赵子昂云：吁！聚书藏书良非易事，善观者，涤手焚香，拂尘净几，勿卷脑，勿折角，勿以爪侵字，勿以唾揭幅，勿以夹刺，勿以作枕，随损随修，随开随掩，后之得吾书者，并奉赠此法。大阪临照堂藏"，曰"凡物皆归有缘，故藏书不吝贷借、让予及典卖，而特痛戚蠹损污坏、错阙狼藉尔，子侄莫忽诸。松井晖辰识"，曰"著书始认著书难，字字写来心血干，禁锢尘堆媚贪蠹，不如典卖供人观。罗洲子题"。

王荆文公诗五十卷目录三卷　（宋）王安石撰　李壁笺注　刘辰翁批点
年谱一卷　（宋）詹大和撰　元大德五年（1301年）王常刻本。框高17.5厘米，宽12.4厘米。每半叶十行，行十九字，注文双行，行字同。黑口，左右双边。

王安石（1021—1086年）字介甫，晚号半山，抚州临川（今江西）人。庆历二年（1042年）进士，历官州县。仁宗嘉祐中上万言书，力言变法。神宗熙宁二年（1069年），拜参知政事，领三司条例使，主持变法，为旧党反对。九年，罢相，神宗薨，新法尽废。晚年退居江宁，闭门不言政。以元丰中封荆国公，世称"荆公"。王安石博学，于诸经皆有著述，主张文学"务为有补于世"。为文险峭奇拔，政论尤简洁有力，为"唐宋古文八大家"之一。事迹详见《宋史》本传。

李璧(1159—1222年),字季章,号雁湖,又号石林,眉州丹棱(今四川)人。李焘之子。绍熙元年(1190年)进士,为正字。宁宗时附和韩侂胄用兵,累官参知政事。后谪居抚州,又起知遂宁府。卒谥"文懿"。《宋史》有传。

此书乃开禧三年(1207年)至嘉定二年(1209年),李璧谪居临川时所作。李璧素喜荆公诗,贬谪至荆公故里后,每日把玩,遇与意会,往往随笔疏于其下,后命属吏整理成编。所注引证详赡,为读临川诗者所推重。

此书于宋代凡三次付梓。嘉定七年,李璧门人李西美首次刊印此书于眉州,魏了翁为之序。嘉定十七年,抚州再次刊行,胡衍跋。绍定三年(1230年),又出现"增注"本。宋赵希弁《读书附志》卷下、陈振孙《直斋书录解题》卷二十皆有著录,或作《王荆公诗注》五十卷,或作《注荆公集》五十卷,书名不甚统一。此三次刊印皆在刘辰翁出生之前,故皆无刘辰翁批点。刘辰翁批点本《荆公诗注》应以元刻本为最早。

元代刊印的刘辰翁批点《荆公诗注》有两个传本,首先即大德五年王常刻本。

刘辰翁(1232—1297年),字会孟,号须溪,庐陵(今江西吉安)人。宋末为濂溪书院山长,荐除太学博士。平生亦喜荆公诗,尝评点李璧笺注,"删其繁以付门生儿子"。刘去世后,门人王常将其批点散附荆公诗句下,删节李注,并请刘之子刘将孙作序,卷前附宋詹大和撰《王荆文公年谱》,刊行于世。据刘将孙序,刊行时间在元大德五年。此书目录三卷及正文皆有"雁湖李璧笺注、须溪刘辰翁批点"题名两行。目录卷下后有王常刊印牌记七行:"仆顷问诗于须溪先生及半山,则恨李注本极少。于是先生出示善本,并得其评点。兹不敢私,命刻之梓,期与四方学者共之。门人王常谨题。"常字士吉,安成人。大和,字甄老,桐庐人。

大德十年(1306年),毋逢辰于临川得王常刻本,遂重刻于福建考亭(今福建建阳西南)。毋逢辰本行款为半叶十一行,行二十一字,黑口,与王常刻本不同。

李璧注本所收荆公诗篇,较《临川集》多古今体诗七十二首。今宋刻本皆已失传,中国国家图书馆收藏的大德五年王常刻本是今天所能见到的最早刻本,又是孤本,十分珍贵。

书中"谦牧堂藏书记""谦牧堂书画记""天禄继鉴""天禄琳琅"等印,知其曾为清搢叙谦牧堂旧藏,后入宫内,成为天禄琳琅插架之物。今藏中国国家图书馆(书号 12378)。

王状元集百家注分类东坡先生诗二十五卷 （宋）苏轼撰 题（宋）王十朋纂集 刘辰翁批点 **东坡纪年录一卷** （宋）傅藻撰 元建安熊氏刻本。傅增湘跋。框高 20.7 厘米,宽 13.2 厘米。每半叶十一行,行十九字,注文小字双行,行二十五字,黑口,左右双边。

各卷间有蠹蚀残破。

所谓王十朋纂集《王状元集百家注分类东坡先生诗》,南宋中叶以后由建阳黄善夫家塾率先刊出。黄善夫本问世之前,注东坡诗者已有"四注""五注""八注""十注"等书流传。诸书今皆无传本,所存者惟有五注、十注拼合本《集注东坡先生诗前集》宋刻残帙(卷一至三为十注本,卷四为五注本)。

黄善夫本《王状元集百家注分类东坡先生诗》即是在"四注""十注"之类基础上产生的。书中题王十朋自序云:"予旧得公诗'八注''十注'之类,而事之载者十未能五,故常有窥豹之叹。近于暇日搜索诸家之释,裒而一之,划繁剔冗,所存者几百人,庶几于公之诗有光。"虽然此书是否确属王十朋编纂,是否为书肆借其声名以求速售,此序是否亦为托名之作等问题,目前尚无一致结论,疑问较多,但此序对该书产生背景、过程的简要叙述,应是真实的。书题百家注,然所引注家姓氏实不足百家,盖犹杜诗称千家注,韩、柳文称五百家注,举其成数而已。

《集百家注》一出,即风行流播,闽中坊肆争先镌雕。黄善夫家塾亦名噪一时。现存世宋刻中就有五六种之多,除建安黄善夫家塾本外,尚有泉州市舶司东吴阿老书籍铺本、建安万卷堂家塾本、建安魏忠卿家塾本,以及元建安虞平斋务本堂本,皆闽中刻梓者,版式行格皆同。

《集百家注》后来增入刘辰翁评点,南宋末有刊本。日本宫内厅书陵部藏有一部增入刘辰翁评点的宋刻本,每半叶十三行,行二十三字。注文双行,行二十七字。白口,四周双边。森立之《经籍访古志》、董康《书舶庸谭》、严绍璗《日本汉籍录》等皆有著录。又据《日本汉籍录》,日本东京大学中央图书馆狩野文库也藏一部宋刻,每半叶十四行,行二十二字,小字双行三十字,白口,左右双边,版式与前者略异。

此本则属元刻,《百家注姓氏》后有双行篆文"建安熊氏鼎新绣梓"牌记,知其为建阳熊氏刻书。建阳熊氏是刻书世家中的著姓之一,起于南宋,历元明两朝。元代刻书可考者有四家,分别题"熊氏万卷书堂""熊氏博雅堂""熊氏卫生堂""建安熊氏"。该书卷首第三行题"庐陵须溪刘辰翁批点"。此本与建安魏忠卿、万卷堂、泉州市舶司各本的行格、字数、版框尺寸一一皆同,所微异者,注中各家姓名改作阴文,及行间加标点,卷末附评语。

元代刻此书者,尚有庐陵某氏书堂,十二行,行二十一字,大黑口,四周双边,注诗姓氏之后有"庐陵□氏□□书堂新刊"牌记。据《日本汉籍录》,日本宫内厅书陵部也藏有元刻刘辰翁批点本,版式与熊氏本同。元代中国渡日刻工陈孟才、陈伯寿、俞良甫等曾仿照该元刻本覆刻,今日本有藏本。

明代刻本有成化间汪氏诚意斋集书堂新刊本,以及嘉靖五年(1526年)刘氏安正书堂本,皆据元庐陵本翻刻。汪本每半叶十二行,行二十一字,黑口,四周双边;刘本十二行,行二十三字,黑口,四周双边。目前尚未发现有据元熊氏本翻刻者。

与其他刻本对比,熊氏刻本的文字讹误少,价值较高。傅增湘曾"以元庐陵本与熊本勘之,偶披卷一首页'萧条初出郭'句,庐陵本已误'郭'为'廓',则其他之翻刻沿误者正自不少。"

此本是建安熊氏刻书传世孤本,乃元刊之佳者,属稀世珍籍。上有"毛氏家藏图书""敦夙好斋""叶名沣""双鉴楼"等印,知其曾为明毛氏汲古阁、清叶名澧收藏。民国时,转入傅增湘双鉴楼。今藏中国国家图书馆(书号5745)。

山谷老人刀笔二十卷 (宋)黄庭坚撰 元刻本。框高15.8厘米,宽12厘米。每半叶十二行,行十九字,细黑口,左右双边。

有缺叶、抄配。

黄庭坚(1045—1105年)字鲁直,号山谷道人,晚号涪翁,分宁(今江西修水)人。治平四年(1067年)进士。元祐元年(1086年)为校书郎,与修《神宗实录》。擢起居舍人、秘书丞兼国史编修官。绍圣二年(1095年)贬涪州别驾、黔州安置,移戎州。徽宗即位,召还,旋以文字遭诬除名,羁管宜州。崇宁四年卒于贬所。

庭坚长于诗,好用险韵、僻典,为江西诗派开拓者。其文章高古,有两汉风。早年受知于苏轼,与张耒、晁补之、秦观并称"苏门四学士"。

黄庭坚的诗文集在其生前已有陆续行世者,后因党禁,其诗文遭禁,书版被毁失传。南宋时,有人搜求其诗文,陆续编订为《豫章集》三十卷、《外集》十四卷、《别集》二十卷,凡三编。又黄庭坚之孙黄□也编过类似的集子。黄□曾经"持节东蜀",访求耆旧宿儒口所传授不见于《豫章集》的佚诗佚文,编为《遗文》和《刀笔》二集,未及细校,即行付梓。宋宁宗嘉定元年(1208年),其孙黄铢知信州贵溪县,取旧版校勘、修补后,重予印行。

此书将黄庭坚所作与他人的书简自全集中摘出,按年编排,分初仕至馆职四卷、丁忧三卷、黔州三卷、戎州七卷、离戎州至荆渚一卷、荆渚一卷、离荆渚至宜州一卷,共二十卷,单刻别行。当系宋人所为,或即以黄□编《刀笔》为底本,进一步增订、编纂而成。此本则元人据宋本翻刻者。刀与笔本竹木简牍时代之书写工具,古人以笔墨书于简牍,有误字则以书刀削去重写,故曰刀笔。此处以"刀笔"为尺牍之名,已非本义。

此书原为贺孔才潭西书屋所藏,贺氏《潭西书屋书目》原题宋刻,不确。今藏中国国家图书馆(书号3221)。

此刻本在中国国家图书馆另藏一部(书号7902),十册,卷次、行款、字体与之皆同。

明弘治十二年(1499年),张汝舟刻印此书,每半叶十二行,行十九字,白口,左右双边,卷首序谓得薛英刻本,据以刊刻。薛英刻本失传。张汝舟本行款与元刻本基本相同,刊刻字体风格也很相近,其所据以翻刻的薛英刻本或即源于元刻本。

后山诗注十二卷 (宋)陈师道撰 任渊注 元刻本(蠹蚀残破,卷一配日本抄本)。袁克文跋。框高19.9厘米,宽13.6厘米。每半叶十三行,行二十三字,细黑口,间有白口,左右双边。

陈师道(1053—1102年),字履常,一字无已,号后山居士,彭城(今江苏徐州)人。家贫好学,年十六,受业曾巩之门。元祐二年(1087年),以苏轼荐起为亳州司户参军,充徐州教授,除太学博士。五年,移颍州教授。绍圣元年(1094年),坐苏轼余党,谪监海陵酒税。以母丧,家居六年。元符三年(1100

年），召为秘书省正字。

师道学诗于黄庭坚，为江西诗派代表人物之一。其诗皆得自苦吟，留存者极少，仅及什一。生前曾手订诗文为甲、乙、丙三稿。政和五年（1115 年）由门人魏衍合而编定为诗六卷、文十四卷，凡二十卷。此为陈师道诗文最早的集子。魏衍亲授此本于王云，次年正月，王云为题记一篇。

卷前有任渊自序，称："近时刊本，参错谬误。政和中，王云子飞得后山门人魏衍亲授本，编次有序，岁月可考，今悉据依，略加绪正。"知任渊之注陈诗，依据王云所得本。由此可知，《后山诗注》成书时间应在政和六年之后。

任渊字子渊，四川新津人。师事黄庭坚，对黄、陈二家诗皆曾作注。其注陈诗，析魏衍编本之诗六卷为十二卷，于编次亦有所改易。后山之诗多运思幽僻，言外有所寄托，若无注释则有茫然不知为何语者。任渊去元祐诸人不远，佚文遗迹，往往而存，即同时所与周旋者，亦能一一知其始末。所注后山诗，寓年谱于目录，排比年月，钩稽事实，多能得作者本意，足以流传不朽。

今存《后山诗注》最早刻本为宋刻本，主要有两种：一为南宋初的蜀刻小字本，仅存四卷，即卷三下至卷六下，每半叶十三行，行二十四字，左右双边，卷末有周叔弢跋。宋讳缺笔止于"构"字，而"慎""敦"不缺，盖绍兴间刻本。另一宋刻本仅存一卷，相当于卷六，每半叶十三行，行二十三字，白口，左右双边，版心题字俱已剜割去，仅余上端镌刻字数，卷末有黄丕烈跋。傅增湘比较此二本，判断后者乃据前者覆刻。

此元刻本之行款、版框，及编次、分卷，与前一宋刻本明显不同，而与后一种宋刻本行款上相同，版框大小、字体风格亦极相近，则元刻本或即据后一种宋本为底本而重予刊刻者。袁克文丁巳（1917 年）跋以此书为宋椠，误。

此元刻本《后山诗注》书叶虽有蠹蚀残破，但除卷一配日本抄本外，其余各卷均无缺失，在早期刻本中尚属较为完备者，对解读后山诗颇有价值，甚为难得（另有一部元刻本藏日本内阁文库，董康《书舶庸谭》卷三著录作宋椠）。

元代以后刻此书者，以明弘治十年（1497 年）袁宏本影响较大，嘉靖十年（1531 年）刻本、朝鲜活字印本均与之一脉相承。袁宏本源自杨一清于"江东故家"所获"定本"，该"定本"与此元刻本属于何种关系，已经无从查考。总之，此元刻本与后世刻本之间的关系比较模糊。

书中有"靖斋"等印。今藏中国国家图书馆（书号 1069）。

增广笺注简斋诗集三十卷无住词一卷 （宋）陈与义撰　胡穉笺注　**胡学士续添简斋诗笺正误一卷简斋先生年谱一卷** （宋）胡穉撰　元刻本（《无住词》配清影元抄本）。框高18.3厘米,宽11.9厘米。每半叶十行,行十八字,小字双行同,黑口,左右双边。

陈与义（1090—1138年）,字去非,号简斋,其先眉州青城（今四川青城）人,曾祖希亮迁洛阳,遂为洛阳人。政和三年（1113年）登上舍甲科,授文林郎充开德府教授。绍兴七年（1137年）拜参知政事。惟师用道德以辅朝廷,务尊主威而振纪纲。与义容状严恪,不妄言笑,荐士于朝,退未尝以语人。尤长于诗,天分绝高,工于变化,风格遒上,思力沈挚,能卓然自辟蹊径。尝赋墨梅,见知于高宗。有《简斋集》《无住词》。

简斋辞世之后,其诗集陆续有多种刻本传世。最早之本当是绍兴十二年（1142年）周葵所刊者。时葵官吴兴郡,取所得简斋诗五百余篇,编《简斋集》二十卷,委僚属校雠,命工刊版。此本于衢本《郡斋读书志》卷十九著录。另有十卷本,《直斋书录解题》卷二十著录。《宋史·艺文志》有《陈与义诗》十卷,当即《直斋》著录者;又《岳阳纪咏》一卷,则应为别本单行者。据《须溪先生评点简斋诗集》增注所引,南宋时,简斋诗集犹有胡笺本、武冈本、闽本及简斋手定本。今除胡注本外,其余诸本皆已散佚。

《增广笺注简斋诗集》三十卷,《无住词》一卷,皆胡穉笺注。简斋之诗用意深隐,不露鳞角,凡采撷诸史百子以资笔端者,莫不如自其已出。因无注解,读者往往抚卷茫然,苦于究索。胡穉,字仲孺,酷好简斋诗,每读其诗,随事标注,遂以成编。胡氏笺注质量很高,贯穿百家,出入释老,钩稽事实,旁取曲引,能得简斋本意。凡诗集中所与往还诸人,亦一一考其始末。阮元认为其笺注乃读简斋诗者所不可废。

胡笺简斋诗集在宋代即有刻本行世。宋刊本早先一直有流传。今宋刊本未再见有著录者,存世与否已不可知。

卷中保留有胡穉题识,作于南宋绍熙元年（1190年）,盖其脱稿之年;有楼钥叙,作于绍熙三年,大约为南宋初刊之岁。可见,此书之元刻本渊源于宋刻应无疑问。元刻本大约是此书存世最早的本子,其价值之珍贵自不待言。

该书原收藏于瞿氏铁琴铜剑楼,一直被误作宋椠。《四部丛刊初编》曾据以影印,亦称之宋本,实属元刻。又,《初编》影印本卷前先楼钥叙、胡穉叙、刘辰翁序,次《简斋先生年谱》,次目录,次笺注诗集正文,次《胡学士续添简斋诗笺正误》,编次与此元本不同,疑影印时有所更易。

元本胡笺现存两部,皆藏于中国国家图书馆。两部书的行款完全相同,应为同一版本。一即此本(书号 6651),中华再造善本据以影印。另一部为黄丕烈、赵宗建校跋本(书号 8470),原存九卷,向误作宋椠。后又配三卷元本。卷十三至三十及《诗笺正误》配黄氏士礼居影写周锡瓒藏元刊本,《无住词》则配影抄何梦华藏影元本。

简斋诗外集一卷 (宋)陈与义撰 元抄本。钱翼之、鲍毓东跋,袁克文封面题签。框高 16.1 厘米,宽 11.5 厘米。每半叶九行,行十七字,黑格,细黑口,左右双边。

陈与义生平参见上条。

明代高儒《百川书志》卷十四著录《简斋诗外集》一卷,即此书。此书曾经汪士钟、徐乃昌收藏,后归铁琴铜剑楼。瞿氏《铁琴铜剑楼藏书目》卷二十一著录云:"《简斋外集》一卷,旧抄本。此本凡古今体诗五十二首,文三首,皆胡笺本所无。诗多次韵之作,风格亦稍逊,可知宋时原分二集。今官刻本十六集,有刘辰翁序,殆出后人所并,非原第矣。书有旧序云(按即晦斋引,略)。此序他本所无。卷首有题记曰:《简斋外集》。罕见其本,钱塘王心田以余爱之,持以见赠。"

瞿氏谓此书所收诗文皆胡笺本《增广笺注简斋诗集》三十卷、《无住词》一卷所无,稍欠准确,实则二者略有重复。如《外集》内《海棠》一首,即见于胡笺本卷十五;《问安危》《欲入州不果》各一首,并见于胡笺本卷二十四,所不同者,惟《欲入州不果》题作《山中》而已。冯煦《增广笺注简斋诗集序》推测此本"殆胡笺本既出后而搜得者"。沈曾植《影元本简斋诗集跋》亦曰胡笺三十卷本无《外集》诗,周葵刊二十卷本亦无《外集》诗。《简斋诗集》诗乃简斋自定义,《外集》诗则后人拾遗。冯、沈二氏所说甚是。盖掇拾者偶有按核疏略,遂致数诗与胡笺本重复。

此元抄本为现存最古之本,后之各本皆由此本出。民国七年(1918 年),李之鼎从徐乃昌借得此本迻录,刊入《宋人集》乙编。民国九年,蒋国榜又以影抄徐氏藏此本附刊于胡笺本后。《四部丛刊初编》也据此本影印。

此本钤有"钱氏翼之""张子昭印""孙亮""朱印子儋""朱印时熙""竹素斋图书印""江阴朱氏珍玩""存馀堂""汪印士钟""艺芸主人""徐印乃昌"等印，知其叠经钱翼之、张子昭、孙亮、朱子儋、朱时熙、汪士钟、徐乃昌等收藏。后来，此书为周叔弢所藏。新中国成立后，周氏捐赠北京图书馆（今中国国家图书馆。书号 8471）。

新刊李学士新注孙尚书内简尺牍十卷 （宋）孙觌撰 李祖尧编注 元刻本。傅增湘跋。框高 17.2 厘米，宽 11.5 厘米。每半叶十二行，行二十二字，小字双行同，细黑口，左右双边。

孙觌（1081—1169 年），字仲益，号鸿庆居士，晋陵（今江苏常州）人。大观三年（1109 年）进士，后举词学兼茂科。历官翰林学士，吏、户二部尚书。先后知秀州、温州、临安府等。尝以靖康间草降金表，为李纲劾罢，归隐太湖滨西徐里。孝宗朝尝命编类蔡京、王黼等事实，上之史馆。其所为诗文颇工，尤长四六，名章隽句，晚而愈精。因曾提举鸿庆宫，文集称《鸿庆居士集》。

《李学士新注孙尚书内简尺牍》乃孙觌门人李祖尧编注。卷前有蔡建侯序，称李祖尧"得公（孙觌）之遗帖独富，尝类而笺之，且欲刊之书肆，以便览者"。此书不见于宋人书目，丁丙《善本书室藏书志》谓"《尺牍》虽宋有专刻，然晁、陈诸志未见专录"。此书宋刻本仍有传世，上海图书馆藏一部。该宋本曾经黄丕烈收藏，十六卷，每半叶十二行，行大字廿，小字廿五。无序文及刊刻年月，目录后有"蔡氏家塾校正"六字。黄丕烈注《百宋一廛赋》称此宋本乃元本所自出，所说甚是。

此书以宋、元旧椠为佳，明清刻本皆由此所从出。傅增湘曾取明嘉靖本与此本逐一对勘，发现明刻之脱误不胜枚举。如卷五《与常守王司谏帖》，元本为十六帖，适脱去一叶，明本易其字句，蝉联而下，改为十一帖，其尚存之第十四帖末尾数行，明本遂删削之，以泯其迹。卷七《与常守强朝议帖》脱去半叶，文义全不相属。卷八《与胡寺丞帖》脱去五行一百二十六字，又脱《张郎中帖》一百六十一字及《张郎中第二帖》首三十三字。卷十《与邹承务帖》脱大字及注二百八十七字，《与抚州疎山白云如老帖》脱注文半叶，《与建康清凉交老帖》脱第一帖注及第二帖，又脱《常州惠山长老》一帖，《与虎丘达老》一帖，《与平江佛海长老》三帖，《与妙印大师》一帖，《与宜兴洞知观》四帖，皆赖元本补完(参见傅增湘《藏园群书题记》卷十四《校元本〈孙尚书内简尺牍〉跋》)。

又《鸿庆居士集》四十二卷,不载尺牍。七十卷本《孙尚书大全文集》卷三十七至五十虽载有大量尺牍,然与李祖尧编注本《内简尺牍》同者殊少。如,此本载《与信安郡王孟仁仲帖》二十二首,《文集》皆不载;《文集》卷四十六有《与孟仁仲郡王帖》一首,复与此本不符;此本载《与叶左丞少蕴帖》一首,与《文集》四十五卷所载《与叶少蕴资政帖》三首、四十六卷所载《与叶左丞帖》一首,亦复各别。盖李祖尧乃据手稿编纂《内简尺牍》,故与他本时有出入。又祖尧注多取觌自著诗文以资考证,所引觌诗文往往有文集中未收录,或虽收录而文字歧异者(参见《四库全书总目》)。故此书辑佚、校勘的价值很高。

《内简尺牍》除了十卷本外,还有十六卷本,二者分卷不同,但篇数并无差异。天津图书馆藏一部元刻十六卷本,每半叶十二行,行二十字,行款与宋本同。惟宋本为细黑口,元刻十六卷本为黑口。

此书钤有"颐园鉴藏""乾隆五十有七年遂初堂初氏记""涵芬楼"等印鉴,知其曾经初彭龄收藏,后入涵芬楼。《涵芬楼烬余书录》著录此本,题作宋刻,不确。今藏中国国家图书馆(书号7681)。此本在国家图书馆藏有另一部(书号6086),乃翁同书后人翁之熹先生所捐。与翁氏藏本比较,知此本为后印本,目录后割裂。

朱文公大同集十卷 (宋)朱熹撰 陈利用辑 **宋太师徽国文公朱先生年谱节略一卷** (元)都璋撰 元至正十二年都璋刻明修本(年谱配清抄本)。框高20.9厘米,宽14.8厘米。每半叶十一行,行二十一字,细黑口,左右双边。

朱熹(1130—1200年),字符晦,一字仲晦,号晦庵、遯翁,徽州婺源(今江西)人。绍兴十八年(1148年)进士,曾任秘阁修撰等职,历仕四朝,而在朝不满四十日。师事程颐三传弟子李侗。博极群书,广注典籍,集理学之大成,世称程朱学派。其博览与精密分析之学风,于后世学者颇有影响。

书中所收皆朱熹官同安(今福建)主簿时之作。考都璋《朱子年谱》,朱熹二十四岁为同安主簿。越二年,受学于李侗。又四年,秩满而归。凡莅事七年。书称大同者,盖以地名。唐贞元十九年(803年)分南安县四乡置大同场。

五代闽景宗永隆元年（939年），改为同安县。宋时于此设有大同驿，从古之名。

该书至正壬辰（十二年，1352年）孔公俊序云："鄱阳都润玉捐赀并纂年谱而重刻之"。案，润玉即纂《朱子年谱》之都璋。此为至正十二年都璋刊刻该书之确证。此书所收朱熹诗文、语录于全集中皆可见，别无新异。然贤者所莅，人争攀附以为重，此事之常理。陈利用生平虽不可考，其籍贯或为同安，纂集朱子诗文者，盖亦欲借以夸饰其地。

《四库全书总目》"别集存目一"著录《朱子大同集》十三卷，宋陈利用编、明林希元增辑，乃明人在此书基础上增订者。

书中有"汪士钟藏""平江汪振勋眉泉氏印记"二印，知其先后为汪阆源艺芸书舍、平江汪振勋所收藏。今藏中国国家图书馆（书号7059）。

批点分类诚斋先生文脍前集十二卷后集十二卷　（宋）杨万里撰　李诚父辑　元刻本。框高15厘米，宽10.3厘米。每半叶十二行，行二十字，黑口，左右双边。

杨万里（1127—1206年），字廷秀，吉水（今江西）人。绍兴二十四年（1154年）进士，调零陵丞，改知奉新。孝宗时，召为国子监博士，后以宝谟阁待制致仕。韩侂胄召之，不起。开禧间，闻北伐启衅，忧愤不食，卒，赠光禄大夫，谥"文节"。光宗尝为书"诚斋"二字，学者称诚斋先生。著有《诚斋易传》二十卷。其生平以诗擅名，曾将诗作依照不同生活、历仕阶段各编为一集。嘉定元年（1208年），其子长孺汇编为《诚斋集》一百三十三卷。

此书前集分四十三类，后集分三十二类，取杨万里《易传》《千虑策》中之语，摘录为标题，每标题下选录杨万里文章片言只语，各加批点，盖为参加科举考试者习文之用。卷内有标题见后集，而注云"文见前集"者，知其亦非完书。

卷前有宋理宗开庆元年（1259年）方逢辰序，知南宋末已经刊刻。此本则应从宋本翻刻而来。审其版式，乃麻沙旧刻，盖建阳书坊之陋本。李诚父，建安人，生平不详，其人或即专事编纂举业用书，以谋生计者。

此书另有明刻本，因行款与此相同，旧家藏目往往误题作元刻本，盖据此覆刻者。

书中有"籍书园本""林汲山房藏书""东莞莫伯骥所藏经籍印"等印记，

籍书园、林汲山房分别为清周永年藏书与读书之处,知此书曾为周氏收藏,后辗转归莫伯骥五十万卷楼。今藏中国国家图书馆(书号 13446)。

勉斋先生黄文肃公文集四十卷 (宋)黄榦撰 **语录一卷** (宋)林圆、蔡念成等辑 **年谱一卷** (宋)郑元肃撰 **附集一卷** 元刻延祐二年重修本。框高 20.9 厘米,宽 15.5 厘米。每半叶十行,行十八字,细黑口,左右双边。

黄榦(1152—1221 年)字直卿,号勉斋,闽县(今福建闽侯)人。少师事朱熹,熹称其志坚思苦,以女妻之。熹病危,以所著书授之,曰:"吾道之托在此。"以荫补官,历官汉阳军、安庆府。卒谥文肃。

黄榦诗文集不见于宋人书目。实际上,在宋末刊本颇多,且有大全集。据黄震《跋勉斋集》,当时临江董云章家收藏勉斋文集的不同版本最齐全,董氏"初得衡阳本十卷,次得岩溪赵氏所刊本二十四卷,次得双峰饶氏录本《书问》一卷,次得徽庵程氏录本《书问》一卷,次得北山何氏录本《答问》十卷。近又得三山黄氏友进刊本四十卷,凡衡阳、岩溪、双峰、徽庵本皆在焉,而又多三之一,独无《答问》"。其中,衡阳本刊印最早,因其诗文有妨于时者,未尽刊行,故最略。三山黄友进刊四十卷本较为完整,但董氏所藏残缺不少。黄震遂尽求董氏藏本,请董云章与他人一起分类汇编,为《勉斋大全集》,并以《勉斋祠堂记》刻附卷末,时在咸淳九年(1273 年)。

宋椠各本后皆失传,今以元刊四十卷本为最古。

此书凡讲义、经说三卷,杂文三十六卷,诗一卷。《附集》录本传、告词、谥议、行实、祠堂记、祭文等篇,《语录》为门人林圆、蔡念成等辑录,《年谱》为门人郑元肃撰、陈义和重编。前后无序跋。卷中不避宋帝名讳,当为元代刊刻。又《附集》有四叶之版心镌"延祐二年(1315 年)刊补"字样,则其为重修本无疑。

此本卷末既无黄震跋,亦无峨峰黄氏撰《勉斋祠堂记》,知其当非依据黄震刊本。盖元代传世的三山黄友进刻本仍有卷帙完整者,此本乃据黄友进刻本重新刊刻。黄友进刊印时间不早于宋理宗景定五年(1264 年),今本《年谱》卷末宋陈义和题识,署款作"景定五年岁次甲子"可为证。

元代之后,四十卷本文集惟康熙间刊有两种,一为康熙四十三年(1704 年)黄若金刻本,一为康熙五十年(1711 年)黄钺刻本。与元本比较,此二本讹脱阙逸甚多。陆心源《仪顾堂集》卷二十《宋本黄勉斋集跋》说，黄若金刻本"前后编次多非旧第，窜易脱落又复不少。如《上朱晦庵第八书》'婆娑山林以听之'下脱三百余字。《第九书》'游谈诸司'上脱二百余字……此外零星讹脱，更不胜枚举也"。四库全书本大体与元刊本无异，但脱叶阙文较之康熙本愈甚。故就现存诸本论，以元刻元修本为优。

此本字画清劲，属元刻中之佳品。惟卷中稍有漫漶，尤以附录为甚。

卷中有"铁琴铜剑楼""虞山瞿绍基藏书之印"，原为铁琴铜剑楼藏书。今藏中国国家图书馆(书号3589)。

传世元刻延祐二年重修本，吉林省图书馆藏有一部。另归入日本静嘉堂文库的原皕宋楼藏书中也有一部，版心镌"延祐二年刊补"字样。《皕宋楼藏书志》卷八十八著录，称之为"宋刊元修本"。傅增湘赴日检视后，认为应为元刊元修本。盖与中国国家图书馆藏本相同者。

栖霞长春子丘神仙磻溪集三卷 （金）丘处机撰　金刻本。傅增湘跋。框高21.8厘米，宽15.2厘米。每半叶九行，行十七字，白口，左右双边。

卷一第五、六叶缺，第三十一叶下残破；卷二第十七、十八叶缺，第三十四叶上残破，第三十五叶缺；卷三第九、十叶明人抄配，第二十一、二十二叶新抄配入。

丘处机(1148—1227年)，字通密，号长春子，登州栖霞(今山东)人。年十九出家宁海昆仑山(今山东牟平东)，师王重阳，开创道教全真派。曾居磻溪六年。金大定二十八年(1188年)金世宗召至燕京，问以至道，并命主持万春节醮事。金兴定四年(1220年)，偕弟子始发莱州，历时二载，抵西域大雪山(今阿富汗境内)见成吉思汗，被封大宗师，赠号长春真人。元太祖十九年(1224年)返燕京，受命掌天下道教，全真教遂大昌。卒于北京白云观。丘处机主张三教平等，相通互融，出家修行，断绝尘缘。著述有《大丹直指》《鸣道集》《摄生消息论》《磻溪集》等。

此书卷前有大定二十六年(1186年)五月中条山玉峰老人胡光谦序，行书，每半叶七行，字抚颜体，体格端严，镌工古劲。诗中所记岁月至大安元年(1209年)，则刻梓当在大安之后。时北方尚处金朝统治之下，故书中语涉金廷者皆提行空格。

正统《道藏》收录此书,列号在友一至友二,分为六卷,实即就此三卷本析分而成,惟卷三、卷四次第略有参差。《磻溪集》内所收诗皆入元以前作,取与道藏本比较对勘,则道藏本于篇章初无增损,而字句差别很大,增改多至于数百十字。又,此本诗句下附有音释、自注,词下多注有原名,如《无俗念》十二首下注云:"亦名《酹江月》",道藏本皆刊落不存。此本诗词下偶有小序,略志年月事实,可以考见生平行事与交游踪迹,道藏本或竟删除,或作节略。卷三《沁园春》六首(《道藏》本改为卷五)。今《道藏》于第五首《赞佛》独未刊载,似后人不欲为释教颂扬,有意芟除。如此均失去本真,赖此本以校补阙失。

又,《元史·丘处机传》云:"金宋之际俱遣使来召,不赴。"而此书卷二《世宗皇帝挽词》小引云:"臣处机以大定戊申春三月自终南召赴阙下,待诏于天长关,后五月十八日召见于长松岛。"又卷一载《进呈世宗皇帝诗》一首,皆当事人之自述、自记,事属可信,正可补《元史》之失。

民国年间,吴昌绶将此本之卷三影刊收录于《景刊宋金元明本词四十种》。

此本钤有"沈与文印""姑余山人""毛氏子晋""乾学之印""东武刘喜海燕庭所藏"诸印,知其递藏于明沈氏野竹斋、毛氏汲古阁、徐氏传是楼、刘氏味经书屋。后归傅增湘。此书现藏中国国家图书馆(书号5241)。

知常先生云山集五卷 (元)姬志真撰 元延祐六年(1319年)李怀素刻本。章钰跋。框高23.4厘米,宽16.5厘米。每半叶九行,行二十字,白口,左右双边。

存三卷(卷三至五)。

姬志真(1194—1269年),本名翼,字辅之,泽州高平(今山西)人。其先雍姓,避金世宗讳改。蒙古于太宗六年(1234年)灭金,栖云真人王志谨到汴梁建朝元宫,传播全真教,姬翼执弟子礼,赐名志真,号知常子。宪宗二年(1252年)讲学于燕京长春宫。宪宗四年(1254年),从王志谨还汴,居朝元宫。中统四年(1263年),王志谨卒,志真嗣主朝元宫事。至元四年(1267年),诏赐"文淳德懿知常真人"之号。次年十二月三十日,年七十六,卒。所著除此书外,尚有《道德经总章》《周易直解》《南华解义》《冲虚断章》等。事见《甘水仙源录》卷八《知常姬真人事迹》。

姬志真处于金元之际,国破家亡之痛,时溢于笔端,战争对社会、生灵之破坏,在其诗文中多有反映。该书卷四收录碑记十二篇,或记述元初全真教道观在各地之兴建,或追述王重阳、丘处机之生平与业绩,颇具史料价值。

此本卷末有延祐己未(六年,1319年)朱象先后序,当即刊书之年。刊印者李怀素,即王鹗序所言之"李君提举"。此本卷前诸序,及卷一、卷二则尽皆散失,仅存卷三至五。

明正统《道藏》"太平部"收录《云山集》八卷。分卷与此本不同。又,白云霁《道藏目录详注》卷四著录:"《云山集》卷一之十,知常真人姬志真集,集中诗赋、歌论、碑记、杂文,大率以演畅真风,蠲涤尘累为主。"所记卷数有误,《云山集》无十卷本。

此本虽非完本,然在传世诸本中刊刻最早,且多有他本所不及之处。例如道藏本《云山集》所收录诗文止于此本卷四《开州神清观记》;之后三篇,即《滑州务真观记》《滨都重建太虚观记》《荥阳修建黄箓大醮记》,卷五全部,卷末朱象先序及《知常真人行实》,于道藏本皆未收。

此本所录诗文内容与道藏本亦有差异。如此本卷三《雨中花·其三》有小引云:"仆自骚屑东游,泠骈宛转,十有余年,杳绝山阳。一日,表弟不厌披榛,垂顾蓬荜,就审舅氏,兼庇玉属无恙,惘然犹疑梦间。于是乱道《雨中花》词奉寄。"道藏本则无之。同卷《鹊桥仙·其十一》小注"赠大方时在共城",道藏本作"赠大方丈檀城",后者当有误。此本卷四碑题于道藏本亦多有不同,如《洛阳县朱葛村栖云观碑》,道藏本无"县朱葛村"四字;《终南县梁家庄栖云观碑》,道藏本作《终南山栖云观碑》;《京兆普济孤魂碑》,道藏本作《京兆普度碑》;等等。知此本多存旧貌,良可珍贵。

此本卷末粘有一签条,其上墨书"一部五本洪武三十五年正月十九日朝天宫道士姚孤云进到"一行,知此书明初曾采进内府。此类签条于传世诸书内尚有数例,其上皆书进呈人之姓名,可见当时宫廷采进图书之程序。洪武三十五年实为建文四年,六月十七日,明成祖即位,诏革除建文年号,仍称洪武。"洪武三十五年正月十九日",尚在革除建文年号之前,必系事后改书。姚孤云,事无考。

刻工有张德甫、陈仁甫、元表等,其中陈仁甫亦见于至正五年(1345年)刻《金史》一百三十五卷的刻工中,应为同一人。

民国二年(1913年),仁和吴昌绶双照楼将此本之卷三影刊,收入《影刊宋金元明本词四十种》。

此书初藏应天(今南京)皇宫内,永乐十九年(1421年),随文渊阁检出图书一起装柜,转运北京。明清两代一直深藏内阁大库,近代始散出,流转至厂肆,已为残卷。后归潘氏宝礼堂,《宝礼堂宋本书录》附(五上)有著录。一九五一年,潘氏把藏书捐献国家。今藏中国国家图书馆(书号8731)。

赵子昂诗集七卷 (元)赵孟𫖯撰 元至正元年(1341年)虞氏务本堂刻本。傅增湘跋。框高17.1厘米,宽10.6厘米。每半叶十一行,行二十字,黑口,左右双边。每卷标题大字占双行,第三行题"宜黄后学谭润伯玉编集"。

赵孟𫖯(1254—1322年),字子昂,号松雪道人。宋太祖子秦王德芳之后,因赐第湖州(今浙江),故为湖州人。入元,程钜夫至江南为蒙古最高统治者招贤纳隐,孟𫖯被招来朝,官刑部主事,累官翰林学士承旨。卒,追封魏国公,谥"文敏"。孟𫖯以宋朝皇族改节事元,故不谐于物论,晚年亦不免自悔。然论其才艺,则风流文采,冠绝当时。其诗书画皆自成家,书称赵体,画变南宋画院风格,开元代画风。有《松雪斋集》,子雍编。

此书目录后有"至元辛巳春和建安虞氏务本堂编刊"阴文牌记一行。案,前至元辛巳乃十八年(1281年),其时子昂方廿八岁,又五年程钜夫荐于世祖乃得进用,与集中往还诸人年代不相符,则非前至元可知。其后至元六年为庚辰,次年辛巳正月朔改元,为至正元年。今此云"至元辛巳春和",盖地僻未奉诏书,故仍然使用旧年号。元人杨载作《松雪行状》,称所著有《松雪斋诗集》,不详卷数。此本刊行于孟𫖯卒后不足二十年,疑行状所言之诗集即为此书。

虞氏务本堂为元时建阳名肆,刻书甚多。此书之外,元刻本《增刊校正王状元集注分类东坡先生诗》二十五卷、至正六年(1346年)刻《周易程朱传义音训》十卷及《易图》一卷、泰定四年(1327年)刻《新编四书待问》二十二卷等书,也皆为该书坊刊行。虞氏刻书有题"建安虞平斋务本书堂"者,有题"建安虞氏务本堂""虞氏务本堂"者,平斋或为该书坊主人之号。

赵集以元后至元五年(1339年)沈氏家塾刻《松雪斋文集》十卷、《外集》一卷流传最广,明、清时叠经翻版。此本《赵子昂诗集》则特别罕见,惟《仪顾堂续跋》有著录。其中所收诗篇较沈氏刻《松雪斋文集》多《有所思》《望美人》等诗十余首,文字亦多歧异,乃元时别本,极具校勘价值。

此本钤有"张坤厚藏书印"。今藏中国国家图书馆(书号 11413)。

筠溪牧潜集七卷 (元)释圆至撰 元大德刻本(碑记第五叶抄配)。杨绍和跋。框高 18.5 厘米,宽 12.8 厘米。每半叶十二行,行二十一字,白口,四周双边。

释圆至(1256—1298 年),字天隐,号牧潜(一说字牧潜,号天隐,似误),又号筠溪老衲,筠州高安(今江西)人,俗姓姚。南宋度宗咸淳十年(1274年),出家为僧。元初至元、元贞间,主建昌能仁寺。大德二年(1298 年)卒于庐山。

圆至自至元以后,遍历荆襄、吴越,于禅理之外,亦颇能读书。擅诗,楚楚有清致。又工于古文,笔力崭然,多可观者。《四库全书总目》称:"自六代以来,僧能诗者多,而能古文者不三五人。圆至独以文见,亦缁流中之卓然者。"其诗文汇编为《牧潜集》七卷,另有《唐诗说》二十一卷。

该书不分卷次,编排以类相从,曰:诗、铭、碑记、序、书、杂著、榜疏,凡七类。每类首叶,以天干字甲至庚记之。故洪氏跋祇云一卷。今称七卷者,乃编目者以类为卷著录之。

此本当为《牧潜集》之初刻,卷前有方回序,云:"吴门碛砂魁上人偕其友清表,将以其文梓行"。卷后有洪乔祖跋。序与跋皆作于大德三年(1299 年),其刻梓之岁盖亦为是年。卷中遇"皇帝"则提行,遇"上皇"则空格,以示所尊。

此书流传稀少,明初曾有刊刻。崇祯年间,僧明河先后得抄本及明初刻本,继又得见元刻残本。后出诸本虽无文字异同,而诗篇已有缺失。经校订,崇祯十二年,由毛氏汲古阁重刻此书。《四库全书总目》谓明河于《虎丘旧志》所见《修隆禅师塔记》不见于汲古本中。案,此篇于元刻本、汲古阁本《牧潜集》中皆有收录,篇名改作《修虎邱塔颂序》,在"序"类中,四库馆臣失查。杨绍和《楹书隅录》卷五"元本《筠溪牧潜集》"条题识云:"子晋所刻已多脱佚,此则大德元椠也。"盖其以为汲古本诗文多有脱佚,实则汲古阁本与元刻本所收诗文完全相同,唯一相异者,汲古阁本缺方回序,盖明河所见诸本皆失此序。知杨氏并未以汲古本与元本对勘,乃臆测之言。

此大德间元椠,篇目完整,甚为珍罕。

有"朴学斋""韩氏藏书""玉雨堂印""韩印泰华""小亭""杨氏海源阁

藏"等印,知此书叠经叶树廉朴学斋、韩泰华玉雨堂、杨氏海源阁收藏。今藏中国国家图书馆(书号8506)。

静修先生文集二十二卷 (元)刘因撰 元至顺元年(1330年)宗文堂刻本。框高19.2厘米,宽12.6厘米。每半叶十三行,行二十一字,黑口,四周双边。

刘因(1249—1293年),字梦吉,初名骃,字梦骥,容城(今河北)人。元世祖至元十九年征授承德郎、右赞善大夫。未几,辞归。再以集贤学士征,不起。性不苟合,所居题曰"静修"。著有《四书集义精要》二十八卷。元苏天爵《滋溪文稿》卷八有《静修先生刘公墓志》,《元史》有传。

刘因早年所作诗文,才情驰骋。曾手订《丁亥诗集》五卷。卒后,门人故友搜集其遗稿,编纂《樵庵词集》一卷、《遗文》六卷、《拾遗》七卷,杨俊民又搜集编纂《续集》二卷,房山贾彝复增辑《附录》二卷,合前后所编而为二十二卷。

此书卷一后有"至顺庚午孟秋宗文堂刊"牌记。至顺庚午即至顺元年,时刘因去世仅三年。郑氏宗文堂乃建阳名肆,自元至明中叶,前后二百余年,家世其业,刻书甚多,今所知者约有十种。其中,与此书同年刊印者尚有《增广太平惠民和剂局方》十卷、《指南总论》三卷、《艺文类聚》一百卷等。

此本为民间坊刻。到至正年间,又有官刻本。传世明成化十五年(1479年)蜀藩刻本《刘文靖公文集》二十八卷,卷前载有元至正九年(1349年)己丑九月江南浙西道肃政廉访司牒文,知至正九年江南浙西道肃政廉访司曾组织人访求刘因旧稿,抄录诗文、附录,编纂为三十卷,命各路儒学钱粮多者锓木印行。成化本即从此出,而有增订,后世各传本多与之有渊源。至顺宗文堂刻本在明清时期则少见有翻刻者。今仅知《铁琴铜剑楼藏书目录》所著录太仓宋蔚如影写本,出自宗文堂刻本。《四部丛刊》印本也据此帙影印。

此本无缺卷,为该书传世最早最完备者。傅增湘曾以王氏《畿辅丛书》本校元宗文堂本,发现"王本有而元本无者为杂著四首,书后、题跋三首,书三首,疏一首,祭吊二首,赞四首,赋三首,凡文二十六首。五古五首,七古二首,杂言三首,五律十二首,七律三十首,五绝二首,七绝二十九首,凡诗八十三首。元本有而王本无者,《乐府》一卷三十二首,《书王维集后》一首。至订正之字,殆逾千百,举其最甚者如七绝中《书李渤联德高蹈图》,王本录十一首,元本录五首,而词衹有一句相同者。七律中《秋日有感》一首有三句不同,《黑马酒》一首全首均不同"(参见《藏园群书题记》卷十六《校元刊〈静修先生文集〉跋》)。王氏《畿辅丛书》本可以溯源到元至正官刻本。可见,宗文堂本的篇帙次第、诗文词句,以及文字详略等,均与至正官刻本有异。官刻本篇帙虽视坊刻本多,然仍有疏漏者。可见此元本于辑佚、校勘均颇具价值。

民国年间,吴昌绶辑印《影刊宋金元明本词四十种》,曾将此本之《乐府》一卷影印收入其中。

今此书内钤有"黄印丕烈""士礼居藏""涵芬楼"等印鉴,知其曾为黄丕烈所珍藏,后辗转归入涵芬楼。今藏中国国家图书馆(书号7723)。另,上海图书馆亦藏有此本。

存悔斋诗一卷 (元)龚璛撰 元至正五年俞桢抄本。元俞桢、明张丑跋 **补遗一卷** (明)朱存理辑稿本。黄丕烈、张鸣珂、王颂蔚、龚易图跋,傅以礼、魏锡曾题款。附录汪鸣銮、王颂蔚、魏锡曾、叶昌炽致蒋凤藻手札。框高17.1厘米,宽12.2厘米。每半叶十一行,行二十字,白口,左右双边。

龚璛(1266—1331年),字子敬,镇江人,寓吴中。少为宪使徐琬辟置幕下,后充和靖、学道二书院山长,调宁国路儒学教授,迁上饶主簿,改宜春县丞。以江浙儒学副提举致仕。诗文豪宕有法,有《存悔斋诗》一卷,明朱存理复辑其遗篇,为《补遗》一卷。

此诗集乃元至正五年开封俞桢手抄。俞桢,字贞木,入明后,避明初诸王讳,改名贞,又名贞木,更字有立,又号立庵,尝主浙中台宁间丹台书院。卷末有至正九年五月俞桢跋,云:"此诗元系永嘉朱先生抄本,桢从先生游,故假以录。是至正五祀岁乙酉也,时桢年十五。"卷前有张丑跋,云:"立庵先生初名桢,字贞木,后以字行。种学绩文,躬秉特操。仕终都昌县令,以清节显。此其手录龚子敬集,云从永嘉朱先生抄本翻出。朱名右,字伯贤,有史学,为后元大儒,事具金华宋景濂《墓志》中。"由此可知,俞桢抄本乃祖于永嘉朱右抄本。

诗集卷后有续抄诗两纸,则为明朱存理(?—1513年)搜辑手录者。存理,字性甫(一作父),号野航,长洲(今江苏苏州)人。博学好书,工书法,手录前辈诗文百余家。黄丕烈曾以此二叶与所见到的朱存理手抄《珊瑚木难》《野航杂钞》真迹相比对,字迹完全符合。且诗集卷首有"性夫"藏书印,则其为朱存理手录稿本无疑。

此本从未雕版，向以抄本流传，甚为珍罕。明末，毛氏汲古阁从此本过录，据毛扆跋语，崇祯十三年（1640 年），毛晋曾从马墅师借抄，马墅师本亦出自此本。另有吴宽抄本，同样出自此本。马墅师本、吴宽本去向不明。俞桢抄本在明代先后为朱存理、王腾程、王广、吴宽、王凯度、张丑等收藏；至清代，则与汲古阁抄本一并为碧凤坊顾氏收藏。顾氏之后，汲古阁本归顾抱冲，辗转经蒋凤藻之手，流入铁琴铜剑楼。《铁琴铜剑楼藏书目录》著录《存悔斋诗》一卷，即汲古阁抄本。俞桢本则自顾氏转归蒋韵涛，继而经张秋塘，成为黄丕烈读未见书斋藏品。今此本为中国国家图书馆珍藏（书号 4408）。

《四库全书总目》收录《存悔斋稿》一卷、《补遗》一卷，注云："浙江鲍士恭家藏本"。案，四库馆成立时，曾向天下征书，鲍廷博命其子士恭，以家藏六百余种书由浙江进呈，该书当在此次进呈之内。所不明者，鲍氏进呈之本为汲古本抑或俞桢本？进呈之书，后来大多数并未如约发还，不知鲍氏所进呈《存悔斋稿》事后是否发还。不过就目前看来，无论发还与否，其进呈本最终流落民间他人之手。

此书流传至今几近八百载，叠经呵护，幸无毁损，今诸名家考证、题识累累，满布卷前卷后，堪称稀世之珍。

汉泉曹文贞公诗集十卷　（元）曹伯启撰　**后录一卷**　元后至元四年（1338 年）曹复亨刻本。框高 22.5 厘米，宽 17 厘米。大版心，每半叶九行，行十五字，白口，四周双边。

曹伯启（1255—1333 年），字士开，济宁砀山（今安徽）人。早岁游学郡庠，擢邑文学掾。世祖至元中，为兰溪主簿，累迁常州务推官。延祐元年迁御史台都事，改刑部侍郎，历真定路总管、司农丞，六年迁南台治书。英宗立，拜山北廉访使，入为集贤学士，除侍御史。泰定初引归。卒谥"文贞"。事迹详《元史》本传。其诗除五言古诗有冗沓之嫌外，其余皆从容娴雅，直抒胸臆，自协宫徵。

是集又名《汉泉漫稿》，乃伯启生前自署之名。卷端题"江南诸道行御史台管勾曹复亨类集、国子生胡益编录"，卷前有后至元三年（1337 年）张起岩序、后至元五年苏天爵序、后至元四年吕思诚序，卷末有后至元四年吴全节跋。

苏序云:"《汉泉漫稿》者,故御史中丞曹文贞公所作之诗也。公薨,诸子南行台御史复亨、西台掾履亨采录汇次,将以板行焉。"知伯启之子履亨亦参与编辑。《后录》一卷为曹鉴奉敕所撰碑铭及画像讚、祭文、哀词、挽章。此书是研究曹伯启生平及其文学成就的重要文献。

卷中语涉元帝或朝廷尊号,如天子、帝、仁庙、皇元、清朝、敕、诏、制、旨等字样,皆提行顶格书写,以示尊崇。

此本为曹伯启诗集初刻本,后世各本皆由此出。《藏园群书经眼录》卷十五著录旧写本《曹文贞公诗集》十卷、《汉泉漫稿》十卷,行款每半叶九行,行十五字,即从元刻本传写者。又有汲古阁抄本,存卷六至十,每半叶十行,行二十字;金侃抄本,存卷一至五。两部抄本残帙也皆据元刻抄写。

四库馆臣所见《曹文贞公诗集》十卷《后录》一卷非完本,其中"张梦臣、欧阳原功、苏伯修、吕仲实四序,此本皆不载。总目于四序之前又列有御史台咨文、太常博士谥议,亦皆有录无文,盖传写佚之。《后录》一卷,……目中'提调、校勘、誊写姓名'一条,亦未载入,则后人删之也"。今案,此元刻本"总录"内所列卷前之"御史台咨文""太常博士赵期颐谥议",《后录》之"提调、刊板、校勘、誊写官士姓名"等诸项内容,已皆有录无文,盖流传中佚失。

此本以端楷手书上板,直取松雪笔意,刊刻精工,诚元刻之佳作。存世诸本中,亦以此本最佳,十分珍罕。民国年间,吴昌绶辑印《影刊宋金元明本词四十种》,曾将此本之《乐府》一卷影印收入其中。

此书中今有"叶伯寅图书""南阳叔子苞印""茂苑香生蒋凤藻秦汉十印斋秘箧图书""涵芬楼"等印鉴,知其曾先后叠经叶恭焕、叶亦苞、蒋凤藻收藏,后入涵芬楼。今藏中国国家图书馆(书号7725)。此外,仅上海图书馆藏一部。

清容居士集五十卷目录二卷 (元)袁桷撰 元刻本(卷二十七至二十九、三十七至三十九、四十七至五十配清抄本)。框高20.4厘米,宽15.4厘米。每半叶十行,行十六字,白口,左右双边。

袁桷(1266—1327年),字伯长,庆元路鄞县(今浙江宁波市)人。宋知枢密院事袁韶曾孙。年二十,以茂才异等举为丽泽书院山长。大德间,以荐授翰林国史院检阅官,升翰林应奉,历修撰、待制,除集贤直学士,改翰林直学士,累迁翰林侍讲学士。泰定初辞归。卒,赠江浙行省参知政事,追封陈留郡公,谥

"文清"。事迹详《元史》本传。

袁桷著《易说》《春秋说》诸书,见苏天爵《袁文清公墓志铭》,世久无传,今惟《延祐四明志》十七卷及《清容居士集》五十卷尚存。是集所收录,凡诗十四卷、文三十六卷,后附谥议、墓志。与苏天爵《墓志铭》及《元史》本传所称卷数相符,知犹为旧本。

《四库全书总目》称袁桷文章"博硕伟丽,有盛世之音",为一时台阁之冠。又称"其诗格俊迈高华,造语亦多任务炼,卓然自成一家"。此书是研究袁桷生平与文学创作的重要文献。

袁桷曾从王应麟讲求典故制度之学,又从天台舒岳祥习词章,既接见中原文献之渊懿,家又富于藏书,故博学通掌故,核实而精深,长于考据。朝廷每有新的礼仪制度举措,桷常参与论议。此集内所收,如卷四十一《郊祀十议》之《昊天五帝议》《祭天名数议》《圜丘议》《后土即社议》《祭天无间岁议》《燔柴泰坛议》《郊不当立从祀议》《明堂郊天礼仪异制议》《郊非辛日议》《北郊议》诸篇,皆成宗大德五年(1301年)为举行郊祀礼所上,礼官推重其所论博赡,多采用之。故此诸篇于研究当时仪礼制度颇具价值。又如元代久不行科举,至仁宗时,始设进士科以取士,而当时已无人知晓贡举之法,各项制度、措施皆事先咨询袁桷,而后方予施行,此书卷四十二《大都乡试策问》《会试策问》《江浙乡试策问》诸篇,乃袁桷为三次不同科举考试所拟定的策问题目,知其亲自参与科举取士活动,是涉乎元代科举制度之重要文献,从中亦可反映当时最高统治阶层所关心的某些重大财政、经济、意识形态、吏治诸方面的问题,价值自然珍贵。

此本字抚松雪体,刊印皆工,为元版之上乘。因刊刻于元代,故卷中遇元朝帝王尊号之类的语词,如大帝、皇帝、圣天子、天子、世祖皇帝、成宗皇帝、武宗、仁宗、皇元、诏旨等皆提行,遇上京、京师、朝、清朝、先朝、阙下、帝、殿下、上命等,皆空一格或两格,以明所尊。卷二《述祖德示从子瑛》诗"觉"字,卷三十《教授袁府君墓表》"灼""堈""爕""毅""韶""甫""傒""衷"八字,卷三十三《西山阡表》及《先大夫行述》"似""道""皋""升""洪""毅"六字,均避家讳阙笔,是为袁氏家刻无疑。

此本为袁桷诗文集最早最佳刻本。日本静嘉堂所得原皕宋楼藏元刻本,字多有漫灭,不如此本清朗。后世诸本皆自此出。《藏园群书经眼录》卷十五著录明写本《清容居士集》五十卷,每半叶十行,行十六字,即自元本传写者。

今此书中钤有"文徵明印""卖衣买书志亦迁,爱护不异隋侯珠。有假不还遭神诛,子孙鬻之何其愚""休宁朱之赤珍藏图书""卧庵所藏""完颜景贤精鉴""寒云如意""涵芬楼"等印鉴,知其先后为文徵明、钱榖、朱之赤、完颜景贤、袁克文等收藏,后入涵芬楼。今藏中国国家图书馆(书号7726)。

蒲室集十五卷书问一卷疏一卷 （元）释大欣撰　**笑隐和尚语录不分卷**
（元）释廷俊等辑　元后至元刻本。框高19.5厘米,宽12.8厘米。每半叶十行,行二十字,细黑口,四周双边。

释大欣(1284—1344年),字笑隐,南昌陈氏子。从释元熙学,初主杭州乌回寺,迁杭州报国寺,移中天竺。元文宗入继大统,于天历元年(1328年)诏以金陵潜邸为大龙翔集庆寺,特选大欣住持,授太中大夫。著有《蒲室集》十五卷。

是集凡诗六卷、文九卷。前有虞集序,谓其诗文"如洞庭之野,众乐并作,铿宏轩昂,蛟龙起跃,物怪屏走,沈冥发兴。至于名教节义,则感厉奋激,老于文学者不能过"。虽稍有溢美,然大欣五言诗不让于士大夫,余体诗亦不含蔬笋之气,在僧诗中犹属雅音。

释大欣深谙当时朝廷掌故,所著《王可毅尚书历任记》,证以《元史·文宗纪》,皆相符合。集中多与赵孟頫、柯九思、萨都剌、高彦敬、虞集、马臻、张翥、李孝光往来之作,而卷九《杭州路金刚显教院记》、卷十二《金陵天禧讲寺佛光大师德公塔铭》,并注曰"代赵魏公作",则赵孟頫亦曾假手于大欣,知大欣非俗僧。此类诗文皆可资探究当时宗教以及统治集团中众多士大夫之间交游活动。

《笑隐和尚语录》不分卷,为大欣门人释廷俊等辑录。以类编排,分为"笑隐和尚住湖州路乌回禅寺语录"(廷俊等编)、"杭州路禅宗大报国寺语录"(慧昙等编)、"中天竺禅寺语录"(中孚等编)、"大龙翔集庆寺语录"(崇裕等编),以及大欣撰"真讃""偈颂""铭""序""题跋"。卷末为虞集《欣公行道记》、黄溍《欣公塔铭并序》。

廷俊字用章,号懒庵,饶州乐平(今江西)人,俗姓董。元末住持杭州净慈寺。明洪武元年(1368年)卒于金陵。

《蒲室集》卷前虞集序作于"至元四年岁在戊寅",即元顺帝至元四年（1338 年），书之刊行大约应在此时或稍后不久。此本为初刻初印。卷内遇元帝尊号如"文皇""文考"等字样，皆提行，以示尊崇。

书内有"涵芬楼""海盐张元济经收"等印记。今藏中国国家图书馆（书号 7727）。

梅花字字香二卷 （元）郭豫亨撰 元至大刻本。杨绍和跋。框高 25. 9 厘米，宽 17. 6 厘米。每半叶七行，行十四字，白口，左右双边。后卷第十八叶上残破。

郭豫亨，自号梅岩野人，生卒年不详，约元武宗至大（1308—1311 年）前后在世。王逢《梧溪集》卷五《俭德堂怀寄》之末首诗有小序云："彭素云，中州人；郭梅岩，西江人。并学全真，有道行。"知其为西江人，习学道教之全真派。其生平事迹除此之外，仅知其编纂了这部《梅花字字香》二卷。

书名盖取自宋晏殊词"唱得红梅字字香"句。南宋以来，咏梅者众，文人多借梅以自重，选诗者亦始单列梅花一类。豫亨时距南宋末不远，自亦熏染此习。此书集唐宋人咏梅诗句，而以宋人居多。属对工巧，在咏梅诗中，辟一新径。书分前后二集，《前集》诗五十首，《后集》诗四十八首，共九十八首。豫亨自序言百首者，盖举成数。《四库全书总目》言二百首，"二"乃衍字。

郭豫亨自序署曰"至大辛亥腊八日"，即至大四年（公历已入公元 1312 年）。付梓当在此后不久。此书纸墨古雅，字画古劲，行格疏朗，赏心悦目。钱曾《读书敏求记》称其"如梅之老干虬枝，亚影疏窗，殊可爱也"，为元刻中的杰作。

此本乃世间之孤本，至为珍罕，因长期深藏王府，外人无由得知，更无由得见，故传世之其他抄本、刻本皆未能据以校勘。无论内容之完整，抑或文字之正确，此本均优于传世他本。《楹书隅录》卷五著录此本，即备称此本有他本所不及者，云："近时，仁和胡珽得五砚楼袁氏抄本，刻入《琳琅秘室丛书》，舛误颇多。如每诗标原作姓名于后，皆随所集之序，故一诗之中，一人集至数句亦必重书，其偶未注出者，则以空格或墨钉间之。而胡刻一概连写（笔者按：胡氏本实为木活字印本），遂令序次混淆，诗与人均抵牾不合，且莫辨漏注者为何句。非见此原刻，几无从是正矣。"杨氏所言，道出此元刻本价值之珍贵。

书中钤有"安乐堂藏书记""明善堂览书画印记""海源阁藏书""东郡宋存书室珍藏""协卿珍赏"等印记,盖此书在清初一直深藏于怡亲王府。至载垣被杀,怡府藏书散出,包括此书在内的一部分善本为海源阁收得,与元刻《梅花百咏》并称杨氏藏书之咏梅双璧。及至海源阁败落,周叔弢获之,后捐献给北京图书馆(今中国国家图书馆)收藏(书号8514)。

石田先生文集十五卷 (元)马祖常撰 **附录一卷** 元后至元五年(1339年)扬州路儒学刻本(卷二至三、十四至十五、附录配一九三三年徐宗浩抄本,卷六第一至三叶前人影元抄配)。徐宗浩校跋并题诗。框高23.7厘米,宽16.7厘米。每半叶十行,行十八字,大版心,细黑口,双鱼尾,左右双边。

马祖常(1279—1338年),字伯庸,也里可温氏,元时为基督教世家,曾祖月合乃始舍基督教而习儒学。以所居有石田山房,故别号"石田",光州(今河南潢川)人。延祐二年(1315年)河南乡贡及会试均为第一,廷试第二,授应奉翰林文字,擢监察御史。后拜礼部尚书,寻参议中书省事。元统初,拜御史中丞,转枢密副使,乞归。卒谥"文贞"。事迹详见《元史》本传。

祖常工于诗文,于元代自成一家。《四库全书总目》称:"其文精赡鸿丽,一洗柔曼卑冗之习。其诗才力富健,如《都门壮游》诸作,长篇巨制,迥薄奔腾,具有不受羁靮之气。"

祖常卒次年,即后至元五年,淮北江东道廉访使苏天爵奏请于朝,由祖常从弟易朔与苏天爵汇编其诗文为《石田先生文集》,凡诗赋五卷、文十卷。

元代个人著述须经学使审阅通过、备文咨部认可,然后分派各路儒学召工刊印,故其卷首均列有牒文。《石田集》的印行亦如此。此书编就后,经宪司委名儒校雠无误,具牒发至扬州路儒学刊印。今卷首有至元五年王守诚、陈旅、苏天爵之序,正文之前则为后至元五年淮东道肃政廉访司下扬州路总管府交本路儒学刊版牒文。

中国国家图书馆所藏此本即后至元五年扬州路儒学所雕印之本,它是目前所知世间仅存的一部。全书字仿松雪体,刻印俱精,版式疏朗,在元刻中为最上乘。

明弘治六年(1493年)熊翀于太原府翻刻该书时,元刻本已不易访求,即以元刻本之传抄本为底本。熊翀本每半叶十行,行二十一字,大黑口,四周双边,字体亦有赵松雪笔意。卷首有弘治六年春正月李东阳序,卷末有同年七月张颐《题马石田文集后》及熊翀《书重刻马石田文集后》二跋。因元刻流传稀少而不为人所知,遂有将熊翀本中弘治六年序文撤掉,以冒充元刻本而兜售者。瞿氏铁琴铜剑楼、刘氏嘉业堂、邓氏群碧楼等藏家书目,皆以书无弘治序文而误作至元原本著录。

以元刻本与明弘治本篇目相校:明本卷四缺《瘦马图》一首,卷十缺《重修通济渠龙祠碑铭》一篇,《石田山房记》一篇则自卷八正文移入附录。元本较明本正文少收诗五首,即卷二《古城熊翁寿考》,卷三《菊枕》《琉璃帘》《野兴》,卷四《暑雨》;少收文四篇,即卷八《州判张君去思记》,卷十三《故显妣梁郡夫人墓志铭》《敕赐御史中丞赵公先德碑铭》《显妣梁郡夫人杨氏墓志铭》。又元刻本无附录,故又少其中《桐乡阡表》及《马公神道碑》二篇。傅增湘曾以影明弘治本与元刻本通校一过,称"改正不可胜计",亦可见元刻本之可贵。

书中有"汪文琛印""士钟""阆源父""郁松年印""泰峰""姑苏城外人家""丽文""大梁邢氏"等印,知为清代著名藏书家汪士钟、郁松年故物。几经流转,民国初为张允亮所收藏,后转归周叔弢。新中国成立后,周先生捐献北京图书馆(今中国国家图书馆。书号 8515)。

雍虞先生道园类稿五十卷 (元)虞集撰 元刻本(卷十七至二十俱通卷傅增湘抄配)。耿文光、傅增湘跋。框高 22.2 厘米,宽 15.5 厘米。每半叶九行,行二十字,黑口,四周双边。

虞集(1272—1348 年),字伯生,号道园,世称"邵庵先生"。宋丞相虞允文五世孙。其先武州宁远(今山西五寨)人,徙居抚州崇仁(今江西)。从吴澄游。大德初,以荐授大都路儒学教授,历官国子助教、集贤修撰。官至翰林直学士兼国子祭酒,与修《经世大典》。卒谥"文靖"。事迹详见《元史》本传。虞集平生为文万篇,身后由季子翁归与门人编为《道园学古录》五十卷、《道园遗稿》六卷。

《道园类稿》,沙剌班所编。沙剌班别名刘伯温(此非青田之刘文成公),与修《辽史》《金史》《宋史》。沙剌班早岁曾在国子监师从虞集,及至官大中大夫江西湖东道肃政廉访使,崇仁正属其辖地,遂于至正五年(1345 年),以江西湖东道肃政廉访司的名义牒令抚州路总管府编录虞集之文为《道园类稿》

五十卷并刻于儒学。牒文云："（虞集）所著诗文若干卷，前福建闽海道廉访副使斡玉伦徒，已尝命有司锓梓。然字画差小，遗逸尚多。抚州路乃本官寓间之地，如蒙移文本路，详加编录，大字刊行，岂惟可以为法后学，实足以彰国家制作之盛。"由此知此本之前，曾有人编刻过一个本子，唯刊刻字画过小，质量不高，而且所收的文章很不完备，缺漏甚多。新编刻《道园类稿》五十卷则弥补了前者之诸多不足，版本质量较高。

此本为元末某地覆刻至正五年抚州路刻本，极为罕秘。卷前有至正六年欧阳玄序、至正五年五月江西湖东道肃政廉访司颁发抚州路总管府的牒文，牒文后载抚州路总管詹天麟、经历黄天觉跋语。与抚州路刻本相比，此本除了欧阳玄序的行款不同外，版式、字体基本相同。

虞集为元代文章大家，当时影响极大。《四库全书总目》称："其陶铸群材，不减庐陵之在北宋"，以之与欧阳修相比拟，足见其地位之高。此集皆其精要之作，收录较为完备，故自元明以来屡经刊印。然后世刻本多从建本翻刻而来，又经人窜改，往往有参错不合处，最佳刻本仍首推元刻元印本。

此本刻工精良，笔致疏秀，字大行宽，爽心悦目，洵为元代刻书之精品。

有"濮阳李廷相书画记""梁印清远""梁印允植""耿文光印""耿氏珍藏"等印，知其在明代曾为李廷相双桧堂藏品，清代先后为梁清远、梁允植、耿文光等收藏，辗转归入傅增湘双鉴楼。新中国成立后，傅先生捐献北京图书馆（今中国国家图书馆。书号 11414）。

伯生诗续编三卷　（元）虞集撰　**题叶氏四爱堂诗一卷**　（元）虞集、吴全节等撰　元后至元六年（1340 年）刘氏日新堂刻本（目录一至二叶影元抄配，卷中其他缺字影元抄配）。黄丕烈跋，叶昌炽、王国维跋，张裕钊、高时显题款，钱恂、邵章题词，金兆蕃题诗。框高 16.6 厘米，宽 11 厘米。每半叶十行，行十五字，黑口，左右双边。

虞集，生平已见上条。

此书目录后有刘氏日新堂刻书识语四行，云："是集乃学士晚年所作，比常作尤为得意。敬刻梓，与骚坛共之。时至元后庚辰刘氏日新堂谨识。"至元后庚辰，即后至元六年。刘氏日新堂为元时建阳著名书坊，主人刘锦文，字叔简。嘉靖《建阳县志》称其"博学能文，教人不倦，多所著述。凡书板磨灭，校正补刊"。足见是一位学识较为丰富而又乐于从事校正、刊印诸事之人。该书坊自元末至明初刻书甚多,质量较高。现在所知尚有元统三年(1335年)刻《广韵》五卷、后至元六年刻《揭曼硕诗集》三卷、至正七年(1347年)刻《诗经疑问》七卷、至正八年(1348年)刻《春秋胡氏传纂疏》三十卷、至正十二年刻《诗集传通释》二十卷《纲领》一卷《外纲领》一卷等三十余种。

此本行书写刻,别具风格。所收诗篇见于《道园学古录》者仅四首,至正十四年虞堪辑遗稿时,颇多重出,疑即据此书为蓝本。在虞集诗集中,此为最古之本。罗振玉影印《云窗丛刊》,即据此本。

《题叶氏四爱堂诗》所收皆虞集、吴全节、马祖常、揭傒斯等题咏叶氏四爱堂诗作,前为虞集《题叶氏四爱堂诗卷序》。《四爱堂诗卷》乃宋遗民程国录手书其先人成甫所著《四爱堂诗文》。所谓"四爱",指陶渊明爱菊、周敦颐爱莲、林逋爱梅、黄庭坚爱兰。成甫植此四物于庭户之间,而名其堂曰"四爱"。至顺四年(1333年,是岁10月始改年号为元统)叶凯翁持此诗卷至京师,访求名士大夫题咏其后。此书乃汇辑诗卷后诸家之作而刊刻者,刊刻字体与《伯生诗续编》略有不同。

此书钤有"黄印丕烈""荛圃""士礼居藏""燕绪""槛亭""江山刘履芬观"等印记,知其为黄氏士礼居之旧物,继归查燕绪,后为刘履芬所得。今藏中国国家图书馆(书号10720)。

范德机诗集七卷 (元)范梈撰 元后至元六年(1340年)益友书堂刻本。框高17.2厘米,宽10.6厘米。每半叶十一行,行二十字,黑口,左右双边。

范梈(1272—1330年),字亨父,一字德机。临江清江(今江西樟树)人。元代诗人、诗论家。三十六岁时辞家北游,卖卜燕市,经人推荐为左卫教授,迁翰林院编修官。出为岭海廉访司照磨,历转江西、湖东。后选充翰林应奉。又改福建闽海道知事,因病归。天历二年授湖南岭北道廉访司经历,以母老未赴。明年母丧,竟以毁卒。所著有《燕然稿》《东方稿》《豫章稿》《侯官稿》《江夏稿》《百丈稿》凡十二卷。后人合并为《范德机诗集》七卷。另有《木天禁语》《诗学禁脔》等,传亦为其所作。

范梈与虞集、杨载、揭傒斯合称"元诗四大家"。范梈作诗兼擅诸胜,风格多样。他好为歌行古体,学颜延年、谢灵运,但诗风豪放超迈又流畅自如。五律专学杜甫,颇有杜诗沉郁凝炼之风。多写日常生活和朋友来往应酬,亦涉及社会现实,如《闽州歌》叙述民间疾苦,《社日》描写社会习俗。其诗如"雨止修竹闲,流莺夜深至"(《苍山感秋》),清新自然,匠心独运,得到吴师道、陈旅等人赞赏。揭傒斯《范先生诗序》称其诗"如秋空行云,晴雷卷雨,纵横变化,出入无朕。又如空山道者,辟谷学仙,疲骨崚嶒,神气自若。又如豪鹰掠野,独鹤叫群,四顾无人,一碧万里"(《文安集》卷十四)。

此书乃范梈诗作的汇编,分五言古体、五言绝句、五言律诗、七言古体、七言绝句、七言律诗。卷端题"临川葛雝仲穆编次,儒学学正孙存吾如山校刊",知其乃葛雝编次、孙存吾校刊本。目录后有牌记"至元庚辰良月益友书堂新刊"二行,盖后至元六年(1340年)孙存吾家塾益友书堂所刊。今人所知孙氏家塾益友书堂刊刻诸书尚有虞集《新编翰林珠玉》六卷(后至元年间刻)、《皇元风雅前集》六卷、《后集》六卷。《钱遵王读书敏求记校证》引《黄录采遗》称此本"向有欧阳原功、苏天爵诸人序,今缺,惟存吴全节后序、诸人题咏"。今欧阳玄、苏天爵、吴全节诸序及诸人题咏并佚。

虞集《道园学古录》卷二十九《题〈范德机诗集〉后》有"遗藁飘零存梗概,孤儿瘦弱赖高情"之句。揭傒斯《范先生诗序》则称"(庐陵)杨中将刻其诗,命其子继文请序,为书其始末如此"云云,知范梈去世后,其子范继文无力编辑遗稿,其诗作乃由杨中汇编成集。杨中为范梈弟子。揭傒斯于公元1344年去世,葛雝编次、益友书堂刻本刊布时尚在世。盖范梈去世后,庐陵一带编刻其诗集者非止一家,遂有杨中编刻本与葛雝编次、益友书堂刊刻本同时出现。

此本于中国国家图书馆藏有两部,其一为陈清华旧藏,2004年入藏国图。该本字画清晰,墨色均匀,当属初印。其二原为汪士钟艺芸书舍旧藏,后归瞿氏铁琴铜剑楼,卷内有"平阳汪氏藏书印""曾藏汪阆源家""恬裕斋镜之氏珍藏""铁琴铜剑楼"等印鉴可证。此部则时有断版或缺损,字画亦往往漫漶不清,当属后人取旧版重印者(书号4282)。山东省博物馆、南京图书馆亦藏有此书的同一版本。《中华再造善本》据山东省博物馆藏本影印。

畴斋文稿不分卷 (元)张仲寿撰 稿本。框高23.2厘米,宽16.5厘米。每半叶十二或十三行,行十八字。

存七开。

张仲寿(1252—1324 年),字希静,号畴斋,钱塘(今浙江杭州)人。善书,行草宗王羲之、王献之,甚有典则,亦工大字。官至翰林学士承旨,至治三年(1324 年)卒,年七十三。编有《墨谱》《琴谱》。事迹参见元陶宗仪《书史会要》、清顾嗣立《元诗选》癸集、《全元文》第十七册。

卷内收录畴斋所撰著诗、铭、哀辞、祭文、祝文。其中两篇祝文为《祭天妃祝文》《祭阳山龙王祝文》,编排在最后,撰作年代皆为元延祐七年(1320 年),盖为畴斋书写此册之岁,遂知此册乃畴斋年六十九时所书。

卷内遇"御""皇元""国家""京"等字样皆提行,祝文中遇所祭神名"天妃之神""阳山龙王之神"等字样,亦提行,以明所尊。

畴斋诗文存世无多。清人顾嗣立所编《元诗选》癸集之丙仅收录《王乔洞》一首。元傅习辑、孙存吾编《皇元风雅前集》卷一收入《送许鲁斋归山》诗一首,系于张仲畴名下,疑即张仲寿。另,明汪砢玉《珊瑚网》卷二著录延祐丙辰(三年,1316 年)题跋《唐韩偓手简十一帖》一段,卷三十著录大德十年(1306 年)、延祐丙辰题跋金显宗《墨竹卷》各一段。明张丑《清河书画舫》卷二著录延祐元年(1314 年)、至治癸亥(三年,1323 年)题跋定武《兰亭》各一段。明赵琦美《铁网珊瑚》卷一著录延祐戊午(五年,1318 年)题跋唐林藻《深蔚帖》一段。此书则收录畴斋手定诗十二首,铭三篇,哀辞、祭文各一篇,祝文两篇,皆不见于他书,数量多且集中,十分珍贵。

畴斋以书法名于当时,诸名贤颇多赞誉,畴斋亦颇以能书自负。例如《石渠宝笈三编》著录何澄画《陶潜〈归去来辞〉》张仲寿书卷,末有元至大己酉(二年,1309 年)姚燧跋,云:"畴斋之书出李北海,而韵胜过之。"又有泰定乙丑(二年,1325 年)虞集跋,云:"张畴斋自尊异其书,多藏古帖,亲见前朝内府故事,所用研墨纸笔,一一上品,如法乃书也。"后至元二年(1336 年)揭傒斯跋,云:"张承旨书自谓当与赵吴兴雁行。然当时求之中贵之中,已莫能及,以赵吴兴书画,皆当为天下第一,'二绝'之评,足为此书此画之重。"于此可见畴斋书名颇重。有元一代,书风几唯松雪体,畴斋不为其所靡,特标独立。此《畴斋文稿》乃其手书者,细书楷字,别具风格,与松雪书风确乎不同。盖此稿亦属畴斋有意传诸后人者。

书中有"畴斋""自怡叟"二印,乃仲寿所钤。又有"宋景濂氏""子京父印""墨林秘记""棠邨审定""蕉林""乾隆御览之宝""石渠宝笈""诒晋斋印"等印,知此书明代曾经为宋濂所有,后归项墨林。入清,辗转为梁清标所藏。后来进入内府,又为乾隆赏赐给第十一子永瑆,成为诒晋斋藏品。乾隆十九年(1754年)敕撰《石渠宝笈》中未收此书,知此书在是岁之前已赐予永瑆。今藏中国国家图书馆(书号9999)。

揭曼硕诗集三卷 (元)揭傒斯撰 元后至元六年(1340年)日新堂刻本。傅增湘抄补缺叶并跋。框高20.7厘米,宽13.3厘米。每半叶十行,行十九字,黑口,四周双边。

揭傒斯(1274—1344年),字曼硕,龙兴富州揭源(今江西丰城)人。家贫力学,贯通百氏,有文名。延祐初,以荐授翰林国史院编修官,迁应奉翰林文字,迁国子助教。天历初开奎章阁,首擢授经郎,与修《经世大典》。累官翰林侍讲学士,同知经筵事。至正三年(1343年)诏修宋辽金三史,揭傒斯为总裁之一。次年,因寒疾归家,不久去世。追封豫章郡公,谥文安。

曼硕之诗清丽婉转,别饶风韵,神骨秀削,寄托自深。非姹紫嫣红、徒矜姿媚者所可比。

该诗集乃揭傒斯门生燮理溥化所编。燮理溥化字符普,泰定四年(1327年)进士。揭傒斯之诗皆收入《文安集》,亦为燮理溥化编校。此诗集盖别本单行者。顾嗣立《元诗选》载揭傒斯诗,题曰《秋宜集》,应是当时揭傒斯的另一个诗集,其成书与流行或早于此本,惜后世不传。

此本目录次行题曰"至元庚辰季春日新堂印行"。至元庚辰乃后至元六年。日新堂为元时建阳著名书坊,主人刘锦文,字叔简。该书坊自元末至明初刻书其多,质量也较高。现在所知尚有元统三年(1335年)刻《广韵》五卷、后至元六年刻《伯生诗续编》三卷、至正八年(1348年)刻《春秋胡氏传纂疏》三十卷、至正十二年刻《诗集传通释》二十卷《纲领》一卷《外纲领》一卷等三十余种。

明末,毛氏汲古阁曾据元刻本重刊此书,然汲古本后世失传,无从比较。

至元六年刻本《揭曼硕诗集》传世极少,十分珍罕,仅中国国家图书馆、福建省图书馆各藏有一部。中国国家图书馆藏本(书号2180)有傅增湘跋语,称:"《曼硕诗集》以至元本为最古,然遍检诸家藏目,皆属旧钞,如钱氏《读书敏求记》、张氏爱日精庐所藏,皆从元刻传录者。张芙川家所藏则从元刻校勘者。惟叶文庄《水东日记》言其家有元时坊刻三卷本,意即此本耳。昔于南中见芙川家明写本,有李兆洛、黄廷鉴、季锡畴诸人手跋,相与叹赏,诧为珍秘,则元刻之罕觏益可知矣。甲子岁,余游厂市,偶获此本。……字体婉秀,有松雪意。"

此本之出现,纠正了过去诸藏家目录著录上的个别错误。如"至元庚辰季春日新堂印行"一行,以往藏目多以为在目录之后者,赖此本即证其非。

渊颖吴先生集十二卷 (元)吴莱撰 **附录一卷** 元末刻本。框高 16.8 厘米,宽 12.7 厘米。每半叶十三行,行二十三字,黑口,左右双边。

吴莱(1297—1340 年),字立夫,浦阳(今浙江浦江)人。从方凤学,博极群书。延祐中复科举之制,以《春秋》贡于乡,试礼部不第,遂家居著述,自号深裹山道人。后以荐署饶州路长芗书院山长,未行而卒,年仅四十四。其门人金华宋濂等私谥为"渊颖先生",更谥"贞文"。

吴莱与黄溍、柳贯并受业于方凤,再传而为宋濂。《四库全书总目》谓其"年不登中书,身未试一官,而在元人中屹然负其词宗之目,与溍、贯相埒"。其遗稿甚多,经元末战乱,幸而保存。后来,其子吴士谔托付宋濂整理选编,以付刻梓。宋濂选其中有关学术论议之大者,以所作先后为序,编为《渊颖吴先生集》十二卷,碑文、谥议别为《附录》一卷。所编选刊印者,于遗稿仅居三之一,其余则因物力单微,未能刊印,当时缮写藏于家,后皆散失。

目录前原应有胡翰、刘基、胡助序,此本无,盖流传中佚失。

目录后有吴士谔跋,称"先公之殁,至是二十六年矣"。按,吴莱殁于后至元六年(1340 年),由此后推二十六年,为至正二十六年(1366 年),逾一岁,元亡。知此书之刊印在元末。

吴跋后有"金华后学宋璲誊写"一行。璲乃宋濂次子,善诗,工篆、隶、真、草四体书。此书为宋璲手写上版,字体古雅可爱,尤足珍贵。

该本为初刻本。明嘉靖元年,当涂祝鸾据此本重新翻刻,但翻刻不佳,楷法全失。《四部丛刊》初版据嘉靖本影印,再版时,以元至正本代之,并有校记附卷末。

书中有"范文安图书""静岩过眼""张印敦仁""阳城张氏省训堂经籍记"

"铁琴铜剑楼"等印记,知其曾经由张氏省训堂、瞿氏铁琴铜剑楼收藏。今藏中国国家图书馆(书号7108)。

与此本属于同一版本者,传世尚有三部,一部为上海图书馆藏。另两部亦为中国国家图书馆藏,其一原属蒋氏衍芬草堂旧物,卷前胡翰、刘基、胡助序俱存,然该本品相不佳,此次影印仅取此本卷前序以为配补;其二原属于陈澄中旧藏。

顺斋先生闲居丛稿二十六卷 (元)蒲道源撰 **附录一卷** 元至正十年(1350年)刻本。框高21.6厘米,宽14.7厘米。每半叶九行,行十四字,白口,左右双边。

蒲道源(1260—1336年),字得之,号顺斋,世居眉州后(今四川眉山),后徙居兴元路南郑(今陕西汉中)。初为郡学正,罢归。皇庆二年(1313年)以遗逸征诣京师,为翰林国史院编修,迁国子博士,时年已六十。延祐七年(1320年),引疾归。后十年,诏起为陕西儒学提举,不就。

此书乃道源之子蒲机类编,门生薛懿校正。卷前有金华黄溍序,云:"顺斋先生蒲公既殁,仲子御史君机哀辑其遗文曰《闲居丛稿》者,为二十又六卷。"书曰"闲居"者,以道源一生恬于仕宦,闲居之日为多,故名。凡收录诗赋八卷、杂文、乐府十八卷。诗文俱平实显易,不尚华藻。黄溍亦称其"所为文皆雄深浑厚,而无靡丽之习","譬如良金美玉,不俟锻炼雕琢,而光辉发越,自有不可持者"。顾嗣立《元诗选》引黄溍此文,谓:"当时风尚如此,可以观世运焉。"

卷内遇元朝帝王尊号如"世祖""太宗""睿宗""圣天子""天子""嗣皇""今皇""王",以及"制""诏""敕""纶命""朝""朝廷"等字样均提行顶格,或空一格,以明所尊。

黄溍序作于至正十年冬十月,知书之刊刻当在是岁或稍后。此本乃初刻,字抚松雪体,写刻工致,字画娟美,当为名手所书。但卷内字画时见漫漶,个别文字缺失,更甚者如卷十四之第十九、第二十两叶,下半部分均空白无只字,知其书板已有残断、缺损。盖此本乃后印,书板经年,已遭损坏,后印时又未加修补,故而如此。

此书后世再无传刻,仅有抄本,皆明清时期传抄者。元刻本中残缺或漫漶不清之字，诸抄本皆作空缺，知诸抄本俱从此元代初刻后印本出。《四库全书》本以明祁氏淡生堂抄本为底本，所空缺之处与它本亦同。盖此书之元刻本仅有此后印本传世，弥足珍贵。

此本现仅存两部。一为完本，藏上海图书馆，上钤有"周越然""言言斋善本书"等印，原为周越然言言斋珍藏之物；一为残本，存卷十四至二十六，今藏中国国家图书馆（书号 12397），上钤有"季印振宜""沧苇""谦牧堂藏书记""双鉴楼""傅增湘"等印记，盖曾先后为季振宜、揆叙、傅增湘等收藏。《中华再造善本》据上海图书馆藏本影印。

陈众仲文集十三卷 （元）陈旅撰　元至正刻明修本（卷八至十三配清抄本）。黄丕烈、钱天树、李兆洛、程思泽、季锡畴、王振声跋，黄丕烈、钱大昕、瞿熙邦填补缺字。框高 20.5 厘米，宽 13.1 厘米。每半叶十行，行二十字，黑口，左右双边。

陈旅（1288—1343 年），字众仲，莆田（今福建）人。博学多闻，以荐为闽海儒学官。中丞马祖常奇之，与之游。虞集见其文，大加称赏。平章赵世延荐授国子助教。元统二年（1334 年）除江浙儒学副提举。后至元四年（1338 年）入为翰林应奉，至正元年（1341 年）迁国子监丞，翌年卒。其诗文集《陈众仲文集》十三卷，《元史·儒学传》十四卷，应属笔误。史称"其文典雅峻洁，必求合于古作者，不徒以徇世好"。

卷首有至正九年（1349 年）张翥序，十一年林泉生序。其时，众仲之子籲已衰辑众仲之文成书，盖即将付梓，故求序于张、林二氏。此本应为初刻本，十分珍罕。焦竑《国史经籍志》《四库全书总目》著录并十三卷。《传是楼书目》有元版《陈众仲集》十三卷，未曾缺佚。此本则仅存七卷，八卷以下依明刊本抄配，遂成完书。卷一至三所编次皆为诗，尚属完全，吴骞曾以另一部存四卷的元刻本与"元百家选诗"本比较，指出："'元百家选诗'《安雅堂集》一百廿四首。元刻《陈众仲集》一、二卷一百六十九首，三卷一百五十九首，通计三百廿八首，较'元诗选'多二百四首。"

明代刊印此书，改称《安雅堂文集》十三卷。取元本与明本相比较，明本之文十卷编次略同，诗三卷编次则全异。元本诗皆按年月先后编次，收诗亦较多。明本则改为按照体裁编次，原有注解也多漏落，已尽失初刻之面貌。可见元本之可贵。又该书在明代的刻本、抄本,往往豕亥满纸,讹夺不可卒读。元刻本补佚、校勘之价值由此可知。

据卷内诸家题跋及藏印,知此书原藏常熟张氏小琅嬛福地,后归钱氏潜研堂。嘉庆辛酉,钱氏以此本赠黄荛圃,荛翁见其中多漫漶,因假吴兔床所藏四卷本校正。再经流传,转入铁琴铜剑楼。今藏中国国家图书馆(书号7114)。

师山先生文集十一卷 (元)郑玉撰 元至正刻明修本。存九卷(卷一至四、六至七、九至十一),有缺叶。首《元史·忠义传》系后刻补入。框高23.5厘米,宽16.2厘米。每半叶十行,行二十三字,黑口,左右双边。

郑玉(1298—1358年),字子美,歙县(今安徽)人。覃思六经,尤邃于《春秋》,家居教授,学者盈门。至正十四年(1354年)诏征为翰林待制,不起。十七年,明兵下徽州,守将邀致之,曰:"吾岂事二姓者?"因被拘囚,明年自缢死。郑玉尝筑精舍于师山,聚书以供学者,故学者称之"师山先生"。事迹详元汪克宽《环谷集》卷八《师山先生郑公行状》,及《元史》本传。

郑玉之文纪事朴实,雅洁不支,揭奚斯所谓"严而有法"者。其文汇编为《师山文集》。另著有《春秋经传缺疑》四十五卷。

是编前有至正丁亥(七年,1347年)程文《师山先生文集序》,又有至正庚寅(十年,1350年)郑玉自序,知此书乃郑玉手自编选。汪克宽《师山先生郑公行状》称郑玉"所著诗文若干卷,自题曰《余力藁》,藏于家"。此本卷前郑玉序亦作《余力稿序》,称:"名曰《余力稿》,以见吾学之不专于文辞。"知此书今题名《师山先生文集》者,乃付梓时所更改。付梓当在郑玉身后不久。序后附《元史·忠义传》。《元史》修成于明洪武三年(1370年),表明此本经过明代修板,《元史·忠义传》当是修板时所增附。

卷内遇元朝尊号,如"国家""朝""朝廷""圣世""中朝""命""纶音"等字样,均提行或空一格,以明所尊。亦证明其确为元刻无疑。

此本为后世诸本之所由出。如明刻《师山先生文集》八卷《遗文》五卷《附录》一卷本,其中《文集》八卷即据此本刊印。卷前仍有郑玉自序及程文序,惟删去《元史·忠义传》,卷末为明杨士奇跋。比较此元刻存九卷本与明八卷本,二者所收录文章及其编排顺序完全相同。所不同者,明刻本合元刻本之卷一、卷二为一卷,其余诸卷则仍各为一卷,依次为卷一至八。明刻本之《遗文》

五卷所辑录之文皆此九卷本之外者。《附录》一卷,则当时酬赠诗文,及后人题咏。《遗文》《附录》不知何人所编。程敏政《过郑公钓台》诗末有跋语,称郑玉裔孙虬装潢钓台诗卷成册云云。张骏《和敏政诗跋》亦称"郑公裔孙鲸、虬皆能诗"。其或出虬等之手。

书中有"元本""季振宜读书""长洲顾沅湘舟收藏金石书画之印""蒋祖诒读书记",知其于清初曾归季振宜沧苇,后相继为长洲顾沅湘、蒋祖诒收藏。今藏中国国家图书馆(书号8535)。

梧溪集七卷 (元)王逢撰 元至正明洪武间刻景泰七年(1456年)陈敏政重修本(卷一至四及他卷缺叶配清初毛氏汲古阁影元抄本)。陆贻典校并跋。框高18.5厘米,宽12.6厘米。每半叶十三行,行二十二字,黑口,四周单边。

王逢(1319—1388年),字原吉,江阴(今江苏)人。元至正中作《河清颂》,台臣荐之,称疾辞。元季避兵,徙松之青龙江,复隐于上海之乌泾,筑草堂以居,自号"最闲园丁",歌咏自适。洪武中,以文学荐于上,召之甚急,坚卧不起,自称"席帽山人"。王逢以祖母曾手植双梧于故里横河之上,不忍忘,故又自号"梧溪子"。《明史》卷二八五《文苑》有《王逢传》。

王逢少学诗于陈汉卿,得虞集之传,为诗从容而激切,优柔而慷慨。其诗集《梧溪集》前六卷大约在元至正末年既已梓行于世。王逢去世后,其子掖汇集六卷以外遗诗为卷七,予以刊印,时在明洪武初年。是为《梧溪集》之初刻初印本。

该书于宋元之际忠孝节义之事记载较多,常于诗前作小序,叙述其梗概,可补史传之所未及。清王士祯《居易录》卷十九称:"《梧溪集》记宋元末国事人才,多史家所未备。予读之,信然。"元杨维桢《东维文集》卷七《〈梧溪集〉序》云:"《梧溪集》者,江阴王逢氏遭丧乱之所作也。予读其诗,悼家难,悯国难,采摭贞操,访求死节,网罗俗谣与民讴……皆为他日国史起本,亦杜史之流欤?"以之与杜甫并论,誉为诗史,可见此书之史料价值。杨序作于"至正十九年(1359年)冬十一月初吉",应是《梧溪集》前六卷刊刻的大体时间。惟此序今不见于王集内,不知何故。

明宣德年间(1426—1435年),掖之孙辂以秀才举授江西南康府照磨,《梧溪集》七卷的书板则一直留存王氏乌泾故居。王辂到任不久,病卒。子颜、孟年幼,不能还,遂侨居南康。正统三年(1438年),王颜归省祖茔,携书板至南康,时板已有佚脱,存板亦有剥离模糊之处。景泰六年(1455年),钱塘陈敏政任南康府知府,始命王孟根据家藏《梧溪集》原本,逐一雠对缮写,鸠工锼梓,以补其缺。次年,重新印行,是集乃复得全。

此本即景泰七年(1456年)对初刻版予以补缺之后的印本,也是存世最早之本。卷前有元至正丙戌(六年,1346年)夏新安汪泽民序、至正己亥(十九年,1359年)仲秋鄱阳周伯琦序,卷末为明景泰七年南康知府陈敏政后序,述王逢家世甚详。

《梧溪集》流传较为稀少。《文渊阁书目》著录"王逢《梧溪集》一部一册",当是未经景泰七年陈敏政修补者。《千顷堂书目》亦著录"王逢《梧溪集》七卷",应为元至正明洪武间刻景泰七年陈敏政重修本。

此本曾藏毛氏汲古阁,内钤有"元本""毛晋之印"等印记。王士禛《居易录》记载,他曾属其门人杨名时访求此书,后得到明末江阴老儒周荣起手抄本,是从景泰七年重修本传录。周氏号砚农,毛晋汲古阁刊版,多其所校。周氏抄本极有可能即据此本传录,惜其后踪迹无闻。

此本后来入黄丕烈士礼居,再后归瞿氏铁琴铜剑楼。今藏中国国家图书馆(书号7126)。

梅花百咏一卷 （元）韦珪撰 元至正刻本。黄丕烈跋并题诗。框高20.9厘米,宽14.6厘米。每半叶九行,行十六字,细黑口,左右双边。

韦珪(生卒年不祥),字德珪,山阴(今浙江绍兴)人。陈衍《元诗纪事》卷二十四引《西湖竹枝集》云:"韦珪早年以诗鸣其乡,有《梅花百咏》梓行于书坊。其网罗古今诗人之学而日进于近古者未已也。"

珪酷嗜梅花,自号梅雪,且尝署其读书处曰梅雪窝。此书之作,始于至正二年(1342年)冬十一月,以李仲山之命成咏梅诗二十六首,继又摭拾见闻,更成百首。复以梅花未入《楚辞》,作《补骚》一章,以附于后。卷首有至正五年十一月杨维桢手书上板序文,及至正七年干文传序。据作序时间推断,此书刊印应在至正七年或稍后。

同名的书籍尚有宋李祺《梅花百咏》一卷,见《宋史·艺文志》,久佚弗传。

另,元冯子振、释明本撰《梅花百咏》一卷,为二人唱和诗。韦珪《梅花百咏》原与之合刻,此则为单行本。元刻本外,现在所知尚有明嘉靖时无锡王化醇刻《梅花百咏》三卷本,内收冯子振、释明本、韦珪《梅花百咏》各一卷。

此书传本绝少,乾隆时编修《四库全书》未收,钱大昕《补元史艺文志》,倪灿、卢文弨《补辽金元艺文志》,金门诏《补三史艺文志》亦均未著录。元刻尤为罕见,清阮元撰写《四库未收书目》时所见到的本子是"从元刻摹写者",应即据此本影抄。此元本为海内外孤本,纸墨精雅,行格疏朗,字体秀劲,为元刻之上品。

清代,此书藏姚虎臣处,后经陈鳣之手转归黄丕烈,成为黄氏藏书中的梅花双璧之一。黄氏书散出,此书入汪士钟艺芸书舍。咸丰元年,为杨以增购得。民国时,海源阁败落,周叔弢获此书,新中国成立后捐献北京图书馆(今中国国家图书馆。书号 8549)。今本中钤有"黄印丕烈""汪士钟藏""杨印以增""彦合""宋存书室"等印记,为该书流传有绪之见证。

新刊丽则遗音古赋程序四卷　(元)杨维桢撰　元刻本(序、卷一至二配清嘉庆二十三年黄氏士礼居影元抄本)。黄丕烈校跋。框高 16.5 厘米,宽 10.4 厘米。每半叶十三行,行二十三字,细黑口,左右双边。

杨维桢(1296—1370 年),字廉夫,号铁崖。晚号东维子,山阴(今浙江绍兴)人。泰定四年(1327 年)进士,授天台县尹,改绍兴钱清场司令,坐损盐久不调。至正初除杭州四务提举,转建德路推官,升江西儒学提举,避兵北上,遂浪迹浙西山水间。明初召诸儒考礼乐,洪武三年(1370 年)正月至京师,以疾请归,五月卒,年七十五。著有《春秋合题著说》三卷、《史义拾遗》二卷、《东维子文集》三十卷、《铁崖古乐府》十卷、《乐府补》六卷、《复古诗集》六卷、《丽则遗音》四卷、《铁崖赋稿》二卷。

元代设科取士,例用古赋。《丽则遗音》四卷,为赋三十二篇,皆杨维桢应举时自拟程序之作。卷前有至正二年(1342 年)杨维桢自序,云:"余蚤年学赋,尝私拟数十百题,不过应场屋一日之敌尔,敢望古诗人之则哉!既而,误为有司所采,则筐箧所有,悉为好事者持去。近至钱塘,又有以旧所制梓于书坊,卒然见之,盖不异于房桐庐之见故物于破瓮中也。且过以'则'名,而吾同年黄子肃君又赘以评语,益表刻画之过,读之使人惶焉不自胜也。"可见,在至正二年之前，就有书坊请人编辑杨维桢拟撰诸赋为《丽则遗音》以梓行，而作者并不知晓。此次则是由门人陈存礼编辑，重新刊版于钱塘，故题名前冠以"新刊"字样，以明此书非初刻。目录首叶有牌记，署曰"至正癸未（三年，1343年）正月三日"，当为刻书时间。

杨维桢才力富健，此虽拟场屋之作，需就有司绳尺，依然卷舒风云，吐纳珠玉，非彼剽窃相仍者可比。

杨氏《东维子文集》不载所作古赋，《铁崖文集》亦仅有《土圭赋》《莲花漏赋》《记里鼓车赋》三篇，而它赋概未之及。此书一直别本单行，然仅行于一时，其后几乎佚失不传。《明史·艺文志》备录杨氏著述书目，亦无是集之名。明末常熟毛晋偶得《元乙亥科湖广乡试荆山璞赋》一册，卷末附是集，始为重刻以行。

书中有"元本""汲古主人""毛晋""毛扆""士礼居""丕烈""曾藏汪阆源家""铁琴铜剑楼"等印记，知其叠经毛氏汲古阁、黄氏士礼居、汪士钟艺芸书舍、瞿氏铁琴铜剑楼等名家递藏。今藏中国国家图书馆（书号6656）。

乐府诗集一百卷目录二卷　（宋）郭茂倩辑　元至正元年集庆路儒学刻明修本。王咸、毛晋校并跋。框高22.7厘米，宽15.8厘米。每半叶十一行，行二十字，细黑口，左右双边。

郭茂倩（1041—1099年），字德粲，北宋郓州须城（今山东东平）人。此书题曰太原，盖署郡望。郭茂倩为侍读学士郭劝之孙，太常博士郭源明之子。元丰七年（1084年）河南府法曹参军。通音律，善汉隶。

《乐府诗集》一百卷，乃郭茂倩所辑，此书总括历代乐府，上起传说中的陶唐，下迄五代，凡《郊庙歌词》十二卷、《燕射歌词》三卷、《鼓吹曲词》五卷、《横吹曲词》五卷、《相和歌词》十八卷、《清商曲词》八卷、《舞曲歌词》五卷、《琴曲歌词》四卷、《杂曲歌词》十八卷、《近代曲词》四卷、《杂谣歌词》七卷、《新乐府词》十一卷。其解题征引浩博，援据精审，宋以来考乐府无出其右者。每题以古词居前，拟作居后，使同一曲调诸格毕备，不相沿袭。

关于此书题名，罗根泽《郭茂倩〈乐府诗集〉跋尾》曰："书名本为《乐府诗》，非《乐府诗集》，《乐府诗集》乃别一书。元李孝先序云：'太原郭茂倩所辑《乐府诗》百卷，上采尧舜时歌谣，下迄于唐而止，次起汉郊祀，茂倩欲因为四诗之续耳。郊祀若《颂》《铙歌》《鼓吹》，若《雅》《琴曲》《杂诗》，若《国风》，以其起汉，故题云《乐府诗》。'此原名《乐府诗》之证也。本书卷八三《紫玉歌》下引《乐府诗集》曰：'紫玉，吴王夫差女也。作歌诗以与韩重。'同卷《吴楚歌》下亦引《乐府诗集》曰：'傅玄辞。一曰《燕美人歌》'（已曰容非《乐府诗集》语，而为茂倩案语）。此《乐府诗集》别为一书之证也。茂倩已引及《乐府诗集》，则以其亡已久，不能考知其撰者及年代；而为茂倩所据以论辑乐府之书，则毫无疑义。茂倩既知古有《乐府诗集》，则己书不应因仍旧名，以此二事，可证《乐府诗集》乃别为一书，又足证知郭氏书不名《乐府诗集》。其误名之始，盖在元末。至正初元周慧孙序曰：'太原郭茂倩编类古今歌曲，上际唐虞，下迨叔季，目之曰《乐府诗集》。'自是而后，毛晋刻本遂以《乐府诗集》题名，梅鼎祚《古乐苑》亦以《乐府诗集》称郭书，下迨有清《四库提要》，沿讹不改，今之治乐府者，遂不知《乐府诗》与《乐府诗集》为二书矣。"（见《罗根泽古典文学论文集》）

此书问世后，即有刊本行世。传世有北宋末南宋初浙刻本，每半叶十三行，行二十三字。元至正刻本盖即出自此宋本。今此本卷前有后至元六年（1340年）十二月李孝先序，云："监察御史济南彭叔仪父前得其书，手自校雠，正其缺讹。及是，更购求善本吴粤之间，重为校之，使文学童万元刻诸学官，曰将使世之学士皆得受业焉。"知其刻梓依据的主要本子得自吴粤之间，疑即宋代浙刻本。卷前又有至正元年（1341年）菊月周慧孙序。至正元年应是刊刻时间。此本可定为元至正元年童万元集庆路儒学刻本。

此本由童万元刻于集庆路儒学。元代，各路儒学是官府刻书的重要机构之一。集庆路儒学刻过不少书，今所知者有八种，其他七种分别是大德年间刻《重修玉篇》三十卷，又《五代史记》七十四卷，元统元年（1333年）刻《修词鉴衡》二卷，至正三年刻《金陵新志》十九卷，至正十年刻《桧亭集》九卷，以及《乐书》二百卷《目录》二十卷，不知年代《救荒活民类要》不分卷。

此本为毛氏汲古阁旧藏，卷中有"汲古阁鉴定本""毛姓秘玩"等印记。王咸、毛晋以钱氏荣木楼藏宋本手校，补正甚夥。每卷之末多有王咸跋语，卷三十三末跋语较为特别，语涉明末农民军，十分珍贵，跋云："己卯（崇祯十二年，1639年）四月廿六日阅完此本。忆早春客有自西北来者，言流寇纵横，然所过或有全者。独官军一到，虽鸡犬亦无噍类矣。闻之蹙然伤心，兹读戎昱《苦哉行》:'前年狂胡来,惧死翻生全。今秋官军至,岂意遭戈鋋。'乃知振古如斯也。可胜叹哉!"可见明末农民军纪律之严明,官军纪律之败坏。

卷九十二后有毛晋题记云:"阅竟前一卷,日将下春,付刻催迫,乃复披阅,不谓遂能终之。初九日识。"盖毛氏借宋刻本校雠此元本,然后付梓。知元刊本乃汲古阁刻本之所从出。

此本亦有不足,即原书之目录、小序多遭率意节略,非但难胜宋本,较之后出的汲古阁刻本亦不如。然存世元刻稀如星凤,此本为元刻,书版完整无缺,以桑皮纸刷印,坚洁如新,与明嘉靖补版重印者美恶相去悬绝,足令人倍加珍惜。

此书后来辗转归瞿氏铁琴铜剑楼,今藏于中国国家图书馆(书号 7138)。

古乐府十卷 (元)左克明辑 元至正刻明修本。黄丕烈、季锡畴、乔松年跋,明方震儒题款。框高 21 厘米,宽 13.4 厘米。每半叶九行,行二十一字,黑口,左右双边。

左克明(生卒年不详),字德昭,元末明初人。南昌铁柱延真观道士。以儒家之学授徒馆塾,从之者甚众。讲读之暇,采摭古今歌谣辞曲而为《古乐府》。又著有前、后诗集,创编《铁柱延真语录汇编》,未竟,其弟子熊常静成之(参见陈宏绪《江城名迹》卷三)。

左氏编纂此书之缘起,见于《自序》,谓:"乐府之流传也,尚矣。风化日移,繁音日滋,愚惧乎此声之不作也,故不自量度,辄为叙次,推本三代而上,下止陈、隋,截然独以为宗,虽获罪世之君子,无所逃焉"云云。据此,《四库全书总目》推测:"当元之季,杨维桢以工为乐府倾动一时,其体务造恢奇,无复旧格。克明此论,其为维桢而发乎?"

此书乃继郭茂倩所编《乐府诗集》之后又一部重要的乐府诗总集,然与《乐府诗集》亦互有出入。《乐府诗集》止于唐末,务穷其流;《古乐府》终于陈隋,力溯其源。此书分唐以前古乐府为八类,即古歌谣、鼓吹曲、横吹曲、相和曲、清商曲、舞曲、琴曲、杂曲。卷前自序云:"冠以古歌谣辞者,贵其发乎自然也。终以杂曲者,著其渐流于新声也。"明其文学旨趣重在新声,于堂庙雅乐不甚着意,故而对郊庙、燕射歌辞摒而不录。每类各有小序,为左克明自作。其题下夹注,多摭《乐府诗集》之文,卷一《紫玉歌》条下,则明标《乐府诗集》

云云。

据《虞山钱遵王藏书目录汇编》，钱曾藏左克明《古乐府》元刻本。《读书敏求记》卷四"左克明《古乐府》十卷"条曰："《焦仲卿妻诗》：'新妇初来时，小姑如我长。'兰雪堂活字本《玉台集》于'初来时'下添'小姑始扶床，今日被驱逐'二句。初观之，亦不觉其缪，及再四寻绎，始知妄庸子以顾逋翁《弃妇诗》误为添补耳。逋翁诗云：'及至见君归，君归妾已老。'则扶床之小姑，何怪其长如我？此诗前云：'共事二三年，始尔未为久。'安得三年未周，小姑长成遽如许耶？此刻于至正年间，未改原诗之旧。吴门刻《左氏乐府》，反据讹本增入，并改'寡妇赴彷徨'为'起彷徨'，文理违背。书之日就舛错，将使谁辨之，而谁正之乎？"足见此元刻本之可贵。

《四库全书》收录左氏《古乐府》，所据之本乃浙江汪启淑家藏明刻本，其中窜改之处甚多，远不及此元刊本为善。《四库全书总目》云："今考其《临高台》条下，引刘履《风雅翼》之说，尚与克明相去不远。至《紫骝马》条下，引冯惟讷《诗纪》之说，则嘉靖中书，元人何自见之？其由明人重刻，臆为窜入明矣。又冯舒校《玉台新咏》，于《焦仲卿妻诗》'守节情不移'句下，注曰：'案：活本杨本，此句下有"贱妾留空房，相见常日稀"二句，检郭、左二《乐府》并无之。'今考此本，乃已有此二句，知正文亦为重刻所改，不止私增其解题矣。"此元刻本虽经明代修补，尚无任意增改，优于《四库全书》所据之本。

卷前有至正六年（1346 年）孟昉、左克明、虞集、赵暠诸序。据序文，至正六年，此书业已编成，并由天台林炯（字邦宪）资助锓梓行世。书板至明初存于杨士奇南昌家中（参见《东里续集》卷一九《〈古乐府〉跋》）。此书在明代嘉靖、万历年间一刻再刻，版本甚多。

此本中有"吴宽""震儒""尧圃""士礼居藏""蓉镜心赏""蓉镜"等印鉴，又有"竺坞藏书，庚申五月得此"（卷十末）题识，知此书在明代曾为吴宽、文徵明、方震儒等收藏，文徵明得此书之庚申年，当是弘治十三年（1500 年）。清代则曾为黄丕烈士礼居、张蓉镜小琅嬛福地插架之物。另据黄丕烈跋，此书在清初一度为钱曾述古堂旧藏，即《读书敏求记》卷四所著录者。今藏中国国家图书馆（书号 12952）。

三圣诗一卷 （唐）释寒山子、（元）释梵琦撰 元刻本。框高 19.9 厘米，宽 12.1 厘米。每半叶十二行,行二十四字,细黑口,四周双边。

存三十叶,第三十叶以下缺,间有残破。

寒山子(名氏、生卒年俱不详),唐代隐士。据宋本《寒山子诗集》卷前唐台州刺史闾丘胤序,为初唐贞观年间人。然经余嘉锡考证,闾丘胤序属于伪作。《太平广记》引《仙传拾遗》谓其为中唐大历年间人,今人多取此说。寒山隐居天台翠屏山,山当暑有雪,又名寒岩、寒山,因自号寒山或寒山子。好为诗,每得一篇一句,辄题于树石,多述山林幽隐之兴,或讥讽时态,或警励流俗。徐灵府汇录编纂其诗,分为三卷,行于人间。后曹山本寂托名闾丘胤,重新改编其诗集,增入所谓拾得、丰干诗偈,并于卷首冠序文一篇,编造出所谓天台山国清寺僧人丰干、拾得与寒山子故事,言三人乃弥陀、文殊、普贤菩萨化身,三人遂与国清寺发生关系。

依据唐玄宗时毋煚《古今书录》编纂的《旧唐书·经籍志》,未著录《寒山子诗》,知当时该诗集尚未入馆阁。《新唐书·艺文志》著录《寒山诗》七卷,编入释家类,知北宋时其诗已属佛家。诗集作七卷,盖闾丘胤所编者,其中当有丰干、拾得诗。《寒山诗》传世较早的本子是宋刻本《寒山子诗集》一卷《丰干拾得诗》一卷。

自闾丘胤于《寒山诗》增入丰干、拾得诗之后,后世刊刻者皆并三人之诗一同刊印,遂有《三隐集》《三圣集》之类的名目。如高丽刊本《寒山子诗集》之前半以南宋杭州郭宅经籍铺所刻《三隐集》为底本,每叶版心仍保留"三隐"二字,卷末有淳熙十六年岁次己酉孟春沙门志南撰《天台山国清寺三隐集记》一篇。明刻本有《天台三圣诗集》。而后世僧侣和诗者亦时或有之,如高丽刊本《寒山子诗集》后附《慈受深和尚拟寒山诗》一百四十八首,和诗者为释怀深,所署年代为建炎四年二月。此元刻本《三圣集》之和诗者则为元末僧人梵琦。

释梵琦(1296—1370 年),字楚石,一字昙曜,号西斋老人,明州象山(今浙江)人,俗姓朱。历主杭州报国、嘉兴本觉等寺,退隐海盐永祚寺之西斋。有《西斋净土诗》三卷。

此书卷端题"三圣集",次行题"四明释梵琦和",第三行题"寒山子诗并和共□百一十四首"。诗篇的编次皆为先一首寒山诗,次一首梵琦和诗。现仅存三十叶,第三十叶以下缺失。计存寒山诗一百七十六首,梵琦和诗一百七十五首,共计三百五十一首。寒山余诗,丰干、拾得诗,以及梵琦其他和诗,此本并缺失。据其他刊本释梵琦和《三圣诗》,知寒山子诗与释梵琦和诗共六百一十四首,丰干诗与释梵琦和诗共四首,拾得诗与释梵琦和诗共九十八首。知此本卷端"寒山子诗并和共□百一十四首"所缺字应为"六"。盖书贾牟利,以残本充完本,故意去掉此字。今藏中国国家图书馆(书号 0667)。

清康熙九年曾刻《天台三圣诗集和韵》,在此书基础上又增入释福慧和诗,不分卷。

迁斋先生标注崇古文诀三十五卷　(宋)楼昉撰　元刻本。框高 15.3 厘米,宽 9.8 厘米。每半叶十一行,行二十一字。黑口,四周单边。

有缺叶,明、清人抄配较多。

楼昉(生卒年不详),字旸叔,号迂斋,鄞县(今浙江宁波)人。少从吕祖谦学,与弟晒俱以文名。南宋绍熙四年(1193 年)进士,授从事郎,迁宗正簿,有直谅声。后以朝奉郎守兴化军。卒,赠直龙图阁。昉为文汪洋浩博,从学者凡数百人。著有《中兴小传》《宋十朝纲目》《东汉诏令》《崇古文诀》等。

此书三十五卷,凡文一百九十三篇,包括先秦三家、两汉十家、三国一家、六朝二家、唐四家、宋二十九家,而韩、欧之文为多。后有宝庆三年(1227 年)姚珤跋,云:"广文陈君锓诸梓以传之"。

昉以文名于当时,从游之士甚众。其编纂此书,意在教人作文之法。此书仿照吕祖谦《古文关键》,而于文章选取、注释则有所增广、发明。陈振孙《直斋书录解题》著录有《迂斋古文标注》五卷,云:"宗正寺簿四明楼昉旸叔撰。大略如吕氏《关键》,而所取自《史》《汉》而下至于本朝,篇目增多,发明尤精当,学者便之。"说明此书初名《迂斋古文标注》。

此书传世最早刻本有宋刻《迂斋标注诸家文集》五卷,每半叶九行,行十九字,白口,左右双边。卷前有宝庆二年陈振孙序,当即《直斋》著录之《迂斋古文标注》五卷。又有宋建阳刻《迂斋先生标注崇古文诀》二十卷,每半叶十二行,行二十三字。此二书今皆不完,仅存数卷,从残存卷帙来看,后者是对前者增损篇章、析分卷次而成。就存卷部分而论,后者视前者增多江文通《诣建平王上书》、孔德璋《北山移文》、李习之《答皇甫湜书》及司马温公文三篇。另,前者有太史公《自序》,韩昌黎《赠张童子序》《南海神庙碑》,后者则删除。

《皕宋楼藏书志》卷一百十四著录宋刻本《迂斋先生标注崇古文诀》二十卷，疑与现存建阳本属于同一刻本。据《皕宋楼》著录，此本有宝庆二年陈振孙序、三年姚珤跋。此陈序较《迂斋标注诸家文集》之陈序内容、篇幅有所不同，乃经增订者，而所署时间则沿用旧序。此陈序云，楼昉"间尝采集先□□以来迄于今世之文，得一百六十有八篇，为之标注，以谂学者"。说明二十卷本选录文章一百六十八篇。

此元刻本收录文章一百九十三篇，视宋刻本《迂斋先生标注崇古文诀》又增加了二十五篇，其中如两汉文增杨子幼《报友人孙会宗书》，王公仲《择贤疏》；唐文新增韩昌黎《赠张童子序》《南海神庙碑》《燕喜亭记》《送石洪处士序》《答李翊书》等；宋文新增陈宛丘《远虑策》《楚议》，黄山谷《书王知载胸山杂咏后》《苦笋赋》，秦淮海《晁错论》等，此皆不见于宋建阳刻本者。卷数则由二十卷增为三十五卷，编次亦略有差异。盖楼昉生前每次刻印此书，均作篇章上的增选、评点，同时对卷次亦作调整，三十五卷本最终成为定本，故元以后刻本皆保持三十五卷规制。

此元刻本乃目前所知《迂斋先生标注崇古文诀》刻印最早的三十五卷本，《天禄琳琅书目后编》卷十一著录称"麻沙袖珍本"。明刻本据此本以大字重新雕印。

书中有"稽瑞楼"印，知其曾为清陈揆稽瑞楼藏书。今藏中国国家图书馆（书号 3968）。

文章正宗二十四卷 （宋）真德秀辑 元至正元年（1341 年）高仲文刻明修本。框高 21.5 厘米，宽 18.2 厘米。每半叶十行，行二十字，小字双行同，细黑口，左右双边。

真德秀（1178—1235 年），字景元，后改希元。蒲城（今福建）人。宋宁宗庆元五年（1199 年）进士，官至参知政事。世称西山先生，卒谥"文忠"。德秀初有重名，及为宰相，首以尊崇道学、正心诚意劝宋理宗，随又进所著《大学衍义》，皆非时务所急，众大失所望。其学以朱熹为宗，著述有《大学衍义》《文章正宗》《西山文集》等。

是集分辞令、议论、叙事、诗歌四类，录《左传》《国语》以下至于唐末之作。总集之选录《左传》《国语》自是编始，遂为后来坊刻古文选之例。西山持论甚严,大意主于论理而不论文,反映其道学思想。刘克庄《后村诗话》云:"《文章正宗》初萌芽,以诗歌一门属予编类,且约以世教民彝为主,如仙释、闺情、宫怨之类,皆弗取。……凡余所取而西山去之者大半,又增入陶诗甚多,如三谢之类多不收。"顾炎武《日知录》亦曰:"真希元《文章正宗》所选诗,一扫千古之陋,归之正旨。然病其以理为宗,不得诗人之趣。"正因此书之编选标准过分强调理学观念,不近人情之事,其说虽卓然成理,然终不能行于天下,故自讲学家以外,未有尊而用之者。

该书卷前有"绍定执徐之岁(壬辰,五年,1232 年)"真德秀自序。绍定五年,当是此书编纂完毕的时间,两年后真氏去世。

《文章正宗》最早的刻本应属刘克庄刻本。据刘克庄《后村题跋》卷二中云:"西山先生真文忠公遗书曰《西山读书记》、曰《诸老集略》者,纲目详,篇帙多,其间或未脱稿。曰《文章正宗》者最为全书。既成,以授汤巾仲能、汉伯纪,某与焉。晚使岭外,与常平使者李鉴汝明协力锓梓,以淑后学。是书行,《选》《粹》而下皆可束之高阁。犹恨南中无监书,而二汤在远,不及精校也。"说明《文章正宗》撰写成书后,即将稿子授予汤氏兄弟,刘克庄得到的应是一个抄本。他在岭外着手刊印此书时,估计尚无其他刊本,是为最早刻本。

《仪顾堂续跋》卷十四著录一部宋刻本《文章正宗》,每半叶十行,行二十字,版心有字数及刊工姓名,宋讳有缺笔有不缺笔,陆氏定其为宋季坊刻本。今美国国会图书馆、西南师范大学图书馆各存宋本残卷。邵懿辰《增订四库简明目录标注》提到有"徐积余藏宋麻沙本",行款为十行二十一字,或为另一宋本。据行款,此元至正元年刻本与"徐积余藏宋麻沙本"似无直接的渊源关系,而与其他诸本或直接相关。

存世宋刻本《文章正宗》已无完卷,存卷完整且刊刻较早之本当推此元刻本。惟该本文字漫漶较多,有缺字、断板,当为明修本。《铁琴铜剑楼藏书目录》著录此本,误作宋刊。今藏中国国家图书馆(书号 7140)。上海图书馆、吉林省博物馆等七馆皆藏有此书之元刊本。

东涧先生妙绝古今文选四卷 (宋)汤汉辑 元刻本。框高 18.6 厘米,宽 13.6 厘米。每半叶十行,行十八字,注文小字双行同,细黑口,左右双边。

汤汉(1202—1272 年),字伯纪,号东涧。饶州安仁(今江西余江县东北锦江镇)人。以荐充象山书院山长。淳祐四年(1244年)进士,初授上饶县主簿。后差信州教授兼象山书院山长,改充国史实录院校勘。会大水火灾,两上封事,授太学博士。迁秘书郎,转对极言边事。度宗时,以端明殿学士致仕,咸淳八年(1272年)卒,年七十一,谥"文清"。事迹详《宋史》本传。

《宋史·汤汉传》谓,汤汉有文集六十卷,已久佚,其著述今传世者,除此《妙绝古今文选》四卷外,尚有《陶靖节先生诗注》四卷,以及后人所辑《东涧集》一卷。

是编甄辑古文,起《春秋左氏传》,迄眉山苏氏,凡二十一家,七十九篇。书中间有圈点、评注,当出自汤汉之手,其评注有取真西山《文章正宗》者。

卷首有二序,其署"东涧书"者,乃汤汉自序;其署"紫霞老人"者,则赵汝腾所题。元赵汸《东山存稿》卷六《题〈妙绝古今〉篇目后》谓曾见到马廷鸾《妙绝古今序》,后于书肆见是书,卷首不载马序。今此本亦无之。马氏《碧梧玩芳集》,世已失传,惟《永乐大典》间存一二,亦无此序,则其佚失已经很久。

书中所选录文章,代不过数人,人不过数篇,似不足概括古今作者,不明汤汉著书之意者遂有缺略之讥。赵汸《题〈妙绝古今〉篇目后》,则以宋代衰微之故,与汤汉出处大概,推阐其著书之旨,以为宋朝南渡之后忍耻事仇,至宋理宗又容奸乱政,故此书取《左传》《战国策》所载之事以昭讽劝,而并及于汉唐二代兴亡之由。又其取《屈原传》《乐毅传》,韩愈《送孟东野序》,以及欧阳修、苏子美诸篇,乃有感于士之不遇,而复进之于道,以庶几乎知所自反。其去取之间,俱有深义。汤汉著书之意由此而明。实则紫霞老人赵汝腾序已有提示云:"言之精者,道之寄,六经,其元气也。学者又当亹亹,毋但求言语句读之工而已。"提醒读者毋只注意书内所选各篇文章言语措辞之精工,尤当求其所隐含之思想。

汤汉自序作于"淳祐壬寅",即宋理宗淳祐二年(1242年)。知此书在汤汉进士及第前三年既已编就。赵汝腾序在"宝祐丁巳",即理宗宝祐五年(1257年),其距是书之成已十五载。书之刊版或在是岁。

今此元刻本中,遇宋讳"贞""恒"等字皆缺末笔,为宋刻之遗迹,证明此本乃据宋本翻刻者。此本有补版,书虽不足贵,而元刊则殊罕。

书中有"二酉斋""涵芬楼"等印。今藏中国国家图书馆(书号7769)。

叠山先生批点文章轨范七卷 （宋）谢枋得辑 元刻本。钱谦益批点,许运昌跋。框高 18.2 厘米,宽 11.8 厘米。每半叶十行,行二十二字,黑口,左右双边。

谢枋得(1226—1289 年),字君直,号叠山,信州弋阳(今江西)人。宝祐四年(1256 年)进士。五年,枋得考试建康,摘贾似道政事为问目,被漕使陆景思告密,遂被罢斥,谪居兴国军。咸淳中赦归。德祐元年(1275 年),起用为江东提刑,江西招谕使,知信州,率兵抗元。城陷后,流亡建阳,以卖卜教书度日。宋亡,居闽中,元至元二十三年(1286 年)程巨夫荐宋臣二十二人,以枋得为首,辞而不起。至元二十六年,福建参政魏天祐强之而北,至大都,绝食而死。门人私谥“文节”,世称“叠山先生”。其诗伤时感旧,沉痛苍凉。有《叠山集》《文章轨范》行世。《宋史》有传。

此书收录汉、晋、唐、宋文共计六十九篇,其中韩愈三十一篇,柳宗元、欧阳修各五篇,苏洵四篇,苏轼十二篇,其余诸葛亮、陶潜、杜牧、范仲淹、王安石、李靓、李格非、辛弃疾各一篇。前二卷题曰“放胆文”,后五卷题曰“小心文”。每卷前分别以“侯、王、将、相、有、种、乎”七字标记,云“侯字集”“王字集”等等。卷三谢枋得批注中有“先熟‘侯’‘王’两集”之语,知以此七字为卷次标记,乃谢枋得原题。

书有圈点始于南宋末。此书目录后有谢氏门人王渊济跋,谓:“右此集(案,指卷一侯字集)惟《送孟东野序》《前赤壁赋》系先生亲笔批点,其他篇仅有圈点而无批注,若夫《归去来辞》,则与种字集《出师表》一同,并圈点亦无之。”今观卷内有注释,有批评,皆小字旁列,行间有圈点,每篇前后间有总评语,前低五格,后低七格。其卷六《岳阳楼记》一篇,卷七《祭田横文》《上梅直讲书》《三槐堂铭》《表忠观碑》《后赤壁赋》《阿房宫赋》《送李愿归盘谷序》七篇,皆有圈点而无批注,盖偶无独自见解,即不强为赘言。

此书纯为举业而作,例如谢氏各卷开篇引语中,数处有“场屋程文论当用此样文法”“场屋中日暮有限,巧迟者不如拙速,论策结尾略用此法度,主司亦必以异人待之”“初学此,必雄于文,千万人场屋中,有司亦当刮目”之类的言语,明其旨在为参加科举考试者指导为文之法。然此书也并非无价值可言,尤其卷内批注,往往切中关键,确能点通古文精妙所在,使人领会、学习作文章的要领。

嘉靖四十年(1561 年)东吴郭邦藩常静斋依据此本重刻。清刻本将旧本中标记卷次的"侯、王、将、相、有、种、乎"七字,易为"九、重、春、色、醉、仙、桃"七字,盖慑于文字狱而更改。

全书经钱牧斋用朱笔评点,卷首钤有"钱谦益印"。卷末有康熙五十一年(1712 年)许运昌手书跋文。今藏中国国家图书馆(书号 7771)。

中州集十卷　中州乐府一卷　(金)元好问辑　元至大三年(1310 年)平水曹氏进德斋刻递修本(《中州乐府》配影元抄本)。傅增湘跋。框高 20.6 厘米,宽 13.3 厘米。每半叶十五行,行二十八字,白口,四周双边。

元好问(1190—1257 年),字裕之,号遗山,太原秀容(今山西忻州)人。金宣宗兴定五年(1221 年)中进士,任内乡令。金哀宗正大年间(1224—1231年)为南阳令。天兴年间(1232—1234 年),权尚书掾,顷之,除左司都事,转行尚书省左司员外郎。金亡,不仕。晚年以著作自任,筑亭于家,名曰"野史"。记录金代君臣言行,凡百余万言,元修《金史》,多所参稽。事迹详见《金史》本传。他为文质朴沈郁,尤工于诗,五言、乐府俱臻上乘,被誉为一代宗工,有《遗山先生文集》《中州集》等传世。

《中州集》为收录金代诗歌之总集。首录显宗二首、章宗一首,不入卷数。其余分为甲至癸十集。共辑录诗人 194 位,作品 1984 首。其中除"南冠"类收入忠于宋朝之留金使节与官吏朱弁、滕茂实等五人诗作 84 首外,余皆金朝诗人之作。

卷前有元好问自序,言此书的编纂始于癸巳,即哀宗天兴二年(1233 年)。时元好问留滞聊城,杜门深居。为保存一代文献,防止历兵火而仅存之诗湮灭无闻,遂追忆、辑录前辈及交游诸人之作。恰值商孟卿携其父商衡手抄本金人魏道明编、商衡增补《国朝百家诗略》前来,元好问即以己所辑录与《国朝百家诗略》合为一编,曰《中州集》。其例每人各为小传,详具始末,兼评其诗。或一传而附见数人,或附载他文,或兼及他事。大致主于借诗以存史,故旁见侧出,不主一格。选录诸诗颇极精审。

自序作于癸巳(1233 年)十月二十二日,知《中州集》之编纂此时大体已就,自开始至蒇事,前后不足一年。

此书在元代至少两度版印。首次在此书编就 15 年后,即蒙古海迷失后元年(1249年)秋,真定提学赵国宝为之出资,锓木以传。此盖为是书开雕之年。此本首题有"乙卯新刊"字样,时当蒙古宪宗五年(1255年),距开雕之日已六载。对此,傅增湘《藏园群书题记》有二推测:一则疑此书"或迁延数载始毕其工",一则疑此书"初刻当为'乙卯新刊',其后板归坊肆,重印行世,特改题此名,以耸人耳目,冀广流布耳"。

傅增湘所说"板归坊肆,重印行世"者,即此本,乃第二次版印之本。今此本原附《中州乐府》卷末有"至大庚戌良月平水进德斋刊"牌记。至大庚戌良月,即至大三年十月,为此本之具体刷印时间。曹氏进德斋,系平水著名书坊,曾于大德三年(1299年)刊印巾箱本《尔雅注》。此书之牌记云刊刻者为平水进德斋,所指应即是平水曹氏书坊。

据傅增湘所说,此本所用书板并非进德斋自刻者,乃"乙卯新刊"书板归于曹氏,曹氏据以重印行世。此本所不同于"乙卯新刊"者在书之题名。此本卷首元好问自序题曰"中州鼓吹翰苑英华序",目录题曰"翰苑英华中州集总目"。此二题名中"中州鼓吹"与"翰苑英华"诸字,字体风格与题名中的其他字略有不同,当为后人所补刻。初次刊刻之书板,题名原应分别为"翰苑英华序""中州集总目"。因为此本以旧板重印而成,故虽非初刻初印本,但所反映的仍基本是初刻本原貌,极为珍罕。

金代诗歌因战乱而亡佚者甚多,赖《中州集》略存梗概。清康熙年间编《全金诗》,即以此书为基础而有所增补,足见其价值之高。

此元刻本《中州集》行格疏朗,刻印精良,在雕版印刷史上具有独特地位。明末汲古阁校刻《列朝诗集》《确安文稿》,行款版式即悉遵此书。近代董康诵芬室曾据此本影刻。

所附《中州乐府》一卷,二者初始即合为一编刊版,后《中州乐府》刻本佚失。傅增湘据日本五山本影摹补入。

此本中钤有"传是楼""徐乾学印""健庵收藏图书""茂苑香生蒋凤藻秦汉十印斋秘箧图书"等印鉴,知其曾为徐乾学、蒋凤藻所藏。民国时,归傅增湘所有。今藏中国国家图书馆(书号11441)。

皇元风雅六卷 (元)傅习、孙存吾辑 元刻本。框高17.2厘米,宽12.3厘米。每半叶十三行,行二十一字,细黑口,左右双边。

傅习(生卒年不详),字说卿,清江(今江西)人。游四方,采集时贤诗甚多,孙存吾据以编次成《元风雅前集》六卷。

孙存吾(生卒年不详),字如山(或曰字存吾,名不详,以字行,号如山)。庐陵(今江西吉安)人。尝为儒学正。

此书编次以刘因为首,凡收录元代诗人114家,间载作者爵里,俱不甚详。所录以江西人之诗居多,盖编辑者傅习、孙存吾俱为江西人,于本地诗作易于搜集,且寓推崇乡贤之意。唯所收诗篇,皆就所见闻,随时辑录,故"首尾颇无伦序。或有一人而两见者,殊乖体例。然元时总集传于今者不数家,此集虽不甚赅备,而零章断什不载于他书者颇多,世不习见之人,与不经见之诗,赖以得存者,亦不少矣"(《四库全书总目》语)。顾嗣立编纂《元诗选》,曾以此本为资料来源。

书内遇元帝及相关尊号,如"裕宗""天子""万岁""国母""龙颜""圣泽""圣主""御笔""大元""朝廷"等,皆提行,以明所尊,亦为元刊本之佐证。

卷前有后至元二年(1336年)虞集序。钱大昕《补元史艺文志》曾指出该序文浅陋,未必出自虞氏之手,乃书肆人所假托。所言应是。

此书与《后集》六卷初次镂梓于李氏建安书堂,今《后集》"皇元朝野群英姓氏"后有"李氏建安书堂"刻书牌记可以为证。《四部丛刊》所据以影印的高丽仿元刊本中,此牌记之"李氏建安书堂"则已改为"古杭勤德书堂",盖元代杭州勤德书堂曾翻刻此本。

王重民《中国善本书提要》云,此书之外,孙存吾尚编刻有《翰林珠玉》六卷、《范德机诗集》七卷。前者题"儒学学正孙存吾如山家塾刊",后者题"至元庚辰良月益友书堂新刊",则存吾离任学正之后,即隐于书林。《翰林珠玉》不知刊于何时,或犹在官学正时。《范德机诗集》必刻于致仕之后。《皇元风雅》六卷成书时间在《翰林珠玉》《范德机诗集》之间,时已开设益友书堂与否,今不可知,故是编首由如山家塾付刊,抑或交由李氏建安书堂付刊,或建安书堂乃翻如山家塾刻本,今亦不可知。

此书在后世未见有翻刻者,仅有传抄本。

明何乔新《椒邱文集》卷九《重刊黄杨集序》提到此书,云:"予尝考元诗见于编选者,如所谓《皇元风雅》《元诗体要》之类,其采取博矣,而先生之诗乃遗焉。"可见此书在明代尚不难见到。清代则流传已稀,而内府一直藏有此本。

《四库全书》抄录收入《元风雅前集》十二卷,即以内府所藏元刻本为底本,唯元本六卷,四库本为十二卷,盖有所析分故。

元人所编本朝诗选之类的书籍有数种,据钱大昕《补元史艺文志》著录,此书(钱氏著录作"《元诗前集》六卷《后集》六卷")之外,尚有孙存吾《皇元风雅后集》六卷,蒋易《皇元风雅》三十卷,曾应奎《元诗类选》四卷,孙原理《元音》十二卷,赖良《大雅集》八卷,另有《皇元风雅》八卷,注云:"无撰人姓名,或云宋褧。"又据元戴良《九灵山房集》卷二十九《皇元风雅序》提到另外一部《皇元风雅》,云:"东海隐君子(丁)鹤年所辑。……取向所积篇章之富,句抉字摘,编集类次之,而题以今名。"此《皇元风雅》编选者为另一人,则其与蒋氏、傅氏、孙氏等所编选者当非一书。然诸书今大多不存,仅此书与孙存吾《皇元风雅后集》六卷、蒋易《皇元风雅》三十卷尚可见到,十分珍罕,对研究元代诗歌艺术成就具有重要价值。书中有"涵芬楼""海盐张元济经收"等印。今藏中国国家图书馆(书号7851)。

皇元风雅后集六卷　(元)孙存吾辑　元李氏建安书堂刻本。框高17.4厘米,宽12.2厘米。每半叶十三行,行二十一字,细黑口,左右双边。

孙存吾尝编次傅习所采集之诗为《元风雅前集》六卷。此《后集》六卷,则为存吾所续辑者。孙存吾生平,《皇元风雅》之编辑成书与版本、流传等,参见《皇元风雅》条。

此书卷前有后至元二年(1336年)谢升孙序。编次以邓文原为首,凡收入元代诗人166家,间载作者爵里,俱不甚详。所录仍以江西人之诗居多。此书亦为清顾嗣立编纂《元诗选》所援据。

书内遇元帝及相关尊号,如"裕宗""天子""万岁""国母""龙颜""圣泽""圣主""御笔""大元""朝廷"等,皆提行,以明所尊,亦为元刊本之佐证。

此书初次锓梓于李氏建安书堂,书中"皇元朝野群英姓氏"后有"李氏建安书堂"刻书牌记可以为证。除元代杭州勤德书堂曾予以翻刻外,后来未见有翻刻者,仅有传抄本。清代流传稀少,而内府一直藏有此本。《四库全书》抄录收入《元风雅后集》十二卷,即以内府所藏元刻本为底本,唯元本六卷,四库本为十二卷,盖有所析分故。

书中有"涵芬楼""海盐张元济经收"等印。今藏中国国家图书馆(书号

7852)。

皇元风雅三十卷 （元)蒋易辑　元建阳张氏梅溪书院刻本。黄丕烈跋。框高18.7厘米,宽12.9厘米。每半叶十行,行十八字,黑口,四周双边。

蒋易(生卒年不详),字师文,自号橘山真逸,建阳人。从杜本游。元末入阮德柔幕。有《鹤田文集》二卷。又积十数年之功,编《皇元风雅》三十卷。

《皇元风雅》卷前有后至元三年(1337年)蒋易自序,以及后至元四年黄清老序、后至元五年虞集序。

是书录诗始刘因,与傅习、孙存吾《元风雅前集》所选相合,而开卷亦取《黄金台》一篇。卷一至二十七,收诗人85家,人数不及傅氏、孙氏《元风雅前集》《后集》三分之一,而甄录诗篇几乎为其二倍。阮元《揅经室外集》卷四《元风雅》提要云:"傅、孙于诸大家所录寥寥,此则选择古体较为详审,即同录一人一题之诗,题目字句各不相侔。如胡汲仲《题女直骢马图》,孙本'题'字下多'崔录事'三字。虞集《李伯时九歌图》,傅本无'李伯时'三字;《送星上人归湘中》,傅本无'归湘中'三字。柳贯《和袁集贤上都杂诗》,傅本'和'字上有'同杨仲宏应举'六字。诸如此类,不可胜举。其余字句,如揭傒斯《送淳直子朝发扶桑国》,傅改'扶桑'作'梁宋'。吴师道《黄金台》'千里风尘驰骏马',孙改'风尘'作'强燕';《铜雀台》'汉家一片当时土',孙改'当时'作'如膏'。盖当日随时所得,而又出于各人点窜,不可拘于一律。至于每人篇尾各著事实,此则较傅、孙两家为胜,存之足以资考证之助。"所言甚是。

卷二十八至三十,为"杂编",体例同前二十七卷。

卷内遇"国家""圣朝"等字样,或提行,或空一格,以明所尊,亦为元刊本之佐证。

据蒋易自序,书之刊刻应始于后至元三年。至后至元五年虞集为序时,大约行将毕工。目录后有墨记曰"梅溪书院"。张氏梅溪书院为刻书名肆,主人张子禹,古邢人。该书坊曾于大德十一年(1307年)刻《校正千金翼方》三十卷、泰定元年(1324年)刻《类编标注文公先生经济文衡前集》二十五卷《后集》二十五卷《续集》二十二卷、泰定四年刻《书集传纂疏》六卷、元统二年(1334年)刻《韵府群玉》等书。

传世蒋易所编元代诗选尚有《国朝风雅》不分卷《杂编》三卷,二者相比较,每多歧异。其一,《国朝风雅》有子目而无总目、序跋。此本无子目,而有总目,并有蒋易自序、黄潛序、虞集序。其二,《国朝风雅》无卷次,唯《杂编》分上中下三卷。此本则合《杂编》而总为三十卷。其三,《国朝风雅》与此本唯《杂编》内容、编次相同,收诗人 71 家。其他部分则有合有不合。《杂编》之外,《国朝风雅》收诗人 28 家,此本之前二十七卷收诗人 85 家。《国朝风雅》所收前 28 家中惟僧虚谷未见收于此本,余 27 家皆分见于此本之部分卷次中,此本较《国朝风雅》多收诗人 58 家。其四,《国朝风雅杂编》目录后有蒋易跋语,云:"记以杂名者,旁及他事,不专于一也。诗以杂名者,不拘流例,遇物即言也。是编杂采江湖之所传而不睹其全者,故题曰'风雅杂编'云。"此本则无。然此本总目后之一段文字,乃蒋氏叙此书编纂缘起者,《国朝风雅杂编》无。

比较二者,可知此本与《国朝风雅》相同部分,实皆以《国朝风雅》之书板刷印。所不同者,凡位于各卷卷端之诗人姓字,在此本皆被挖改为"皇元风雅卷之×××",卷末亦增刻以"皇元风雅卷之×××终"。因属挖改,不易为工,字画模糊不清。卷二十八、卷二十九则将《国朝风雅杂编》三卷卷端之"国朝风雅""国朝风雅杂编中""国朝风雅杂编下",挖改为"皇元风雅卷之二十八"等。各版心原镌刻诗人名字以及各家单独的书板序号(叶码),此本中皆已挖改作卷次和各卷的书板序号(叶码),挖改痕迹清晰可见。此本中为《国朝风雅》所无之各卷,原先盖随得随刊者,故各家之诗不相衔接。

此书见于焦竑《国史经籍志》,黄虞稷《千顷堂书目》《文渊阁书目》,阮元《四库未收书提要》,张金吾《爱日精庐藏书志》等书目,诸藏目所著录卷数皆为三十卷。

元人所编本朝诗选之书颇有数种,前已于孙存吾《皇元风雅》条详及,此处不缀述。然诸书今大多不存,仅此书与傅氏、孙氏所编选者尚可见到,十分珍罕,对研究元代诗歌艺术成就具有重要价值。

卷内有"铁琴铜剑楼"印鉴,知此书曾为瞿氏铁琴铜剑楼收藏。今藏中国国家图书馆(书号 6666)。

国朝风雅不分卷 杂编三卷 (元)蒋易辑 元刻本。黄丕烈、罗振玉跋。框高 18.4 厘米,宽 12.8 厘米。每半叶十行,行十八字,黑口,四周双边。

蒋易生平,"《皇元风雅》三十卷"条已述。

此书虽未标卷次,然《杂编》之外,实分七部分,故有称之曰七卷者。除卷七吴闲闲等八人之诗外,其他六卷之首皆各有目录,目录首行题曰"国朝风雅"。每卷所收诗人一二家至七八家不等,每家各自为编,首行上书姓字,下题姓名、籍里,版心亦镌作者之字,而非书名。个别诗家之末所附文字,或为评论之语,或记作者行实,或记选刻岁月。各家诗所用书版皆各为起讫,每卷所记版数(即叶码)亦各家分记。罗振玉以此推断此书所收各家诗乃随得随刊,故不相衔接。其说甚是。

《杂编》分上中下三卷,前有三卷之目录,首行题"国朝风雅杂编"。与前七部分之目录不同,此目录但书诗题,不著人名,人名于卷内书之。

此本卷中遇元帝及其他尊号,如"先皇""圣皇""天子""裕宗""今皇""国母""皇元""有元""圣代""京师"等字样,皆提行;遇"圣心""天颜"等空一格,以明所尊,亦为元刊本之佐证。

此本与蒋易编集《皇元风雅》三十卷之异同,于该条下已述,此不赘。又,此本部分诗题如《杂编》卷中《秋灯》《辘轳怨》等下方有墨块,三十卷本往往铲削。然三十卷本亦偶有误将诗题铲削而未修补者,如此本《杂编》卷中《王昭君》,三十卷本即为空白,显系铲削所致。

此本盖属初编初刻初印本,三十卷本则为后续增益、刊刻而成,非另行刊刻者。此本元椠元印,极为精雅,三十卷本中相同部分因属后印,书板有耗损,字画不如此本洁净清晰。罗振玉谓此本较之足本尤为珍贵,甚是。唯其以残本视之,则有欠准确。

此本乃汪氏艺芸书舍旧物,每册卷首钤有"汪印士钟""阆源真赏"二印。后展转为罗振玉购得,又转归涵芬楼。今藏中国国家图书馆(书号7850)。

叶先生诗话三卷 (宋)叶梦得撰 元陈仁子刻本。框高14.2厘米,宽10.9厘米。每半叶十行,行十七字,黑口,左右双边。

叶梦得(1077—1148年),字少蕴,号肖翁,又号石林居士,吴县(今江苏苏州)人。绍圣四年(1097年)进士,徽宗朝累迁翰林学士,数上书极论时事。高宗驻跸扬州,除户部尚书。绍兴初,为江东安抚大使,上章请老,拜崇信军节度使。梦得嗜学早成,多识前言往行。著作有《石林先生春秋传》《建康集》《石林词》《避暑录话》《石林燕语》《石林诗话》等。

宋人称此书曰《石林诗话》,如《能改斋漫录》云"叶少蕴《石林诗话》",宋刻《百川学海》本亦作"石林诗话"。知作"叶先生诗话"乃后人所改易。

此书为叶氏诗论专著。全书分上中下三卷,或评论北宋诗坛创作,或记述北宋文人某些逸闻佚事、艺林掌故,为宋代诗话中较为重要的一种,对后世也产生一定影响。

此书卷端题"石林叶梦得少蕴述,古迁陈仁子同甫校正"。案,陈仁子,字同甫,号古迁。茶陵(今湖南)东山人。南宋咸淳十年(1274年)举漕试第一,入元后不仕,于湖南茶陵东山书院专事讲学、著述,有《牧莱脞语》十二卷《二稿》八卷、《文选补遗》四十卷。他刊刻过不少书籍,今所知者约有十种。往时诸藏家多误以此书为宋椠。卷末有"茶陵州儒学学正于端孙点看别无□□"朱色木记,知其经过茶陵州儒学学正于端孙校勘。

此书为蝴蝶装,十分考究,刻工精湛,开本铺陈,天头地脚宽阔。大德九年(1305年)陈仁子刻《梦溪笔谈》,与此本版式、装帧相同,俱为元刻中之精品,是元代书院刻书的典范。铁琴铜剑楼曾据此本影抄一部。

明末汲古阁毛晋刻《津逮秘书》本《石林诗话》一卷,所收录条目与此本大多相同,也偶有出入,如此卷中之"《雪浪斋日记》云高子勉上山谷诗"条,皆不见于《津逮》本。《津逮》本中亦有未见于此本者。其编次先后与此本亦有不同处。毛氏刻本卷末有一段跋语,其中有"从吴兴贾人购得诗话十卷,《石林》其一也。腐蚀几半,亟为之补遗正伪"之语,则其所依据底本似非此本。盖叶氏诗话自南宋之后,流传较广,传刻较多,容有版本之差异。清乾隆三十五年何文焕辑《历代诗话》本《石林诗话》最为通行,上中下三卷之分卷与此元刻本同,然所收录条目及编次与汲古阁本全同,应出自汲古阁本。

此书曾为黄氏士礼居所藏,每卷末叶皆有"士礼居藏""平江黄氏图书"二印。今藏中国国家图书馆(书号12275)。

东坡乐府二卷 (宋)苏轼撰 元延祐七年(1320年)叶辰南阜书堂刻本。黄丕烈跋。框高18.8厘米,宽12.4厘米。每半叶十行,行十八字,白口,左右双边。

苏轼(1037—1101年),字子瞻,一字仲和,号东坡居士,眉州眉山(今四川)人。宋仁宗嘉祐二年(1057年)进士。官至翰林学士、礼部尚书,除龙图阁大学士。苏轼的词在文学史上具有独特贡献。清四库馆臣云:"词自晚唐五代以来,以清切婉丽为宗,至柳永而一变,如诗家之有白居易;至轼而又一变,如诗家之有韩愈,遂开南宋辛弃疾等一派。"事迹详《宋史》本传。

苏轼所著主要汇编为《东坡七集》,即《东坡集》四十卷,《后集》二十卷,《奏议》十五卷,《内制》十卷,《外制》三卷,《和陶诗》四卷,《应诏集》十卷。《七集》于宋、明皆有刊刻,而词集《东坡乐府》未与其中。

《直斋书录解题》著录《东坡词》二卷,其本疑即明人吴讷《四朝名贤词》本所自出。黄氏士礼居旧藏毛氏汲古阁影宋抄本,编次与吴讷本同。二卷本卷末附《拾遗词》,目录后有曾慥跋文云:"东坡先生长短句既镂版,复得张宾老所编并载于蜀本者,悉收之。……绍兴辛未(二十一年,1151年)孟冬至游居士曾慥题。"据此知东坡词南宋初有曾慥刻本,曾氏从张宾老所编本以及蜀本中辑出四十一首词,曰《拾遗》,作为附录,殿于卷末。

此本乃元延祐庚申(七年,1320年)叶辰于南皋书堂刻。南皋书堂是延祐年间括苍(今浙江丽水)人叶辰的书坊,在云间,即今松江。

此本应源自南宋初的曾慥本。书分上下卷,卷末原应有曾慥辑《拾遗词》,今无者,当属后之流传过程中佚失。考毛氏汲古阁刻《东坡词》,凡毛氏注"元刻逸"或"元刻不载"诸作,此本亦均未收。知毛氏所谓元本者,当即此本,是毛氏刊印时所参据的本子之一。查汲古阁刻本《东坡词》,于曾氏编《拾遗词》四十一首,除《江城子》"南来飞燕北归鸿"一阕系秦观作,不复出外,其余40首,均被毛氏散编于各调下,没有一首注明"元本逸"或"元本不载"。说明毛氏所见元本当有《拾遗词》四十一首。则此本原亦必有。

此本为今日所见《东坡词》最古刻本,是传世东坡词的最重要本子。清光绪间,临桂王鹏运从海源阁借得此本,刻入《四印斋刻词》。1957年,古典文学出版社亦据此本影印行世。

书中有"玉兰堂""辛夷馆印"等印,知明代曾为文徵明收藏。后转入钱遵王之手,《读书敏求记》著录元延祐庚申刻《东坡乐府》,应即此本。遵王晚年斥所藏宋、元本及抄本书,归诸季氏,此书亦随同出售,今书中有"季振宜藏书""沧苇"等印为证。之后叠经徐乾学、鲍氏知不足斋、黄丕烈士礼居、汪士钟艺芸书舍、杨氏海源阁收藏。海源阁书散,归天津周叔弢先生。1952年,周先生捐献政府,入藏北京图书馆(今藏中国国家图书馆。书号 8620)。书中有"乾学""徐健庵""知不足斋藏书""鲍以文藏书记""曾藏汪阆源家""四经四史之斋""宋存书室""聊城杨氏三世庋藏"等印。

稼轩长短句十二卷 (宋)辛弃疾撰 元大德三年(1299 年)广信书院刻本。黄丕烈跋,顾广圻抄补并跋,陶梁、瞿中溶、汪鸣銮、王鹏运、许玉瑑等题款。框高 23.3 厘米,宽 17.7 厘米。每半叶九行,行十六字,细黑口,左右双边。

辛弃疾(1140—1207 年),字幼安,号稼轩,历城(今山东济南)人。少时参加抗金义军,为掌书记。后率师归宋,历任大理寺少卿,湖南、江西、福建、湖北、浙东安抚使等职,仕至龙图阁待制。落职闲居信州几二十年,后虽再起,不能久于其位,抑郁以没。善为词,慷慨纵横,有不可一世之概,能于剪红刻翠之外,屹然别立一宗。与苏轼齐名,并称"苏辛"。

此书卷十二后,有"大德己亥中吕月刊毕于广信/书院后学孙粹然同职张公俊"二行。大德己亥乃大德三年。中吕即孟夏,为农历四月。广信书院,疑即铅山之稼轩书院。稼轩南渡后,居铅山、上饶最久,后卒于铅山。铅山县期思渡有稼轩书院,原名瓢泉书院,乃稼轩故居。书中卷一第一叶版心下镌刻"信铅畅叔仁刊"六字,"信铅"为信州铅山之简称。铅山、上饶,在宋时均属信州。信州刊印稼轩词,自不足异。广信书院(或曰"稼轩书院")主持雕版之书,除此之外,另有大德十年九路儒学刊十七史本《北史》一百卷等。

《宋史·艺文志》著录有《辛弃疾长短句》十二卷,《直斋书录解题》著录《稼轩词》四卷,又云:"信州本十二卷,卷视长沙本为多。"知宋刻本有长沙本与信州本两种,长沙本四卷,信州本十二卷。四卷本《稼轩词》传世有吴讷《四朝名贤词》本与毛氏汲古阁影宋抄本。毛氏抄本分甲乙丙丁四卷,每半叶十行,行十八字,疑从宋时临安陈氏经籍铺刻本录出。宋代信州本不传,元大德三年广信书院刻本卷数与之相同,或即覆刻宋信州本者。

稼轩有酬和赠送范廓之词十首,宋时甲乙丙丁四卷本刻于宋宁宗赵扩即位前,其中的八首"范廓之"仍用本名,另二首不著姓名,尚未避讳宁宗嫌名。此元刻本则已作"范先之",说明该元刻本所依据的祖本应刊印于宁宗朝,或已在稼轩身后,故刊刻时为避宁宗讳嫌名而改"廓"为"先"。可见此本渊源有自。

该本流传最广,明嘉靖十五年(1536 年)王诏刻《稼轩长短句》十二卷、嘉靖二十四年何孟伦刻《辛稼轩词》十二卷,皆出自此本。明末汲古阁刻《六十名家词》中《稼轩词》虽并为四卷,而编次与信州本同,文字谬误与嘉靖本合,盖据嘉靖本覆刻。清光绪年间王鹏运从杨氏海源阁借得此大德刊本,刻入《四印斋所刻词》。

元代书院刻书例由山长主持,且经费充足,所刻书籍皆校雠精审,向称善本。此本刻工绝妙,字作行书,笔墨飞舞,如龙蛇际空,在元刻书中可谓别开生面之作。

此书清初藏苏州朱之赤家,嘉庆时转入黄丕烈士礼居。书中原缺卷四第十六叶、卷六第十叶、卷十一第四与第五合一叶,凡三叶,时顾广圻馆于黄氏家,因据黄氏别藏毛氏汲古阁抄本,检原书所有之字集而补抄,于是此本复全。之后,书相继归属汪士钟艺芸书舍、杨以增海源阁。《楹书隅录》卷五著录此书,与元本《东坡乐府》并称海源阁藏书中的双璧。海源阁藏书散落,周叔弢得此书。新中国成立后,周氏将此书捐献国家,今藏中国国家图书馆(书号8625)。书中钤有"朱之赤鉴赏""黄印丕烈""广圻审定""曾藏汪阆源家""汪澄别号镜汀图章""宋存书室""东郡杨氏鉴藏金石书画印""周暹"等印记。

萧闲老人明秀集注六卷 (金)蔡松年撰 魏道明注 金刻本。框高24.4 厘米,宽 13.3 厘米。存三卷(卷一至三)。每半叶十二行,行二十三字。注文双行,行三十字。白口,左右双边。

蔡松年(1107—1159 年),字伯坚,真定(今河北正定)人,金太宗天会时,任真定府判官。熙宗时,任汴京行台尚书省刑部郎中。入朝为刑部员外郎,进参知政事,迁尚书右丞、左丞。封卫国公。始寓汴都,其第曰萧闲堂。又作园于镇阳,曰萧闲圃。自号萧闲老人。松年文词清丽,尤工乐府,兼善书画。元好问选其诗入《中州集》,并云:"百年以来,乐府推伯坚与吴彦高,号吴蔡体。"其词集为《明秀集》六卷,今存三卷。

魏道明,字符道,易县(今河北)人,约金海陵王正隆末前后在世。兄弟四人皆有诗名,以道明为最。第进士,仕至安国军节度使。暮年,居于雷溪,自号雷溪子。有《鼎新诗话》行于世。

此书为金末平水(又称平阳,今山西临汾)坊刻本。宋南渡后,平水因不当要冲,相对安定,集中了一批读书人以及来自汴梁的优秀刻工,迅速代替汴京成为黄河以北地区的出版中心,是金元两朝刻书的重点地区。历经800余年,金刻本现存者很少。

书中遇“尧”“供”“恭”“乘”诸字皆有减笔,乃避金太宗名讳“晟”、世宗名讳“尧”、章宗父名讳“允恭”。由此推断,其刊刻时间当在章宗朝,即公元1190年至1208年之间。

此本之版式、刀法、纸墨与平水坊刻诸书如《南丰曾子固先生集》《玉篇》《集韵》等相类似,字体瘦劲,刻印精湛,反映了平水刻本的风貌及北宋坊本的优点,是研究雕版印刷源流的重要资料。

清朱彝尊辑《词综》时未见此集,仅于《中州乐府》中录取。此书现存卷次虽不完全,也是难得一见的孤本秘籍。

书中钤有“稽瑞楼”“绍基秘籍”“铁琴铜剑楼”等藏印,知此本原为清陈揆旧藏,后归瞿绍基,入藏铁琴铜剑楼。今藏中国国家图书馆(书号4299)。

精选名儒草堂诗余三卷 题凤林书院辑 元刻本(卷下末叶抄配)。框高15.8厘米,宽10.9厘米。每半叶九行,行十八字,细黑口,左右双边。

《千顷堂书目》始著录,一名《续草堂诗余》。

书题“庐陵凤林书院辑”,未详选者姓氏。目录首叶有牌记五行,云:“唐宋名贤词行于世,尚矣。方今车书混一,名笔不少,而未见之刊本。是编辄欲求备,不可。姑摭拾所得,才三百余首,不复次第,刊为前集。江湖天宽,俊杰何限,傥有佳作,毋惜缄示,陆续梓行,将见愈出而愈奇也。”可见,此词集仅为凤林书院编纂、刊刻元代词作庞大计划之开端,故而称之曰“前集”。其后本欲陆续征集、编辑,以为续编,“将见愈出而愈奇”,结果因故止此一编,再无下文。又其云摭拾得三百余首者,与实际亦不相符合,夸大甚多。今检全书所收录词作,自刘藏春《木兰花慢·混一后赋》以下,凡59家,总计191首,不足200,更遑论300余。(关于是书所收词作数量,因依据的本子不同,统计结果多不一致。)

宋遗民词,有两部选集值得注意,一为《乐府补题》;另一即《精选名儒草堂诗余》。此书所选词家大部分是爱国志士和宋遗民,编选者本人也极有可能是一位南宋遗民。此书的编选不仅颇具艺术标准,同时贯穿了编者的爱国情感和亡国哀思。阮元《四库未收书目提要》称其"选录精允,秀句清言,多萃于是。而《黍离》之感,有不能忘情者"。厉鹗称:"弁阳老人《绝妙好词》而外,渺焉寡匹。余于此二种,心所爱玩,无时离手。"(厉鹗雍正二年据吴焯绣谷亭藏元刻本抄录并跋,此其跋语)此书之编排,以刘秉忠、许衡等元朝达官贵人为首,体现了编选者的苦心。

编选者为庐陵凤林书院,入选词的作者多江西人,尤以庐陵人为最,地域特色鲜明。有关庐陵凤林书院的情况,除编刊此书外,未见其他资料。元代,各地书院刻书刊印书籍较多。因书院集中了一批学识广博的宿儒,有很好的编校条件,且拥有学田,具备一定的经济基础,故此书从编选到刊刻,均为凤林书院主持负责,并不奇怪。

书中有"上党冯氏藏书""玉屏珍赏""云溪词客""双鉴楼藏书印""傅沅叔藏书记"等印记,知其曾为常熟冯班所藏,继归仪徵江立。后来,辗转成为傅氏双鉴楼藏书。新中国成立后,入藏北京图书馆(今藏中国国家图书馆。书号2178)。此本存世另有一部,现收藏于上海图书馆。

陈鳣家钞本《砚笺》*

　　《砚笺》四卷，宋高似孙著。高似孙（1158—1231 年），字续古，号疏寮。南宋浙江鄞县人。淳熙十一年（1184 年）进士，历任会稽县主簿、秘书省校书郎、徽州通判、秘书省著作佐郎、权兼礼部右侍郎。其人品在当时为清议所不齿，唯其著述尚有可取，著有《疏寮小集》《剡录》《子略》《蟹略》《骚略》《纬略》《砚笺》等。曾辑刻《文苑英华纂要》。宝庆初，撰刻《史略》（半叶十行，行二十字。此书国内久已失传，现藏日本国立公文分馆）。

　　《砚笺》成书于嘉定十六年（1223 年）。前有自序言著作此书的缘起。卷一记端砚，卷二记歙砚，各附以诗文，原有砚图四十二式，已佚。卷三记诸砚品，共 65 种。卷四收录前人之为诸砚所作诗文。

　　《四库全书总目》著录此书，称："《宋志》所录砚谱，今存者尚有四五家，大抵详于材产质性，而罕及其典故。似孙此书独晚出，得备采诸家之说，又其学本淹博，能旁征群籍以为之佐证，故叙述颇有可观。中间稍有渗漏者，如'李后主青石砚为陶毂所碎'一条，乃出无名氏《砚谱》中，为曾慥《类说》所引，今其原书收入左圭《百川学海》，尚可检核，似孙竟以为出自《类说》，未免失于根据。然其大致雅驯，终与庞杂者不同。如端州线石为诸品所不载，据王安石诗增入，亦殊赅洽。钱曾《读书敏求记》亦称'唐人言吴融《八韵赋》古今无敌，惜乎亡来已久。此存得《古瓦研赋》一篇，岿然鲁灵光也'。则亦颇资考据矣。"这段话指出了该书的学术价值，评价比较公允。

　　《砚笺》在流传的过程中，刊本较少，目前存世的有明万历四十二年（1614 年）潘膺祉如韦馆刻本和清康熙四十五年（1706 年）曹寅扬州使院刊棟亭十二种本。其中，潘膺祉如韦馆刻本仅国家图书馆藏有一部，为傅增湘旧藏。在此

---

　　* 　收入《北京德宝五周年特集》，北京德宝国际拍卖有限公司，2010 年。

之前,宋代有过一个刻本,从诸家记载的情况来看,后世的各种传本大多源自这个本子。宋刻本在清初曾收藏于钱氏述古堂,《述古堂书目》著录《砚笺》四卷一册,并注明为宋板。可惜《砚笺》的这个宋板本子在后世失传,包括黄丕烈这样的著名藏家也无缘一见。

刻本之外,传世的其他本子都是明清时期的钞本,根据各种著录,曾经出现过的钞本不下十几种,例如:黄丕烈跋并题诗的明钞本(国家图书馆藏。此本曾经毛氏汲古阁收藏,黄丕烈得自顾侍萱)、清初钞本(国家图书馆藏)、清初钞本(开封市图书馆藏)、清嘉庆十五年(1810年)张绍仁家钞本(国家图书馆藏)、清道光张蓉镜钞本(上海图书馆藏)等。这是现在有藏地可寻的几种存世钞本。

另外,还有吴骞藏明钞本、陶五柳所收明钞本(有嘉靖年间藏书家吴岫钤印)、陆东萝自冷摊上收得的明钞本、明天一阁钞本、明龙川精舍钞本,这几种钞本目前不见于各大图书馆著录,不知是否尚存于天壤之间。

此外,再有北京德宝国际拍卖有限公司2010年春季拍卖的一部陈鳢家钞本。该书四卷两册全。卷前有"仲鱼图象"图文印,"得此书费辛苦后之人其鉴我"朱文印,卷端有"海宁陈鳢观"朱文印,卷末陈鳢题跋下有"仲鱼"白方印以及"仲鱼"连珠印,皆属陈鳢藏印确凿无疑。据跋文,乃陈鳢借得吴骞藏本之后,"属善书者重为影钞",为陈鳢家钞本。

陈鳢(1753—1817年),字仲鱼,号简庄,清浙江海宁人。嘉庆三年(1798年)举人。藏书甚富,精文字训诂及版本校勘之学。著有《经籍跋文》《简庄疏记》等。其钞本甚多,据统计有25种,高似孙《砚笺》四卷即为其中之一。陈鳢的藏书历来没有目录可循。先前,人们只是通过黄丕烈等人的题跋,知道陈鳢曾据吴骞藏本过录过一个本子,黄丕烈等人用陈鳢本校勘,但这个本子后来就几乎未再出现于世人面前。如今,陈鳢本终于现身,令人倍感惊喜。

陈鳢家钞本与张绍仁家钞本都是源自吴骞拜经楼藏明影宋钞本。二者的钞写时间也相同,都是在嘉庆十五年。张绍仁跋说:"嘉庆庚午(十五年,1810)孟春,从海宁陈仲鱼丈借吴氏拜经楼所藏旧钞本传录。癸酉(嘉庆十八年,1813)正月廿又八日再借黄荛翁百宋一廛藏本钞补阙叶,始成完书。绍仁。"黄丕烈利用所见到的各个本子校勘过之后,对陈鳢本给予充分的肯定。在宋本不存的情况下,这种据影宋本钞本过录的本子自然很重要,何况此本是

是書于康熙四十五年曹醴使寅曾刻於揚州官署所謂棟亭

十二種之一也剞劂甚精惜欵式已改大抵書歸種類則必須

改樣以就其格之數目版之大小遂失書之本來亦積習使然

然辜而刻之流傳于世未始無功爰取其本互勘一過用赤筆

細書其旁勿遽輕改焉嘉慶十六年春日鱸載記 [印]

集蕃書喜蕃刻名抄 時刻不存為故此書雖有揚州刻本弟不如此昨

歲見醫省借得舊抄本擬作傳錄其副尚未轉假適而費陸東舞

往冷攤復一鈔本未有跋之浸宗本傳錄回滑 影毋翁借此傳錄于手

校一過似陸今勝此爰校其異同于此冊上陸本有一二訛字尚當撥

此改正 醫甫鈔此愛護之甚故校揚州本催用硃筆細書于旁至

素悕担硯下筆草率點污之棼知不元矣辛未四月處暑節後六

日荛翁黃丕烈校畢書 [印]

陈鱣家钞本《砚笺》卷末　陈鱣、黄丕烈跋

陈鳣家钞本,其意义更不同寻常。

这个本子先后经陈鳣、黄丕烈校勘。今所见卷中于行间字旁朱笔书写的校字,是陈鳣用扬州诗局本所校,各叶天头的墨笔校字是黄丕烈用陆东萝本所校。二人都对此本甚为爱护,不轻易改字,仅将所校异文书于上下左右,可见古人于书珍爱之心。今陆东萝本已不见,借此校文,亦约略可推想陆本之原貌。

此本卷末,陈鳣、黄丕烈各自书两篇跋,十分重要。现录文如下:

嘉庆十五年(1810年)陈鳣跋:

> 宋人论砚诸书传于今者,有若唐积《歙州砚谱》、米芾《砚史》二种,至若《砚谱》《歙砚说》《端溪砚谱》皆无撰者姓名,大抵详材质而罕及于典故。惟高似孙《砚笺》四卷成于嘉定癸未,较诸家为晚出,故得备采其说,又能旁征群籍以为佐证。其叙述亦有条理,洵推文房宝极(笺)。钱遵王《读书敏求记》云:"昔人言吴融《八韵赋》古今无敌,惜乎亡来已久。此存得《古瓦砚赋》一篇,应录入《子华诗集》中。"则更有资考据矣。但其书流传甚少,《经籍志》作一卷,想亦不全,或系后人合并欤? 同里吴氏拜经楼所藏旧钞,观其款式、笔迹,犹是明时影宋写本,因假之而属善书者重为影钞。吾家本出勃海,此书尤当谨守也。嘉庆十五年冬日陈鳣记。("仲鱼"朱文方印)

嘉庆十六年(1811年)陈鳣跋:

> 是书于康熙四十五年曹鹾使寅曾刻于扬州官署,所谓楝亭十二种之一也,剞劂甚精,惜款式已改。大抵书归种类,则必须改样以就其格之数目、版之大小,遂失书之本来,亦积习使然。然幸而刻之,流传于世,未始无功。爰取其本互勘一过,用赤笔细书其旁,勿遽轻改焉。嘉庆十六年春日鳣载记。("仲""鱼"连珠印)

嘉庆十六年(1811年)黄丕烈跋一:

> 余蓄书喜旧刻名钞,时刻不存焉。故此书虽有扬州刻本,弗之收也。昨岁见髯翁借得旧钞本,拟亦传录其副,尚未转假,适西宾陆东萝往冷摊获一钞本,末有跋,云从宋本传录,因从髯翁借此传录本,手校一过,似陆本胜此,爰校其异同于此册上。陆本亦有一二讹字,尚当据此改正。髯翁钞此,爱护之至,故校扬州本仅用硃笔细书于旁。余素性粗疏,下笔草率,

点污之咎,知不免矣。辛未(嘉庆十六年,1811 年)七月处暑节后六日。莞翁黄丕烈校毕书。("士礼居"朱文方印)

嘉庆十六年(1811 年)黄丕烈跋二:

续从坊间取扬州本对勘,知是本实与扬州本同,宜髯翁校本无大异也。今而后不得不以余所校为胜矣。复翁又识。七月十七日。

黄丕烈的这两则跋文特别值得注意。黄丕烈收书、校书终生,精于鉴别,经其判定的版本,殆不可移。经其收藏、校跋的刻本、钞本往往身价倍增。据称他的藏书在归汪士钟时,凡有黄跋者,虽一行数字,汪士钟必重价购之。当时吴中书贾于旧刻旧钞,虽仅一二卷,倘有复翁藏印,增价必倍;若题识数行,价辄至数十金。由此可见黄跋的价值,无怪乎藏书家和学者历来对黄跋给予高度重视。黄丕烈在其数十年积书生涯中,经其鉴赏校勘而留下题跋的书,计有千余部,存世八百余篇。潘祖荫、缪荃孙、章钰、吴昌绶等皆先后为之辑录,迄今仍有学者在继续从事辑录工作。然而,现在见到的各种辑本都没有收录黄丕烈的这两则题跋。书中除了陈鳣的藏印,只有"愚斋图书馆藏"书签贴纸一张,说明此钞本在陈鳣之后的很长时间内,似乎很少进入藏家视线,直到近代才成为盛宣怀愚斋图书馆的插架之物。这应该是书中黄氏题跋长期未被辑录的原因。这两则跋文与黄氏所藏《砚笺》另外两种钞本上的题跋,在形成时间上大体一致,可以相互印证,通过《砚笺》不同版本的借校,反映了陈鳣、黄丕烈等同时代的藏书家之间的往来情谊。

黄丕烈于一二年间先后获见陆东萝自冷摊所收明钞本、陈鳣家钞本、陶五柳所收明钞本、毛氏汲古阁旧藏钞本等《砚笺》的多种早期钞本,墨缘书福,可谓深厚。今日,陈鳣家钞本《砚笺》经过 300 多年的"隐身",再次完整地呈现到世人面前,今人亦可谓有幸。

宋代公文纸印本断代研究举例

古代刻书中,有一种公文纸印本较为引人注意。古人利用旧纸张的背面来书写,在史书中有所记载。叶梦得《避暑录话》卷上,称:"(晏)殊平生未尝弃一纸,虽封皮亦十百为沓。每读书得一故事,则批一封皮,后批门类,命书吏传写。"但以废弃的公文或书牍纸背面来刷印书籍,则于早期的史书中未见记载。

目前存世的公文或书牍纸印本的古籍善本究竟有多少种,还没有一个较为准确的数字。据笔者初步统计,有 79 种(详见文末附录及说明)。考虑到这个统计比较粗疏,尚有遗漏,估计存世的此类古籍应有 100 种左右。

公文纸印本之所以引起关注,主要在于其纸背的文字既是第一手的历史资料,又可以作为后人判断该印本板印地点和年代的一个重要依据。对于后者,许多藏书家和版本学家都有充分的认识。例如黄丕烈《荛圃藏书题识》卷八"钞本《北山小集》四十卷"条下谈到宋公文纸印本《北山小集》云:

> 书友胡益谦持《北山小集》示余,欲一决其宋本与否。余开卷指示纸背曰:"此书宋刻宋印。子不知宋本,独不见其纸为宋时册子乎?"胡友深谓余为不欺。

黄氏《百宋一廛书录》亦著录此本,云:

> 宋刻宋印,即其纸背之字已可征信。余尝持示钱少詹辛楣先生,先生云古人公移案牍所用纸皆精好,事后尚可它用。苏子美监进奏院,以鬻故纸公钱祀神宴客得罪,可见宋世故纸未尝轻弃。此宋椠本《北山小集》四十卷,皆用故纸刷印。验其纸背,皆乾道六年官司簿帐,其印记文可辨者,曰湖州司理院新朱记,曰湖州户部瞻军酒库记,曰湖州监在城酒务朱记,曰湖州司狱朱记,曰乌程县印,曰归安县印,曰湖州都商税务朱记,意此集板刻于吴兴官廨也。纸墨古疋,洵是淳熙以前物。

黄氏依据书纸为宋时公文纸而肯定其为宋本,这是鉴定公文纸印本最简单、最实用的方法。又如《菦圃藏书题识》卷三"元印本《幽兰居士东京梦华录》十卷"条下云:

> 装潢精妙,楮墨古雅,板大而字细,人皆以为宋刻,余独谓不然。书中惟"祖宗"二字空格,余字不避宋讳,当是元刻中之上驷。至于印本当在明初,盖就其纸背文字验之,有本班助教廖、崇志堂西二班学正翁深、学正江士鲁考讫,魏克让考讫,正义堂、诚心堂西二班民生黄,刷卷远差,《易》中等,《论语》《大诰》云云。虽文字不可卒读,而所云皆国子监中事,知废纸为监中册籍也。

此为以书籍纸背的文字正确推断印本年代之又一例。

杨氏《楹书隅录》、瞿氏《铁琴铜剑楼藏书目录》等藏书目录中也都有一些类似的例子,都注意到通过公文纸印本的纸背资料来判断该书的刷印年代。而首次将此作为专题进行讨论的是叶德辉,其《书林清话》卷八《宋元明印书用公牍纸背及各项旧纸》汇集了不少这方面的材料,共计有 18 种。

过去人们虽然对公文纸印本的关注较多,也注意到纸背公文的纪年对于该印本断代的意义,但由于对古代公文档案制度了解不够,在判断其刷印年代时,没有能够充分利用、挖掘纸背公文中纪年的价值,致使年代推断不够精确,有的还存在错误。

了解文书档案史的人应该知道,古往今来,官府文书档案都存在一个保存和废弃的问题。文书档案的保存有一定期限,过了期限后方予以处理,或毁弃,或转作他用,或变卖。汉代普通文书档案的保存期限一般为 10 年左右。[①]唐代的情况,据《唐律疏议·贼盗》,"文案不须常留者,每三年一拣除"。这一制度在宋代得到沿袭,《宋刑统·贼盗》的相关条文与《唐律疏议》相同。其保存期限以及具体处理办法在《庆元条法事类》卷十七《文书门二·架阁》"文书令"中规定得很详细:

> 诸制书及重害文书(州实行丁产等第税租簿副本、县造簿案检同。)若祥瑞、解官、婚田、市估、狱案之类,长留仍置籍立号,别库架阁,以时晒暴。即因检简移到者,别为一籍。(号止因旧)

---

① 汪桂海:《汉代官文书制度》,广西教育出版社 1999 年版。

诸架阁公案非应长留者,留十年,每三年一检简,申监司,差官覆讫,除之。(充官用;有余者,出卖。)其有本应长留者,移于别库,籍内仍随事朱书所除所移年月,同覆官签书。

诸架阁库,州职官一员,县令、丞簿掌之。应文书印缝计张数,封题年月、事目并簿历之类,各以年月次序注籍,立号编排,(造账文书,别库架阁)仍置籍。遇借,监官立限,批注交受,纳日勾销,按察及季点官点检。

根据这些法令规定可以知道,宋代对文书档案的管理相当严格,所有文书都要经过整理存档,存档的文书按照年月次序编号。文书档案的保存期限分为两种类型:一种是需要长期保存,这类文书档案有单独的档案库;另一种是不必长期保存,这样的文书至少保存 10 年,过期的文书档案的剔除工作是每三年一次,这样,此类文书档案一般要保存 10—12 年。剔除掉的文书档案,其处理途径主要有二:一是归官府重作他用,即"充官用";二是官府使用不了的多余部分,可以出售给民间使用,所谓"有余者,出卖"。

根据"文书令"的这一规定,过期档案文书的处理去向有二:一是官府,二是民间。从流传至今的宋代公文纸印本来看,刻印书籍者也分为两类:一是官府,二是民间。这正可以与法令的规定相互印证。

宋代出售过期公文纸之事见于史书。《宋史·苏舜钦传》记载苏舜钦监进奏院,"进奏院祠神,舜钦与右班殿直刘巽辄用鬻故纸公钱召妓乐,间夕会宾客"。苏舜钦等被他人劾奏,俱坐自盗除名。苏舜钦获罪的缘由是他私自挪用售故纸所得之钱,此项所得应归官有,不能私自挪用。至于售卖废弃的公文纸则是常有之事,并不违法。钱大昕认为此事反映了"宋世故纸未尝轻弃",是不对的。

明白了宋代文书档案的管理制度,尤其是保存期限和处理途径,对研究当时的公文纸印本刷印的准确年代很有帮助。前文所举宋公文纸印本《北山小集》,其纸背有乾道六年(1170 年)官司簿账,钱大昕、黄丕烈断定此书为"淳熙(1174—1189 年)以前物"。现在看来,这一结论不准确。乾道六年的公文应当保存至淳熙七年(1180 年)至淳熙九年(1182 年)才会处理掉,以之刷印的书籍,其刷印年代不应早于淳熙七年。因此,宋公文纸印本《北山小集》不是"淳熙(1174—1189 年)以前物"。

目前存世的许多公文纸印本,大都可以用此方法推断出较为准确的刷印年代。下面谨以笔者所目验的几种宋代公文纸印本为例,分析其刷印的年代,希望有助于这一问题的深入探讨。

这几种宋代公文纸印本都收藏于国家图书馆,即:

1.《新定三礼图》二十卷　(宋)聂崇义集注。宋淳熙二年(1175年)镇江府学刻公文纸印本。(清)钱谦益跋。十六行二十六至三十字,小字双行二十七至四十字,白口,左右双边。

2.《集古文韵》五卷　(宋)夏竦撰。宋绍兴十五年(1145年)齐安郡学刻本(存一卷:三)。袁克文跋。八行,无直格,白口,四周单边。

3.《三国志》六十五卷　(晋)陈寿撰,(刘宋)裴松之注。宋刻递修公文纸印本(缺叶配宋衢州州学刻宋元递修本)。十行十九字,小字双行廿一字,白口,左右双边。存三十卷。

4.《洪氏集验方》五卷　(宋)洪遵辑。宋乾道六年(1170年)姑孰郡斋刻公文纸印本。(清)顾广圻嘉庆十年跋,黄丕烈嘉庆九年(1804年)跋。九行十六字,白口,左右双边。

5.《花间集》十卷　(后蜀)赵崇祚辑。宋刻递修公文纸印本。(清)杨保彝题款。十行十七、十八字,白口,左右双边。

6.《芦川词》二卷　(宋)张元干撰。宋刻公文纸印本。黄丕烈跋。七行十三字,白口,左右双边。

7.《皇朝文鉴》一百五十卷、目录三卷　(宋)吕祖谦辑。宋嘉泰四年(1204年)新安郡斋刻本(序、目录下、卷一至三、二八、四八至六八、七五至七七、一〇五至一三五、一四二至一五〇配(清)张蓉镜抄本)。(清)邵渊耀、钱天树、方若蘅跋,孙云鸿、程恩泽、徐康题款。十行十九字,白口,左右双边,版心下镌刻工。

在这几种公文纸印本中,《芦川词》纸背的文字难以辨认,《皇朝文鉴》纸背文字虽有宝庆二年(1226年)纪年,然内容属于星命家言,无法进一步推断其刷印时间。其他五种的纸背文字大部分可以辨认,且均属于公牍,有明确的纪年,可以进一步推断其刷印年代。

下面所作的纪年统计均属于纪年明确的文书,纪年残缺不明的文书不在其内。

1.《新定三礼图》二十卷 （宋）聂崇义集注。宋淳熙二年（1175 年）镇江府学刻公文纸印本。

此书卷末题："《三礼图》，始熊君子复得蜀本，欲以刻于学，而予至，因属予刻之。予观其图，度未必尽如古昔，苟得而考之，不犹愈于求诸野乎？淳熙乙未闰月三日永嘉陈伯广书。"熊君子复即熊克，乾道八年（1172 年）始供职于镇江府学。陈伯广，淳熙二年（1175 年）接任镇江府学学正。通行的著录一般据此定此本为南宋淳熙二年镇江府学刻本。

此书以公文纸刷印，今纸背公文尚残留部分文字，署衔有镇江府学教授徐瑞卿、中奉大夫充徽猷阁待制知镇江府司马伋、朝请大夫充右文殿修撰权发遣两浙路计度转运副使公事陈、迪功郎镇江府金坛县尉巡捉私茶盐礬兼催纲张伯炤、承议郎新权通判滁州军州事赐绯鱼袋徐、迪功郎镇江府丹阳县主簿、朝请郎通判镇江军府兼管内劝农事高、承议郎兼行在分镇江府诸军司粮料院赐绯鱼袋陈宇、文林郎兼两浙路转运司镇江府造船场解延运，等等，多数文书是发送给镇江府通判的，故抬头称"府判中大台座"云云。可见，这是一批镇江府保存的文书档案。档案保存地点与刻书者所属的地点完全契合。因此，此书应是镇江府学使用府署处理的过期文书档案刷印的书籍。

因该书纸背公文中有"淳熙五年"字样，李致忠先生《宋版书叙录》云："此书之刻虽在淳熙二年，然其印制则当在淳熙五年之后了。至于后到什么时候，这就难以稽考了。"论断很审慎。

这些文书档案原本皆有纪年，如今存有纪年者仅为一部分。经初步统计，淳熙三年（1176 年）文书一件，淳熙五年（1178 年）文书 20 件。从纪年来看，基本上应属于淳熙三年至五年这三年期间的文书档案。根据宋代文书档案的保存制度，这批文书在保存 10 年之后予以处理，时间已经到了淳熙十五年（1188 年）。因此，利用这批废旧文书纸张来刷印书籍，不会早于淳熙十五年，但也不会迟于此年很久。淳熙十五年距淳熙二年（1175 年）已有 10 余年，此时刷印当非初印，应是重印。此书虽属重印，毕竟距书板初刻仅十年，字画犹然清晰，毫无漫漶之弊，甚为难得。

2.《集古文韵》五卷 （宋）夏竦撰。宋绍兴十五年（1145 年）齐安郡学刻本（存一卷：三）。

此本原为汪士钟旧藏，后归莫友芝，再后为潘氏宝礼堂收藏。

莫友芝《宋元旧本书经眼录》著录此本,考证云:

盖夏英公《古文四声韵》五卷之一。绍兴乙丑年僧宝达刻于齐安,而开禧元年后印本。黄伯思《东观余论》云:"政和六年冬,以夏郑公《集古韵》及宗室克继所广本二书参写,并益以三代钟鼎彝器款识及周鼓秦碑,古文印章、碑首,并诸字书有合古者,益之,以备遗忘。"云云。是宋人《古文篆韵》有三,今唯英公集者有新安汪启淑刊本,赵、黄二本则皆无传。《宋史·经籍志》及《玉海》谓宗室赵善继与于汴京石经之役者,尝进《古文篆韵》一书,当与伯思所指克继为一人,或一字误记也。

知此本为绍兴刻、开禧印者,全祖望《古文韵题词》谓曾借钞天一阁夏英公《古文篆韵》,据晋陵许端夫序,盖绍兴乙丑浮屠宝达重刻于齐安郡学,许为郡守,因序之。宝达者,刘景文之孙,精于古文篆,亲为摹写,其亦南岳梦英一流矣。至北宋本当有前序,而今失之。按此本仅《上声》一卷,其有许序及有前序否,不可知。而纸背大半是开禧元年黄州教授书状。宋黄州犹称齐安郡。此板在郡学,学官以书状纸背印书,事理之常。故知为绍兴刻、开禧印也。

纸背状中首尾结衔:一曰朝散郎权知黄州军州事王可大,一曰秉义郎新添差黄州兵马监押赵善觊,一曰训武郎黄州兵马都监兼在城巡检徐䶮,一曰迪功郎黄冈县尉巡捉私茶盐矾铜钱私铸铁钱兼催纲陆工程,一曰朝奉郎行户部员外郎吴猎,一曰武略郎添差淮南西路将领张□,一曰学谕章准,一曰学生教谕李起北,一曰学生直学徐灏,一曰升大,失其官及姓,凡十人。其本官结衔则云"从事郎黄州州学教授吕"。

吾衍《学古编》云:"夏竦《古文四声韵》五卷,前有序并全衔者,好。别有僧翻本,不可用。此书板多,而好者极不易得。"所谓僧翻本,盖即此本。全氏谓其精于摹写,而吾氏谓之不可用,以今行汪刊本校之,小有损益异同,而夏氏所用二百十部切韵,其部次与唐颜氏《干禄字书》合者,乃移改同《广韵》、《集韵》。则斥其不可用者,诚非苛论也。徒以宋刻宋印,且纸背诸状足见尔时交际仪式,故取备一种耳。

是书绍兴乙丑刊,开禧乙丑印。而余后十一乙丑同治四年之夏收诸上海市中,抑何巧合乃尔。物之显晦,岂亦有数耶?

古人文移案牍用纸皆精好,事后尚可他用。苏子美监进奏院,以鬻故纸公钱祀神,宴客得罪。可见宋世故纸未尝轻弃。今官文书纸率轻薄不耐久。

莫友芝考证此本甚详,谓此本乃绍兴十五年(1145年)僧宝达刻于齐安郡,而开禧元年(1205年)齐安郡学后印本。张元济编撰《宝礼堂宋本书录》、傅增湘《藏园订补郘亭知见传本书目》卷三均著录此本较详,定此本为绍兴十五年齐安郡学刻本。

案:前人断定此书为绍兴十五年齐安郡学刻本,应无疑问。唯以此书印于开禧元年,则有不妥。此书确为开禧以后所印,但应在开禧元年之后,而非开禧元年。此书经折装,纸背的文字较易检阅。纸背文书所署纪年均为"开禧元年",共有七例。根据宋代公文保存制度,印刷该书所用公文纸应当保存10—12年之后,才可以废弃或改作他用。故而,此书的印刷时间不会早于嘉定八年(1215年),这已经距离僧宝达刊刻该书70年,年久岁远,原书板必有损坏。今书中有四叶为后人补刻,当是嘉定八年(1215年)或稍后重新刷印时,由于书板年久蠹坏而补刻。因知此本乃宋绍兴十五年(1145年)齐安郡学刻递修公文纸印本,刷印时间在嘉定八年或稍后。

3.《三国志》六十五卷 (晋)陈寿撰,(刘宋)裴松之注。宋刻递修公文纸印本(缺叶配宋衢州州学刻宋元递修本)。

此书原为季振宜藏本,后辗转入藏涵芬楼。张元济《涵芬楼烬余书录》著录此本,云:"此为宋刊宋印。印纸有钤'扬府官纸'四字者,纸背皆乾道、淳熙两朝官牍,其衔名有署'武功大夫□中特差权发遣两浙西路马步军副总管平江府驻劄赵'者,有署'观文殿学士左宣奉大夫提举临安府洞霄宫魏'者。其年月日行下,有署'干人殷亨'者,想为书吏。职名有署'持心丧吕'者,想为乞假事由。"

案:此书卷二十四第六、七叶原来的背面(今正面,即印刷之面),皆钤印"扬府官纸"四字朱印,其纸背公文署衔分别为"承信郎太师杨和王府主管平江府第聂顺""叙复成忠郎新差监行在赡军激赏北酒库乐询"。"扬府"应指扬州府(隶属于淮南东路)。此二叶公文纸的使用者分别属于两浙西路的平江府和临安府,而非扬州府,说明这些纸张的最初来源是扬州府。

这些文书大都是发送给平江府的公文,有的来自平江府所隶属的两浙西路诸府、州,如"迪功郎新临安府临安县尉主管学事巡捉私茶盐矾兼催纲宋"

"(前缺)新差监临安府新成县税程寿祺""两浙西路马步军副总管平江府驻劄赵""武显大夫英州刺史特添差权发平江府兵马总管赵""从政郎新差监秀州华亭县造舩场霍骧孙""迪功郎平江府长洲县尉主管学事巡捉私茶盐礬王子潢",有的则来自抚州、明州、扬州、婺州、昭庆军、通州、真州、新常州、新衡州、新饶州、泰州、庐州、潭州、南雄州等军州府,例如:

> 迪功郎新差充扬州州学教授叶允升
>
> 今月十九日起建
>
> 天申圣节道场,允升偶以足疮有妨拜跪趋赴,拈香不及,谨具状申
>
> 平江使府衙,伏乞
>
> 照会,谨状。

又如:

> 宣教郎新权发遣抚州军州主管学事兼管内劝农营田事赵烨
>
> 右烨今为脾疾,不安所有,今月十九日,恭遇启建
>
> 天申圣节,拈香不及,谨具状申
>
> 平江使府,伏乞
>
> 照会,谨状。

再如:

> 从事郎新饶州军事推官权惠民局毕希文
>
> 寒食节特送
>
> 凝香酒伍觥
>
> 法酒伍觥
>
> 右希文伏蒙
>
> 台慈特有
>
> 颁赐,希文下情无任感佩之至,谨具状申。
>
> 谨状。
>
> 平江府、两浙西路等府衙的职官为主。

南宋的平江府治吴县,隶属于两浙西路。显然,这批官文书应是平江府所保存过的文书档案。依照常理,这批官府文书档案在过期之后的处理去向,大致不会在本地之外。因此,可以推断刷印《三国志》的地点大致在平江府。

该书纸背公文所署纪年有五种情况,即:

乾道七年(1171年)文书1件,

乾道八年(1172年)文书79件,

乾道九年(1173年)文书182件,

淳熙元年(1174年)文书116件,

淳熙二年(1175年)文书6件。

很显然,印刷该书所用公文纸的年代跨越了五年,即从乾道七年至淳熙二年。按照宋代公文档案的保存规律,这批公文纸的处理时间应该不早于淳熙十二年(1185年),用它们来刷印《三国志》的时间自然也不应早于此年。

4.《洪氏集验方》五卷 (宋)洪遵辑。宋乾道六年(1170年)姑孰郡斋刻公文纸印本。

卷末刻有跋语云:"《古集验方》五卷,皆余平生用之有著验,或虽未及用而传闻之审者,刻之姑孰,与众共之。乾道庚寅十二月十日番阳洪遵书。"据此,版刻地点在姑孰。姑孰指宋太平州治所当涂。而纸背文书所署官衔也都属于太平州,如"修武郎东南弟伍将押队太平州驻劄兼监倪琮"等。据此推断,该书刷印的地点大致应在太平州。

卷末刻有跋语说明该书版刻的年代为乾道六年(1170年)十二月。其纸背文书所署的年号则为淳熙。《瞿目》著录此本云:"其书以淳熙七、八两年官册纸背所印,中钤官印,惜不可识。"今细审纸背文书纪年,确乎皆在此二年,计:

淳熙七年(1180年)文书32件,

淳熙八年(1181年)文书30件。

很显然,该批公文纸的废弃时间不会早于光宗绍熙二年(1191年)。可见,该书的刷印已经是在版刻20年之后,当非初印,而是利用旧版的重印本。

5.《花间集》十卷 (后蜀)赵崇祚辑。宋刻递修公文纸印本。

此书为海源阁旧藏,清末王鹏运《四印斋所刻词》中的《花间集》即以此本为底本,王氏跋云:"右《花间集》十卷,宋十行行十七字本,现藏聊城杨氏海源阁。卷首有传是楼徐氏、听雨楼查氏藏印。系用淳熙十一、十二等年册子纸印行,其纸背官衔略可辨识者,曰儒林郎观察支使措置酒务施、成忠郎监在城酒务贾、成□郎本州岛指使差监拜斛场吴、江夏县丞兼拜斛场温、□□郎本州岛指使差监大江渡潘、进□尉差监猪羊柜董、进义副尉本州岛指使监公使库范、鄂州司户参军戴、成义郎添差本州岛排岸差监本津关发收税刘、信义郎本州岛准备差使监公使库朱,除江夏县丞、鄂州司户参军二官,余皆添差官。……册纸皆鄂州公文,此书其刻于鄂州乎?"南宋鄂州治江夏县,这批文书纸显然都属于鄂州郡斋的废弃文书档案。利用它们来刷印《花间集》的地点也大致不会离开鄂州。王鹏运的判断应是正确的。

《楹书隅录》卷五著录此本,云:"此本为宋淳熙十四年丁未(1187年)鄂州使库所刊,板印精良,其纸背皆鄂州使库公文册也。"判定其为淳熙十四年刊本,不知何所据。此书卷内并无刻书牌记,依理推断,《楹书隅录》应是根据纸背公文的纪年作出的结论。这批公文纸所署的年号确实皆为淳熙,计:

淳熙十一年(1184年)9件,

淳熙十二年(1185年)23件。

最晚的纪年为淳熙十二年,并无淳熙十四年,疑《楹书隅录》的论断有讹误。

依照宋代文书档案的保管制度,淳熙十二年的文书应该保存至庆元元年(1195年),才会被处理而改作他用。因此,该《花间集》的刷印年代不会早于宁宗庆元元年。至于此书版刻的准确年代,则缺乏具体的资料。

以上利用宋代官府文书档案的保管制度,对国家图书馆所收藏的五种宋代公文纸印本的刷印年代以及地点,作了尝试性的探索,目的是为公文纸印本的断代提供一个可行的途径。

公文纸印本纸背的文书,在今天看来,都是十分珍贵的原始档案史料,对于相应历史阶段的研究都很有意义。但是公文或书牍纸印本大都属于古籍善本,出于保护古籍的考虑,其纸背的公牍或其他文字不可拆阅。目前唯一拆开原书,并将纸背书牍摄影公布的公文纸印本,是上海博物馆藏宋绍兴龙舒郡斋刻公文纸印本《王文公文集》,其纸背的书牍文字被整理编辑作《宋人佚简》出版。

传统修复古籍的过程中,为了使古籍修复完毕后规整美观,往往对古籍的天头、地脚和书背部位加以切边,此法对于公文纸印本纸背的文字损害极大,许多纸背的文字被切除,永久地破坏了纸背的珍贵资料,很令人惋惜。今后在古籍修复工作中需要注意这一问题。

附录:《中国古籍善本书目》所著录
公文纸印本、钞本(79种)

中国国家图书馆

1.《周易集说》□□卷 (元)俞琰撰。元至正九年俞氏读易楼刻公文纸印本。十二行二十一字,黑口,左右双边。存十一卷(下经、爻传上下、象传上下、象辞上下、文言、说卦、序卦、杂卦)。

2.《新定三礼图》二十卷 (宋)聂崇义集注。宋淳熙二年镇江府学刻公文纸印本。(清)钱谦益跋。行数字数俱无定数,约十六行二十六七字,白口,左右双边。

3.《尔雅疏》十卷 (宋)邢昺撰。宋刻宋元明初递修公文纸印本。十五行二十一字,白口,左右双边。

4.《说文字原》一卷 (元)周伯琦撰。元至正十五年高德基等刻公文纸印本。五行,大小字不等,小字双行二十字,黑口,左右双边。

5.《集古文韵》五卷 (宋)夏竦撰。宋绍兴十五年齐安郡学刻公文纸印本。八行无格,白口,四周单边。存一卷(三)。

6.《史记》一百三十卷 (汉)司马迁撰,(刘宋)裴骃集解。宋刻宋元明递修明弘治公文纸印本。十行十九字,小字双行字不等,白口,左右双边,有刻工。

7.《后汉书》九十卷 (刘宋)范晔撰,(唐)李贤注。《志》三十卷 (晋)司马彪撰,(梁)刘昭注。宋刻元修公文纸印本。九行十九字,小字双行二十五字,白口,左右双边。

8.《三国志》六十五卷 (晋)陈寿撰,(刘宋)裴松之注。宋刻递修公文纸印本(缺叶配宋衢州州学刻宋元递修本)。十行十九字,小字双行廿一字,白口,左右双边。

9.《魏书》一百十四卷 (北齐)魏收撰。宋刻宋元递修公文纸印本(配宋元明递修本)。九行十八字,白口,左右双边。

10.《魏书》一百十四卷 (北齐)魏收撰。宋刻宋元明递修公文纸印本。存十七卷(一至十七)。

11.《隋书》八十五卷 (唐)魏徵等撰。元大德饶州路儒学刻明嘉靖重修公文纸印本。十行二十二字,细黑口,左右双边或四周双边。

12.《唐书》二百二十五卷目录二卷 (宋)欧阳修、宋祁等撰。宋绍兴刻宋元递修公文纸印本。存一百三十二卷(目录、一至四十三、四十五至四十七、七十下、七十四至七十五、九十二至一百九、一百五十六至二百十五上、二百二十至二百二十二)。

13.《忠文王纪事实录》五卷 (宋)谢起岩撰。宋咸淳七年吴安朝等刻明初公文纸印本。商衍瀛、傅增湘跋。十行二十二字,白口,左右双边。

14.《幽兰居士东京梦华录》十卷 (宋)孟元老撰。明弘治十七年刻公文纸印本。潘承弼跋。八行十六字,白口,左右双边。

15.《增入诸儒议论杜氏通典详节》四十二卷 明弘治八年刻公文纸印本。十二行二十四字,黑口,四周双边。

16.《桂氏棠阴比事》一卷 (宋)桂万荣撰。明刻公文纸印本。七行十六字,白口,四周双边。

17.《洪氏集验方》五卷 (宋)洪遵辑。宋乾道六年姑孰郡斋刻公文纸印本。清黄丕烈、顾广圻跋。九行十六字,小字双行二十二字,白口,左右双边。

18.《桯史》十五卷附录一卷 (宋)岳珂撰。明刻公文纸印本。十行二十字,细黑口,四周单边。

19.《博物志》十卷 题(晋)张华撰。周曰用等注。明弘治十八年贺泰刻公文纸印本。(明)冯舒跋。十一行二十三字,白口,左右双边。

20.《文选双字类要》三卷 题(宋)苏易简撰。明嘉靖十九年姚虞季本刻公文纸印本。十行二十字,小字双同,白口,左右双边。

21.《白氏讽谏》一卷 (唐)白居易撰。明刻公文纸印本。十行二十字,黑口,四周双边。

22.《欧阳行周文集》十卷 (唐)欧阳詹撰。明弘治十七年庄㮡、吴晟刻公文纸印本。(清)刘喜海跋。十行二十二字,黑口,四周双边。

23.《皮日休文集》十卷 (唐)皮日休撰。明刻公文纸印本。九行二十字,白口,左右双边。

24.《花间集》十卷 (后蜀)赵崇祚辑。宋刻递修公文纸印本。杨保彝题款。十行十七八字,白口,左右双边。

25.《侨吴集》十二卷附录一卷 (元)郑元祐撰。明弘治九年张习刻书牍纸印本。(清)黄丕烈、顾广圻抄补并跋,潘祖荫、费念慈、叶昌炽跋。十二行二十四字,黑口,四周双边。

26.《皇朝文鉴》一百五十卷目录三卷 (宋)吕祖谦辑。宋嘉泰四年新安郡斋刻书牍纸印本(序、目录下、卷一至三、二十八、四十八至六十八、七十五至七十七、一百五至一百三十五、一百四十二至一百五十配(清)张蓉镜钞本)。(清)钱天树跋(道光十六年)、(清)方若衡跋、(清)孙云鸿题款(道光庚戌,三十年)、清程恩泽题款(道光庚寅,十年)、清徐康题款、清邵渊耀跋(道光庚寅,十年)。十行十九字,白口,左右双边。

27.《芦川词》二卷 (宋)张元干撰。宋刻公文纸印本。(清)黄丕烈跋(嘉庆十五年)。七行十三字,白口,左右双边。

上海图书馆

1.《增修复古编》二卷 (宋)张有撰,(元)吴均增补。明公文纸影钞明初刻本。

2.《增修互注礼部韵略》五卷 (宋)毛晃增注,毛居正重增。宋刻元公文纸印本。十行十六字,小字双行三十二字,上下白口,左右双边,单鱼尾,版心下记刻工。

3.《后汉书》九十卷 (刘宋)范晔撰,(唐)李贤注。《志》三十卷 (晋)司马彪撰,(梁)刘昭注。宋绍兴江南东路转运司刻宋元递修公文纸印本(目录、卷一配影宋钞本)。九行十六字,小字二十字,白口,左右双边,双鱼尾,有刻工。

4.《魏书》一百十四卷 (北齐)魏收撰。宋刻宋元递修公文纸印本。存十二卷(四十五、四十六(七叶)、六十一至六十五、八十二至八十三、八十六至八十八)。

5.《魏书》一百十四卷 (北齐)魏收撰。宋刻宋元递修公文纸印本。存一卷(四十二)。

6.《毅庵奏议》二卷 (明)孙懋撰。明万历孙成名刻公文纸蓝印本。(清)阎湘蕙跋。十行廿四字,白口,四周双边,有刻工。存一卷(下)。

7.《胡廉一抚孤井柳录》不分卷 (明)胡山辑。明胡山刻公文纸印本。

8.《论衡》三十卷 (汉)王充撰。宋乾道三年绍兴府刻元公文纸印本。

曹元忠跋。十行二十字,白口,左右双边,有刻工。存五卷(二十六至三十)。

9.《崔豹古今注》三卷 题(晋)崔豹撰,(明)嘉靖十二年陈钺刻公文纸印本。九行二十一字,黑口,左右双边。

10.《劝忍百箴考注》四卷 (元)许名奎撰。(明)释觉澄考注。明正统十四年周恂如刻公文纸印本。十二行二十二字,黑口,四周双边。

11.《唐段少卿酉阳杂俎》二十卷 (唐)段成式撰。明刻公文纸印本。十行二十三字,白口,四周双边。

12.《艺文类聚》一百卷 (唐)欧阳询辑。明嘉靖二十八年平阳府刻公文纸印本。

13.《武安王灵签》不分卷 (明)侯继高辑。明刻万历公文纸印本。九行白口,左右双边有刻工。

14.《张司业诗集》三卷 (唐)张籍撰。清初公文纸影宋钞本。(清)刘位坦跋。十行十八字,白口,左右双边。

15.《罗昭谏诗集》一卷 (唐)罗隐撰。明公文纸钞本。十行十八字,黑口,四周双边。

16.《赵元哲诗集》八卷 (明)赵邦彦撰。明万历十年朱应毂刻公文纸印本。九行十七字,白口,四周单边。存四卷(五至八)。

17.《乐府诗集》一百卷目录二卷 (宋)郭茂倩辑。明毛氏汲古阁刻公文纸印本。(清)翁同龢、翁曾文跋。十一行二十一字,白口,左右双边。

18.《选诗》三卷 (明)李念辑。明嘉靖二十八年汤易刻明公文纸印本。清佚名批点十行十八字,白口,四周单边。

上海博物馆

1.《通鉴续编》二十四卷 (元)陈桱撰。元至正二十一年顾逖刻明修公文纸印本。九行二十二字,左右双边,白口。存二卷(三、四)。

2.《王文公文集》一百卷目录二卷 (宋)王安石撰。宋绍兴龙舒郡斋刻公文纸印本。十行十七字,白口,左右双边,版心上记字数,下记刻工名。存七十四卷(一至三、八至十六、二十一至三十六、四十八至六十、七十至一百、目录全)。

南京博物院

《论衡》三十卷 （汉）王充撰。宋乾道三年绍兴府刻元修公文纸印本。存四卷（十四至十七）。

南京图书馆

1.《大唐六典》三十卷 （唐）李隆基撰，李林甫等注。明嘉靖二十三年浙江按察司刻公文纸印本（卷一至二配清钞本）。清丁丙跋。十一行二十字，小字双行同白口，四周单边。

2.《西汉会要》七十卷 （宋）徐天麟撰。宋嘉定建宁郡斋刻元明递修公文纸印本。

3.《云仙散录》一卷 题（唐）冯贽撰。宋开禧刻公文纸印本。（清）徐渭仁、丁丙跋。九行十八字，白口，左右双边有刻工。

4.《集千家注分类杜工部诗》二十五卷 （唐）杜甫撰，（宋）徐居仁编次，（宋）黄鹤补注。《年谱》一卷 （宋）黄鹤撰。明正德十四年汪谅金台书院刻嘉靖元年重修公文纸印本（卷二、二十三至二十五、《年谱》配清钞本）。清丁丙跋。

5.《欧阳先生文粹》五卷 （宋）欧阳修撰。宋刻公文纸印本。（清）胡凤丹、丁丙跋。十四行二十六字，白口，四周双边。

6.《文章轨范》七卷 （宋）谢枋得辑。明嘉靖十三年姜时和刻公文纸印本（卷一至三配清钞本）。十行十八字，白口，四周单边。

7.《城游录》一卷 （明）叶本辑。明嘉靖四十年刻公文纸印本。九行十八字，白口，四周单边。

北京大学图书馆

1.《吴郡二科志》一卷 （明）阎秀乡撰。（明）刻顾氏明朝四十家小说公文纸印本。

2.《风俗通义》十卷 （汉）应劭撰。元大德九年无锡州学刻公文纸印本。九行十七字，黑口，左右双边。存七卷（四至十）。

3.《桯史》十五卷 （宋）岳珂撰。宋刻元明递修公文纸印本。九行十七字，黑口，左右双边。

4.《赤城夏先生集》七卷《补遗》一卷附录一卷 （明）夏鍭撰。明嘉靖二十一年王廷干刻公文纸印本。十行十八字,白口,左右双边。

南京大学图书馆

《魏书》一百十四卷 （北齐）魏收撰。宋刻宋元递修公文纸印本。存一卷(四十一)。

国家科学图书馆（原中国科学院图书馆）

1.《沈侍中集》一卷 （陈）沈炯撰。（明）张溥刻汉魏六朝百三名家集公文纸印本。九行十八字、白口、左右双边。

2.《御龙子集》七十七卷 （明）范守己撰。明万历十八年侯廷佩刻公文纸印本。存六十七卷(《参两通极》六卷、《琐谈》四卷、《曲洧新闻》四卷、《吹剑草》五十三卷)。

辽宁省图书馆

1.《〔万历〕绍兴府志》五十卷 （明）萧良干、张元汴等纂修。明万历十五年刻公文纸印本。罗振玉跋。半叶十行行二十字,小字双行行二十字,左右双边,白口,有刻工。

2.《重修政和经史证类备用本草》三十卷 （宋）唐慎微撰,寇宗奭衍义。明隆庆六年施笃臣曹科刻公文纸印本。罗振玉跋。十一行二十三字,白口,四周双边,有刻工。

浙江省图书馆

1.《丹溪心法附馀二十四卷首一卷 （明）方广撰。明嘉靖十五年姚文清、陈讲刻公文纸印本。

2.《遵岩先生文集》二十五卷 （明）王慎中撰。明隆庆五年严镦刻公文纸印本。十行二十字,白口,四周单边。存十一卷(一至十一)。

其他收藏机构

1.《乐书》二百卷目录二十卷 （宋）陈旸撰。《正误》一卷 （宋）楼钥撰。元至正七年福州路儒学刻明修成化公文纸印本(目录、《正误》配清钞本)。十三行二十一字,白口,左右双边,双顺黑鱼尾。存一百九十五卷(一至一百七十五　目录一至二十)。【河南省图书馆】

2.《说文解字篆韵谱》五卷　(南唐)徐锴撰。明李显刻公文纸印本。七行每行大字五字,其中小字双行行十字,黑口,顺鱼尾,四周双边。【湖北省图书馆】

3.《晋书》一百三十卷　(唐)房玄龄等撰。《音义》三卷　(唐)何超撰。元刻明修天顺公文纸印本。存六十二卷(四至六、廿五至四十三、四十九至五十七、六十二至八十、一百六至一百十一、一百十七至一百廿二)。【复旦大学图书馆】

4.《魏书》一百十四卷　(北齐)魏收撰。宋刻宋元递修公文纸印本。存二卷(四十七、八十一)。【四川省图书馆】

5.《国语补音》三卷　(宋)宋庠撰。宋刻元明递修公文纸印本。十行字不定黑口,四周双边,有刻工。【吉林省图书馆】

6.《国朝诸臣奏议》一百五十卷目录四卷　(宋)赵汝愚辑。宋淳祐十年史季温福州刻元明递修公文纸印本。十一行廿三字,白口,左右双边。存四十七卷(五十四至六十、六十七至七十四、一百十一至一百十六、一百二十三至一百四十四。目录一至四)。【宁波市天一阁博物馆】

7.《历代史纂左编》一百四十二卷　(明)唐顺之辑。明嘉靖四十年胡宗宪刻公文纸印本。十行二十字,小字双行行同白口,四周单边,有刻工。【苏州市图书馆】

8.《通志》二百卷　(宋)郑樵撰。元大德三山郡庠刻元明递修公文纸印本。九行二十一字,黑口,左右双边,对鱼尾,有刻工。【重庆图书馆】

9.《秋夜读史随笔》二卷　(明)邹静长撰。(明)崇祯刻公文纸印本。九行二十字,白口,四周单边。【安徽省博物馆】

10.《真西山读书记乙集(上)大学衍义》四十三卷　(宋)真德秀撰。明刻公文纸印本。九行十七字或十行二十字,白口,四周单边,有刻工。【大连图书馆(原旅大市图书馆)】

11.《庾度支集》一卷　(梁)庾肩吾撰。(明)张溥刻汉魏六朝百三名家集公文纸印本。九行十八字、白口、左右双边。【北京市文物局】

12.《徐仆射集》一卷 （南朝陈）徐陵撰。（明）张溥刻汉魏六朝百三名家集明公文纸印本。九行十八字、白口、左右双边。【上海市崇明区图书馆】

13.《河岳英灵集》三卷 （唐）殷璠辑。明刻公文纸印本。十行十八字、白口、左右双边。【苏州市文物管理委员会及苏州博物馆】

说明：

本统计的结果主要是根据中国国家图书馆善本部策划制作的"古籍善本导航系统"数据库，并补充以笔者所知的数种书。"古籍善本导航系统"数据库的数据来源是《中国古籍善本书目（征求意见稿）》，有一部分善本书目尚未收入，故有所遗漏。例如，本统计中的上海博物馆藏宋绍兴龙舒郡斋刻公文纸印本《王文公文集》，国家图书馆藏宋刻公文纸印本《芦川词》、宋嘉泰四年（1204年）新安郡斋刻书牍纸印本《皇朝文鉴》、明弘治九年（1496年）张习刻书牍纸印本《侨吴集》十二卷附录一卷、明弘治八年（1495年）刻公文纸印本《增入诸儒议论杜氏通典详节》四十二卷、明刻公文纸印本《桯史》十五卷附录一卷，即未在其中。因此，本统计只是提供一个参考。希望对此问题感兴趣者多加指教。

公文制度与节庆礼仪：
国家图书馆藏宋本《三国志》纸背文书研究[*]

  文书是国家政权在日常行政运作过程中不可缺少的工具，自秦汉建立起中央集权制的政治制度以来，文书在中国古代国家管理中就一直发挥着重要作用。由于历史的变迁，除了明清内阁大库档案之外，历朝曾经大量存在过的文书，在今天几乎没有被精心保存下来的，明以前的官府文书，只有很少的一部分因为偶然并以特殊的形式幸存至今。比如，汉代西北屯戍简牍文书、长沙等地古井出土的秦汉、三国简牍文书、敦煌吐鲁番出土的背面用来抄写各类典籍的唐代文书等。宋代的官府文书主要在黑水城遗址有出土，另外就是众所周知的宋代公文纸印本古籍，这些古籍在印刷时使用了部分宋代的公文纸。黑水城出土宋代文书已经公布，而宋代公文纸印本古籍，因为古籍保护的需要，除了上海博物馆藏《王文公文集》在拆线修复之际，将原公文拍照、整理，以《宋人佚简》为书名出版外①，其他公文纸印本的古书还没有一本做过类似整理和公布。也就是说，在宋代公文纸印本中保留下来的宋代官府文书大部分还没有得到整理、公布。宋版书存世不多，都格外珍贵，各收藏单位为保护好这些善本书，一般不会向读者提供原书，更不用说拆开装订线让人看里面的公文了，这就使得它们几乎成为可望而不可即的一批文书资料。

  笔者前几年为研究国家图书馆藏部分宋代公文纸印本的印刷年代，因为工作便利，花费很长时间辨认过几种宋版书纸背的公文，当时的关注点主要是这些公文的年代，没有把公文本身作为重点；另外，同一部书所使用的公文纸的行文内容大多类似，所陈述的内容大致属于同一类事情，因此当时搜集资料

---

① 上海市文物管理委员会、上海博物馆编：《宋人佚简》，上海古籍出版社 1990 年版。

只抄录了其中很少一部分。现在将宋刻递修公文纸印本（缺叶配宋衢州州学刻宋元递修本）《三国志》六十五卷（存三十卷：1—30）卷一所用部分公文纸上的公文予以整理，供大家研究。

　　1.卷一第十一叶（背）

　　承奉郎新监秀州籴纳仓　王百度

　　右百度今为腹肚不安，有妨拜跪，趋赴今月十九日

　　天申节道场所，拈香不及，须至具状〔申〕

　　平江使府，伏乞

　　照会，谨状。

　　　　淳熙元年四月承奉郎新监秀州籴纳仓　　王

　　2.卷一第十五叶（背）

　　迪功郎新差充扬州州学教授叶

　　今月十九日起建

　　天申圣节道场，允升偶以足疮，有妨拜跪，趋赴拈香不及，谨具状申

　　平江使府衙，伏乞

　　〔照会，谨状。〕

　　3.卷一第十六叶（背）

　　宣教郎新权发遣抚州军州主管学事兼管内劝农营田事　赵烨

　　右烨今为脾疾，不安所有，今月十九日恭遇启建

　　天申圣节，拈香不及，谨具状申

　　平江使府，伏乞

　　照会，谨状。

　　　　乾道九年四月　日宣教郎新权发遣抚州军州主管学事兼管内劝农营田事　赵

　　4.卷一第十七叶（背）

　　登仕郎　朱修

　　右修见为患伤风，不安趋赴，今月二十二日启建

　　会庆节，拈香不及，谨具状申

　　平江使府，伏乞

　　照会，谨状。

5. 卷一第二十叶(背)

迪功郎新婺州永康县尉主管学事巡捉私茶盐矾兼催纲　陈见国

右见国今为脚膝生疮,有妨跪拜所有,今月十九日恭遇启建

天申圣节,拈香不及,谨具状申

平江使府,伏乞

照会,谨状。

　　乾道九年□

6. 卷一第二十三叶(背)

右朝请大夫新差充江南东路安抚司参议官　张大年

右大年伏为见患脚膝生疮,有妨拜跪,趋赴今月十九日开启

天申圣节道场,拈香不及,谨具状申

平江使衙,伏乞

照会,谨状。

　　乾道九年四月　日右朝请大夫新差充江南东路安抚司参议官

张大年

7. 卷一第二十六叶(背)

从事郎新差监临安府新成县税　程寿祺

寿祺今月二十二日,恭遇开启

会庆圣节道场,寿祺伏为足疾发动,拜跪不得,不及躬请

天庆观等处拈香,谨具状申

平江军府使衙,伏乞

照会,谨状。

　　乾道八年九月　日右从事郎新差监临安府新成县税　程寿祺

8. 卷一第二十八叶(背)

承议郎新权发遣抚州军州主管学事兼管内劝农营田事　赵华

右华今月十九日伏遇启建

天申圣节道场,华今为脚膝生疮,有妨拜跪所有,拈香趋

赴不及,谨具状申

闻,伏乞

9. 卷一第二十九叶(背)

　　武翼大夫致仕　杨师道

　　右师道伏为见患脚膝缓弱,有妨拜跪所有,启建

　　天申圣节道场,行香趋赴不及

　　平江使府,伏乞

　　照会,谨状。

　　　　淳熙元年四月　日武翼大夫致仕　杨师道

10. 卷一第三十一叶(背)

　　将仕郎　王敏

　　右敏今月十九日恭遇启建

　　天申圣节祝延

　　圣寿道场,敏礼合躬诣

　　拈香,敏偶以足疾发动,有妨跪拜,趋赴不及,谨具状申

　　使府,伏乞

　　照会,谨状。

11. 卷一第三十二叶(背)

　　☐训郎新差监平江府获篇户部犒赏酒库　唐照对

　　照对今月十九日恭遇启建

　　天申圣节道场,当职为患脚膝生疮,有妨跪拜,趋赴

　　拈香不及,须至申者

　　谨具申

　　平江使府,伏乞

　　照会,谨状。

12. 卷一第三十三叶(背)

　　从政郎新差监秀州华亭县造豇场　霍骧孙

　　右骧孙恭遇启建

　　天申圣节道场,缘为脏腑不安趋赴

　　拈香不及,谨具申

　　平江使府,伏乞

　　照会,谨状。

淳熙元年四月　日从政郎新差监秀州华亭县造舡场　霍
骧孙

13. 卷一第三十四叶(背)

朝奉郎新差签书昭庆军节度判官厅公事　霍骧孙

右骧孙恭遇启建

天申圣节道场,缘为足疾,有妨拜跪趋赴

拈香不及,谨具申

平江使府,伏乞

照会,谨状。

淳熙元年四月　日朝奉郎新差签书昭庆军节度判官厅公事
霍骧孙

14. 卷一第三十五叶(背)

迪功郎新监通州石港、兴(丰?)利、永兴盐场兼主管本地捍海堰
林濛

右濛见为腿脚生疮,有妨拜跪所有,今月十九日启建

天申圣节,拈香趋赴不及,谨具状申

使府,伏乞

照会,谨状。

淳熙元年四月　日迪功郎新监通州石港、兴(丰?)利、永兴
盐场兼主管本地捍海堰　林濛

15. 卷一第三十六叶(背)

登仕郎　路扬祖

右扬祖伏为脏腑不安,趋赴今月十九日启建

天申圣节道场,拈香不及,谨具状申

平江使府,伏乞

照会,谨状。

淳熙元年四月　日登仕郎　路扬祖

16. 卷一第三十七叶(背)

承务郎　路居仁

右居仁伏为冒风不安,趋赴今月十九日开启

天申圣节道场,拈香不及,谨具状申

平江使府,伏乞

照会,谨状。

淳熙元年四月　　日承务郎　　路居仁

以上是 16 件文书的录文。这批文书的价值首先体现在对文书制度研究的启示上,它们从多个方面反映了宋代官文书制度的特点。

1. 文书的类别

宋代官府之间往来文书分为状、牒、关、符、帖等。这批文书的格式基本相同,内容大体一致,都是在平江府的部分官员因为疾病而不能参加在位皇帝寿诞活动的请假报告,使用了一些大致类似的文书用语,例如"须至具状""谨具状申""谨具申""须至申者"等,此应属于宋代文书中的状。关于"状"的格式,《庆元条法事类》卷一六《文书门》记载:

> 某司(自申状,则具官、姓名)某事云云。(自申状而无事因者,于此便云"右某")
>
> 右云云。谨具申(如前列数事,云"右件状如前"云云)
>
> 某司。谨状。(取处分即云伏候指挥)
>
> 年月日具官姓名状①

又说:

> 申所统摄官司,皆用此式。在外申三省、枢密院若省、台、寺、监者准此。②

因此,这批文书的格式、用语恰与状相符合,具体说应当属于申状。

2. 文书用纸

宋代造纸原料主要有楮皮、麻、竹、藤、稻秆、麦秆等,不同原料造出来的纸,其质量不同差别较大。宋初苏易简《文房四谱》卷四《纸谱》曾云:"今江浙间有以嫩竹为纸,如作密书,无人敢拆发之,盖随手便裂,不复沾也。"显而易见,这样的纸是不能用来书写重要档案的。因此,宋代公文用纸有较为严格的

---

① (宋)谢深甫等纂修,戴建国点校:《庆元条法事类》,载杨一凡、田涛主编:《中国珍稀法律典籍续编》(第一册),黑龙江人民出版社 2002 年版。

② (宋)谢深甫等纂修,戴建国点校:《庆元条法事类》,载杨一凡、田涛主编:《中国珍稀法律典籍续编》(第一册),黑龙江人民出版社 2002 年版。

规定,《庆元条法事类·文书门》:

> 诸翻录制敕、赦书、德音,其纸用黄(须无粉药者)。奏御文书及账籍、狱案,不得用屑骨若竹纸、笺纸。

> 诸诏敕纸(高一尺三寸,长二尺者。余官司纸高长不得至此)及写宣纸,各不得私造及卖,违者,纸仍没官。①

这两条法令虽然只是针对抄写诏书的纸张,以及"奏御文书及账籍、狱案",但其他官府之间的往来文书用纸无疑也不会准许使用竹纸之类质量较差、规格较低的纸张。这不仅是为了突出森严的等级制度,也体现了行政事务的严肃性,同时也有利于保证行政机构之间的正常运作。

此书所使用的公文纸应属于皮纸或麻纸,至今此类纸质甚佳。在原先的纸背(即如今书籍纸叶的正面)还可以见到"扬府官纸"四字朱印,这说明这些纸张来自扬州官方督造的专用纸张。据《宋史·地理志》,真州贡麻纸。扬州与真州邻近,麻纸大概是这一地区所生产的主要纸张类型。平江府所使用的纸张来自扬州府督造的官纸,这可以证实《庆元条法事类》的规定,大概当时官府纸张主要是通过官方督造,反映了宋代在公文纸使用上的规范和严格,这也是公文纸质量优良、可以重复使用的原因。

3. 归档制度

中国古代很早就建立起完善的文书档案制度,官府文书在流转过程结束之后,需要归入档案。宋代也有规定详细的档案制度。《庆元条法事类·文书门》收录了这样一条法令:

> 诸条制先次行下者,置册,分门编录,仍以所受月日次第粘连,候颁降到印册,以先受者架阁。

> 诸制书及重害文书(州实行丁产等第税租簿副本、县造簿案检同)若祥瑞、解官、婚田、市估、狱案之类,长留,仍置籍立号,别库架阁,以时晒暴。即因检简移到者,别为一籍。(号止因旧)

> 诸架阁库,州职官一员,县令、丞簿掌之。应文书印缝计张数,封题年月、事目并簿历之类,各以年月次序注籍,立号编排,(造账文书,别库架

---

① (宋)谢深甫等纂修,戴建国点校:《庆元条法事类》,载杨一凡、田涛主编:《中国珍稀法律典籍续编》(第一册),黑龙江人民出版社2002年版。

阁）仍置籍。遇借，监官立限，批注交受，纳日勾销，按察及季点官点检。①

根据这些法令规定可以知道，宋代对文书档案的管理相当严格，所有的文书整理存档时，都要分门别类，按照收受时间先后为顺序，依次粘连。每件存档文书都给予一个编号，登记在册，定期核对。这批文书纸在处理之前也是平江府保存的档案，从其内容集中在请假一事上看，它们在收入档案保存之前，无疑是首先经过了分类的，这批文书因为在类别和内容上都属于同一类，被放在一起保存，保存期限到了之后，统一处理。

4. 存档时间

官府文书档案存在一个保存和废弃的问题。文书档案的保存有一定期限，过了期限后方予以处理，或毁弃，或转作他用，或变卖。汉代普通文书档案的保存期限一般为 10 年左右。唐代的情况，据《唐律疏议·贼盗》，"文案不须常留者，每三年一拣除"②。这一制度在宋代得到沿袭，《宋刑统·贼盗》的相关条文与《唐律疏议》相同。其保存期限以及具体处理办法在《庆元条法事类·文书门》"文书令"中规定得很详细：

> 诸架阁公案非应长留者，留十年，每三年一检简，申监司，差官覆迄，除之。（充官用；有余者，出卖。）其有本应长留者，移于别库，籍内仍随事朱书所除所移年月，同覆官签书。③

文书档案的保存期限分为两种类型：一种是需要长期保存，这类文书档案有单独的档案库；另一种是不必长期保存，这样的文书至少保存 10 年，过期的文书档案的剔除工作是每三年一次，这样，此类文书档案一般要保存 10—12 年。剔除掉的文书档案，其处理途径主要有二：一是归官府充作他用，即"充官用"；二是官府使用不了的多余部分，可以出售给民间使用，所谓"有余者，出卖"。

根据"文书令"的这一规定，过期档案文书的处理去向有二：一是官府，二是民间。从流传至今天的宋代公文纸印本来看，刻印书籍者也分为两类：一是

---

① （宋）谢深甫等纂修，戴建国点校：《庆元条法事类》，载杨一凡、田涛主编：《中国珍稀法律典籍续编》（第一册），黑龙江人民出版社 2002 年版。

② （唐）长孙无忌等撰，刘俊文点校：《唐律疏议》，中华书局 1983 年版。

③ （宋）谢深甫等纂修，戴建国点校：《庆元条法事类》，载杨一凡、田涛主编：《中国珍稀法律典籍续编》（第一册），黑龙江人民出版社 2002 年版。

官府;二是民间,正可以与法令的规定相互印证。

宋代出售过期公文纸之事见于史书。《宋史·苏舜钦传》记载苏舜钦监进奏院,"进奏院祠神,舜钦与右班殿直刘巽辄用鬻故纸公钱召妓乐,间夕会宾客"①。苏舜钦等被他人劾奏,俱坐自盗除名。苏舜钦获罪的缘由是他私自挪用售故纸所得之钱,此项所得应归官有,不能私自挪用。至于售卖废弃的公文纸则是常有之事,并不违法。印刷《三国志》的这批公文纸也是当时官府处理出售的过期档案。该书纸背公文所署全部文书的纪年有五种情况,即:

乾道七年(1171)文书 1 件,

乾道八年(1172)文书 79 件,

乾道九年(1173)文书 182 件,

淳熙元年(1174)文书 116 件,

淳熙二年(1175)文书 6 件。

很显然,印刷该书所用使的公文纸的年代跨越了五年,即从乾道七年至淳熙二年。按照宋代公文档案的保存规律,这批公文纸的处理时间应该不早于淳熙十二年(1185 年),用它们来刷印《三国志》的时间自然也不应早于此年。

这批文书值得关注的另一个方面是都与天申节、会庆节等有关。

天申节、会庆节分别是宋高宗、宋孝宗的寿辰。中国古代把在位皇帝的寿诞日确立为法定节日,始于唐玄宗开元十七年(729 年),宋代更是将其制度化,使之成为礼制的一部分。通常在皇帝刚即位时,就将皇帝的生辰正式定为某某节,比如:宋太祖的寿诞二月十六日为长春节;宋太宗的寿诞十月初七为乾明节,后改为寿宁节。遇到这样的节日,放假数日,朝廷百官在当天需上朝参加上寿礼。各地官员需要组织、参加祈福延寿的活动,庆祝地点一般安排在寺庙或道观,各路还要向皇帝奉献绢绸、福衣之类的大礼。② 到南宋高宗时,因为徽钦二帝仍被金国掳走未归,一度停罢上寿礼,文武百官只在佛寺道观启

---

① （元）脱脱等撰:《宋史》卷四四二《苏舜钦传》,中华书局 1977 年版。

② （宋）李心传撰,徐规点校:《建炎以来朝野杂记》(中华书局 2000 年版)卷一四"东南折帛钱"条:天申大礼,两浙东路、两浙西路、江南西路绢各八千匹,淮南东路绢四万九百五十匹,淮南西路绢三千七百匹,荆湖南路绢四百匹,广南东路绢四千六百匹,广南西路绢六千五百匹。同卷"四川上供绢绸绫锦绮"条:四川西路天申大礼绢一万三千匹,四川东路天申大礼绢一万六百匹,夔州路天申大礼绢七千匹,利州路天申大礼绢八千三百匹。

建道场祝寿，"诣阁门或后殿拜表称贺"。① 到绍兴十三年才恢复上寿礼。② 据《宋史·高宗本纪》，宋高宗生于大观元年五月乙巳二十日，《建炎以来朝野杂记》卷一说是在五月二十日夜，故《宋史·礼志》《宋会要辑稿》记载说"以五月二十一日为天申节"。③ 宋孝宗生于建炎元年十月二十二日，以其日为会庆节。

上面提到的 16 件文书中，与宋高宗天申节道场有关的共计 14 件，从保留纪年的文书看，分别是乾道九年和淳熙元年，文书所记录的平江府开启天申节道场的时间都是在四月十九日。《宋人佚简》中收录隆兴元年舒州天庆观和在城兴化禅院为开启天申节道场而分别向舒州府提交的申状各一件，其行文如下：

1.

天庆观

　　四月十九日开启

　　天申圣节祇候

　　朝拜，须至申者

右谨具状申

闻，谨状

　　隆兴元年四月　日直岁道士张　日□

　　　　　监斋道士宋　道渊

　　　　　上座道士郑　绍素

　　　　　住持知观事杜　处超

2.

在城兴化禅院

　　四月十九日启建

　　天申圣节，须至谨具申

---

① （元）脱脱等撰：《宋史》卷一一三《礼志》。

② （宋）李心传撰，胡坤点校：《建炎以来系年要录》（中华书局 2013 年版）卷五：建炎元年"五月癸卯，诏以二圣未还，罢天申节上寿常礼。自是至绍兴十二年皆如之。《宋史·高宗本纪》：绍兴十三年"五月丁丑（二十一日），天申节，始上寿锡宴如故事"。

③ 《建炎以来朝野杂记》卷一说是宋高宗生于五月二十日夜，"以其日为天申节"。

闻者

右谨具状申

闻，伏乞

照会。谨状。

　　　隆兴元年四月　日知事僧　道兴

从这两件申状看，舒州开启天申节道场的日期也是四月十九日，与平江府文书反映的情况相同。这个日期距离五月二十一日天申节将近一个月。

与宋孝宗会庆节道场有关的有两件，其中一件保留明确纪年：乾道八年九月。两件文书记录平江府开启会庆节道场的日期是九月二十二日，距离十月二十二日会庆节整整一个月。

文书反映的这一情况与史书记载是吻合的。《建炎以来系年要录》卷五三：绍兴二年闰四月"辛亥（二十一日），百官以天申节开启道场于天竺寺"；卷一三五：绍兴十年夏四月"乙丑（二十一日），宰相率百官启建天申节道场"。①可见，京城官员也都是提前一个月启建祝延圣寿道场的。

中国古代的宗教活动在绝大多数情况下脱离不了官府的控制，在宗教场所举行重大活动往往需要得到官府的认可。宋代，为皇帝开启祈福道场，属于国家制度内的事情，处于官府的管理、控制之下，相关寺庙、道观在事先需要向所在地官府提出申请、备案，这在《宋人佚简》中舒州天庆观和在城兴化禅院向舒州府提交的两件申状中反映得很清楚，说明所有的这些活动都是在各地官府的严格控制之下开展的。

舒州启建天申节道场的地点是天庆观和在城兴化禅院两处，平江府启建天申节、会庆节的地点在大多数文书中都没有反映出来，只有乾道八年九月从事郎新差监临安府新成县税程寿祺的申状中提到会庆圣节道场的地点是"天庆观等处"，既然称"等处"，则平江府启建圣寿道场应该也不止一处。

无论平江府还是舒州，天庆观都是开启圣寿道场的场所。宋代自真宗年间开始，在全国各州、府、军、监等处都建造天庆观，观内置圣祖殿（或称鸿庆宫），设宋太祖、宋太宗像。降圣节所启建的圣寿道场也都选择在各地的天庆观。《宋会要辑稿·礼五·祠宫观·天庆观》记载：

---

① （宋）李心传编撰，胡坤点校：《建炎以来系年要录》，中华书局 2013 年版。

真宗大中祥符二年十月，诏曰："朕钦崇至德，诞锡元符。率土溥天，冀福祥之咸被；灵坛仙观，俾兴作以攸宜。庶敦清净之风，永洽淳熙之化。应天下州、府、军、监、关、县有全无宫观处，择空闲官地，以官钱及工匠建道观一，以天庆观为额。若百姓愿舍地及就官地备财修者亦听。"

八年正月，礼仪院言："诸路天庆观圣祖殿，其转运司、提点刑狱官巡历所到，并穿执烧香。长吏以下除天庆观天贶、先天降圣节、冬至、三元日率州城内命官齐赴朝拜，每到任、得替，并先诣观朝谒及辞。若观内有三清、玉皇、圣祖、北极殿，并依次第列班朝拜，知州升殿烧香讫，归位，再拜。若圣像不在本殿塑造，即候了日，选吉日具道门威仪，官员穿执迎引奉安。公私人入觐瞻礼，茹荤食者不得升殿。"从之。

天禧元年五月二十日，知明州刘绰言："诸州天庆观圣祖殿请自今长吏以下每到任、得替，洎朔望，并斋洁，亲诣朝谒及辞。"从之。

仁宗天圣八年八月，诏："如闻诸州天庆观及寺院有在城外者，官吏节序朝拜或国忌行香，绝早开门，妨废管辖。今后都监、监押、巡检军员等不赴朝拜行香。"①

可见，天庆观在宋代成为州、府、军、监官员必须前往举行某些常规活动的地方，州、府、军、监官员不仅在每年的降圣节、国忌、冬至、三元日、朔望需要率州城内命官齐赴朝拜，而且在到任、离任时也要前往朝谒或辞行，各路转运司、提点刑狱官巡历所到，也要到当地的天庆观圣祖殿朝拜行香。加上其他宗教场所的活动，此类事务之频繁可想而知。寺庙道观有的建在城内，有的建在城外。官员赶赴城外的寺观行香，往往需要很早出发，提前开城门。每次行香，都要进行一系列的仪式，难免"夙兴跪拜之劳"。久而久之，一些官员就会寻找托词，申请不去参加某些活动。《宋会要辑稿·礼四二·国忌》记载：

孝宗淳熙九年十月五日，"侍御史张大经奏：'比来国忌行香日分，合赴官员多托疾在告，以免夙兴拜跪之劳。乞自今如遇行香日，有称疾托故不赴者，从本台奏弹，乞置典宪。'从之。"

淳熙十年六月二十三日，"臣僚言：'朝散郎、监六部门潘旦每遇行香

---

① （清）徐松辑：《宋会要辑稿》，中华书局1957年版。

日分,称疾托故。乞与旦在外宫观差遣。'从之。"①

这说明当时官员"称疾托故不赴"的现象比较普遍,此类活动因为太过频繁,已经成为许多官员尽力躲避的事情。我们所见到的这16件文书中提出不能参加天申节、会庆节道场活动的理由,有的说腿脚生疮或缓弱,有的说肚腑不安,总之都是身体健康不佳,"有妨跪拜",不能参加拈香仪式,可以想见,这当中也必然有一些官员属于"称疾托故不赴"。

南宋的平江府治吴县,隶属于两浙西路。但从文书所签署的衔名看,呈递申状的官员,有的是平江府各职任内的,有的则是平江府之外的官员,有的甚至还是两浙西路之外其他路的官员,列举如下:

文书1　承奉郎新监秀州籴纳仓王百度

文书2　迪功郎新差充扬州州学教授叶

文书3　宣教郎新权发遣抚州军州主管学事兼管内劝农营田事赵烨

文书5　迪功郎新婺州永康县尉主管学事巡捉私茶盐礬兼催纲陈见国

文书6　右朝请大夫新差充江南东路安抚司参议官张大年

文书7　从事郎新差监临安府新成县税程寿祺

文书8　承议郎新权发遣抚州军州主管学事兼管内劝农营田事赵华

文书12　从政郎新差监秀州华亭县造舡场霍骧孙

文书13　朝奉郎新差签书昭庆军节度判官厅公事霍骧孙

文书14　迪功郎新监通州石港、兴(丰?)利、永兴盐场兼主管本地捍海堰林溁

这10件文书呈送者的职衔涉及8个地方,其中临安府、秀州(庆元元年升为嘉兴府)、昭庆军(即湖州)属两浙西路,婺州属于两浙东路,扬州、通州属于淮南东路,抚州属于江南西路,另有一例为江南东路。这10人的任职地点都在平江府之外,有的还在两浙西路之外,他们不能参加道场仪式,为什么需要向平江府递交申状呢?我们注意到,这些人的职衔之前无一例外地冠有"新"字,也就是说,他们是刚被任命不久,应该是尚未离开平江府地界。这告诉我们,当时各地官府开启圣寿道场时,所有官员应是就近参加所在州府军组织的祝延圣寿道场拈香活动。

---

① (清)徐松辑:《宋会要辑稿》,中华书局1957年版。

以上简单介绍了南宋前期的 16 件官府文书,并就这些文书所反映的部分问题试作了分析。应该说,这些问题在传世的宋史研究文献中都有一定反映,这批文书的价值在于其以真正第一手的史料,使我们对宋史研究中的一些问题有了更直观的认识。

参考文献

1. 上海市文物管理委员会、上海博物馆编:《宋人佚简》,上海古籍出版社 1990 年版。

2.(宋)谢深甫等纂修,戴建国点校:《庆元条法事类》(杨一凡、田涛主编:《中国珍稀法律典籍续编》第一册),黑龙江人民出版社 2002 年版。

3.(唐)长孙无忌等撰,刘俊文点校:《唐律疏议》,中华书局 1983 年版。

4.(元)脱脱等撰:《宋史》,中华书局 1977 年版。

5.(宋)李心传撰,徐规点校:《建炎以来朝野杂记》,中华书局 2000 年版。

6.(宋)李心传编撰,胡坤点校:《建炎以来系年要录》,中华书局 2013 年版。

7.(清)徐松辑:《宋会要辑稿》,中华书局 1957 年版。

谈明代铜活字印书[*]

明代弘治至万历初年,出现了很多铜活字印刷的书籍,当时无锡、常州、苏州一带有不少富豪以铜活字印书,其中最为著名的当属无锡华氏、安氏。这是中国古代印刷史上的重要事件,研究或介绍中国古代印刷史的著述,大都会谈到明代铜活字印本。张秀民、钱存训等先生所撰中国古代印刷史著作都肯定明代铜活字印书的存在。但近二三十年来,有学者提出疑问,认为当时没有铜活字印书。例如潘天祯先生多次撰文,对张秀民先生的铜活字说提出异议,认为应是锡活字。① 潘先生的论点虽未改变目前对相关古籍善本的版本著录,但已经产生了影响,一些版本关于印刷史方面的重要论著在表述明代铜活字印刷技术的时候,大多要提一下潘先生的观点,有的甚至认为新说更为可信。辛德勇先生也撰写长文,极辩明代铜活字印书说之非。②

笔者也对此问题有所关注。初曾颇为困惑,在对大家所熟知的资料经过反复研读之后,认为明代铜活字印书应该是客观存在的。目前之所以会产生怀疑和否定的意见,是因为对基本资料的阐释上出现了偏差。如果将相关资料联系起来考察,并且避免以后人的表述习惯来理解明代人的表述,就不至于对明代中期铜活字印书的问题产生歧义。

关于明代铜活字印书的基本材料很少,依照来源大致可分为两类:一是明代铜活字印本中的印书题记,二是明代人对此事的记载。今天无论是肯定还是否定明代铜活字印书的人,所援引的资料都不出此二类。下面就分别对这两类材料予以解释和讨论。

---

* 原刊《中国典籍与文化》2010年第4期,收入本书时作了修改。

① 潘天祯:《潘天祯文集》,上海科学技术文献出版社、北京图书馆出版社2002年版。潘先生的有关论文皆收入此书。

② 辛德勇:《重论明代的铜活字印书与金属活字印本问题》,《燕京学报》2007年第2期(新23期)。

华氏、安氏等铜活字印本中的资料

明代华氏、安氏等家用铜活字摆印的书中,往往在版心、卷末等处印有"活字铜版印"的字样,例如:

华燧会通馆所印诸书:

弘治五年(1492年)排印《锦绣万花谷》,版心上印"弘治岁在玄默困敦"两行,下印"会通馆活字铜板印"两行。(小字本)

弘治七年(1494年)排印《锦绣万花谷》,版心上印"弘治岁在阏逢摄提格"两行,下印"会通馆活字铜板印"两行。(大字本)

弘治八年(1495年)排印《容斋随笔》,版心上印"弘治岁在旃蒙单阏"两行,下印"会通馆活字铜版印"两行。

弘治十年(1497年)排印《音释春秋》,版心上印"弘治岁在彊圉大荒落"两行,下印"会通馆活字铜板印"两行。

弘治十年(1497年)排印《音释诗经》,版心上印"弘治岁在彊圉大荒落"两行,下印"会通馆活字铜板印"两行。

弘治十一年(1498年)排印《会通馆集九经韵览》,版心上印"弘治岁在著雍敦牂"两行,下印"会通馆活字铜板印"两行。

华燧之侄华坚兰雪堂所印诸书:

正德八年(1513年)排印《白氏长庆集》,目录有"正德癸酉岁锡山兰雪堂华坚活字铜板印行"一行。

正德十年(1515年)排印《元氏长庆集》,版心有"兰雪堂"三字,目录后有"锡山"图记,各卷卷末有"锡山兰雪堂华坚活字铜板"图记。

正德十年(1515年)排印《蔡中郎集》十卷《外传》一卷,目录有"正德乙亥春三月锡山兰雪堂华坚允刚活字铜版印行"字样,卷五、卷六、卷八、卷九、卷十末有"锡山""兰雪堂华坚活字板(版)印行"①篆文图记,《外传》卷末有"锡山兰雪堂华坚允刚活字铜版印"字样。

正德十年(1515年)排印《艺文类聚》,版心上印"兰雪堂"三字,目录后有"乙亥冬锡山兰雪堂华坚允刚活字铜版校正印行"牌记三行。

---

① 卷五、卷十作"板",卷六、卷八、卷九作"版"。

正德十一年（1516 年）排印《春秋繁露》，版心上印"兰雪堂"三字，间有"活字印行"四字。卷后有"正德丙子季夏锡山兰雪堂华坚允刚活字铜板校正印行"三行。

无锡安国桂坡馆：

嘉靖三年（1524 年）排印《吴中水利通志》，卷后有"嘉靖甲申锡山安国活字铜板刊行"字样。

此外，建业张氏排印的《开元天宝遗事》卷前题下有"建业张氏铜板印行"一行；嘉靖三十一年（1552 年）福建芝城姚奎排印的《墨子》卷八后印"嘉靖三十一年岁次壬子夏季之吉芝城铜板活字"一行。

所有这些活字印书中反映其所采用印刷方式的题记或牌记，没有一条采用"铜活字"这样的字眼，只是比较一致地称"活字铜板（版）"或"铜板活字"，或者干脆只称"铜板"。这是今天很多人怀疑乃至否定铜活字印书的重要原因。

对这些涉及铜活字印刷的文字资料应如何理解？否定铜活字观点的人认为这些表述没有明确说是用铜活字印刷，而只是说"活字铜版"，没有说是铜活字，"铜版"指摆放活字的铜板。这实际上是以今人的表述习惯去理解明代人的表述语言。我们在面对这些资料时应该注意到，明代人在表述当时出现的铜活字印书技术时，有一个大致相同的特点，即他们往往摆脱不了或者说不能完全摆脱雕版印刷技术背景下一些常用或惯用术语的影响。举几个显著的例子：苏州金兰馆于弘治十五年（1503 年）排印《石湖居士集》《西庵集》，其版心皆印"弘治癸亥金兰馆刻"字样。又，无锡安国桂坡馆嘉靖三年（1524 年）排印《吴中水利通志》卷后有"嘉靖甲申锡山安国活字铜板刊行"字样，嘉靖年间印《古今合璧事类备要》各卷前有"锡山安国校刊"一行，《颜鲁公文集》各卷题"锡山安国刊"一行，《重校鹤山先生大全文集》各卷题"锡山安国重刊"一行。又如万历十四年（1586 年）崧斋活字印本《唐诗类苑》版心下印"崧斋雕印"四字。这些印本皆为活字摆印，却标记曰"刻"，曰"刊"，曰"雕"，如果我们简单地按照这些看似明白无误的常见于雕版印书中的字眼来理解，这些书皆可定为雕版刻印，而非活字摆印。① 好在迄今似乎还没有人据此否定此

---

① 又如，清雍正三年汪亮采南陔草堂木活字印本《唐眉山诗集》，封面镌"南陔草堂藏版"，卷后有"湖城潘大有刊"两行，"某处藏版"之类的语词同样很明显地采用了通行的雕版印书术语。

二书为活字本。同样的道理,"活字铜版"也并不能作为否定铜活字论点的证据。因为,在这些活字印书中出现的"铜版(板)",与"刻""刊""雕"等语词一样,都是明代人采用自己所习惯的表述雕版印刷的术语来称述当时出现的铜活字印书。运用传统的雕版印刷技术时,每一版面皆需加工一方木板,在其上雕刻所要印刷的文字,此为木板(版)印刷或雕版印刷。而铜活字印书则是将铜活字摆放出一个版面来印刷。相比较木板印刷而言,其字皆以铜材铸刻,摆放好的版面自然可以称作铜版。明代人正是受传统雕版印刷技术用语的影响,习惯性称新出现的铜活字印刷技术曰"活字铜版"。① 在当时的表述习惯下,这应该是比较理想的一种表述术语,当时人容易理解和接受,却没想到对今天的很多人造成了理解上的障碍。

简单地说,明人所说的华氏、安氏等豪家印书用的"活字铜板(版)"或"铜板活字"实际指的是用铜活字摆出来的书版,而不是说在铜板上摆放其他材质的活字。

明代人对铜活字印书的记载

除了华氏、安氏等活字摆印的书中留下简单题记外,与他们同时代或稍后的人们也留下了一些记载。而这些人对华氏、安氏用活字印书的记载更为确切地证明是采用铜活字。

邵宝《容春堂集》中的《会通君传》,记载了华燧以铜活字印书,云:

> 会通君,姓华氏,讳燧,字文辉,无锡人。少于经史多涉猎,中岁好校阅同异,辄为辩证,手录成帙。遇老儒先生,即持以质焉。既而为铜字板以继之,曰:吾能会通矣,乃名其所为"会通馆"。人遂以会通称,或丈之,或君之,或伯仲之,皆曰"会通"云。君有田若干顷,称本富。后以刻书故,家少落,而君莫如也。三子,埙、奎、璧。

此处邵宝明确说华燧印书是"铜字板"。"铜字"应即铜活字,这一点不会有疑问。值得注意的是,邵宝在表述时仍称"板",这与前文提到的"活字

---

① 这一习惯在清代依然延续,康熙年间,陈梦雷在诚亲王允祉府主持或参与了制作铜活字,印刷《古今图书集成》等书籍的工作,《四库全书总目》"经部"《周易浅述》条即称此曰:"校正铜版"。参见裴芹:《陈梦雷"校正铜版"释考》,刊于《文献》2009 年第 4 期。

铜板（版）"一样，也反映了雕版印刷术语对描述铜活字印刷技术在语词上的影响。

再看两条近似的材料。华燧的叔父华珵，弘治十五年（1502年）曾采用铜活字排印《渭南文集》《剑南续稿》。康熙年间的《无锡县志》记载说："华珵，字汝德……多聚书，所制活板甚精密，每得秘书，不数日而印本出矣。"明丽泽堂活字印本《璧水群英待问会元》书后有"丽泽堂活板印行"一行。两处所称"活板"，与"活字铜板"在表述方式上仅仅是详略之别，皆指活字摆出的印版。① 这里的"板"字明显也是采用雕版印书的术语，绝不可以解释"活板"为活动的雕版。康熙《无锡县志》中用"活板"这样的词语，很可能是沿袭明人的记载用语。

又如，陆深《金台纪闻》卷下记载：

> 近时毗陵人用铜铅为活字，视板印尤巧便，而布置间讹谬尤易。夫印已不如录，犹有一定之义，移易分合，又何取焉？兹虽小故，可以观变矣。

唐锦《龙江梦馀录》卷三：

> 近时大家多镌活字铜印，颇便于用。其法盖起庆历年间，时布衣毕昇为活字版法，用胶泥刻字，火烧令坚，作铁板二，密布字印，一板印刷，一板布字，更互用之，瞬息可得百本，其费比铜字则又廉矣。

陆深称"近时毗陵人用铜铅为活字"，唐锦也说"近时大家多镌活字铜印"，关于"铜字"，二人的记载意思完全一致，都是说当时这些地方的富豪用铜活字印书。陆深（1477—1544年）明藏书家、学者，初名陆荣，字子渊，号俨山，南直隶松江府（今上海市）人，弘治十八年（1505年）进士。唐锦（1474—1555年），明诗文家，字士纲，原籍晋阳灵石（今山西灵石县），洪武迁于松江府（今上海市），弘治九年（1496年）进士。毗陵是晋武帝太康二年（281年）分吴郡所置，下辖丹徒、曲阿、武进、延陵、毗陵（今常州）、既阳、无锡等县。② 隋大业初又废州置郡，常州曾复名毗陵郡，统辖晋陵、江阴、无锡、义兴四县。③ 后人往往用毗陵指称常州、无锡等地。陆深、唐锦都生活在弘治、正德、嘉靖年间，他们所说的"近时毗陵人""近时大家"显然是指以无锡

---

① 这里只是就其表述方式而言，并不是说丽泽堂活板也是铜活字印刷。
② 见《晋书·地理志下》，中华书局1991年版，第460页。
③ 见《隋书·地理志下》，中华书局1987年版，第877页。

华氏、安氏等家,这两家的铜活字印书在当时最具影响。这两条关于华氏、安氏等人用铜活字印书的记载是最为明白无疑的。另外,唐锦的记载有一点值得注意,他先是说"镌活字铜印",继而又说"铜字",前后所言乃同一事物,可见,"活字铜印"即"铜字"。"活字铜印"的表述方式与"活字铜板"类似,也保留有雕版印刷术语的影子。①

有关记载中"铅字""锡字"的问题

要辨明华氏、安氏铜活字印书,还需要就有关记载中出现的所谓"铅字""锡字"加以解释。

前文提到,陆深《金台纪闻》称"用铜铅为活字",这是否又说明当时有铜活字和铅活字两种呢?

又,前文引邵宝《容春堂集》中的《会通君传》记载华燧以铜活字印书云"为铜字板",此见于邵宝外孙秦榛重校本《容春堂后集》卷七,而嘉靖十一年华从智刻隆庆六年华察续刻《华氏传芳集》卷十五所收同一文,在文字上略有差异,后者作"为铜板锡字"。且同书同卷所收乔宇《会通华处士墓表》记载也称"范铜为板,镂锡为字";清光绪三十一年存裕堂义庄木活字印本《勾吴华氏本书》卷三十一《三承事南湖公、会通公、东郊公》也作"范铜板锡字"。这是持锡活字说者最有力的另一个重要原因。张秀民先生《中国活字印刷史》《中国印刷史》(插图珍藏增订版)中对这些不同文献中的文字差异,尤其是邵宝《会通君传》在《容春堂后集》与《华氏传芳集》两种文献中竟然出现"铜字板"和"铜板锡字"的不同也感到困惑,不知"哪个本子为正确"。事实上,《容春堂后集》与《华氏传芳集》所收录邵宝《会通君传》确实在关于活字印刷的记载上存在略微的差异,但这只是文字不同而已,其意思并不矛盾。无论"铜字板",还是"铜板锡字",抑或"范铜为板,镂锡为字",

---

① 清初安璿《安氏家乘拾遗》中记载安国"每访古书中少刻本者,悉以铜字翻印,故名知海内。今藏书家往往有胶山安氏刊行者,皆铜字所刷也"。又说安国殁后,其子"六家以量分铜字,各残缺失次,无所用"。也明确说安国印书用的是"铜字"。张秀民先生引此条材料证明安氏铜活字印书的事实,甚是。详细情形,参见张秀民、韩琦:《中国活字印刷史》,中国书籍出版社1998年版,第135页。

所要表达的意思都是铜活字而非其他。要了解这一点,需要简单说一下古代青铜铸造技术。

众所周知,古代用铜铸造器物、工具,一般不用纯铜(红铜),而是用铜与其他有色金属的合金,其中以铜、铅、锡合金冶炼成的青铜最为普遍。因为纯铜质地较软,易于变形。而铜、铅、锡按照一定比例冶炼成的青铜,熔点比较低,硬度也增高。例如,纯铜熔点为 1083℃,若加 15% 的锡,熔点降低到 960℃;若加 25% 的锡,熔点降低到 800℃。就硬度而言,纯铜的布氏硬度为 35,若加锡 9%—10%,硬度就达到 70—100。加铅也能降低熔点,加有铅锡的青铜填充性较好,气孔少,具有较好的铸造性能。① 中国古代的各类青铜器具、铜钱等都是用青铜铸造而成。华氏、安氏等印书所用的活字亦必为青铜铸造,这样可以保证每一个小的字模不会出现气孔等瑕疵,避免文字笔画的残缺。李氏朝鲜铸造铜活字也是用铜合金,据日人加茂仪一分析 1455 年乙亥铜字,含铜 79%,锡 13%,余为少量亚铅、铁、铅等。② 明代人在记载华氏、安氏铜活字印书时的文字表述中出现"铅字""锡字",并不能证明其时所铸造者为"铅字""锡字",因为在提到"锡字"时无一例外都会提到"铜",或"为铜板锡字",或"范铜为板,镂锡为字",或"范铜板锡字"。如前文所说,明代人在这些记载中所称的"铜板",并非如有的人所理解,是用来摆放活字的铜板,而是指铜活字排版之后形成的印版。这些词语与今天的标准术语相比,确实不规范。因为古人撰写这些文章时,所关注的重点不是铜活字印书技术本身,而是采用铜活字技术的人,他们行文时更多地注意遣词用句的文学色彩,③加上长期受熟悉的雕版印刷术语的影响,故而出现这些在今天看来不能准确反映铜活字印书事实的语词。这些看似与铜活字无关的记载,反而可以作为华氏、安氏等

---

① 北京钢铁学院《中国冶金简史》编写小组编:《中国冶金简史》,科学出版社 1978 年版,第 22 页。

② 转引自张秀民、韩琦:《中国活字印刷史》,中国书籍出版社 1998 年版,第 135 页。

③ "为铜板锡字","范铜为板,镂锡为字"等语词应属修辞中的互文。大家熟知白居易《琵琶行》"主人下马客在船"一句所表达的意思是主人与客人一起下马、登船,而不是说主人下马,客人登船。与此同理,"为铜板锡字"讲的是铸造铜锡合金的铜活字,用来摆出印版;"范铜为板,镂锡为字",讲的是冶铸铜锡为活字模,在其上镂刻文字为铜活字,用活字摆出印版,而不是说冶铸铜为铜板,镂刻锡活字。

用铜铅锡合金的青铜铸造铜活字的证明。①

通常而言,同时之人记同一件事,各自所记文字语词容有差异,但所记之事的基本情况不会出入甚大,尤其是类似华氏、安氏铜活字印书这样不涉及人事是非的史事。对这类材料,应放在一起,作统一综合的分析,寻求其歧义的根源。如果简单地采用取其一二,不计其余的办法,甚而取其一二,怀疑乃至否定其余,把本来不矛盾的记载当作此是彼非的资料来处理,势必得出看似合理却背离史实的结论。陆深、唐锦、邵宝、乔宇与华氏、安氏生活在同时代或大致同时代,他们对华氏、安氏铜活字印书的记载与华氏、安氏印书题记或牌记所表述的意思应该是基本一致的,而不会是矛盾的。与历史上某些史事的记载因为涉及利益、立场、政治斗争、人事关系等因素而存在刻意掩盖、歪曲不同,他们对铜活字印书这件事的描述与个人之间没有任何利益等纠葛,因此基本上都是客观的。我们今天努力探究的重点应该是找出在看似矛盾的文字表述背后的原因。从这个角度重新审视这些材料,就不会把"为铜板锡字"之类的记载理解作锡活字印书了。

总之,众多记载华氏、安氏等活字印书的资料,没有一条确凿的证据可以否定他们采用了铜活字技术。这些资料反映了当时与铜活字印书有关的两个基本事实:一是华氏、安氏铸造的铜活字,其材质是铜铅锡的合金;二是明代人表述华氏、安氏铜活字印书时所采用的词语明显受到了长期以来所熟悉的雕版印刷术语的影响。此前之所以出现怀疑和否定的意见,在于没有把当时记载华氏、安氏等活字印书的所有资料放在一起作统一分析,才导致与事实不符的结论。

---

① 黄永年先生曾驳所谓"铅活字"说之非,似乎少有人注意。姑录于此:"无锡这安、华两家是明代印铜活字本的大头。同时陆深在所撰《金台纪闻》中说:'近时毗陵人用铜铅为活字,视板印尤巧便'。人们由此又说除铜活字外,常州人又已制造了铅活字,张秀民在《中国印刷史》中还据此发了一通议论,说什么'现代印刷所用的铅字,许多人认为是十九世纪中叶以后,由西洋教士传到中国来的,这种说法并不符合事实'云云。他们不知道常州虽古称毗陵郡,但无锡向为常州的属县,到明清时仍如此,所以《金台纪闻》说'用铜铅为活字'的毗陵人其实即指无锡的华、安诸人。而纯铜质软,必须加其他金属方能成器物,所以《纪闻》所说'用铜铅为活字',只是用铜加铅为活字之谓,并非在铜活字外又制造了铅活字。误解此语的人大概只知道后来常州和无锡成了两个平级的县市,从而认为毗陵人即常州人而与无锡华、安并不相干。"见黄永年:《古籍版本学》,江苏教育出版社2005年版,第185页。

附案：

钱存训先生曾对明代铜活字问题做出过简洁正确的推论，原文如下：

> 至于诸家所称之"刊""刻"，想系仿自传统刻书习用之名词。即用活字，亦称刊刻。观于铜活字本《石湖居士集》《西庵集》之板心均有"金兰馆刻"字样可证。至于"梓制铜板"，亦可解释为刻梓铸范以制铜板之意。……至铜活字材料，应是合金，而非纯铜，因纯铜质软，不切实用，必须与锡铅混合，方能坚硬，中国古代铜器兵器皆然。华氏本书所称"范铜板锡字"及明陆深《金台纪闻》所述"近时毗陵人用铜铅为活字"云云，想系铜锡或铜铅合金，而非铜字之外，又铸锡字或铅字。①

钱先生的意见是正确的，可惜未引起足够关注。本文的基本观点与钱先生的观点一致，只是对一些容易导致今人错误认识的地方稍作了一些申述。

参考文献

1. 赵万里主编：《中国版刻图录》，文物出版社 1961 年版。

2. 张秀民：《中国印刷史》（插图珍藏增订版），浙江古籍出版社 2006 年版。

3. 张秀民、韩琦：《中国活字印刷史》，中国书籍出版社 1998 年版。

4. 钱存训著，刘祖慰译：《纸和印刷》（《中国科学技术史》第五卷第一分册），科学出版社、上海古籍出版社 1990 年版。

5. 钱存训：《论明代铜活字版问题》，载《学术集林》卷七，上海远东出版社 1996 年版；又见钱存训：《中国古代书籍纸墨及印刷术》，北京图书馆出版社 2002 年版。

6. 黄永年：《古籍版本学》，江苏教育出版社 2005 年版。

7. 李致忠：《古书版本学概论》，北京图书馆出版社 1998 年版。

8. 李致忠：《古籍版本知识 500 问》，北京图书馆出版社 2004 年版。

9. 上海新四军历史研究会印刷分会编：《活字印刷源流》，印刷工业出版社 1990 年版。

---

① 钱存训：《论明代铜活字版问题》，载《学术集林》卷七，上海远东出版社 1996 年版；又见收入钱存训《中国古代书籍纸墨及印刷术》，北京图书馆出版社 2002 年版。

10. 谢国桢编:《明代社会经济史料选编》,福建人民出版社 1980 年版。

11. 潘天祯:《潘天祯文集》,上海科学技术文献出版社、北京图书馆出版社 2002 年版。

12. 辛德勇:《重论明代的铜活字印书与金属活字印本问题》,《燕京学报》2007 年第 2 期(新 23 期)。

浅谈张政烺先生的版本目录学研究[*]

张政烺先生是传统文史研究领域成就卓著的学者。他博览群籍,好学深思,对每一个问题的讨论,都能穷尽史料,考证缜密。他治学范围广泛,在考古、历史、古文字、古文献以及小说史等领域都有杰出贡献,在学术界享有盛誉,为许多后来者所景仰。

张先生关于版本目录学的文章不多,只有《王逸集牙签考证》《读〈相台书塾刊正九经三传沿革例〉》两篇。20世纪三四十年代,张先生曾在前中央研究院历史语言研究所图书资料室工作了约10年,他负责图书的采购。由于工作的需要,他对研究所收藏的古书作了全面的阅读,同时,他又格外留意古书的版本。在采购图书过程中,他饱览善本书,了解到某些古书刊刻的脉络,提高了对古书版本及其流传的知识和辨别能力。两篇文章都是在这一时期撰写的。前者撰写于1943年至1945年,并于1945年发表于《六同别录》(《中央研究院历史语言研究所集刊外编》第三种)。后者撰写于1943年,于1991年发表于《中国与日本文化研究》第一集(中国大百科全书出版社)。现在,这两篇文章都已收入中华书局出版的《张政烺文史论集》一书,查找阅读都比较方便。

先说《〈王逸集〉牙签考证》。

《后汉书·王逸传》云王逸"又作《汉诗》百二十三篇",自来注解及作《补后汉艺文志》者,皆不知为何书。例如,顾櫰三《补后汉书艺文志》卷九别集类上收录《侍中王逸集》二卷,注云:"逸字叔师,南郡宜城人,著有书论、杂文二十一篇、《汉诗》百二十三篇。櫰三案,今可考者有《机赋》……"云云。顾氏显

---

* 原刊《书品》2005年第2期,又收入张永山编:《张政烺先生学行录》,中华书局2010年版。

然不知《汉诗》百二十三篇为怎样的一部书，只好在此条下据本传记载，略为转述，似以为《汉诗》即《王逸集》之一部分，然又不敢明确。姚振宗《后汉艺文志》集部文史类收录王逸《汉诗》百二十篇，依据的也是范晔《后汉书·王逸传》，也未作深论。前人的这些认识都是受材料限制所致。

黄浚《衡斋金石识小录》卷下著录"汉王公逸象牙书签"一枚，张政烺先生认为，此实悬系于《王逸集》书帙外的签牌，时代当属魏晋或北朝。此牙签正反两面皆有文字，记王逸的著述情况，其中有"又作《汉书》一百二十三篇"的话，张先生由此联系《王逸传》的记载，推定"《汉诗》百二十三篇"应为"《汉书》百二十三篇"，"诗"乃"书"之讹误。《汉书》百二十三篇，当指《东观汉记》而言。"（班固）《汉书》成于东观，实一代之国史。《汉记》草创又始班固，其书仅有小题而无大名，别本流行袭班书之旧称，自无足异。惟一时相同之书名繁多，则必借篇数以示分别。"牙签云"又作《汉书》一百二十三篇"，犹云又参与撰写《东观汉记》，非必百二十三篇皆出自王逸之手。

东汉从明帝时起，历章、安、桓、灵、献帝数朝，陆续组织人员编撰了一部官修史书《汉记》，又名《东观汉记》，先后参与纂修的学者很多。刘知几《史通·史官建置篇》说，"旧史"记载当时王逸也是与修人员之一，但他又认为王逸"研寻章句，儒生之腐者也"，不能"错综时事，裁成国典"，对王逸是否确实参与其事提出了怀疑。王逸于安帝、顺帝之世曾为校书郎。其时刘珍等正奉诏杂作纪表以及名臣节士、儒林、外戚诸传，王逸参与著作，是很自然的事情。然由于史籍散佚，无从取证，此事无法落实，遂使王逸参与《东观汉记》编撰的史实沉埋千年，无人知之。张先生的考证足以纠正范晔《后汉书》之讹，祛解刘知几之疑，还历史以真面目。

关于此牙签，张先生进一步指出，它与范晔《后汉书》本传的记载大致相近，但从铭文字体推断，牙签当不出于范晔书，二者应属同源而彼此不相袭。他根据《隋书·经籍志》的记载："梁有《王逸集》二卷，录一卷。亡"，认为范书与牙签铭文皆源自于"录"。此录即荀勖校理晋内府藏书时所撰写的每一种书的叙录。

众所周知，魏晋南朝时期各家撰述的《后汉书》，主要取材于《东观汉记》，范晔《后汉书》也是如此。但《东观汉记》无《文苑传》，且经董卓之乱，旧文散佚，有关东汉文人的史料，东观即有所储亦已荡然无凭。《文苑传》的史料来自哪里，后人茫然。

另一个问题是，魏晋南朝时期是我国传统目录学发展的重要阶段，出现过多次规模较大的图书整理，产生了许多重要的目录学著作，但没有一部完整地流传下来，使后人在研究这段目录学史时遇到材料短缺的困难，有的问题不容易理清。例如，《隋书·经籍志》说，"魏秘书郎郑默始制《中经》。秘书监荀勖又因《中经》，更著《新簿》……但录题及言，盛以缥囊，书用缃素。至于作者之意，无所论辩"。又说魏晋诸目录，"不能辨其流别，但记书名而已"。这条记载，很容易让后人认为郑默《中经簿》、荀勖《新簿》都是只著录书名，而无解题或叙录。余嘉锡先生即持此观点，他在《目录学发微》中说："'但录题'者，盖谓但记书名。'盛以缥囊，书用缃素'，则惟侈陈装饰。是其书并无解题。而今《穆天子传》载有勖等校上序一篇，其体略如刘向《别录》，与《隋志》之言不合。据《晋书》勖传，则勖之校书，起于得汲冢古文。或勖第于汲冢书撰有叙录，他书则否也。"余先生是目录学研究的专家，他从20世纪30年代起在北京各大学讲授目录学，此书乃据讲义整理而成，其观点影响很大。

张先生认为事实并非如此。首先，他根据王隐《晋书》佚文记载：郑默"删省旧文，除其浮秽，著《中经簿》"，以及《文选》李善注云荀勖"与中书令张华依刘向《别录》整理错乱，又得汲冢竹书，身自撰次以为《中经》"，这两条材料，判定产生于魏、晋时期的两部目录实际皆有叙录。其次，他又推定《隋书·经籍志》史部簿录类所著录的荀勖撰《（杂）［新］撰文章家集叙》十卷，"即魏晋新撰书录之一部分。中古重文，流行独久，《史》《汉》《三国》无《文苑传》，范晔创意为之，大抵依傍此书。而他传具文章篇数者，其辞亦多本于此"。《新撰文章家集叙》在《三国志》裴松之注、《世说新语》刘孝标注等书中有征引，皆简称《文章叙录》。张先生曾就涉猎所及，搜辑叙录佚文数十篇，《王逸集》牙签铭文也是其中一篇。至此，郑、荀两部簿录有无叙录，《后汉书·文苑传》资料来源等文献、目录研究上的重要问题，得到一个圆满的答案。这是张先生的贡献。

张先生在版本研究方面的成就也是有目共睹的。

传世王逸注《楚辞章句》的最早刻本为明仿宋刊洪兴祖补注本，《四部丛刊》即影此本。全书共十七卷，卷十七为《九思》。张先生发现卷十七题"汉侍中南郡王逸叔师作"与前十六卷题"校书郎臣王逸上"中，王逸的衔名不同，卷十七题中王逸的衔名与《隋书·经籍志》所记王逸《正部论》的衔名相类。卷十七应是后人从《王逸集》中选录附入的，故而一仍《集》内原署"汉侍中"的衔名，与前十六卷之衔名不合。其他的明刻本，如正德十三年黄省曾、高第刻本，隆庆五年豫章夫容馆刻本等，其卷十七的衔名皆已窜改，分别改题为"后汉校书郎南郡王逸叔师章句""汉王逸章句"，王逸所作的《九思》竟成为王逸章句，荒谬已甚。今因张先生的考证，世人得以明白此事之原委。

张先生的版本学造诣常为人所称道的，是对《相台书塾刊正九经三传沿革例》作者以及相台本群经刊刻者的研究。

自明万历重编内阁书目定《九经三传沿革例》为"宋相台岳珂家塾刊本"以后，公私藏书目录等凡涉及《沿革例》者，皆以为出于宋岳珂之手，直至《四库总目》仍明人之说，称"宋岳珂撰"。清末目录版本学家若叶昌炽、叶德辉，率皆沿袭。至于传世相台本九经三传，因有"相台岳氏刻梓荆溪家塾"或"相台岳氏刻梓家塾"的牌记，后人更是肯定相台本即岳珂家刻本。

张政烺先生认为此说并无明确证据，乃后人推断之辞。后人之所以把相台本九经以及《沿革例》归于岳珂，是因为相台为岳飞原籍相州别称，而珂为飞孙中以文名者，所著《愧郯录》《桯史》《棠湖诗稿》又皆署"相台岳珂"。然《沿革例》的主要部分即总例七则，乃廖氏世綵堂《九经总例》原文，除卷之前后相台岳氏略有增附外，大抵保全原文，无所加减。此于标题下引文中的"旧有总例，存以为证"云云，明白可见，自来学者却习焉不察。

张政烺先生认为，相台本九经乃元初宜兴岳浚据廖莹中世綵堂本校正重刻，与岳珂无涉。首先，相台岳氏于《沿革例》引言中已经声明，所刊刻九经根据的是廖氏本九经。廖氏刻九经在宋度宗咸淳年间（1265—1274 年）。岳珂生于宋淳熙十年（1183 年），嘉熙四年（1240 年）珂已五十八岁，其卒年当距此不远，根本见不到廖氏本问世，更无论仿刻之事。其次，荆溪乃宋常州宜兴（今江苏宜兴）南之水，以近荆南山而得名。岳霖绍熙三年（1192 年）卒于广州，岳珂方十岁，侍母护丧北归，回江州（今江西九江）故宅，此后岳珂长期居此。可见，所谓荆溪家塾与岳珂绝无关系。《天禄琳琅书目》曲意弥缝，称岳珂南渡后徙常州，没有任何根据。《天禄》又云宜兴有珂父霖墓，所据为府县志及《大清一统志》，实际是宜兴岳氏伪托。

有关岳浚，清人编诸姓氏谱及今人的人名辞典或有收录，然所采用资料皆不出明人编《毗陵人品记》所记。《毗陵人品记》的记载殊为简略,没有提到刻书之事。为此,张先生钩稽史料,作了详细考证,知其为宜兴人,县南有荆溪。宜兴岳氏上世为田家,无显达,并非岳飞后裔。至岳浚之诸父始为太学生,浚亦折节读书,友天下士。元大德年间,居住江州的岳飞后裔欲重修岳庙、岳坟,然财力不足,宜兴岳氏方豪富,有声望,遂与通谱,由岳浚等出资,以成其事。从此,宜兴岳氏得附相台郡望。

岳浚刊刻九经三传之事,在元人诗文中多有记载。郑元祐《侨吴集》说岳浚曾"延致巨儒,雠校群经锓诸梓,号为岳氏九经"。方回《桐江续集》也曾提及。据方回诗推测,刊刻时间当在大德年间,时宋亡已久,故书中不避宋讳。元末,因地方官吏无厌的剥削,以及战乱的破坏,宜兴岳氏皆零替不振,岳刻九经书版也经战火而化为灰烬。

因阅世久远,传本稀少,廖、岳所刻经传为哪些,今人不甚了了。张先生分析《沿革例》,参以传本,定著廖刻九经书名为《孝经》《论语》《孟子》《毛诗》《尚书》《周易》《礼记》《周礼》《春秋经传集解》,岳氏于九经之外增刻《春秋公羊经传解诂》《春秋谷梁传》,以及《春秋年表》《春秋名号归一图》。

清张宗泰《鲁岩所学集》卷十一《跋九经三传沿革例》,认为岳氏所刻九经中当有《仪礼》。近代考究版本的学者,如朱学勤、张钧衡、叶德辉等,也都有类似言论,且称"三礼"有明嘉靖间重刊相台岳氏本。张政烺先生指出,此实皆欺世之谈。汉以来儒者但言五经,唐时立于学官者,《易》《书》《诗》之外,三礼三传分而习之,故为九经。宋神宗时用王安石言,废《仪礼》于学官。因此,宋之九经不包括《仪礼》,宋人鲜刻《仪礼》,岳氏刻九经也没有《仪礼》。

天禄琳琅旧藏中有《孝经》一部,辗转归周叔弢先生。新中国成立后,周先生捐献北京图书馆。因其中的藏书印记与相台本《论语》《孟子》大多相同,《天禄琳琅书目续编》遂定为相台岳氏刊本,一至于今。张先生在文中提出疑问,指出现存相台岳氏本诸经卷尾皆有牌记,每叶栏外有耳题,此书行款虽似相台本,但卷尾无牌记,每叶栏外无耳题,当非相台岳氏刊本。此本《孝经》版心记刻工为"翁""寿昌",即翁寿昌,这与世綵堂本《韩昌黎文集》刻工相同,其签字体势也完全相同。这说明,此本《孝经》与廖氏世綵堂关系密切。不过,此本也有与廖氏刻本特征不一致的地方,比如,廖刻《左传》每卷后有牌记,此则无;廖刻韩柳文版心下方分二层,下记刻工,上刻"世綵堂"三字,所刻九经也当如此,此《孝经》版心刊工上层的界格虽存,而无"世綵堂"三字;此本于宋讳又全不避。由此判定此本《孝经》乃覆刻廖氏本,是在相台本、盱眙本之外的另一种刻本,覆刻时连同刻工的名字亦照样刻下。张先生的意见有理有据,值得注意。

张先生的这篇文章,纠正了以往的许多错误认识,相当精彩,其论断今皆已为定论。

张先生有关版本目录学的撰述虽然仅此两篇,但他在这一领域的丰厚素养却是有口皆碑。许多学者就这方面的问题向张先生请教时,都有"小扣辄得大鸣"的感受。先生版本学的独到见解往往见诸言谈之中。他对叶德辉版本学特点的认识就极为精当。他认为:"明清以来。除北京外,善本图书大多集中在东南江浙一带,虽然藏家有兴衰,书籍有转移,然大体不出东南一隅,故其地学者均真见有故籍,得详其行款格式、椠墨题识,著书则多为藏家簿录。叶德辉生于湖南,湘中藏书远逊江浙。虽然湘军将帅或有弄藏,然亦为同治军兴时得自江浙者,叶氏治版本,几于无米之炊,故其精力转致于辑录前人著作中论及版本者,著成《书林清话》一书,类似版本学教科书,其影响翻出东南簿录之上。"①

张先生有关版本目录学的这两篇文章,我反复认真学习,平时在研读、学习张先生文章的时候,产生了几点感想。

第一,包括版本目录学在内的所有传统文史领域的研究,不仅要熟悉传世古籍文献,而且应该关注各类出土资料,扩大史料来源。尤其在今天地下发现的资料日益增多的情况下,忽视出土资料来研究早期文献目录学,必然限制对某些学术问题的认识深度。张先生讲:"博与精的结合,旧文献与新史料的结合,是新时代治史者成长的最佳途径。"②这是经过亲身感受的宝贵经验,值得珍视。而《〈王逸集〉牙签考证》一文可以说是这方面的一个典型范例。

第二,张先生曾说过,研究选题应当着眼于较为重要的问题。他反对去钻

---

① 刘宗汉:《从〈读相台书塾刊正九经三传沿革例〉一文看张政烺先生的版本学成就》,载《古籍整理出版情况简报》1994年第5期。

② 张政烺:《我在史语所的十年》,见《张政烺文史论集》,中华书局2004年版,第847页。

那些太小而又没有什么意义的题目,强调写出来的文章要对别人有用。① 因此,先生的文章对相关领域的研究都能起到推进作用,引起人们的重视。他在版本目录学方面的撰述虽然不多,仅有这两篇论文,但他所讨论的都是该领域的重要问题。这是我们应该学习的。

第三,古书版本研究当避免停留在表面,为成说所蔽。关于《九经三传沿革例》的作者问题即是显著的例子。现在想起来,前人只要稍微认真读一下《沿革例》前的引文,就不会得出岳珂撰作的结论。阅读一遍这段引文并非难事,许多搞版本研究的人竟然没有去做,先前是想当然,后来者则习于旧说,使这一明显的错误流传久远。至今有的著述里面仍然沿袭此误说,可见谬误一旦形成,其影响不易清除。

第四,张先生在学术研究上的无私奉献精神更值得我们学习。从事学术研究的人都特别珍视自己的研究成果,在论文发表前,一般不会公之于众。《读〈相台书塾刊正九经三传沿革例〉》一文早在 1943 年先生就撰写出初稿。文章发表之前,张先生没有把自己辛苦读书得到的研究成果秘不示人,相反,其观点很早就在友人之间交流。1960 年,赵万里先生主持编纂《中国版刻图录》,即采纳了张先生的这一研究成果,纠正了过去将元相台岳氏刊刻群经定为宋岳珂家刻本的错误。而迟至 1991 年,《读〈相台书塾刊正九经三传沿革例〉》全文才正式发表。自观点正式公布于众,至论文发表,前后 30 年,先生全然不计较个人名利的得失,不考虑有人会根据先生得出的结论、提供的线索,去查找资料,撰写、发表文章。这一点是大多数人难以做到的,令人敬佩。②

我对张先生的学问了解得很不够,以上尽为肤浅之谈,希望大家批评指正。

---

① 吴荣曾:《我和先秦史及秦汉史》,收入张世林编:《学林春秋》二编,朝华出版社 1999 年版。

② 就个人所知,其他讨论"九经三传沿革例"作者及相台本九经三传刊刻者的论文,有:翁同文《九经三传刊者考实》(法文),载《通报》五十一卷(1964 年,莱顿)。费海玑《翁同文九经三传刊者考实》,载《大陆杂志》三十一卷第七期(1965 年)。翁同文《"九经三传"刻梓人为岳浚考》(中文),载《大陆杂志》三十二卷第七期(1966 年)。翁文此次发表,较之发表于《通报》者有所增改。李安《翁著"九经三传刻梓人为岳浚考"读后》,载《大陆杂志》三十二卷第七期(1966 年)。乔衍琯《刊正九经三传沿革例序》,见《九经三传沿革例》("书目续编"本,台北广文书局 1977 年初版,1987 年再版)。乔序撰于 1968 年,采用了翁文的基本观点,并认为翁文乃得《中国版刻图录》启示而加详。崔富章《〈刊正九经三传沿革例〉作者非岳珂辨》,载《古籍整理出版情况简报》(总第 205 期,1989 年)。

南宋缉熙殿考[*]

　　研究古籍版本与古书画的人可能知道，在一些传世的或见于著录的古籍与古书画上会见到有缉熙殿的收藏图章。由于文献中的有关记载很少，大家只知道这是南宋临安皇宫内的一处殿阁，里面收藏有一些书籍字画。此外的情况，例如它的使用功能是什么，是否仅作为收藏场所之用，具体营造于何时，等等，目前人们似乎并不太清楚。下面通过现在能见到的一些材料，略作小考。

　　缉熙殿是一处什么样的殿阁呢？《咸淳临安志》卷一《宫阙一》："缉熙殿，理宗皇帝辟旧讲殿为之。"《明一统志》卷三十八《浙江布政司·宫室》："缉熙殿，理宗建以为讲殿。"根据这两条记载，知缉熙殿乃南宋理宗时在旧讲殿基础上扩建而成的新讲殿。何为讲殿？它是宋代经筵开讲的场所。经筵是中国古代帝王为研读经史和政书、提高自身素质而特设的御前讲席。经筵制度在汉唐时期已经出现，但未形成恒久定制。至宋代，才逐步完善，作为一种制度持续下来。经筵开讲的场所，在宋仁宗之前尚未固定，仁宗以后，地点虽亦偶有变动，但基本上是以迩英阁为主。南宋初，因居处不定，宋高宗开始是在临时居所讲读。定居临安之后，遂于宫中专建讲筵阁（或称讲殿），成为南宋各朝皇帝经筵开讲的主要场所。宋理宗所辟的旧讲殿，殆即高宗始建之讲筵阁。此讲殿历高、孝、光、宁四位皇帝，近百年时间，大约已经显得陈旧隘陋，故宋理宗要予以扩建。

　　缉熙殿的修建时间。宋理宗嘉熙三年（1239 年），程公许在《试上舍生策记》（《沧州尘缶编》卷十四）说："我皇上甫登大宝，即营缉熙殿。"据此，缉熙殿的营建大约在宋理宗即位之后不久就开始了。缉熙殿之修建完工在绍定六

　　*　原刊《文献》2003 年第 2 期，有修订。

年（1233年）六月。《玉海》卷一百六十《宫室·殿（下）》"绍定缉熙殿"条说："（绍定六年）六月甲午，缉熙殿成。便殿名'膺福'。"这说明这座宫殿的建造用去了近10年的时间。

宋理宗对这一工程很重视，殿成之日，"御书'缉熙'字榜之，亲为记文"。（《玉海》）宋理宗亲笔题写殿名曰"缉熙殿"。"缉熙"一词出自《诗经》，郑玄注："缉熙，光明也。"诗用光明来指代贤者，认为贤者有光明之德。《诗经·大雅·文王》："穆穆文王，于缉熙敬止。"称赞周文王尊贤爱士。《周颂·敬之》："日就月将，学有缉熙于光明。"周成王自誓要坚持不懈，向贤者学习，每日都有成就。殿名曰缉熙即取义于此。

《玉海》说宋理宗"亲为记文"，这就是《缉熙殿记》。《咸淳临安志》卷一引录了这篇记文，从记文中也可以直接看出宋理宗为何取殿名曰"缉熙"：

> 《大学》曰："自天子以至庶人，壹是皆以修身为本。"朕服膺所言，知修身必昉乎学。学之有益于人也，信矣。在昔盛时创为学制，由辟雍宫至于党庠术序，皆此物此志也。故八岁入小学，教之洒扫应对进退之节，礼乐射御书数之文，王公以下与庶人之子弟皆预焉。十五则元子、众子、公卿大夫士之嫡子、凡民之俊秀，皆入大学而教之穷理尽性修己治人之道。夫人不可一日不学也如是，况以一身任社稷生灵之寄者，可不汲汲于此哉。丕唯我国家列圣创述，以稽古右文立治道，以正身修身为家法，讲学之懿，超汉轶唐。朕以凉薄，绍休令绪，通遵成摹，祗迪懿训，罔敢暇逸，师式于前闻，视朝之隙临经幄，日再款对儒臣，商略经史，乃即讲殿，辟旧庐，采成王日就月将之意，扁以"缉熙"，屏去长物，衷置编简，燕闲怡愉，藏修移日，习熟滋久，若常程然。至于翻阅古今，尚友贤哲，得片言以绅绎，有味其旨，则不知万几之劳，因一理以融会，充广于心，则足窥宇宙之大。意之所欣，时寄翰墨，无它嗜也。于是天趣深而物交浅，泰宇怡而外诱息，名教之乐，信有余地，视古帝王问学，虽未臻闻奥，亦将闻其门庭者，庶几增缉广大，进退于光明之境，于以修身，于以治国平天下，期有合于《大学》之旨而无负家法之传，顾不韪欤。

这篇记文通篇强调的是一个"学"字。宋理宗认为一个人不能一日不学，自己身为一国之君，更不可不汲汲于此，故建此殿，"采成王日就月将之意"，名缉熙以自勉。看得出来，缉熙殿是宋理宗退朝之后驾临最频繁的场所。他

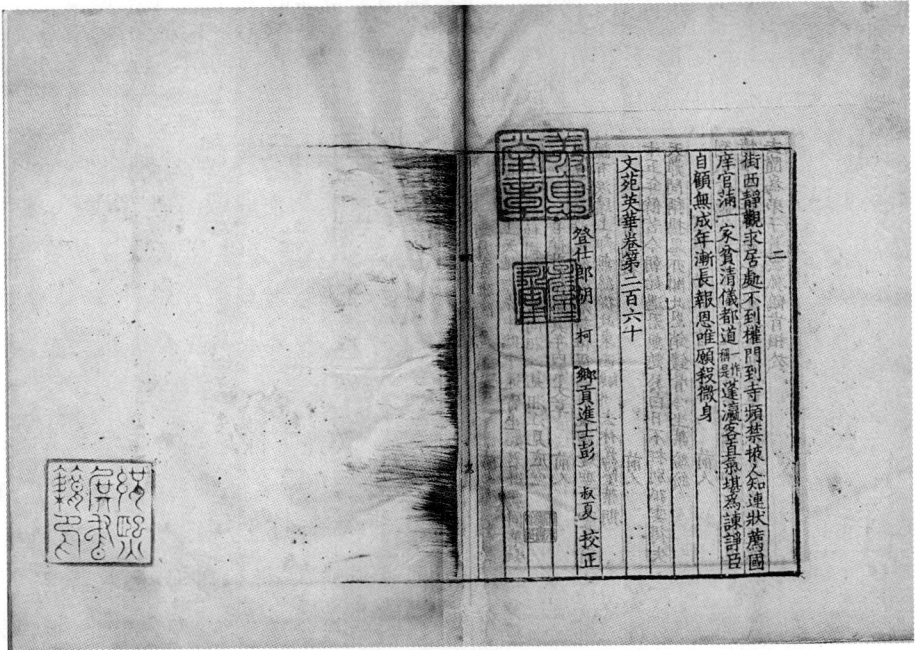

（宋）李昉等辑：《文苑英华》一千卷，周必大刻本。宋嘉泰元年至四年（1201—1204年），中国国家图书馆藏，存一百三十卷

在此读书学习，"翻阅古今，尚友贤哲"，听硕学名儒讲说经史，推敲学问，绅绎义理，探讨治国之道。

当时，刘克庄、包恢、陈郁、赵景纬、魏了翁、真德秀、徐元杰、徐经孙、徐鹿卿都曾入侍于缉熙殿，为宋理宗讲读经史。

缉熙殿作为经筵讲读场所，理应收藏有皇帝阅览所需的书籍。宋理宗自己就说殿中"屏去长物，衰置编简"。它又是在旧讲殿基础上扩建成的新讲殿，从高宗朝以来积累下的书籍应当基本上都汇藏于此中，数量必然很可观。宋代经筵讲读用书主要为经史类，亦兼及其他。大致包括以下几个方面：一是儒家经典。如《周易》《尚书》《周礼》《毛诗》《春秋》《左氏春秋》《孝经》《论语》《孟子》《大学》《中庸》，以及这些书的相关注疏本。二是前朝史书。如《史记》《汉书》《后汉书》《三国志》《旧唐书》《新唐书》《资治通鉴》《陆贽奏议》《通鉴纲目》等。三是本朝史书、政书。如《正说》《三朝宝训》《五朝宝训》《祖宗圣政录》《三朝经武圣略》《神宗宝训》《高宗宝训》。四是有关专书。如《帝学》《续帝学》《大学衍义》等。[1]

此外，宋朝组织人力编纂过的大型类书，如《太平御览》《册府元龟》《文苑英华》等，在缉熙殿内也有收藏。这些大型类书虽非经筵讲读用书，但可备皇帝日常浏览以增广见识之用。保存至今的周必大刻印的《文苑英华》即曾入藏缉熙殿，上有"缉熙殿书籍印"藏书章为证。这部书是周必大于嘉泰元年至四年，花费了 4 年的时间，组织人力校勘刻印而成的。书刻印出来之后，周必大上了一份奏表，估计同时必定向朝廷呈送了至少一部，供宋理宗御览。

缉熙殿的藏书大约都是用"缉熙殿书籍印"。除了这部《文苑英华》外，流传至今的南宋淳熙十三年秘阁写本《洪范政鉴》之上亦有"缉熙殿书籍印"。另《天禄琳琅书目》卷一著录宋刻本《六经图》（宋刘甲撰）、卷二著录宋刻本《唐宋名贤历代确论》，这两种书上均有此印。说明它们均曾收藏于缉熙殿。

缉熙殿中不仅收藏了许多书籍，还有不少珍贵字画。这些字画所用印鉴与书籍上用的印鉴不同，通常为"缉熙殿宝"。下面是根据一些书画谱类书籍的著录，确定曾属于缉熙殿收藏的部分书画：

---

① 朱瑞熙：《宋代经筵制度》，《中华文史论丛》第 55 辑，上海古籍出版社 1996 年版。

洪範政鑒卷第一之下

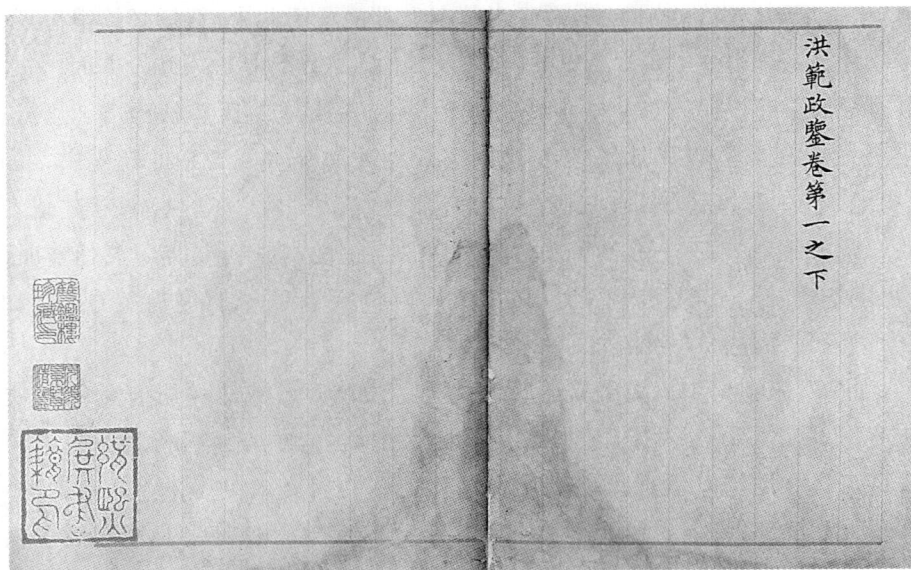

　　（宋）仁宗赵祯撰：《洪范政鉴》十二卷，宋淳熙十三年（1186 年）内府写本。傅增湘、邵章跋，中国国家图书馆藏

　　唐颜真卿《竹山潘氏堂联句》，有"缉熙殿宝"。见《佩文斋书画谱》卷七十四。

　　宋赵令穰摹王右丞《江干雪霁图》一卷，有"缉熙殿宝"。见《佩文斋书画谱》卷八十二。

　　唐人画《罗汉图》一轴，有"缉熙殿宝"。见《秘殿珠林》卷十三。

　　唐欧阳询临《黄庭经》一卷，有"缉熙殿宝"。见《秘殿珠林》卷十六。

　　《宋名贤宝翰》一册，有"缉熙殿宝"。见《石渠宝笈》卷三。

　　《历朝名绘》一册，有"缉熙殿宝"。见《石渠宝笈》卷四。

　　五代胡瓌《番马图》一卷，卷末有"缉熙殿上品，赐王（缺）"八字。见《石渠宝笈》卷十四。

　　宋马远《松泉居士图》一卷，有"缉熙殿宝"。见《石渠宝笈》卷十四。

　　宋黄居寀《山鹧棘雀图》一轴，有"缉熙殿宝"。见《石渠宝笈》卷十七。

　　《宋四家集册》一册，有"缉熙殿宝"。见《石渠宝笈》卷二十一。

　　唐韩干《猿马图》一轴，有"缉熙殿宝"。见《石渠宝笈》卷二十六。

　　宋王希孟《千里江山图》一卷，有"缉熙殿宝"。见《石渠宝笈》卷三十二。

　　五代人《浣月图》一轴，有"缉熙殿宝"。见《石渠宝笈》卷四十。

　　宋人《富贵花狸》一轴，有"缉熙殿宝"。见《石渠宝笈》卷四十。

　　巨然《秋塘群鹭图》，有"缉熙殿宝"。见张承泽《庚子消夏记》卷三。

　　宋理宗为满足自己对书籍字画的需求，特命人从事搜求采访。当时，临安棚北大街有一家陈氏书籍铺，主人陈思，很有名，他集书籍的编撰、刊刻、售卖于一身。他编撰的书有《书苑精华》《南宋六十家小集》《宝刻丛编》《海棠谱》《小字录》等，其中《小字录》一书前署其结衔曰"成忠郎、缉熙殿、国史（院）、实录院、秘书省蒐访陈思"，也就是说，陈思担负着为缉熙殿、国史院、实录院、秘书省等处采访图书的职责。可见，当时朝廷为补充缉熙殿等处所需图书，专门委派人员负责办理。民间的出版商也被列入其中，他们被授予一定官衔，因职业之便，为朝廷搜访图书。南宋民间刻书业发达，朝廷采用这种搜访图书的方式，应当说是顺应形势发展的举措，效率较高。

　　既然经筵讲殿藏书是为皇帝个人服务的，图书的收藏有时就难免受到皇帝个人思想倾向的影响。例如宋高宗时，有鉴于国破家亡的惨痛教训，他最为推崇《春秋》一书，旨在尊王攘夷，动员全国力量来抵御金朝军队的南侵。由于高宗的倡导，许多学者纷纷从事《春秋》的研究，写出了不少专门著作。根据《建炎以来系年要录》记载，当时贡进的有徐俯《春秋解义》（见卷五十九）、邓名世《春秋四谱》（见卷七十四）、环中《春秋年表》（见卷九十）、文旦《春秋要义》（见卷一百零四）、胡安国《春秋传》（见卷一百零九）、毕良史《春秋正辞》（见卷一百四十八）、柴翼益《春秋尊王聚断》（见卷一百五十）等。又如宋理宗时，定程朱理学为官方哲学，朱熹的《四书集注》被视为经典著作。二程、朱熹的著作必然进入缉熙殿，成为经筵讲读教材。

由于宋理宗经常到缉熙殿读书，这里不仅是他的讲殿、书房，也成了他批阅奏章、接见大臣的地方。程公许《试上舍生策记》说，宋理宗"罢朝则御讲帷，阅章疏，寒暑不辍"。《宋史·唐璘传》说："故事，御史惟常服拜，下有论奏，缴进。至是，独召对缉熙殿，令服窄衫。"又，嘉熙四年，宋理宗召岳珂入对于缉熙殿，询问茶盐之事。之后，岳珂起家为淮南江浙荆湖八路制置茶盐使兼知太平州。岳珂《玉楮集》卷八记载此事说："六月二十一日，内引赐对缉熙殿，玉音宣问，漏下数刻。将退，赐金币、香茗有差。既而，御笔除长地官，将旨八路，复赐一札，兼镇姑孰。"为此，他特赋诗四首，以昭恩荣。

据记载，缉熙殿内陈设宋理宗亲笔撰写的箴辞48条，以为座右铭。《玉海》说宋理宗"以所制箴辞亲洒宸翰列殿上，备观览"。程公许《试上舍生策记》说缉熙殿中"髹漆金刻为座右铭"。皆谓此。这48条座右铭见于《宋史全文》卷三十二，其文如下：

绍定六年九月辛酉，经筵奏乞以御制敬天法祖、事亲齐家四十八条，及御书缉熙殿榜、御制《缉熙殿记》宣付史馆。从之。四十八箴列为十二轴，左一曰敬天命、法祖宗、事亲齐家，右一曰亲硕学、精六艺、崇节俭、惜名器，左二曰谨言语、戒喜怒、恶旨酒、远声色，右二曰伸刚断、肃纪纲、核名实、明赏罚，左三曰广视听、守信义、惧满盈、究远图，右三曰开公道、塞倖门、待耆老、奖忠直，左四曰储人才、访屠钓、尚儒术、保勇将，右四曰恤勤劳、抑贪竞、进廉退、斥谄佞，左五曰鉴迎合、绝朋比、察谗间、禁苞苴，右五曰杜请托、议释老、谨刑狱、哀鳏寡，左六曰伤暴露、罪己为民、损躬抚军、求善使过，右六曰宽民力、饬边备、旌死事、惩偷生、陈公益等。撰述箴辞附于各条之下,揭于缉熙殿,朝夕观省。

历史上的宋理宗是个浮慕道学之名,内实多欲的人物。他沉溺于声色,宠信阎贵妃和宦官董宋臣、卢允升,拜奸臣贾似道为相,加速了南宋朝廷的崩溃。他在座右铭中为自己制定的各条规诫,多半是为了装点门面,自欺欺人,并未真正付诸行动,否则,南宋晚期的政局也许会是另一番样子。

宋理宗驾崩之后,宋度宗即位,改建其东宫新益堂为熙明殿,以为讲读之所。经筵场所由缉熙殿改移至熙明殿。(《咸淳临安志》卷一“熙明殿”条)虽然如此,缉熙殿收藏的数量丰富的书籍字画估计不会移出而转存他处,至少不会全数移走。

十多年后,临安被蒙古军攻陷,缉熙殿收藏的典籍字画被元军掠运北去,其间大约有不少流散掉了,落入民间。元代文人的诗作中就有一些以原缉熙殿藏书画为题的,例如张雨《缉熙殿〈御制墨梅诗帖〉》(见清陈焯编《宋元诗会》卷九十九)、程钜夫《缉熙殿〈御题紫薇花扇面〉寿立卿中丞》(见《雪楼集》卷二十九)等。虞集《题画》(见《道园学古录》卷三)也是关于一幅缉熙殿旧藏画的,诗云:

> 缉熙殿里御屏风,零落谁收百岁中。锦树总含春雨露,画桥犹是旧青红。花开陌上怀归燕,潮落江头送去鸿。河似绿波生太液,绛桃风急彩船东。

从题诗看,这原是一幅缉熙殿屏风上的山水画,其时屏风已不在,唯画犹存。通过这些吟咏缉熙殿遗物的诗文,可以见到缉熙殿当年丰富的收藏在后世人心中的影响。

明初大本堂考*

1998 年 12 月，国家图书馆发行了首套藏书票集《北京图书馆藏书票》，内容为馆藏部分善本书中的历代皇家和中央官府藏书印鉴。其中第五枚藏书票采用的是"大本堂书"这枚藏书印鉴，因编纂时未及详考，标注此印为宋内府收藏书籍、字画之印鉴。《文献》2000 年第 1 期刊登了子厚《藏书印鉴小考》一文，引据明郑晓《今言》第 331 条，考证清楚大本堂是明朝初年建立的，地点在今天的南京。朱元璋敕建大本堂，目的是要聚藏古今图书，延名儒教授太子亲王。"大本堂书"这枚印记绝非宋印而为明代大本堂公藏之印。子厚的意见无疑很正确。

现存明代文献中，有关大本堂的史料较为少见。不过，细心梳理一下，还是能够找到一些。除去子厚提到的郑晓《今言》一条外，明清时期相继成书的其他几种明史著作中，尚散见有几处对大本堂的记载。这些史料，可以考证清楚大本堂具体是何年何月所建、建立的机缘、藏书的特点、有无其他功能，以及大本堂印鉴的演变等问题，从而使我们对明初大本堂有一个大致的了解。这对于研究明初图书的收藏很有意义。下面就利用这些史料，谈谈个人对这些问题的粗浅认识。

一

最早提到大本堂的史书是《明太祖实录》，该书卷三十六之上记载：

> 洪武元年十一月戊戌朔辛丑，宴集东官官及儒士，各赐冠服。先是，上建大本堂，取古今图书充其中，延四方名儒教太子、诸王，分番夜直，选

---

* 原刊《文献》2001 年第 2 期。

才俊之士充伴读。上时时赐宴赋诗,商榷古今,评论文字无虚日。是日,
上命诸儒作《钟山龙蟠赋》,置酒欢甚,乃自作《时雪赋》,故有是赐。

根据这一记载,大本堂建于洪武元年十一月辛丑(初四)之前。

郑晓是明代史家,通晓经术,熟悉国家典故,著有《吾学编》六十九卷,是
一部较为重要的私修史书。他晚年撰就了一部笔记著作《今言》,该书的第
331 条对大本堂也有所记载:

> 洪武初,建大本堂,聚古今图书。上为大本堂记。延四方名儒教太
> 子、诸王,分番夜直。才俊之士充伴读。时时赐宴赋诗,商榷古今,评论文
> 学无虚日。

《今言》由郑晓的外甥项笃寿刊印于嘉靖四十五年(1566 年),郑晓于是
年便去世了。此书虽然后出,其对大本堂建立时间,却反不如《明实录》详细。

记载这件事的另有明吕本(1504—1587 年)所编的《馆阁类录》(有万历
二十五年王元贞刻本)。该书卷十二《东宫官属》云:

> 洪武元年(1368 年)十一月戊戌朔辛丑,宴集东宫官及儒士,各赐冠
> 服。先是,上建大本堂,取古今图书充其中,延四方名儒教太子、诸王,分
> 番夜直,选才俊之士充伴读。上时时赐宴赋诗,商榷古今,评论士文无虚
> 日。是日,上命诸儒作《钟山龙蟠赋》,置酒欢甚,乃自作《时雪赋》,故有
> 是赐。

这一段材料与《明太祖实录》相比较,仅"评论士文无虚日"与《实录》的
"评论文字无虚日"在用词上小有差异而已,但对句子的含义无根本影响。其
余的内容,包括大本堂的建立时间,则与《实录》完全相同。案:明代历朝实录
皆精抄两份,正本存宫内,副本存内阁。嘉靖间建皇史宬,正本移存于此。正、
副本于世人皆莫能见。万历年间有缩小版式之命,全部重抄一遍,缙绅之家往
往乘机私自传抄,渐以流布。《馆阁类录》是一部专题资料类编性质的书,其
中的史料多与《明实录》相同或相近,可知其所据主要为《明实录》。这段材料
源自《太祖实录》无可怀疑。

明末清初,查继佐(1601—1676 年)撰写《罪惟录》一百〇二卷,是一部私
修明史。书中《列传》第三为《皇太子标传》,同样提到大本堂,原文如下:

> 洪武元年册为皇太子。……凡东宫师、保、傅,诸勋旧大臣兼领之。
> 特置宾客、谕德等官,辅成德性。选国子生国琦、王璞等十人侍禁中读书。

已,又令朝廷政事并启太子处分,然后奏闻。会大本堂成,取古今图籍充其中。后征四方名儒,伴读太子及诸王,分番夜直,间与赋诗,商榷政事。

案:选国子生十人侍太子读书是在洪武元年二月庚午(二十九日)。这段文字的意思似乎是:在选国子生十人侍太子读书之后,即"令朝廷政事并启太子处分,然后奏闻",这时,大本堂恰好建成。如此,《罪惟录》关于大本堂建成时间的记载也是洪武元年,这一点是正确的。不过在这段材料中,"令朝廷政事并启太子处分,然后奏闻"这件事并非洪武元年发生的,最早的一次已是洪武五年。《明史·太祖纪》,洪武五年十二月辛巳,"命百官奏事启太子"。后来到洪武十年六月丙寅,又下一道诏令,"命政事启皇太子裁决奏闻"。查氏在此处淆乱了事情发生的前后次序,应予纠正。

清代编纂的《明史》卷一百一十五《列传》三《兴宗孝康皇帝》记载:

(洪武元年正月,册立朱标为皇太子。二月庚午,)命选国子生国琦、王璞、张杰等十余人,侍太子读书禁中……先是,建大本堂,取古今图籍充其中,征四方名儒教太子、诸王,分番夜直,选才俊之士充伴读。帝时时赐宴赋诗,商榷古今,评论文字无虚日。命诸儒作《钟山龙蟠赋》,置酒欢甚,自作《时雪赋》,赐东宫官。

清初官修《明史》,主要依据的是明代修的实录、邸报、方志、文集和各家私史,实录为《明史》编纂时最重要的史料来源。朱标传中的这段文字很明显也是取材于《太祖实录》。但由于材料取舍、融铸过程中的疏忽,关于大本堂建立时间造成一些偏差。《太祖实录》中在"先是,上建大本堂"一句之前,叙述的是洪武元年十一月的事情。如此,大本堂的建立应是在十一月之前。而在《明史》中,将"先是,建大本堂"这句话紧接于二月庚午选用国子生侍太子读书这件事之后,则大本堂之建当在二月之前。两者的时间下限相差半年之多。而后者是错误的,修史者在采用《太祖实录》的这条资料时,忽视了应将"先是"之"是"所指代的时间点作一番交代,致有此误。

事实上,大本堂确实建立于洪武元年十一月之前,而非二月之前。清陈鹤(1757—1811年)撰《明纪》卷二云:

洪武元年十月,建大本堂,命魏观侍太子说书及授诸王经。

这则材料虽然很简短,却是目前见到的有关大本堂建立时间最为具体的记载,为我们提供了大本堂建立的确切月份。这一时间与《明太祖实录》等书反映的情况也相符,应是正确的。

二

朱元璋出身布衣,早年没有受过文化教育,但他明白读书受教育的重要意义。他在参加起义军,尤其是在领兵之后,对读书人礼敬有加,这是他能够逐渐挫败群雄、夺取天下的一个原因。到元至正二十年(1360 年)时,他已开始考虑自己下一代的培养教育问题。《馆阁类录》卷十一《东宫讲读》云:"庚子岁(1360 年)闰五月丙辰朔丁卯,置儒学提举司,以宋濂为提举,遣世子受经学。"为儿子朱标延请名儒宋濂等讲授经书。

至正二十四年(1364 年),朱元璋称吴王,他在新建的宫殿中,为诸子安排了一处专门读书的场所。《馆阁类录》卷十一记载:"吴元年四月丙午朔庚戌,上至白虎殿,见诸子有读《孟子》书者。"这说明这时朱标等人的读书场所设在白虎殿。

数年后,朱元璋登基称帝,朱标被册立为皇太子,太子与诸皇子读书的地方又作了更换,改在文楼。《馆阁类录》卷十一记载:"洪武元年春正月壬申朔丙戌,上御文楼,太子侍侧,因问:'近与儒臣讲说经史何事?'对曰:'昨讲《汉书》七国叛汉事。'"又记:"二月壬寅朔庚午,命选国子生国琦、王璞、张杰等十余人侍太子读书禁中。"所谓读书禁中即应指在文楼读书。文楼属明初宫中建筑之一,其具体位置,据《明史·舆服志四》记载:"宫室之制。吴元年作新内。正殿曰奉天殿,后曰华盖殿,又后曰谨身殿,皆翼以廊庑。奉天殿之前曰奉天门,殿左曰文楼,右曰武楼。"文楼位于奉天殿左侧。洪武八年改建大内宫殿,文楼仍然在奉天殿左。

洪武元年(1368 年)十月,大本堂建成,太子及诸王自文楼迁到大本堂读书学习。可见,大本堂是朱元璋为教授太子及诸子,在几经迁换之后,新确定的一处皇家书堂。在封建社会家天下的理念和制度下,太子是未来的皇帝,是国家社稷之"大本",大本堂之取名盖本乎此。

大本堂的建立是朱元璋培育权力继承人的需要,大本堂的藏书则应与明军攻占元大都,获得一大批元朝收藏的宋、金、元三朝典籍有很大关系。洪武元年,明军在徐达、常遇春统率下北伐。八月,明军攻入大都。入城之后,即封

洪範政鑒序

昔者維書既陳伯禹所以明天道箕疇戴陳
周武所以酌神獸蓋推本以辨機祥觀變而
謹命令是爲大法式叙彝倫朕纘紹
慶靈述遵
謨訓每置圖而審正必稽古以求端闓或休
之來懼省不類昔異之見懍畏厥緣宸宇
嘉開汜覽史籍洪範之說編然可尋而伏郤
餘所編靡聞全錄散向作傳散布羣篇後則京
夏詰儒衍繹證兆簡牘廣記顧末弗齊不有
彙分何從質信亦嘗取日官之奏合書林之
藏參咨通臣覆究纍例守歷者有拘牽之黑
抱檗者有傳致之讖執術未通即事罕牽比
令研覈洞見指歸透采五均六沴甫世察候
最稽應者次爲十二卷名曰洪範政鑒若語
非典要過涉怪譎則略而不載若占有差別
互存考驗則析而詳言咸撫遺聞記容曲詭
舊記皇極之類有日星亭禩且辰緯上列渾

（宋）仁宗赵祯撰：《洪范政鉴》十二卷，宋淳熙十三年（1186 年）内府写本。傅增湘、邵章跋，中国国家图书馆藏（卷首"大本堂书"印鉴）

存了元朝皇家和中央官府藏书。到十月十七日，鉴于元大都已平，朱元璋下了一道诏书。诏书中提到："（元朝）秘书监、国子监、太史院典籍，太常法服、祭器、仪卫，及天文仪象、地理、户口版籍、应用典故文字，已令总兵官收集。其或迷失散在军民之间者，许赴官送纳。"（《明太祖实录》卷三十五）这说明元朝皇家及中央官府的藏书在此之前已下令收集并运回应天府。这一次下诏，意在访求、搜集那些因兵乱而散落个人手中的典籍。这些图书典籍集宋、金、元三朝旧藏，十分丰富。据周应宾《旧京词林志》卷三"书籍"条记载：洪武二年克燕，"令取北平府前元书籍数万卷（凡二千余部）解京"。这批书籍运回应天府之后，大部分入藏秘府，也应有一部分纳入了大本堂，供太子及诸王学习使用。这应是大本堂成为明初宫中一处藏书场所的一个机缘。

　　大本堂的藏书大部分来自从元大都带回的宋、金、元三朝旧藏，也应有此前此后由民间访求来的。国家图书馆善本书库中的《洪范政鉴》是目前所知原大本堂藏书中之幸存者。此书原为南宋孝宗时内府抄录并收藏之本，每卷分上下，凡为子卷二十四，朱丝栏，左右细线无边栏，半叶九行，每行十七字，每卷首尾有"内殿文玺""御府图书""缉熙殿书籍印"，皆南宋内府所钤。当年，元军攻下临安，此书与其他宋内府典籍被一同抄掠至元大都，成为元朝皇家插架之物。入明，又南行运至应天，归入大本堂收藏。据沈德符《万历野获编》卷一，明正统七年（1442年）正月，"南京所有内署诸书，悉遭大火。凡宋元以来秘本，一朝俱尽矣"。《洪范政鉴》得逃此劫，当是永乐年间迁都北京时，被选中并装入书柜，运至北京。明代之后，经清朝，乃至近代，辗转流传，后来，递属完颜景贤、周叔弢、傅增湘等藏书家珍藏。最后，由傅增湘捐赠北京图书馆（今中国国家图书馆）。

三

　　作为皇太子与诸王读书之处，大本堂的藏书目的十分明确，即专为便利太子、诸王读书之用。这也就限定了它的藏书范围。《馆阁类录》卷十一记载：

　　　洪武二年夏四月乙丑朔己巳，命博士孔克仁授诸子经……上谕之曰：……朕诸子将有天下国家之责……教之之道，当以正心为本。心正则万事皆理矣。苟导之不以其正，为众欲所攻，其害不可胜言。卿等宜辅以实学，毋徒效文士记诵词章而已。

同书卷十二记载：

> 洪武四年闰三月甲寅朔乙未，上谕台省臣曰：朕诸子日知务学，必择端谨文学之臣兼官僚之职，日与之居，讲说经史，蓄养德性，博通古今，庶可以承藉天下国家之重。

可见朱元璋对太子、诸王的读书范围是有限定的，主要为传统经书和史书。因为这类书籍中蕴含了封建社会统治者治国、治民所需要的理论、法则，以及历代兴亡盛衰的经验、教训。朱元璋身为新建政权的开国皇帝，对学习借鉴这方面的知识非常重视，对下一代更是着意培养学习此类"实学"。至于诗词歌赋一类的词章之学，则视为末学，是文士之技，非治国理民者所亟，因此他不鼓励皇太子及诸王在其上花费精力。

据此，传统儒家经典若《易》《书》《诗》《仪礼》《周礼》《礼记》《春秋》《左传》《公羊传》《谷梁传》《论语》《孟子》《大学》《中庸》等，定属大本堂插架之物。今日之二十四史，在明初已流传有二十二史，洪武三年，《元史》的编纂也匆匆完成，加上司马光的《资治通鉴》，这些史书也应是太子及诸王的必读书。此外如《贞观政要》《大学衍义》等书，自问世之后就一直是帝王们经筵上的重要书籍，朱元璋也自然会规定其为太子、诸王读书之首选。

有关记载提到的太子及诸王所读之书，确实是以经史类为主。例如：《馆阁类录》卷十一提到，吴元年（1367年），朱元璋看见诸子中有人正在读《孟子》；又洪武元年，朱元璋曾问朱标最近与儒臣讲说经史何事，朱标回答说："昨讲《汉书》七国叛汉事。"同书同卷又记洪武十二年三月初一，朱元璋到华盖殿，皇太子朱标侍立在旁。朱元璋询问近日讲习何书，朱标回答说："昨看书至商周之际。"他读的应是《史记》中的《殷本纪》《周本纪》。

又如《罪惟录》列传三《皇太子标传》：

> 太子事（宋）濂最谨，潜心六经。读《左氏传》，苦诸国之事杂见，濂等以太子意，取诸国次第分系之，题曰《春秋本末》。尝持《豳风图》示濂，曰："此周家王业所自始，为一言图后。"濂曰："愿殿下此心朝夕如览图时。"太子瞿受教。

这则材料明确提到朱标"潜心六经"，说明经书乃其必读之书。同时还说明朱标读经史书时另有相关辅助性书籍，这类书便于理解掌握所阅读原著的内容。

《明纪》卷四：

> 洪武十年六月丙寅,令儒臣为太子讲《大学衍义》。

《明史》卷七十三《职官》二"詹事府"：

> 詹事统掌府、坊、局之政事,以辅导太子。凡入侍太子,与坊、局翰林官番直进讲《尚书》《春秋》《资治通鉴》《大学衍义》《贞观政要》诸书。

由此可知,《资治通鉴》《大学衍义》《贞观政要》确属太子必读之书。

明朝是取代元朝建立的一个政权,对元朝的亡国教训,朱元璋多年之后记忆犹新,未敢忘怀。他也时常提醒将来的政权继承者注意从记载前朝历史的书籍中吸取教训。《明太祖实录》卷六十二：

> 洪武四年三月庚子,上命皇太子观《元史》世祖时事,告之曰："世祖虽能立国,而制度甚疏阔,礼乐无闻,故政事不及汉唐,况能复古乎?"

可见,大本堂的藏书确实是以经史类为主,有传统的经典,有新编纂的史书,也有辅助阅读经史原著的书籍。朱元璋有时指示太子的官属采摭经史之中古人已行之事可为鉴戒者,编次成集,供太子等朝夕观览,以广智识。因此,大本堂对经史类编性质的书籍也有一定的收藏。至于诗词歌赋方面的书籍,大约在大本堂收藏甚少。可以说,专门收藏培养皇太子和诸王所需的学习用书,是大本堂藏书的一个特色。

四

洪武初,大本堂不仅是收藏图书并供太子、诸王读书之处,当时,东宫官属朝贺太子也在大本堂举行。朝贺礼仪是洪武元年制定的。根据《明太祖实录》卷三十五记载：

> 洪武元年十二月丁卯朔壬申,定三师朝贺东官仪。上以东官师傅皆勋旧大臣,当待以殊礼,朝贺东官难同庶僚,故命礼官考古定议。于是,礼部及翰林诸儒臣议曰："唐制,群臣朝贺东官,行四拜礼。皇太子答后二拜。三公朝贺,前后俱答拜。近代,答拜群臣之礼不行,而三师之礼则不可不重。今定拟其仪:凡遇大朝贺,前期设皇太子座于大本堂,设答拜褥位于堂中,设三师、宾客、谕德拜位于堂前。赞礼二人位于三师之北,内赞

二人位于堂中,俱东西相向。"至日,皇太子常服升座,三师、宾客常服入就位,北向立。皇太子起立,南向。赞礼唱,鞠躬拜四拜。皇太子受前二拜,答后二拜。礼毕,皇太子还宫,三师以下以次出。

参加朝贺礼的除赞礼、内赞等执礼官外,主要是太子的三师(师、保、傅)、宾客、谕德,这些人多为勋旧大臣、名儒硕学。为表示对太子师傅的特殊尊敬,以与普通官僚区分开,才参照前代仪轨,制定了这一礼仪,并专设在太子读书受教的地方——大本堂举行。

五

我们现在见到的大本堂藏书印鉴是"大本堂书"。但最初朱元璋向皇太子朱标颁赐过的大本堂印鉴并非此印,而是"大本堂记"。《明太祖实录》卷六十,洪武四年春正月己丑(初五),"制玉图记一,赐皇太子,其制蟠龙为纽,方阔一寸二分,高一寸六分,文曰'大本堂记'"。明人郑晓《今言》中提到的"上为'大本堂记'",即是洪武四年正月这件事。《明史》卷一百一十五《列传》三《兴宗孝康皇帝》也记载此事说:"(洪武)四年春,制大本堂玉图记,赐太子。"古书中的"图记"一词有两种含义:一指地理志,二指印章。(参见《辞源》"图记"条)此处的"图记"为后一含义,指印章,玉图记是玉制的印章。现在通行的中华书局点校本《明史》,在"大本堂玉图记"左侧标加了书名专用线,将"大本堂玉图记"误认为是朱元璋撰写的一篇关于大本堂图画的题记,应予纠正。

既然朱元璋向皇太子朱标颁赐过"大本堂记"印鉴,那么,"大本堂书"与"大本堂记"是什么关系呢?我认为"大本堂记"是皇太子朱标最早使用的一枚印章,后来此印停用,改赐"大本堂书"一印。理由是《明太祖实录》在记"大本堂记"的形制时,说是"玉图记","其制蟠龙纽"。但明代印制规定只有皇帝、皇太后、皇后御宝才是玉质蟠龙纽。《明史》对此虽未记载,但20世纪50年代末,明定陵出土嘉靖皇帝、嘉靖皇太后、孝端皇后三枚陪葬用的木质谥宝,都是龙纽。结合历代帝王用印皆为玉质龙纽这一传统制度,我们推断明代皇帝御宝是玉质蟠龙纽,当是可信的。皇太子的印章是金质龟纽,这在《明史·舆服志》中有明确记载。"大本堂记"为玉质蟠龙纽,明显与今天见到的史书所载皇太子的印制不合,而且是超出了史志记载的太子印质和纽制的规格。

造成这一现象唯一可能的原因,应是洪武初期印制尚未完全确定,后来才予以规范,将玉质龙纽降格为金质龟纽。

这次印制的变更规范,在其他的地方也有一点类似迹象,例如,《明实录》记"洪武四年正月戊戌(十四日),制玉图记二,俱以蟠龙为纽,其一方一寸五分,文曰'广运之记',其一方一寸二分,以赐中宫,文曰'厚载之记'"。根据这段文字记载,朱元璋新制两方玉质蟠龙纽的印章,"厚载之记"是赐给中宫皇后的,"广运之记"归谁所用,未作特别交代。此印方一寸五分,规格高于"厚载之记"和九天之前赐给太子的"大本堂记",后二者的尺寸均为方一寸二分,显然,"广运之记"应是朱元璋自用。但朱元璋御用的这方印章在《明史·舆服志》中没有记载。《舆服志》说"明初宝玺十七",并罗列了其中的 16 种,即"皇帝奉天之宝""皇帝之宝""皇帝行宝""皇帝信宝""天子之宝""天子行宝""天子信宝""制诰之宝""敕命之宝""广运之宝""皇帝尊亲之宝""皇帝亲亲之宝""敬天勤民之宝""御前之宝""表彰经史之宝"及"钦文之玺"。这 16 种御用宝玺中,只有一方"广运之宝"在印文上与"广运之记"相近。从明帝王御用宝玺称"宝"不称"记"来看,"广运之记"应是在洪武年间印制规范中为"广运之宝"所取代。

六

大本堂在明初作为收藏图书并供太子、诸王共同读书受教育的场所,保持了仅五年。后来,朱元璋将太子朱标与诸王分开,为朱标单独安排读书之处——文华堂。《大明会典》卷五十二:"太祖命宋濂授皇太子、诸王经书于大本堂。后于文华后殿。"《续文献通考》卷九十六《职官考·东宫官》"詹事府"下亦云:"洪武初,置大本堂,取古今图书充其中,召四方名儒教太子、亲王,诸儒专经面授,分番夜直。已而,太子居文华堂。"《明史》卷三十一《礼志》之九"东宫出阁讲学仪"条下说"太祖命学士宋濂授太子、诸王经于大本堂,后于文华后殿",卷七十三《职官》之二"詹事府"下说:"洪武初,置大本堂,供太子、亲王读书。已而,太子居文华堂。"文华堂当是文华后殿之名。

太子朱标迁至文华堂之后,诸亲王也从大本堂离开,回到各自府第读书。明代廖道南《殿阁词林记》卷二十称:"国初置大本堂,取古今图书充其中,召四方名儒教皇太子、亲王。……其后,皇太子读书在文华殿,而亲王则出就所居府。"

太子朱标何时改在文华堂读书,史书缺乏比较明确的记载。《殿阁词林记》卷十云:

> 洪武六年,开文华堂于禁中,以为储材之地。诏择乡贡举人年少俊异者,俾肄业其中。正月甲寅,选河南第一人张唯。……受命入堂读书。诏赞善大夫宋濂、正字桂彦良等分教之。上谓曰:"昔许鲁斋诸生多为宰辅。卿等勉之。"听政之暇,辄幸堂中,取其文,亲评优劣。命光禄日给酒馔。每食,皇太子、亲王迭为主,(张)唯等侍食左右。

文华堂之开设,始于洪武六年。赞善大夫宋濂、正字桂彦良皆为太子师。挑选年少有才学者入堂读书,实际上是让他们充做太子的伴读。这说明,太子朱标是在洪武六年改至文华堂读书的。从洪武元年十月至六年正月,太子在大本堂读书五年有余。

文华堂在明初也是一处重要的皇家藏书楼,《殿阁词林记》卷十七记载:"圣祖初定天下,即遣使求遗书。国初,四库之书多藏文华堂。堂在禁中,抵奉天门不百武,车驾常幸临之。"太子、亲王离开大本堂之后,大本堂的藏书作为太子、亲王的学习用书,大约也随之搬走,最大的可能是运至文华堂,汇入文华堂藏书中。如此,则大本堂作为藏书之地的功能,大约也就随之结束。

补记:

明顾起元《客座赘语》卷九"仁宗皇帝御笔"条记载:

> 院判蒋恭靖公用文家藏宝翰一巨册,乃恭靖在太医院时,仁宗皇帝居东宫示病症取药御笔也。字真行相间,仿佛赵松雪体而圆熟秀劲。中有正字号、顺字号、亲字号所患云云,似是官掖中人不直言,故密以字号言其病耳。前书,后有年月,用朱笔押,押字形为兇。多用印章,曰"东宫图书",曰"东宫之记",曰"大本之堂",曰"肃清精密",曰"谦光",曰"缉熙",曰"中和",小印曰"印完"。

明仁宗朱高炽乃成祖朱棣之子,在位仅一年,即公元1425年。朱棣迁都北京在永乐十九年(1421年)。据此推测,《客座赘语》所记之事当是犹在南京时之事,大约朱棣夺取皇位后,一度恢复大本堂作为太子读书之地,故明仁宗为太子时所用印有"大本之堂"。

四当斋藏书入藏国家图书馆始末[*]

章钰(1865—1937 年),字式之,又字坚孟、茗理,别署甚多,有蛰存、充隐、鸥边、北池逸老、负翁、晦翁,晚号霜根老人等。清长洲(今江苏苏州)人。

章钰藏书甚富。据《章氏四当斋藏书目》附注,四当斋藏书总计 3368 部,72782 卷半,21596 册。此外,尚有少数章氏手泽及善本数种未计入此数。购买宋元本,为章氏力所不逮,故所藏宋元本甚少。但他有许多名家校抄本或稿本。他曾说:"藏书一事,旧刻为贵,名人手迹尤可贵,兼斯二者,可贵为何如,或以碎金断璧目之,不足与于此道者也。"

章钰去世后,其遗孀章王丹芬遵嘱将部分藏书捐赠给章氏曾就读的燕京大学,大部分藏书则以寄存名义存于燕京大学。新中国成立后,其子章元善把寄存于燕京大学的藏书,即《章氏四当斋藏书目》子类与丑类所著录部分,共计 937 种,捐赠北京图书馆(今中国国家图书馆)。

有关四当斋藏书捐赠中国国家图书馆的始末缘由,由于事情过去了 50 余年,当事人均已辞世,现在很少有人了解。本文根据部分原始档案,将捐书的经过梳理清楚,刊布于此,以为纪念。

1937 年,章钰去世后。10 月,夫人章王丹芬遵嘱,将其藏书一部分捐赠、另一部分寄存于燕京大学图书馆。按照双方协议,寄存部分的期限是 5 年,5 年之后,由章家决定"继续寄托,或改作赠与",或提回。① 1952 年,恰好是四当斋藏书寄存燕京大学图书馆的第二个五年到期,而此时的燕京大学作为美国在华创办的高等学校,已经在全国高等学校院系调整时并入北京大学,原燕京大学图书馆藏书也并入北京大学图书馆。章钰之子章元善先生开始考虑寄存书的去留问题。最初,章元善打算捐给中央文史馆。在与文史馆馆员夏仁

---

    * 　原刊《文津学志》第 4 辑,国家图书馆出版社 2001 年版。

    ① 　详见胡海帆:《章氏四当斋李氏泰华楼旧藏与燕京大学图书馆》(上、下),刊于《收藏家》第 118 期、第 119 期,2006 年。

虎先生谈及此事时,夏仁虎先生认为藏书应赠予更为合适之处。吴慰祖先生从夏仁虎先生处获知这一消息,很快就给北京图书馆写了一封信,建议北京图书馆联系章元善先生。今中国国家图书馆档案中存有吴先生的信函原件,原文如下:

> 查章氏四当斋遗书,虽已捐存燕京大学,其式之先生手稿批校一类,所有权仍属诸后嗣。兹闻某宿学云,章氏后嗣,即元善先生,曾告以拟将此类,别谋捐赠,以垂久远等语。未识
> 贵馆有所闻否。窃意此类善本,苟托付非所,散佚可虑,似以能归
> 贵馆为最得其所。爰不揣冒昧,贡所鄙陋,祈
> 察夺焉。此致
> 北京图书馆
>
> 阅览人吴慰祖
> 五二.六.五.

吴慰祖先生,江苏吴县(今苏州)人,藏书家、版本学家,曾校订《四库采进书目》(商务印书馆 1960 年版)。《续补藏书纪事诗》有小传。吴先生是北京图书馆的老读者,很长的一段时间里,定期到古籍善本阅览室阅览图书,与阅览室的工作人员很熟。正是基于这层关系,当时吴先生在得知章元善先生欲将寄存书别捐他处后,首先想到北京图书馆,并及时提供了这一信息。

接到信函后,北京图书馆即刻安排善本部高熙曾与采访部杨殿珣负责联系与调研,很快弄清楚了此事的原委,并上报:

> 经与采访部杨殿珣同志向吴慰祖先生共同进行了解,据吴君称:"前闻夏仁虎先生谈及章式之先生后嗣章元善君欲将此批书稿捐赠文史研究馆,而夏先生谓不如捐赠他处较为适宜。故建议我馆可以进行。"是章元善君本拟捐赠文史馆,改捐我馆之意乃吴君提出。进行与否,祈予
> 裁夺。此上
> 善本部 高熙曾六月十一日

张馆长:

> 又此批书稿,以章校《通鉴》《宋史》等书最著名,其《读书敏求记校证》初稿、再稿、三稿、四稿,亦在其内。其余批校诸书与本馆所藏之傅增

湘先生批校书,或有联系,或有重复。此外,则金石一类书籍,章氏用力较多,当亦在内。

夏仁虎(1874—1963 年),江苏江宁(今南京)人,字蔚如,号啸庵、枝巢子等。清举人,官御史。民国后历任北洋政府财部次长、代总长、国务院秘书长等。中华人民共和国成立后,受聘为中央文史研究馆馆员。著作有《枝巢四述》《旧京琐记》《啸庵诗稿》《啸庵词稿》《啸庵近稿》等。从档案记录看,四当斋藏书得以入藏中国国家图书馆显然先得益于夏仁虎先生的动议,继而得益于吴慰祖先生的信函。如果没有这两位先生的积极作用,这批书恐怕不会入藏今中国国家图书馆。而夏仁虎先生不赞成捐赠中央文史研究馆,应该是基于中央文史研究馆非藏书机构,亦不同于高等院校等教学科研单位的考虑。这一意见无疑是合理的。

档案还记录了高熙曾、杨殿珣对章氏这批藏书的价值评估,其评价也是恰当的。章钰最大的成就在于校书。章氏精于版本校勘,晚年居天津,"发愤遍校群书。日坐四当斋中丹铅不去手,闻有孤椠异籍,必展转传录"(张尔田《先师章式之先生传》)。据统计,章氏一生手抄、手校之书多达一万五千卷。有的书籍点勘多至六七遍,一些数百卷的巨帙,校勘亦不止一次。所校最精者为《读书敏求记校记》《胡刻通鉴正文校宋记》等。金石拓片收藏也是章氏藏书的一大特色。如今中国国家图书馆藏拓片中就设有章钰专藏。

高熙曾、杨殿珣在汇报完毕调查结果之后,北京图书馆与章元善先生进行联络、商谈,10 月 9 日,章元善先生将四当斋藏书中的子类、丑类部分捐赠北京图书馆,由图书馆点验接收。10 月 13 日,北京图书馆与文化部社管局的人员一同到北京大学图书馆,与原燕京大学方面会同清点章氏所寄存的书籍。10 月 16 日全部清点完毕。这部分书籍在《章氏四当斋藏书目》中属于子类、丑类,会点结果与《书目》著录略有出入。撰写于 10 月 16 日的《会点四当斋子丑两类遗书报告》有详细的记录:

　　一、《章氏四当斋藏书目》(燕京大学图书馆编印本)卷上、卷上补遗、卷中及附录共列九百五十二种,六千五百九十五册。(计原列子类书五百六十九种四千二百八十四册,丑类书三百八十二种二千二百八十六册,两共九百五十一种,六千五百七十册。)加会点时发现增出廿五册,书名、种、册数如下:

增书一种:胡刻通鉴正文校宋记附录(附记于上二页五八下)三册

增书二十二册:旧印杂存(原目上三页十上)原目作三册,实存四册,增一;

潜研堂文集五十卷诗集十卷续集十卷(原目上四页十九下)原目作十册,实存十四册,增四;

定盦文集三卷续集四卷补一卷(原目上四页二一上)原目作二册,实存六册,增四;

士礼居黄氏丛书存二十种一百八十八卷(原目上五页一下)原目作二十九册,实存三十册,增一;

滂喜斋丛书五十种九十五卷(原目上五页三下)原目作二十四册,实存三十二册,增八;

金石碑版文广例十卷(原目中二页十三下)原目作二册,实存四册,增二;

悔菴学文八卷(原目中四页十五下)原目作一册,实存二册,增一;

纳兰词五卷补遗一卷(原目中四页二十八上)原目作一册,实存二部二册,增一。

以上八种共增出二十二册。

上项书籍内,下列各书未能查见,应作残缺:

缺书:春秋穀梁传注疏二十卷附校勘记二十卷(原目上一页三上),四册

胡刻通鉴正文校宋记三十卷附录三卷(原目上二页五九上),六册

王文勤公年谱一卷(原目上二页六四上),一册

国朝古文汇钞作者姓氏爵里卷(原目上二页六五下),一册

苏州府志一百五十卷卷首三卷(原目上二页六七下),八十册

写经楼金石目不分卷(原目上二页八〇下),八册

史微(原目上二页八八下),二册(原缺)

东坡乐府二卷(原目上四页三五下),一册

花间集四卷(原目上四页三七上),二册

金石书目二卷(原目中二页十二下),一册

四寸学六卷(原目中三页三下),二册(原缺)

沈石田集不分卷(原目中四页六上),八册

清閟阁集十二卷(原目中四页九下),四册

绛跗阁诗稿十一卷(原目中四页十四上),四册

闲清集六卷(原目中四页二五上),六册

　　残书:孟东野集十卷(原目上四页二下)原目作二册,实存一册,缺一

　　春晖堂丛书十一种存三十二卷(原目上五页三下)原目作十一册,实存六册,缺五

　　灵鹣阁丛书五十五种存九十四卷(原目上五页四下)原目作四十一册,实存四十册,缺一

　　东塾遗书四种存九卷(原目上补页二下)原目作二册,实存一册,缺一

　　陆定蹻先生未定稿(冷庐诗钞一卷感旧诗一卷怀人诗一卷集兰亭叙诗一卷)(原目中四页十八下)原目作三册,实存二册,缺一

　　以上共缺十五种一百三十册(内子类九种一〇五册)

　　共残九册(内子类八册,丑类一册)

　　计共残缺十五种一百三十九册(内子类九种一百十三册,丑类六种二十六册)

　　三、实际点见:

　　子类书　五百六十一种,四千一百九十二册

　　丑类书　三百七十六种,二千二百六十四册

　　　　两共九百三十七种,六千四百五十六册

　　一九五二年十月十六日

　　　　　　会点人

　　　　　　　前燕京大学方面

　　　　　　　　中央文化部社会文化事业管理局方面

　　　　　见照人

　　　　　　(因档案装订,签名被遮盖)

10月31日,这批藏书全部运送至北京图书馆。当日,采访部向馆长上呈报告,简要地叙述了这件事情的前后过程,全文如下:

点收四当斋子丑两类遗书报告

1952 年 10 月 9 日,章元善先生代表四当斋来馆,将四当斋藏书中之子丑两类,捐赠国家,由我馆点收。当即决定于 10 月 13 日派员与北大图书馆会点,点查根据,系以前燕京大学图书馆铅印之《四当斋藏书目》为准。自 13 日起至 16 日止,业已全数点清,多出及残缺等情形另见《会点四当斋子丑两类遗书报告》。10 月 31 日已将点查书籍运馆,计四十六箱,在箱之外,尚有零本 247 册。现存于地下室十一号内。兹将点查目录四册及会点报告一份附呈,请予存案并转呈社管局。

(签章"北京图书馆中文采访股采访部")

1952 年 10 月 31 日

该报告清楚地记录了章氏捐书、各方会点以及书籍运送至北图的具体时间,是一份很重要的档案。之后,北图将接受四当斋藏书的报告以及相关文件、清单上呈文化部社管局备案。

四当斋的这批书籍入藏北图之后,按照当时北图的古籍收藏原则与标准,将其中的 173 种挑选出来入藏善本书库,其余则存于普通古籍书库。

1955 年 5 月,章元善先生又将四当斋所藏碑志、法帖以及余存书籍等共四大项捐赠给文化部文物管理局。文物局根据收藏分工,将这部分藏品拨交北京图书馆。至今,中国国家图书馆依然保存有 1955 年 5 月编订的《章元善捐赠碑志、法帖、书籍等清册》(以下简称《清册》)以及 12 月 20 日文物局要求北图补办拨交手续的公函。《清册》文繁不录,仅将文物局的公函正文抄录于此:

> 北京图书馆:前拨交你馆章元善同志捐献的碑志、法帖、书籍等伍佰陆拾玖项,共计伍百肆拾柒册,壹百叁拾肆轴,叁仟零陆拾贰张,壹拾陆包,已由我局罗福颐同志会同你馆索恩锟同志造册点收,装箱运回你馆。兹随函附去清册、拨交单各一份,请即派员来局补办拨交手续。

此次章氏所捐碑志、法帖、书籍等项的数量,在《清册》与该函件中均有清晰的记录。其中的碑志、法帖,与后来购自周绍良先生所藏的四当斋拓本一起,构成金石拓片库房中的章钰专藏。①

---

① 详细情形,参见冀亚平:《金石拓本中的章钰专藏》,载国家图书馆善本部编:《文津流觞》,第 9 期。

近代以来,随着新式图书馆的兴起,许多私家藏书以捐赠或转让的方式汇入政府创办的图书馆,结束了古代私家藏书聚散无常的定式,这避免了珍贵古籍的亡失之虞。四当斋藏书捐赠至今,毫发无损地完整保存在中国国家图书馆和北京大学图书馆,已经成为对霜根老人及其后人的纪念。

钱文子生平与著述考*

　　钱文子是生活在南宋孝宗至宁宗时期的一位著名学者,《宋元学案》称:
"嘉定以后诸儒无一存者,文子岿然为正学宗师。"足见他在当时的影响。但
是,关于他的生平,《宋史》及其他史书中都没有一个较为详细的传记,别的文
献中提到他时,也大多是三言两语,简单得很,而且查找极为不易。他能够为
今人所知,大概主要是他撰著的一部流传至今的《补汉兵志》的缘故,这本书
是今天研究两汉兵制者往往要提到的。除此之外的他的一些情况,恐怕了解
的就不多了。

　　8 年前,在吴荣曾先生的指导下,我以《补汉兵志》为基础,翻检史书与出
土资料,对两汉兵制资料做过一次整理。当时,为弄清作者钱文子的生平,曾
查找典籍记载,做了一篇札记。事后便放在一边,未作更深入的探讨。今将旧
文找出,补充新见到的资料,试对钱氏生平与著述加以考证,希望对于大家了
解钱文子会有所帮助。

一、生平事迹

　　钱文子,字文季,南宋温州乐清(今浙江乐清)人。据《宋元学案补遗》引
《温州旧志》记载,钱文子原名宏,字文子,后以字行,更字文季。因此,文献中
提到他时,或曰钱宏、或曰钱文子、或曰钱文季,实际上是一个人。明代凌迪知
不明于此,在所撰《万姓统谱》卷二十七中即将"钱文季""钱文子"当作两个
不同的人分别予以收录。今人编纂的《全宋诗》亦疏于考索,将钱宏、钱文子

---

　　*　本文初稿写于 1994 年 12 月,2002 年 7 月重新改写,原刊《文津学志》第 1 辑,国家图书
馆出版社 2003 年版。

当作两个不同的诗人而分别列条目,把一人的诗作分为两处。这都不正确。

钱文子的出生时间不清楚。他的生平活动最早只能追溯到宋孝宗乾道、淳熙年间。明黄宗羲《宋元学案》卷六十一,钱文子小传称:

> 乾淳之际,永嘉(今浙江温州)诸儒林立,先生遍从之游,而于徐忠文公宏父尤契。入太学,有盛名。

徐宏,字尹之,温州平阳(今浙江平阳)人,淳熙八年(1181 年)进士及第,治《礼记》。当时温州一带名儒甚多,这为钱文子求学益知提供了很好的外部条件。在这种环境的熏陶下,他遍访诸儒,学识大增。日后入太学有盛名,当与这个时期的游学有很大关系。

《万姓统谱》卷二十七记载:

> 钱文子,字文季,乐清人。笃学明经,为儒林巨擘。入太学,月书季考,每占高等。绍熙壬子,以两优释褐,授职官。其后把麾持节,皆以循良、介特著称。

《南宋馆阁续录》卷九亦称:

> 钱文子,绍熙三年上舍释褐出身,治《春秋》。

可见,钱文子在太学的学业的确是很优秀的。宋代选拔读书人做官,除了通过科举考试之外,还采用学校与科举相结合的制度,在太学中实行三舍法,即分外舍、内舍与上舍。根据考试成绩,外舍生优秀者升内舍,内舍生优秀者升上舍。上舍生之上等可以不经过殿试直接取旨授官,中等免省试,下等免解试。绍熙三年(1192 年),钱文子因为在太学的学习成绩优异,属于上舍生中的上等,未经殿试直接授以官职。据《两朝纲目备要》,当时授钱文子的官职是宣教郎:

> (宋宁宗庆元三年)六月癸卯,言者论三十年来伪学显行,场屋之权尽归二三温人,所谓状元、省元、两优释褐,若非其私徒,即是其亲故。望诏大臣审察其所学而后除授。时有宣教郎钱文子者,以太学两优释褐,一任回,当召试,径就部,注潭州醴陵知县而去,时人称之。

宣教郎是从八品的京官,且只是京官的寄禄官,非真正的职务。后来,卫泾举荐钱文子的状文中有一句"由幕僚改秩宰邑醴陵"的话,所说的幕僚,指的就是钱氏做宣教郎的这段经历,因为宣教郎属于幕职官。这条材料表明,钱文子直到庆元三年(1197 年)才升做知县。那么,从绍熙三年至庆元三年,将近 6

年的时间,钱文子是怎样度过的呢? 通过一些记载知道,他此时大约一直在婺州等地活动,以课徒授业为主。《宋元学案补遗》"钱文子"条下:

> 梓材谨案:《东阳石洞遗芳》载,先生主石洞师席,又与诸葛千能并主郭氏高塘庵师席,讲明洛学。后宰醴陵,因属叶味道续主其教云。

东阳为婺州属县。钱文子是南宋理学的一个重要人物。根据这段记载得知,他在婺州待了相当长的时期,先后于东阳石洞以及郭氏高塘庵等书院讲授洛学。庆元二年(1196年),钱文子来到婺州的治所金华县。周必大《文忠集》卷一八八《与吕子约寺丞书》云:

> 钱文季寓金华县,俟来春班注邑,可谓良图。

这封书信写于庆元二年十月。宋代,像宣教郎这样不常参的京官,必须经过磨勘(考核)和一定员数举主的推荐,根据本人有无出身,是否达到规定的考数(任职满一年为一考),决定能否改为朝官。而改为朝官,初任者必须担任知县。如周必大《与吕子约寺丞书》中所说,钱文子到金华县的目的,是等待期满进京,希望经考核能除授一份实职。

钱文子离开金华县,赴京接受考课、差遣,大约是在庆元二年年底。周必大《文忠集》卷四十一收录一首诗,题为《钱文季(文子)状元去春用杨吉州子直韵赋玉蕊诗,老夫久稽奉酬今承秩满还朝就以为饯》(丙辰):

> 昼揽群芳博物华,夕披众说聚萤车。花来北固无新唱,诗到西崑有故家。乡里孝廉流泽远,弟兄科甲缙绅夸。盍归史馆开群玉,徐步词垣判五花。

《永乐大典》卷一一〇七七收录了这首诗,盖因诗题开头有"钱文季(文子)"字样,《全宋诗》在辑录钱文子佚诗时,又误作钱文子之作,重复辑录。从诗题及诗句来看,这首诗是周必大为钱文子送行所赋,作诗时间署曰丙辰,为庆元二年。时周必大已致仕归里(庐陵,今江西吉安)近两年,诗应是寄赠。前引周必大《与吕子约寺丞书》表明,庆元二年十月,钱文子还没离开金华,则钱氏离开金华当晚于十月。诗中充满了对钱氏此行的美好祝愿。首句"昼揽群芳博物华,夕披众说聚萤车",又让我们了解到钱文子这几年始终勤于读书、著述,《补汉兵志》即撰于这一时期(详见下文),估计他一生的大多数著作可能完成于此时。另外,钱文子一生中只有这一时期的主要活动是课授弟子学业,因此他的许多弟子门生应产生于此时。其弟子中不乏著名者,据《宋元学案》

卷六十一所举就有乔行简、丁黼、曹豳、汤程。另外,见于载籍者还有先后主持刊布《补汉兵志》的陈元粹、王大昌。

在动身赴京之前,钱文子还与退休江西吉水故里的杨万里通过音信。诚斋先生对钱文子颇为推许,他的《送钱文季佥判》诗应为此时寄赠钱文子的:

> 东海珠胎清庙珍,璧水秀孝第一人。胡为俯首莲泛绿,如有用我试治民。古来幕中要婉画,君乃不肯作此客。囊箧细碎吾不能,玉壶清冰朱丝直。梅花雪片迎新年,送君抟风上九天。凤池鸡树只咫尺,致君尧舜更努力。

杨万里生前曾将自己的诗作依照不同的生活、历仕阶段各编为一集,每一集所收的诗亦大抵以作诗时间先后为序。此诗收于他的最后一部诗集《退休集》中。该诗集乃杨万里绍熙三年辞却江东副使退休故里之后的诗作。写于《送钱文季佥判》前面的诗中,有一首《丙辰岁朝行东园》,是庆元二年(1196 年)元日所作,直至这首《送钱文季佥判》,这一部分诗均应为该年之作。从这些诗的时间顺序来看,作《送钱文季佥判》时已入腊月。此诗也有"梅花雪片迎新年"的句子。结合前文引录周必大的赠诗,可以推定钱文子赴京是在庆元二年腊月。杨万里的赠诗对钱文子也是赞赏有加,知钱文子有经世济民之抱负,不肯久为低微的幕职官,希望能被朝廷重用,更希望他将来能致君为尧舜,建功立业。同周必大诗一样,杨万里对钱文子此后的前途颇为看好。但一面临当时的朝政现实,这些美好的愿望就受到了挑战。

庆元年间,权相韩侂胄为打击政敌赵汝愚、朱熹等人,推行党禁。凡与韩意见不合者,均被称为"道学"之人,斥道学为"伪学",禁毁理学家的书籍。有关人员陆续被罢免、贬职。正如前引《两朝纲目备要》所反映的那样,钱文子进京考核时,受到了这次政治事件的影响。他被差遣去任知县的醴陵县属于潭州,地处僻壤,治安混乱,但他还是"径直赴任"。到任之后,钱文子"不卑其官,刻意民事,抚摩善良,锄治奸恶,盗贼为之屏息,豪杰望风敛戢,县计上供之外,沛然有余"(卫泾《后乐集》卷十一《应诏举人才举游九言、钱文子、黄宜状》)。展示了他具有良好的治民理政能力,并非志大才疏之辈。

庆元党禁直至嘉泰二年二月才有松弛。对这次政治事件及其发起者韩侂胄,史书中虽未留下钱文子的任何言论,实际上他应是极为反感和不满的。嘉泰元年(1201年),吕祖泰诣登闻鼓院,上书直言,称韩侂胄有无君之心,请诛之,以防祸乱。结果,吕祖泰因此受到迫害,被杖贬,发配钦州。《宋史·吕祖泰传》记载说:"祖泰既贬,道出潭州,钱文子为醴陵令,私赆其行。侂胄使人迹其所在,祖泰乃匿襄、郢间。"韩侂胄欲将耿直不阿的吕祖泰置于死地。在这样的政治环境下,钱文子不顾功名利禄的得失,乃至身家性命之安危,不避人耳目,向发配途中的吕祖泰赠送盘缠。这件事情反映了他对韩侂胄擅权的强烈抗议,也表现出他的性格确实有耿介特立的一面。《万姓统谱》说他"以介特著称",是符合事实的。

《(嘉定)赤城志》卷九记载,嘉泰四年(1204年)十二月十二日,钱文子以朝奉郎知台州。至开禧元年(1205年)四月十八日,他又改知常州。知常州时期的行实,缺乏记载。在台州不到半年的时间里,钱文子依然"振厉风采,治民驭军,宽猛得宜"。(卫泾语)

台州有一处古迹曰梅台,据称是钱文子知台州时所修。《(嘉定)赤城志》卷五记载:"梅台,在赤城奇观前,开禧元年钱守文子建。下临巨壑,有梅数十本焉。"赤城奇观是一处亭榭,在郡圃后山上。

在台州,钱文子还经常与一些文人雅士相邀聚会,其中一位为林宪。林宪,字景思,号雪巢,人称雪巢先生。在钱文子从台州任上离开时,雪巢先生已经病重不起,不久就去世了。钱文子为此作了一首悼亡诗《次韵李使君追悼雪巢先生》,诗后的自注说:"予为台州,雪巢屡从予饮池上,未几,病不能起。比予罢官,别之牖下。"追述了在台州的这段交往。

嘉定元年(1208年),钱文子再次调迁,入川充成都转运判官(《宋会要辑稿》)。估计是到成都之后不久,他做了一件事,赢得了蜀人的尊重。原来,数年前权相韩侂胄为固位自重,发起"开禧北伐"。开禧二年(1206年),四川宣抚副使吴曦叛变,向金称臣割地。吴曦的叛降行径,受到四川官员、将领的强烈抵制。开禧三年二月,监兴州合江仓杨巨源(字子渊,蜀地益昌人)与四川宣抚副使司随军转运使安丙、兴州中军正将李好义合谋,诛杀吴曦。论功,应以巨源为第一。但赏不酬功,诏命一字不及巨源。接着,有人诬蔑杨巨源欲谋乱。是年六月,安丙派人杀害杨巨源。杨巨源之冤长时间未得申正,但蜀人深悉其情,感念他除曦之功,史称"巨源死,忠义之士为之扼腕,闻者流涕"。(《宋史·杨巨源传》)钱文子嘉定元年到成都,正是巨源死后不久,得知其事,撰作祭文,悼念这位冤死的抗金功臣。这时距离朝廷为巨源雪冤还有七年。《万姓统谱》卷二十七记载此事说:"钱文季,乐清人,为成都漕运判官。善属文,义士杨巨源死于非命,文季为作哀词,蜀人高之。"

在成都,钱文子待了三年。对充任这份差使,他不是很满意。这一点从他作于此时的《望吴亭次黄二尹韵》诗可以看出来。诗云:

> 东望长安山复山,数峰还出两峰间。揽衣来即三年戍,引客聊为一日闲。身似暮云低更好,心如归鸟倦知还。圣朝倘得收遗物,叹息搔头鬓已斑。(清·曾唯《东瓯诗存》卷四)

诗中借用汉唐之长安指代当时的京城临安。临安在成都之东,故曰"东望长安"。"揽衣来即三年戍"一句表明此诗作于钱文子担任成都转运判官的第三个年头,即嘉定三年(1210年)。钱文子与同时代的许多有志的士大夫一样,本来是想有一番作为的。身为学者,他没有钻进书本里躲避现实,相反,他的一些著作如《补汉兵志》《汉唐制度》等都是有感于现实政制中的弊端,希望从历史上借鉴好的制度来加以改良而作的。他也希望自己的思想能使现实变得好一些,国家摆脱内忧外患不断的局面。但南宋朝纲屡屡落入庸碌无能而又擅权败政之人手中。前有韩侂胄揽权,迫害廷臣。此时朝内又值权臣史弥远当政,对外敌一味屈服妥协,对内则排斥异己、招劝纳贿、货赂公行,廷臣中的正直人士,如真德秀、魏了翁、洪咨夔、胡梦昱等皆遭贬逐。在这种情况下,像钱文子这样真正有忧国之心的人,是得不到重用的。诗中自称为"朝廷遗物",盖缘于此。钱文子这时年事已高,鬓发都斑白了。他对仕途生活也开始产生厌倦,发出"身似暮云低更好,心如归鸟倦知还"的感叹,这应该是他日后致仕归隐的原因。

这期间,魏了翁受史弥远的排斥打击,也被贬放至蜀,知汉州。汉州属成都府路,钱、魏二人得以时常相见,他们讲学论道,引为知己。魏了翁《鹤山集》卷一百〇八《师友雅言上》记载了他们二人与李仲衍、杨嗣勋等曾经有过的一次聚会,聚会上,他们一起讲论学问。又同书卷五十四《钱氏诗集传序》提到:"始公奉使成都,尝出以示予。"说明钱文子在任成都转运判官时,曾向魏了翁出示过所撰《诗集传》(即《白石诗传》)。

此外,钱文子还结识了蜀地的一些学者,史容即为其中一位。史容,字公仪,号芝室居士,青衣人。仕至太中大夫。晚年谢事,著书不休,所撰《山谷外集诗注》为艺林所宝,流传至今。钱文子任职于成都的时候,史容年已70余岁,此书大约完成不久,准备付梓,先由其子史叔廉呈与钱文子。钱文子遍阅此书,大为赞赏,为之作序。时在嘉定元年十二月乙酉。

嘉定三年(1210年)九月,钱文子结束地方官生涯,入朝为吏部员外郎兼国史院编修官及实录院检讨官。嘉定四年(1211年)四月,迁调宗正少卿,仍兼国史院编修官及实录院检讨官。宗正少卿掌修纂宗室谱系属籍。国史院编修官与实录院检讨官负责撰写本朝正史与实录。钱文子虽得入朝为官,然所授均非要职,无从施展平生抱负。数年后,钱文子即辞官退隐。嘉定七年(1214年),陈元粹序《补汉兵志》说:"先生乃老矣,方力疾勾休,筑室深山中,尚羊物外,以书史泉石自娱,将终身焉。"可见,这一年钱文子决意致仕退隐了。

乐清县有白石山,山有白石岩。钱文子退隐后居白石山下,因以为号,自称白石山人。他有一首《白头岩》诗,即咏此白石岩的:

> 岩下碧藤挂紫烟,岩头白石插青天。精灵屹作乡邦镇,一剑霜寒二百年。

此诗收于清代曾唯《东瓯诗存》卷四,《全宋诗》收在"钱宏"条下。作诗的时间估计是在钱文子退隐之后。我们从这首诗中依然可以感受得到退隐之后的钱文子胸中未了的豪情壮志,可惜只能形诸诗文,让后人品味了。

钱文子在退隐后仍保持与师友之间的书信往来,时有酬答。韩淲《涧泉集》卷十二《寄钱文季卿》当是此时期韩淲寄赠钱文子的诗作:

> 尽有溪山尽可闲,竹符英节几年间。竟归问舍应游泳,将老择乡谁往还。独笑疏阔诚易久,皆云高远愈难攀。东风又绿天涯草,百事何劳一破颜。

韩淲(1159—1224年),字仲止,号涧泉,上饶人,有高节,仕不久即归。嘉定十七年卒。有《涧泉日记》《涧泉集》。由此诗知钱文子退隐之后,尽享栖迟泉石、优游卒岁之闲适、欢乐。

钱文子去世于何时?绍定六年(1233年),乔行简序《白石诗传》称,钱文子"没,今20余年"。上推20年,正当嘉定七年(1214年)。或许他在退隐之后不久即去世了。

二、著述考

如前文所说，钱文子勤于著述，其诗文著作数量应当比较可观。但他的许多著作已经佚逸，只在古人的书目中留下书名。诗文则只有少数几篇散见于不同的书籍里，需要费工夫搜检。

下面先说一下他的著作：

1.《白石诗传》二十卷，见《直斋书录解题》《文献通考·经籍考》《宋史·艺文志》。又《文渊阁书目》卷一"地字号第二橱书目"诗类，有"诗钱文子传，一部，十一册。诗钱文子传，一部，四册"。亦为此书。

《诗经》作为儒家经典之一，在汉代已有今、古文之分。今文诗凡三家，即齐、鲁、韩。古文诗则仅毛氏一家。汉末郑玄混合今古文家法，本《毛传》，杂采三家，撰《诗笺》。自后，今文《诗》渐次亡佚，唯古文派之《毛传》及郑《笺》占据统治地位。至宋代，人们开始对前人的《诗经》学大胆怀疑，辨正得失。欧阳修、苏辙、郑樵、程颢等相与"辨序文，正古音，破改字之谬，辟专门之隘"。朱熹集其大成，有《诗集传》传世。钱文子的《白石诗传》就是在这种学术思潮的影响下的产物。此书现已亡佚，但魏了翁、乔行简先后所作序文还能找到（并见于朱彝尊《经义考》，魏序又收于《鹤山集》）。根据他们的序文，《白石诗传》的基本内容尚可推知一二。

其一，宋人认为《诗》序有古序、续序之分，每篇首二语为古序，其下学者增益之辞则为续序，亦曰后序。苏辙《诗集传》始认为毛序不可尽信，存其古序，删去续序。钱文子《白石诗传》对毛序亦仅存序首之语，而去所谓后师增益之说。

其二，乔行简序中称此书"一章之中释以数语"，是说《白石诗传》对《诗》的字句作了注解、训释。清人顾镇《虞东学诗》卷十二《殷武》下引用了钱文子《诗集传》的一段注释，引文如下：

> 《集传》钱文子曰："圆，直也。'是断是迁'，言截之所生之地，徙之造作之处也。方，正以绳墨也。斫，削以斧斤也。"

《白石诗传》又称钱氏《诗集传》，《虞东学诗》引作《集传》，乃简称。这段引文是对《诗经·商颂·殷武》"是断是迁，方斫是虔"一句作的注释。借此可以知道钱氏《诗集传》在这一方面所做工作的大概。

其三，乔行简序又称此书"一篇之后赞以数语"。魏序也说此书"约文述指，篇为一赞。凡旧说之涉乎矜己讪上、伤俗害伦者，皆在所不取。"案，《诗经》中有不少讥讽君主、批评现实的诗，还有不少爱情诗，这些诗都是当时人生活的真实反映，但《毛诗序》因道德说教和意识形态的需要，把这些诗神圣化，涂上政治色彩，牵强附会，扭曲诗文真实含义，成为封建道德说教的作品、教材。宋人对诗序敢于大胆怀疑，例如朱熹就揭其面纱，指出许多诗皆淫乱之诗，这是宋人的一个功劳，但他们作为理学家，又以道学的眼光来评判《诗经》中的爱情诗，冠以"淫乱"二字，甚或主张把这类诗从《诗经》中剔除掉。钱文子作为理学家，也跳不出时代给他的局限，他的《诗集传》"约文述指"为每首诗作赞，无疑是用理学家的标准来评判诗篇，所以对"旧说之涉乎矜己讪上、伤俗害伦者"，都予以批判、抛弃。

钱文子《诗集传》的价值，清人顾镇有过一个评价，可作参考。他说：

> 古今诗说最繁，钱氏（明·钱天锡）《〈诗牖〉序》所载有书可考者一百一十八部，其见于《汉志》、《隋志》、《唐志》、宋《三朝志》、《四朝志》、《中兴志》不可更仆数，而其中卓然可传者，推欧、苏、吕、严四家，而王景文之《总闻》、钱文子之《诗传》、曹粹中之《诗说》、陈少南、李迂仲之《诗解》，亦如骖有靳。[①]

钱文子《诗集传》最早是由其弟子丁黼为之刊行的。刊行前，丁黼书请魏了翁作序。他在回复丁黼的书信中说：

> 钱白石《诗传》，曩在成都，蒙渠出示，草草看得数篇，全不能记。今欲作序文，须是见得大意，方可著语，似难臆料。（《鹤山集》卷三十五《答丁大监》）

鹤山先生后来为此书作的序文中也说：

> 始公奉使成都，尝出以示予。至是，门人丁文伯黼起家守庐陵，将为板行，而属予题辞。（《鹤山集》卷五十四《钱氏诗集传序》）

根据魏了翁的这两段话，钱文子的《诗集传》成书的最后时间不晚于他为成都转运判官时。书的刊行是在丁黼"起家守庐陵"即知吉州（庐陵为吉州治

---

① 《虞东学诗·例言》。

所)之时。丁黼知吉州的时间未见记载。《鹤山集》中收魏了翁与丁黼书信有两件,另外一件收于卷三十七,标题称丁黼为"丁制副",时间署作"甲午"(端平元年),这年丁黼出任四川安抚制置副使。大致可以认定,《鹤山集》所拟定书信标题对丁黼官职的称呼与当时的实际情况基本吻合。《答丁大监》称丁黼曰丁大监,是因为丁氏曾以朝请大夫为军器监①。《钱氏诗集传序》又称丁黼"起家守庐陵"。据此推测,魏氏作序之时,或说此书刊行之时,丁黼恰好由军器监调为知吉州。《(雍正)广西通志》卷五十一记载,丁黼于绍定四年(1231 年)以中奉大夫直敷文阁任静江府知府。丁黼知吉州似应在此之前。以此,可大致划定钱文子《诗集传》的首次刊行是在宝庆元年之后、绍定四年之前。绍定六年(1233 年),钱文子的另一位弟子乔行简嘱托司马光之孙司马述重刻于永嘉郡斋,时司马述正出守永嘉(即温州)。这两个刻本应是《白石诗传》的最早刻本。清初,朱彝尊作《经义考》时,此书尚有刻本存世。今日则难以寻觅。

2.《诗训诂》三卷,《宋史·艺文志》有著录。

从魏了翁、乔行简序《白石诗传》看,丁黼、乔行简刊刻《白石诗传》时,是将《诗训诂》也一同刊行的。《诗训诂》共分 19 门,即释天、释地、释山、释水、释人、释言、释礼、释乐、释宫、释器、释车、释服、释食、释禽、释兽、释虫、释鱼、释草、释木。② 仿照的是《尔雅》将词汇分类训解的体例。魏序说《诗训诂》"如《尔雅》类例"是符合事实的。明人冯复京《六家诗名物疏》所列举的引用书目中,有钱文子的《诗训诂》。朱彝尊作《经义考》时,标注此书尚有刻本存世。现已亡佚。

3.《中庸集传》一卷,《宋史·艺文志》、明代朱睦㮮《授经图义例》有著录。

《论语传赞》二十卷,《宋史·艺文志》有著录。

《孟子传赞》十四卷,《宋史·艺文志》有著录。

此三书于朱彝尊作《经义考》时,均已亡佚。其内容估计主要也是作者借经书阐发理学思想。

---

① 宝庆元年(1225 年),魏了翁应丁黼之请为其父撰墓志铭中提到丁黼当时的官职即军器监,见《鹤山集》卷八十一《赠奉直大夫丁公墓志铭》。

② 《经义考》卷一百五引徐秉义说。

4.《汉唐制度》，明《文渊阁书目》卷一"黄字号第三橱书目"收录有"钱文子《汉唐制度》一部，一册。"王应麟《玉海》卷四十九"艺文"著录钱文子《汉唐事要》二十卷，不知是否为同一书。

宋代人编《群书会元截江网》收录两条钱文子论述评议汉代"上计"与"役法"的文字（分别见卷九"会财"、卷二十"役法"），其中关于汉代上计制度的论述，在引文末注明出自《制度论》；另一条虽未注明出处，据其论述特点分析，也应该是根据《制度论》。而且，从两段文字的内容来看，《制度论》即《汉唐制度》一书。这部书主要论述汉唐实行过的典章制度，评议其得失，间与宋制比较，目的似是试图从历史上施行过的典制里汲取有用的部分，借以革除宋制之弊端。

5.《补汉兵志》一卷，《直斋书录解题》《文献通考》《玉海》《宋史·艺文志》均有著录。唯《解题》与《通考》"志"作"制"，前人早已指出属于讹误（参《四库全书总目提要》）。

正史之有"兵志"始于欧阳修、宋祁等编修的《新唐书》，此前正史均无"兵志"，《史记》《汉书》《后汉书》也不例外，这为后人研究汉代兵制造成了不少困难。因为没有系统的记载保存下来，后人只能从史书中去搜稽散见的材料，排比归纳，最大限度地揭示两汉兵制的面貌。钱文子的《补汉兵志》正是这样的一部补阙之作。陈元粹序云："盖汉兵最近古，其规模尤精密，而史阙其文，姑采摭群书，先志其大节，而其纤悉未能尽载此书也。"清人朱彝尊跋亦称，钱文子见"汉制不失寓兵于农遗意，而班史无志，因以补之"。

但是，补汉史"兵志"之阙并非钱文子作《补汉兵志》的初衷，换句话说，他不是专为补阙而作《补汉兵志》的。补阙只是动机的一个方面，更主要的是为了总结汉代兵制的得失，向朝廷提供一些改良宋代兵制的参考意见。

宋初惩五代之弊，收天下精兵萃聚京师。当时兵聚尚精，久则兵聚而不可复用，冗兵冗费成为有宋一代难以解决的一大痼疾。迟至南宋，愈益甚焉。有识之士多以改良兵制为急务，他们开始总结历史上的兵制，希望能从中找到解决问题的办法。因为汉代早期也曾面临来自北方游牧民族的严重侵扰，但汉代最终将北方的匈奴势力打败了，不像宋朝饱受辽金的先后侵略威胁。因此，宋人对汉代的兵制尤为关注。当时，与钱文子《补汉兵志》类似的著作颇有一些，如《直斋书录解题》卷十二著录言："《两汉兵制》一卷，建安王玲器之撰。

《汉兵编》二卷《辨疑》一卷,姑苏潘梦旂天锡撰。"《宋史·艺文志》著录有陈傅良《汉兵制》一卷,徐天麟《汉兵本末》一卷。这些著作均是为宋事立议,非单纯就汉兵制论汉兵制。可见,钱文子《补汉兵志》的编著,是南宋学术界一股思潮的反映。

《补汉兵志》撰写于何时?据钱文子的弟子陈元粹序云:"《汉兵志》,永嘉白石先生往为大都授时所著。"案,"大都授",语出《汉书·翟方进传》,翟方进与胡常皆习《春秋》经,而名出其上,但方进尊让胡常,"候伺常大都授时,遣门下诸生至常所问大义疑难,因记其说"。颜师古注曰:"都授,谓总集诸生大讲授也。"钱文子为大都授是在绍熙三年(1192年)至庆元三年(1197年)之间,这一时期他先后主持过东阳石洞与郭氏高塘庵等处师席,课授弟子,讲明洛学。因此,《补汉兵志》成书应在这一时期,下限不晚于庆元三年。

《补汉兵志》成书以后,初时大约只是在弟子之间传阅。陈元粹序即称:"予少小执经师从,曾备讨阅。"钱文子的另一位弟子王大昌也说:"余曩从先生游,得见此书,即手抄为家藏,且以训族里,思与好学之士共之。"这说明最初是以抄本流传。其有刊本,始于陈元粹。嘉定七年(1214年),时官奉议郎、知江州瑞昌县、主管劝农营田公事兼买纳茶场的陈元粹,在瑞昌县署主持刊刻了这部书。在书前,陈元粹作了一篇序文,叙述此书的原委,另外,他还加了一篇《补汉兵志纲目》。次年五月,官奉议郎、权淮南路转运判官、兼淮南东路提点刑狱公事的王大昌从陈元粹那里得到了这个刻本,很是兴奋,写了一篇跋,并于同年九月以陈元粹课本为底本,镂板于漕廨,以使此书流传更广。这是《补汉兵志》最早的两个刻本,也是直至清初以前仅有的两个刻本。

元明两代流传的主要是以王大昌刻本为底本的抄本。现在所知的有如下几种:

清代张金吾《爱日精庐藏书志》卷十九政书类著录:

　　《补汉兵志》一卷　旧抄本　玉兰堂藏书

　　宋白石先生钱氏文子撰

　　玉兰堂、毛子晋、季沧苇、席玉照、杨继梁俱有印记,题签尚是子晋手笔,可贵也。

　　陈元粹序　嘉定甲戌

　　王大昌跋　嘉定乙亥

玉兰堂是明代著名藏书家文徵明的藏书处,其藏书印有"玉兰堂",玉兰堂抄本很有名。这个抄本中抄有王大昌跋,说明其所据底本是王大昌刻本。此书从文徵明那里,经毛晋、季振宜、席鉴、杨继梁,传至张金吾手中,可以说叠经名人呵护。后来流往何方,已不得而知。

清初钱曾的藏书中也有一部《补汉兵志》,见《也是园书目》"史部·故事",估计也是明代的抄本。需要说明的是,《也是园书目》把《补汉兵志》的作者错误地著录为"姜白石"。宋代以白石为号者不止姜夔一人,钱文子、黄景说亦皆号白石,且三人皆以所居为号。(参见《爱日斋丛钞》卷二)钱曾大约以为唯姜夔号白石,见书署曰白石先生,又未翻看书文,遂解作"姜白石"。后来,朱彝尊借钱曾藏本过录了一个抄本,在跋中提到钱文子的《白石诗传》与《补汉兵志》"皆以白石著录,不知者疑是姜夔书,误矣"。盖暗指钱曾。钱曾所藏的这个抄本,后来也不知去向。

国家图书馆收藏有《补汉兵志》的另一个明抄本,也是据王大昌刻本摹写的,半叶7行17字,小字双行同,无格。书有缺页。上有"(叶)树廉""石君""孙印从添""庆增氏"等印记,可知其流传情况。此抄本原为瞿氏铁琴铜剑楼收藏,《铁琴铜剑楼藏书目录》卷十二"史部政书类"有著录,云为"影抄宋本"。

清代,此书依然有不少抄本流传。国家图书馆收藏有两个清抄本:一为清人张位抄本,有"张位"印。此本似据叶树廉藏明抄本影抄,两个本子的行款相同,缺叶和宋讳缺笔也相同。另一抄本为逸野堂藏本史类第三册,半叶11行21字,无格。上有"灵溪精舍藏书之印""周子校""柯逢时印"等印记,原为柯逢时藏书。

清初,朱彝尊以也是园藏本为底本过录的本子,后来依次经过盛百二、吴江沈氏收藏,再后来,为鲍廷博所得。

清代沈德寿抱经楼藏书中有一个抄本。据《抱经楼藏书志》卷二十九"政书类":

《补汉兵志》一卷　旧抄本

宋白石先生钱氏文子撰

陈元粹序　嘉定甲戌

王大昌跋　嘉定乙亥

(抄录朱彝尊跋)

（抄录鲍廷博跋）

不知这个本子是朱彝尊抄本，抑或是据鲍廷博刻本所抄录的又一个抄本。

另据《中国古籍善本书目》"史部·政书·军政"，天津图书馆、湖南省图书馆、安徽省图书馆各藏有一部该书的清抄本，安徽省图书馆藏的清抄本有李文藻跋。

现在，人们常见的《补汉兵志》多是《丛书集成初编》本和《二十五史补编》本，这两个本子较易找到。它们事实上都是据鲍廷博刻《知不足斋丛书》本排印的。鲍廷博以重值自吴江沈氏购得朱彝尊抄本后，对书中文字详加校雠比勘，正讹补阙，收入《知不足斋丛书》，于乾隆四十四年（1779年）十月锓梓家塾，再广其传。

其实，在鲍廷博刻本之前，还有一个乾隆三十四年（1769年）般阳书院刻本。此本在国家图书馆与杭州大学图书馆都有收藏，杭大藏本有清末孙诒让手校记。这个刻本的底本也是朱彝尊抄本。通过书后面盛百二跋，知朱彝尊抄本曾被盛百二购得，时间估计应先于吴江沈氏。盛百二晚年居齐鲁间，主讲山枣、藁城等书院十数年，乾隆三十四年前后，大约正主般阳书院师席，故于般阳书院开雕。付雕之前，先后经过了益都李南涧、淄川高木欣的校勘。

在鲍廷博刻本之后，有清嘉庆年间桐华馆刻本，即清代金德舆编《桐华馆史翼》第一册。此书国家图书馆有藏。

鲍廷博校刻《补汉兵志》，对该书的流传是有功劳的，不过，关于该书作者是谁，他却有些误解。他在跋中认为书虽是钱文子撰写，其中的注则是钱氏门人陈元粹补加的。这一说法没有根据。

首先，若注文确为陈元粹所作，则陈元粹在书中不能不有所透露。陈氏刊刻该书时，在书前加了一篇《补汉兵志纲目》，他就特别说明这是自己所作，不是原书所有，他说："元书初不立此纲目，予虑学者未明，复表出之，非本旨也。元粹谨书。"对一篇文字不多的《纲目》尚且如此，那么，占全书绝大部分篇幅的注文若属于陈氏手加，陈氏必无不作丝毫声明的道理。

其次，王大昌也见过《补汉兵志》原稿，并且抄录了一份，因此，钱文子《补汉兵志》本来的内容结构他是熟悉的。陈元粹刻的《补汉兵志》他很快见到了，若那些大量的注文非原书所有，王大昌一看即知，他在自己主持刊刻该书时所撰写的跋里，必然会有所透露。而我们从他的跋里看不见只言片语谈到这一点,此正可作为注文非陈元粹补加之证据。

再次,历来著录《补汉兵志》的目录书,如《直斋书录解题》《文献通考》《宋史·艺文志》《爱日精庐藏书志》《抱经楼藏书志》等,一直认为此书为钱文子所撰。若《四库总目》则明言钱氏"摭其本纪列传及诸志之中载及兵制者,裒而编之,附以考证论断,以成此书"。周中孚《郑堂读书记》也说:"俱采摭《汉书》中载及兵制者,列为大纲,而傅益以他书,为之考证论断,以附其下。"以上都认为书中列举本纪、列传及诸志里的材料作的注,是钱文子撰写的。

可见,鲍廷博以注为陈元粹所作,属于臆测之辞。

除了上述著作外,钱文子应该有不少单篇诗文。因为他本人及后人从未进行搜集整理,编成诗文集,这些零散的诗文也就大都亡佚了。现在能找到的已经寥寥无几,有的还是只存篇名。

1.《维摩庵记》

撰写时间不明。今存。真德秀《跋钱文季少卿〈维摩庵记〉》(《西山文集》卷三十四)与王应麟《困学纪闻》卷二十均提到并引录了这篇文章。

2.《〈山谷外集诗注〉序》

今存。此序文乃钱文子为成都转运判官时,于嘉定元年十二月乙酉为史容撰写的《山谷外集诗注》而作。附见该书。

3.《〈史韵〉序》

晁公武《郡斋读书志》卷五上:"《史韵》四十九卷,回溪钱讽正初所编也。依唐韵分四声,而以十七史之句注于下。讽,钱塘人。郑侨、钱文子为之序。"此序文已佚。

4.《祭周必大文》

嘉泰四年(1204年),周必大去世。钱文子为作祭文。今存,见周必大《文忠集》附录一《祭文》。

5.《祭杨巨源文》

钱文子为成都转运判官时撰写。参见前文。今不存。

6.《次韵李使君追悼雪巢先生》

见《宋诗纪事补遗》卷五十九,《全宋诗》收录。创作时间应在开禧元年四月钱文子改知常州之后不久。参见前文。

7.《望吴亭次黄二尹韵》

见《东瓯诗存》卷四,《全宋诗》收录。创作时间应在嘉定三年钱文子未离开成都之时。参见前文。

8.《白头岩》

见《东瓯诗存》卷四,《全宋诗》收录。创作时间应在嘉定七年钱文子退隐之后。参见前文。

9.《㠝尊绝句》

见《永乐大典》卷三五八四引《寿昌乘》,《全宋诗》收录。关于此诗的创作时间,需要多说几句。原诗如下:

> 招邀风月须坡叟,管领江山属漫郎。更筑危亭依巨石,愿从二子老沧浪。

案:坡叟指苏轼。苏轼谪官黄州时,筑室于东坡,自号东坡居士。漫郎为唐人对元结的称呼。唐代颜真卿《颜鲁公集》卷五《元次山表墓碑铭序》记载:元结"将家瀼滨,乃自称浪士。及为郎,时人以浪者漫为官乎,遂见呼为漫郎"。此诗咏㠝尊而又同时提到元结与苏轼,则此㠝尊当与二人有某种关系。根据《永乐大典》卷三五八四辑录的有关㠝尊(或曰㠝樽)的典故,古代之㠝尊有四处,一在郴州(今湖南郴州市),二在道州(今湖南道县),三在武昌之石门山,四在武昌之郎亭山。武昌郎亭山之㠝尊原称抔尊,称㠝尊乃后人之讹。这四处㠝尊,与元结有关系的为两处,分别在道州和武昌之郎亭山,于道州之㠝尊,元结撰《㠝樽铭》与《㠝樽诗》;于武昌郎亭山之㠝尊,元结撰《抔樽铭》。苏轼谪官黄州,游武昌,曾到郎亭山游览,见过后一㠝尊。因此,钱文子诗所说的㠝尊当是武昌郎亭山之㠝尊。

钱文子何时到过武昌郎亭山呢? 元代杨翮《雪堂思贤寺记》(见《佩玉斋类稿》卷一)有这样一段记载,可供参考:

> 齐安浮屠之定惠院,为旧宋元丰中苏文忠公子瞻谪是邦尝寓焉,僧颙师因辟啸轩以延之。公去益久,竟用丘墟。嘉定三年,吏部郎中钱文子始创雪堂院于东坡下,命学佛者文可守之,奉公祠,事缘定惠也。初,公之在齐安时,其故人为请于郡,遂得以故营地余百亩畀公,是为东坡。公乃筑雪堂,以居而躬耕其地。及吏部之创院,则合东坡之地尽有之。又买田为亩之百者五,以食其徒。明年,请额于朝,敕以为思贤禅院,而仍冠雪堂

之号。

齐安、东坡均为地名,在湖北黄冈县。这段记载告诉我们,钱文子曾于嘉定三年以吏部郎中之职在黄州待了一段时间,应是结束了成都转运判官一职之后。在黄州时,他创建了思贤禅院。黄州距离武昌甚近,苏轼贬官黄州时,去过武昌郎亭山,游览宓尊。钱文子之游览郎亭山,吟咏宓尊,无疑应是在黄州这一时期,时间大约在嘉定三年至嘉定四年之间。如此,《宓尊绝句》的创作时间就约略可知了。

10.《玉蕊诗》

前文说过,庆元二年(1196 年),周必大赠诗钱文子,题曰《钱文季(文子)状元去春用杨吉州子直韵赋玉蕊诗老悖久稽奉酬今承秩满还朝,就以为饯》(丙辰)。这表明庆元元年(1195 年)春天,钱文子作了一首《玉蕊诗》。此诗今佚。

11.“蜀中织成山,谷书庐山高。”

这是钱文子为楼钥祝寿诗中仅存的一句,《全宋诗》漏收。根据楼钥《攻媿集》卷五《钱文季少卿以“蜀中织成山,谷书庐山高”为寿,次韵》一诗,知道该诗是为祝楼钥七十大寿而作。楼钥生于绍兴七年(1137 年),七十大寿当在开禧二年(1206 年),是为此诗句的创作时间。

《全宋诗》于“钱文季”条下从《永乐大典》中辑录一首题为《状元去春用杨吉州子直韵赋〈玉蕊诗〉,老悖久稽奉酬。今承秩满还朝,就以为饯》的诗。事实上,这首诗并非钱文子之作,诗题也被弄错了。如前文所引录,这是周必大的诗作,《全宋诗》“周必大”条下已经收录。只因为该诗题开头有“钱文季(文子)”字样,辑录者一时失察,误以为乃钱氏佚诗而予以收录,应予删除。

丁黼事辑编年 *

丁黼(1166—1236 年),字文伯,号涎溪,生活在南宋末年,是永嘉学派的传人之一。他是一位诗人,有诗名。他还校勘、刻印过多种重要古籍,对这些古书的流传,作用很大。他是那个时代少有的正直士大夫之一,最后血洒于南宋与蒙元的战争中。《宋史》卷四五四《忠义传》为他作了一篇传记,寥寥数语,主要记他战死的经过。后人要想了解他的生平,仅仅凭借此篇简单的传记,显然很不够。清初全祖望即有感于此,于《宋元学案》卷六一作《恭愍丁延溪先生黼》小传,并附案语曰:"先生以平阳高弟,遍候诸儒,伯仲真、魏之间。晚年埋血沙场,大节凛然,而《宋史》附之《忠义传》末,不详籍里,不志其生平,读者茫然,荒略未有如此之甚者。予少有志于改正《宋史》,曾从《永乐大典》钞得先生别传一篇。十年以来,忽忽失去。昏志不能追忆,仅约略其大概,列之《学案》,而其言行之详,不复能举矣。"全氏所抄录的材料佚失,《学案》小传仅得其大概,留下遗憾。后人虽然在其他典籍中也可以找到一些记载,却又存在一些年代上的疑问甚至错误,需要审慎对待。陈世松《〈宋史·丁黼传〉补正》(刊《文史》第十三辑,中华书局 1982 年版)对丁黼的生平事迹、官职、卒年以及殉难地址作了细致的考证订补,很有意义,但仍有可补正之处。本文辑录丁黼的行事与诗文,间加辨正,比次以岁月,编为事辑。前人的考证一并采收,不另标注。错谬之处,请予批评、指正。

1. 宋孝宗乾道二年(丙戌,1166 年)**生于池州石埭县。**

吴泳《褒忠庙碑》:"公之祖武德尝梦山神告之曰:若死,葬之寺之右,三纪必生异人。公后三十六年而生,又七十二年而庙食于此。"(《鹤林集》卷三四)丁黼祖父死于何年,不详。但丁黼卒于端平三年(1236 年),其享食褒忠庙始

---

　　*　原刊《文津学志》(第 3 辑),国家图书馆出版社 2010 年版。

于嘉熙二年(1238年)五月(《石埭备志汇编》卷一《大事记稿》),由此上推,丁
黼生年当在乾道二年(1166年),享年71岁。

魏了翁《重校鹤山先生大全文集》卷八一《赠奉直大夫丁公墓志铭》:丁氏
世居沛、砀之间。靖康之变,徐州为战地,丁黼曾大父执中举家南迁,由清河趋
淮阴,以达于青阳(今安徽青阳),寻迁居于石埭(故治在今安徽太平县西)。
虽南迁三世,犹梦寐故疆之归,未尝治产业。

丁黼父泰亨,字严老,石埭人。幼而明悟,日记二千言。时版本文字尚少,
经传、《史》《汉》书,皆昼抄夜诵,汉晋以来诗文亦手自编萃。善古文,于诗尤
长。以余力为举子业,率先诸子鸣,远近争辟塾延之。其后,疾不能出者十年,
皆负笈踵门,诸从子亦从受业。原配章氏,继室孙氏,前后凡五男六女,长男
辉,次耀,次某为叔父某后,次黼,次黻。辉、耀、某、黻寻卒。

**2. 淳熙六年(庚子,1179年),14岁,丁黼自幼跟从父亲学习,已知为学之
要。时永嘉徐谊(字子宜)为郡教授,丁黼随父往,问学于徐谊。后又问学于
永嘉硕儒钱文子,得其经学。**

魏了翁《赠奉直大夫丁公墓志铭》:"黼时年十四,已知为学之要。会永嘉
徐子宜为郡教授,公慨然挈往从之。徐雅敬公,留与共学,参授后进,而训黼以
《语》《孟》《中庸》《大学》。黼幼从公,诵言观行,渐积已久。至是,一闻义理
之诱,气竦神悟,卒为成材。"

《宋元学案》卷六一:"父泰亨,宿儒也,自教之。已而,平阳徐忠文公谊教
授池州,父挈先生共往从焉。忠文以老友待之,留与共训后进,而授先生以
《语》《孟》《学》《庸》大旨、圣贤修己治人之学。永嘉钱宗正文子亦硕儒,先生
由忠文以见之,得其经学。先生气竦神悟,诵言观行,遂为忠文门下第一。"

3. 淳熙十四年(丁未,1187年),22岁,登进士第,授崇德县尉。

《(嘉靖)池州府志》卷七六:"登淳熙十四年进士第。授崇德(今浙江崇
德)县尉。"

《江南通志》卷一五五:"淳熙十四年,登进士第。"《宋元学案》亦云为"淳
熙进士"。唯《益部谈资》卷中云"宋嘉定初进士",误。

4. 宋光宗绍熙三年(壬子,1192年),27岁,迁秀州录事参军。

《(嘉靖)池州府志》卷七六:"迁秀州(今浙江嘉兴)录事参军。"

丁黼《越绝书》跋云:"予绍熙壬子(三年)游吴中。"

案:秀州治所在嘉兴县,庆元元年(1195 年)升为嘉兴府,属两浙西路管辖。以上二书所记当为一事,"游吴中"应即指赴任秀州录事参军。

5. 宋宁宗庆元二年(丙辰,1196 年),31 岁,父泰亨去世,享年 74 岁,葬于石埭县舒溪之南曰鹜溪。

魏了翁《赠奉直大夫丁公墓志铭》:"宝庆元年秋,军器监丁黼文伯过史臣魏某,言曰:'黼不天,吾父奉直府君以庆元二年月日弃诸孤,于某年之某月日葬于石埭县舒溪之南曰鹜溪。'"

6. 嘉定五年(壬申,1212 年),47 岁,接替张辀任余杭县令。

丁黼《越绝书》跋自称:"嘉定壬申(五年),令余杭(今浙江)。"

又据《咸淳临安志》卷五一,丁黼之前,余杭县令为张辀。

案:丁黼官余杭令前后共计三年。余杭县洞霄宫有翠蛟亭。后来,丁黼徙任它处时,曾撰《寄题翠蛟亭》,题咏此亭。诗曰:"每到秋风忆翠蛟,三年此地小游遨。如今着脚缁尘里,犹梦亭中阅怒涛。"(见《诗渊》,又《全宋诗》卷二八二三)作诗的具体时间已不清楚。

7. 嘉定八年(乙亥,1215 年),50 岁,赵师恕任余杭县令,丁黼迁太仆寺簿。又迁司农寺丞。

据《咸淳临安志》卷五一,继丁黼之后的余杭县令为赵师恕。

《浙江通志》卷一四九引《余杭县志》云:赵师恕,嘉定八年为余杭令。

《(嘉靖)池州府志》卷七六载丁黼知余杭县之后,"迁太仆寺簿,又迁司农寺丞"。

此次升迁当即丁黼《越绝书》跋所称"乙亥(嘉定八年)官中都"。

岁旱,上封事,贬官,以朝奉郎知信州,有修城功。信州归江南东路管辖,时真德秀官江南东路转运副使。丁黼知信州军未数月,真德秀举荐之,遂为江南东路提点刑狱。

《(嘉靖)池州府志》卷七六载丁黼在任司农寺丞时,"岁旱,上封事,出知信州军(今江西上饶),有修城功。转运使真德秀荐其'性本诚实,学有师傅,修身立朝,物论素所推许。今为郡守,曾未数月,循良岂弟之政已流闻于四方'。迁提点刑狱"。

《江南通志》卷一五五:"知信州,有修城功。转运使真德秀荐之。"

《明一统志》卷八二:"真德秀尝荐于朝,为提点刑狱。"

《西山先生真文忠公文集》卷一二《荐知信州丁黼等状》曰:"右臣疏庸一介,误蒙陛下付以外台耳目之寄,尝窃自誓,以为臧否人物,其责非轻,倘一毫辄徇其私,则内愧此心,外惭物议。臣虽甚愚,实所不敢。往者,盖尝以公论弗容,而劾数吏矣。今部内之官有为公论所予而嘿不以闻,何以逭蔽贤之罚。臣窃见朝奉郎知信州军州事丁黼,性本诚实,学有师傅,修身立朝,物论素所推许。今为郡守,曾未数月,循良岂弟之政已流闻于四方。……此数人者,虽其职守不同,然质诸众论,皆所谓君子之才,非区区擅一长、办一职者之比。用敢仰体清朝之意,各以实闻,伏望圣慈特赐甄擢。倘一词谬妄,臣甘伏罔上之诛。"①

案:丁黼出知信州的时间,李之亮《宋两江郡守易替考》(巴蜀书社2001年版)、陈世松《〈宋史·丁黼传〉补正》认为是嘉定七年,不确。嘉定八年,丁黼由余杭县令迁官京城,先后为太仆寺簿、司农寺丞,这有确凿证据,而出知信州等事皆在其后,不得早于嘉定八年。真德秀任江南东路转运副使始于嘉定七年,嘉定十年冬十二月改除右文殿修撰知泉州,李之亮《宋两江郡守易替考》定其举荐丁黼的时间在嘉定八年,可从。如史书记载,丁黼在信州任上仅数月。

《宋元学案》卷六一:"以直秘阁知信州、吉州,皆有声。西山(真德秀)为江西安抚,荐之,诏迁提刑。"

案:《宋元学案》这条材料有疑问。丁黼知吉州的时间似应在宝庆元年之后,见下文。又吉州属江南西路管辖。从《宋元学案》的记载看,丁黼是在知吉州时被任江南西路安抚使的真德秀举荐朝廷的,但真德秀举荐丁黼的奏状里明言"朝奉郎知信州军州事丁黼",当时真德秀为江南东路转运副使。《宋元学案》叙述错误。

8. 嘉定十三年(庚辰,1220年),55岁,改除直秘阁,为夔州路安抚使兼知夔州。疏当世急务十事,奏之。力修备御,为政宽大,夔大治。时崔菊坡方帅蜀,与之友。

《(嘉靖)池州府志》卷七六:"寻除直秘阁,知夔州路(治夔州,今重庆奉节)。"

《宋元学案》卷六一:"寻充四川夔州路安抚使兼知夔州。时崔菊坡方帅

① 又见《历代名臣奏议》卷一四八。

四川,闻先生至,喜,赠诗所云:'同志晨星少,孤愁暮雨多'者也。先生莅夔,疏上十事,夔大治。"

案:崔菊坡即崔与之。《重校鹤山先生大全文集》卷四九《简州三贤阁记》:"嘉定十三年,南海崔公与之来守成都。"

又丁黼于夔州任上曾刊刻《风俗通义》《越绝书》,所署刊刻时间均在嘉定十三年(详见下文),知丁黼充四川夔州路安抚使兼知夔州不应晚于是岁。

魏了翁《重校鹤山先生大全文集》卷四四《夔州卧龙山记》记载,丁黼为夔州帅守,于嘉定三年以僧惠行为卧龙山咸平寺主持。"嘉定三年"当为"嘉定十三年"之脱误。

《明一统志》卷八二:"改除秘阁,知夔州路安抚,疏当世急务十条,奏之。"

《四川通志》卷七上:"授夔路安抚。疏急务十事,力修备御,为政宽大。崔菊坡与之友,嘉其操尚,寄诗有'同志晨星少,孤愁暮雨多'之句。"

案:《(嘉靖)池州府志》卷七六叙丁黼"疏急务十条"于嘉定十六年(1223年),与诸书记载不同。又崔与之诗乃丁黼离任时作,见嘉定十六年下。

四月,丁黼于夔门校勘并刊行崔豹《古今注》,这是该书早期刻本之一。

明重刻宋嘉定丁黼本崔豹《古今注》卷末有眉山李焘跋及丁黼跋。

李焘跋:"《古今注》三卷,晋太傅丞崔豹正熊撰。其书七篇,杂取古今名物各为考释,颇为该极,又多异闻。孔子曰:'多识于鸟兽草木之名。'兹固学者之事,有志于博物者,于是书宜有取焉。豹虽晋人,史不著其名氏行事,然以族系考之,知其为瑗、寔之后也。曩时文昌锡山尤公守当涂,刻唐武功苏鹗《衍义》十卷,后四卷乃误剿入豹今书。然予在册府得本书四卷,与豹今所著绝不类。尝以遗同年本郡学钱子敬,俾改而正之,庶两书并行不相殽乱。予寻归蜀,不知子敬能从予言否。暨灌宁居多暇日,因为检校抵牾,颇为精善。夫昔人著书虽则小道,亦无为无意,岂可遽使因循泯灭。命工锓木,庶以永其传云。眉山李焘题。"

丁黼跋云:"左史李公守铜梁日刻崔豹《古今注》,是正已备。余于上饶得郡学本,再三参订,于第四篇以下颇多增改,故又刻之夔门云。嘉定庚辰(十三年,1220年)四月望日,东徐丁黼书。"

案:丁黼所说的铜梁在南宋属潼川路合州,"左史李公"即编纂《资治通鉴长编》的李焘(1115—1184年)。乾道八年(1172年)至淳熙元年(1174年),

李焘任潼川路安抚使。据李焘、丁黼二跋,李焘在任潼川路安抚使期间,校刊崔豹《古今注》于铜梁。数十年后,丁黼帅夔州,得其刊本,又加参订勘正,于嘉定十三年刻梓于夔门。收入《四部丛刊三编》的崔豹《古今注》刻本,张元济定为宋刻本,今人多定为明芝秀堂本。该本曾为袁克文、周叔弢递藏,今藏天津图书馆。此本各叶版刻风格不一,但多数为宋刻风貌,间有元刻、明刻风格者,先前定为宋刻当不误,应是宋刻元明递修本。孔庆茂《芝秀堂本〈古今注〉版本考》(《古籍整理研究学刊》2008 年第 3 期)认为即嘉定年间丁黼刻本的递修本。这个刻本是过去各种刻本中质量最好的本子,优于通行的《顾氏文房小说》本、吴琯《古今逸史》本、《汉魏丛书》本等。

秋七月,丁黼于夔门校勘并刊行《风俗通义》《越绝书》。

元大德年间无锡儒学刊本《风俗通义》后有丁黼跋,云:"余在余杭,借本于会稽陈正卿,正卿盖得于中书徐渊子,讹舛已甚,殆不可读。爱其近古,抄录藏之。携至中都,得馆中本及孔复君寺丞本,互加参考,始可句读。今刻之夔门,好古者或得善本从而增改,是所望云。嘉定十三年秋七月庚子东徐丁黼书。"

丁黼《越绝书》跋云:"《隋经籍志》:《越绝纪》十六卷。《崇文总目》则十五卷。注司马迁《史记》者屡引以为据。予绍熙壬子游吴中,得许氏本,讹舛特甚。嘉定壬申,令余杭,又得陈正卿本。乙亥官中都,借本秘阁。以三本互相参考,择其通者从之,乃粗可读。然犹未也。念前所见者皆誊写失真,不板行则其传不广,传不广则各私其所藏,莫克是正,遂刻之夔门,以俟来者。庚辰七月望日东徐丁黼书。"

案:丁黼刻《风俗通义》,今尚可见残本(北京大学图书馆存卷五至卷十)。其所刻《越绝书》则已无存。这是两书最早的刻本,后世所有的刻本皆可追溯至此。

据以上三篇跋文,知丁黼刊刻书籍认真不苟。

首先,每刊刻一书,皆搜集所能见到的各种传本,互相参考,仔细校勘,纠正讹谬,使之可读。如他对于《古今注》,在李焘刻本的基础上,又据所得上饶郡学本,"再三参订,于第四篇以下颇多增改",形成最好的一个版本。《风俗通义》借抄会稽陈正卿本,参"馆中本"及"孔复君寺丞本"。《越绝书》则以许氏本、陈正卿本及秘阁本互校,乃粗可读。

其次，丁黼刊刻书籍非为谋利，而是因这些书错讹较多，流传又很少。校勘刊行，可使这些书广于流传，不致佚失。事实上，这三种书流传能够至今，确实是依靠了他的刊刻。例如《风俗通义》，丁黼刻本到元代已是罕见之书。元大德本附元李果、谢居仁题词称，他们寻到丁黼刻本后竟叹为"异书"，然后重刻于无锡县学，这是今天所能见到的该书最早的刻本。

9. 嘉定十五年（壬午，1222 年），57 岁，夏四月，校勘并刊行《逸周书》于夔州，应为此书最早刻本。

丁黼跋《逸周书》曰：

夫子定《书》为百篇矣。孟子于《武成》取其二三策，谓"血流漂杵"等语近于夸也。今所谓《汲冢周书》者，类多夸诩之辞，且杂以诡谲之说。此岂文武周公之事而孔孟之所取哉！然其间畏天敬民、尊贤尚德、古先圣王之格言遗制尚多有之。至于时训明堂，记礼者之所采录；克殷度邑，司马迁之所援据，是盖有不可尽废者。晋狼瞫曰："《周志》有之，勇则害上，不登于明堂。"其语今见之篇中。此吾夫子未定之书也。汉萧何云："《周书》云：天予不取，返受其咎。"则夫子既定之后，而《书》无此语，意者其在逸篇乎？其后，班固《艺文志》"书"凡九家，有《周书》七十一篇。刘向云："周时诰誓号令，盖孔子所论百篇之余也。"以两汉诸人之所纂记推之，则非始出于汲冢也明矣，惜乎后世不复贵重文字，日就舛讹。

予始得本于李巽岩家，脱误为甚。继得陈正卿本，用相参校，修补颇多。其间数篇尚有不可句读，脱文衍字，亦有不容强解者。姑且刻之，俟求善本，更加增削，庶使流传，以为近古之书云。嘉定十五年夏四月。

案：所谓《汲冢周书》，实即《汉书·艺文志》著录之《周书》七十一篇。郭璞注《尔雅》、李善注《文选》皆引《周书》作《逸周书》。然《隋书·经籍志》《新唐书·艺文志》俱误以为此书乃晋太康二年得于魏安釐王家中者。至此，方由丁黼考证清楚，指出："以两汉诸人之所纂记推之，则非始出于汲冢也明矣。"可谓定论。因为此书一直得不到重视，在流传过程中产生的舛讹愈益增多，以至于脱烂难读。丁黼用自己所找到的两个传本，相互参校，然后刊刻传布。陈振孙（？—约 1261 年）《直斋书录解题》卷二《汲冢周书》条下称"今京口刊本"云云，当是略晚于丁黼刻本的又一个本子。

是岁，知潼川府魏了翁被召入对，丁黼、崔与之（四川制置使）赋诗送行，魏了翁和之,有《和崔侍郎(与之)送行诗韵(二首)》《即席和丁夔帅(黼)送行诗韵(二首)》。其和丁黼诗中云"勉我当今尚可为",知丁黼赠诗有相勉之语。

《重校鹤山先生大全文集》卷一○《即席和丁夔帅(黼)送行诗韵(二首)》:

> 人生行止莫非天,去国重来十七年。学自孔颜期有是,道非尧舜敢陈前。忧时正念梁瓯缺,视已当如赵璧全。若得时清身不辱,尽教人道是登仙。

> 眼明织翠剪新诗,勉我当今尚可为。知觉斯民知觉我,溺饥天下溺饥谁。志亨不管身穷达,谊正宁论效疾迟。倒尽玉瓶谈未了,沙头忍泪与君辞。

10. 嘉定十六年(癸未,1223 年),58 岁,自夔州安抚使任上被召入朝,大约先为将作监,寻改军器监。

《(嘉靖)池州府志》卷七六:"嘉定癸未(十六年),召赴行在。"

魏了翁《重校鹤山先生大全文集》卷四七《夔州重建州学记》:"庐陵李侯镇夔之明年,大修学官,成,以书抵某曰:夔故有学,自淳熙之季,帅守某侯某尝撤而新之。仅历三纪,蛊坏弗治。今军器监丁侯黼与转运判官王君观之,尝议更葺,且病其门术弗正也,为审端焉。各捐钱贰千万,市材于恭、涪、黔,市竹于云安、大宁。既赋丈鸠功,会丁侯召去。余实来,乃与王君卒其事,各增钱千万。始嘉定十六年之六月,讫宝庆元年之五月,礼殿讲堂,斋馆门序,次第一新。"

案:夔州州学之重建,与丁黼离任大约同时,知丁黼自夔州被召入朝确实在嘉定十六年。

《重校鹤山先生大全文集》卷四四《夔州卧龙山记》云:"(丁)黼尝为将作监。"

案:魏乃丁之挚友,此云丁黼曾为将作监,当属实,时间或在丁黼任军器监之前。大约嘉定十六年丁黼入朝,先为将作监,不久改任军器监。

丁黼离开夔州时,崔与之赋诗送行。

《全宋诗》卷二七三八崔与之诗有《送夔门丁帅赴召》二首:

> 忆昔扪三峡,班荆拥暮寒。宦情双鬓底,世事两眉端。坏证扶须力,危机发更难。胸中经济学,为国好加餐。

议论方前席,功名早上坡。去帆瓜蔓水,遗爱竹枝歌。同志晨星小,孤愁暮雨多。倚风穷望眼,碧色渺平莎。

11. 宋理宗宝庆元年(乙酉,1225 年),60 岁,朝请大夫军器监丁黼请魏了翁为父亲撰作墓志铭。在此前后,再次请魏了翁作《夔州卧龙山记》。

魏了翁《赠奉直大夫丁公墓志铭》:"宝庆元年秋,军器监丁黼文伯过史臣魏某,言曰:'黼不天,吾父奉直府君以庆元二年月日弃诸孤,于某年之某月日葬于石埭县舒溪之南曰鸳溪。黼虽贫,凡以致其诚信于亲者,既不敢不勉,惟未有以铭吾竁也。敢以前达州王侯东所次行状,将子是属。'……黼今以朝请大夫为军器监。"

魏了翁《夔州卧龙山记》:"先是,丁文伯为帅守,尝以记属予。逮同朝,又言之。"

案:所谓"同朝",指丁黼为军器监时,魏了翁亦正在朝中任职。

是岁正月,湖州人潘壬等以史弥远擅专国命,擅行废立,不平,起兵拥立被迁到湖州的济王赵竑。济王不预其谋,后又主动平叛,有功。但史弥远为斩草除根,逼竑缢于州治。寻诏追贬为巴陵郡公,又降为县公。魏了翁、洪咨夔、真德秀、张忠恕、胡梦昱等相继上书,言济王竑之冤,忤史弥远,先后均被罢职或外放。胡梦昱(字季昭)贬象州,丁黼、魏了翁等皆出关饯别,丁黼有赠诗。

宋胡知柔编《象台首末》卷三收录丁黼《送胡季昭谪象州》诗曰:"一封书奏触天威,万里徒行出帝畿。始得明时来说论,岂知薄命堕危机。身同季弟辞兄去,女抱婴儿伴母归。风雨潇潇秋又老,雁应不到岭南飞。"

不久,丁黼也被贬出京,知吉州。

魏了翁《重校鹤山先生大全文集》卷八六《大理少卿赠集英殿修撰徐公墓志铭》:"同时谴逐者如真景元、张行甫、胡季昭、王万里皆相继下世,其存者惟予与洪舜俞、丁文伯。"

案:据此,知丁黼不久亦以济王竑之事上言,干犯史弥远,被贬出京,时间在宝庆元年末或二年初。由这一时期魏了翁撰写的《钱氏诗集传序》中提到丁黼正"守庐陵"①,证明此时丁黼知吉州(治庐陵,今江西吉安)。

魏了翁此时则被发放靖州(治永平,今湖南靖县)居住,直至绍定四年,始

---

① 《重校鹤山先生大全文集》卷五四。

复职,主管建宁府武夷山冲佑观。在此期间,丁黼与魏了翁之间通书信甚多,他们在书信里陈述对时局的观点,对遭际的不满,孤处僻地的闲暇与郁闷,有时也谈文论学,互赠诗作。在吉州任内,丁黼还刊刻了钱文子《诗传》,请魏了翁作序。丁黼写给魏了翁的文字已经找不到了,但魏了翁回复丁黼的书信和诗作在他的文集里有收录,今抄录如下,以从另一个角度了解丁黼这个时期精神生活的影迹:

《重校鹤山先生大全文集》卷五《丁大监文伯得余近作读之疾愈以诗见贻》:

> 黔巫之南溪水滋,山麓石恶不可治。崇宁边臣务广地,山刊石断林木斯。其间掌许号为郡,如以土偶安须眉。中州人物犹此任,累臣舍是夫何词。况于风气少疵疠,且幸习俗无浇漓。饱餐贱米温旧读,书味隽永忘其疲。坐看岁龙度丑戌,几见秋月弦虚危。都梁有吏云端来,持书火急如符移。美人家在九芙蓉,门墙突兀那可窥。联缄参牍梦邪非,一年两度划见之。我诗但能愈君疾,君解与世医狂痴。乖逢休戚信有命,叹上不使非知医。

同上书卷一一《次韵丁大监见怀》:

> 行藏去就各随时,敬怒嫌疏忍奋飞。正怕霜严天宇净,敢夸舟载月明归。生松有梦还公固,化鹤何心驻令威。独抱遗编看千古,昔人历历未应非。

> 见惯不惊如四时,流光任逐鬓蓬飞。日从南去老龙蛰,火向西流玄鸟归。荷子感时堂蟋蟀,移书劳我室伊威。益嗟往日无良友,四十八年成一非。

同上书卷三四《答丁大监》:

> 台评则固见之。门下忠肝义胆,见诸告君之疏、发诸送客之诗者,霜明玉洁,足以廉顽立懦。虽欲辞异论之名,其可得乎?藉令先期得请而去,终不免于论。以是而归,其荣多矣。但论者谓人为包羞,则亦不自镜见者邪?某沂江而上,闻沅、辰道险,惟潭、邵路稍平,遂涉湖之潭,会安北。望遗子亲迎,遂以数日间办聘,留家于潭,而自与朋友李肩吾及长儿之靖。靖既奠居,明年取家以来,却令安婿略挈辎重还蜀。今居靖者尚有三百指之聚,所幸风土不恶,得免疾恙,物价甚贱,极便羁旅。而书问稀

阔,宾客绝无,又得以毕意于所当事。自《易》《诗》《书》、三礼、《语》《孟》,重下顿工夫,名物度数,音训偏旁,字字看过,益知义礼无穷,而岁月易逝。使非假以暇日,将虚此生矣。今未敢便有所著,且温旧读,以发新知,庶几迁善寡过,不为空言耳。士友犹有不相恕者,时遣人征督文字,往往人情所不能免,亦勉强酬报。今姑录数篇近作,以干指教,非敢言文,亦以见山中近况,或可少宽行役无期度之忧也。

同上书卷三五《答丁大监黼》:

昔人思行役之无期度者,不过曰"不忮不求,何用不臧",曰"君子于役,苟无饥渴"。能善其身,能无饥渴,斯亦可矣。久近未暇计也,而某偶免于二者之忧,则已望外之幸,何敢有他觊邪? 独念同时得遣诸贤,皆怀诚秉忠,有德有才之士,顾瞻四方,何等气象。兼收并蓄,犹虑不给,而知藏瘝在视斯民之涂炭而莫之恤也。诸贤岂淹恤之间,而将安所终底邪? 某读《易》规摹不过如前所禀,向来曾作邵子工夫,近亦重别寻绎,若端绪整整,则自程、邵以及其流派,可合为一书。曾见虞仲亦作得一书,已脱藁,亦取汉上说附逐爻之末,惜未得本也。

钱白石《诗传》,曩在成都,蒙渠出示,草草看得数篇,全不能记,今欲作序文,须是见得大意,方可着语,似难臆料。

同上书卷三六《答丁大监黼》:

愈疾古诗,见怀唐律,蔼然有怀人忧世之意,非但词工味隽,而所示近著,又以见二三年间乐天知命、从容自得之趣。此非实见笃践,安能造次。理道若此,又重以叹服。而施之罪戾求宥之人,若引而诲之,某则无以蒙称,敢不益加懋勉。

钱教《诗传》,在成都见之,惜不曾得本。后来闻已刊行,未见刊之何所。若有剩本,欲得一帙,无亦姑徐之。

程《易》明白正大,切于治身,切于用世,未易轻议。第其间有当用象数变互,不容脱略者。如《履》之眇跛、《比》之马、《大壮》之羊,此类分明是互体。如三年、十年、三百户之类,分明有数,只作义理说,固可,若更推明变互,尤为详密。想老先生非不知此,特欲以遏其流弊耳。朱氏《易》则大概本诸邵子《启蒙》,明述先天图而赞《易》之词,谓邵明《羲易》,程演《周经》,此意可见。曾亲闻辅汉卿广之说,《易》须是识得辞变象占四字,如初九潜龙云云,此辞也;有九则有六,此变也。潜龙即象,勿用即占。人谓本义专主占筮者,此未识先生之意。某每以此看本义,诚是精密。邵子无《易解》,不过《观物》《经世》《先天图》诸书,《击壤》诗中亦多有发明。《先天》处参以《汉上易》,则程、邵之说尤明。第《汉上》太烦,人多倦看,却是不可废耳。某十二三年来,本欲合程、邵为一书之意。入山以后,便欲逐旋抄记,因温寻诸经一遍,然后为之。既入诸经中,重新整顿,则益觉向来涉猎疏卤,不惟义理愈把愈深,而名物度数有一不讲便是欠阙。缘此且更精读深思,未暇有所著述。来教期我善矣,姑迟几年未晚。来诗所谓"尽此余生作放臣"者,请赊此七字以见付。人各有时,此岂其时邪?书楼欲榜以"艺文楼"三字,可否?或云"六经",姑作六字,以备采择,若俱未稳,乞自台意别名示下。示下新作二诗,辄留来人一日,和韵以呈。但太匆草,无佳思也,姑取一笑。

案:由《答丁大监》可知,丁黼曾函请魏了翁为钱文子《白石诗传》作序。《重校鹤山先生大全文集》卷五四《钱氏诗集传序》中说:"始公奉使成都,尝出以示予。至是,门人丁文伯黼起家守庐陵,将为板行,而属予题辞。"知丁黼于吉州时刊刻了此书。

12. 绍定四年(辛卯,1231 年),66 岁,以右文殿修撰充广西制置副使,兼知静江府。

《宋元学案》卷六一:"乃以右文殿充广西副制置使,守静江(今广西桂林)。"

《广西通志》卷五一:"丁黼,绍定四年以中奉大夫直敷文阁知静江府。"所记官职略有不同。

13. 绍定六年(癸巳,1233 年),68 岁,初,仍为广西制置副使。

魏了翁《夔州卧龙山记》开篇云:"予久闻夔州卧龙山之胜。开禧单阏之岁,归自王朝,至蜀门,则避地之荆者,蔽瞿唐而下,将登山而止。绍定单阏之岁,还自南迁,至蜀门,则避地趋峡者,蔽渝江而下,又将登山而不果。先是丁文伯为帅守,尝以记属予。逮同朝,又言之。中以不一还山,悢悢弗慊也。又二年,而予守泸,山之主僧曰惠行,叙山中之概,以督前诺。"末云丁黼"今经略广南西路"。

案:"绍定单阏之岁"即绍定四年,是岁,魏了翁应召自靖州贬所北上。又二年,为绍定六年。据《宋史·理宗纪》:绍定五年八月,魏了翁以宝章阁待制、潼川安抚使知泸州。是其知泸州之次年作此《记》,《记》云丁黼"今经略广南西路",乃指绍定六年。

是岁,丁黼改充四川安抚制置副使兼知成都府。自赴任时起,与魏了翁互通书问不断,告知自己的行程。时值丁黼生日,魏了翁赋诗相贺。

《重校鹤山先生大全文集》卷一二《制置丁少卿生日》:

皛皛凌霄独鹤飞,九芙蓉里烂生辉。青阳少府旧弓冶(原注:少卿之父武德沛人,始为青阳县尉),白石先生新杼机(原注:少卿尝从白石先生钱文季受学)。阅尽世纷磨不磷,听渠公论是耶非。恭维陛下方亲政,小郄犹应伴紫薇。

蜀道今行第几回,天西玉帐又宏开。鹤归华表人如旧,龟放长河独再来。屈处观伸霜后菊,消中见息雪前梅。泸江不解西流去,引领长流酌斗魁。

《重校鹤山先生大全文集》卷三七《与李舍人(性传)书》:"丁文伯来音甚速,或谓此时已在梁山,盖已过夔门,是的,却未得出陆后近音耳。幸而冒涨溯峡,以趋朝廷之命,使未曾入蜀者必不肯便来试事,未有所付也。"

陈世松《〈宋史·丁黼传〉补正》注七考证丁黼始帅蜀之年:"丁黼帅蜀始于何年,《南宋制抚年表》据《鹤山集》卷三七《甲午书》,定为甲午(1234年)。今据《鹤山集》卷一二《制置丁少卿生日》诗中有云:'恭维陛下方亲政。'按宋理宗亲政于绍定六年(1233年),则确知丁黼早于其年任四川制副。另据《敕赐褒忠庙牒》言,丁黼帅蜀,'肆年所任'。由其卒年端平三年(1236年)计算,始于绍定六年(1233年)亦与之相符。"此说甚是。

在任期间,曾多次蒙朝廷赏赐冬夏用药。

《鹤林集》卷一二《赐权工侍四川安抚制副丁黼夏药银合敕》:"敕,卿以诗书之望而帅三军,以寿隽之贤而在远服。属此南讹之候,轸于西顾之恩。爰锡温纶,式颁良剂。"

《平斋集》卷一五《赐右文殿修撰四川安抚制置副使兼知成都府丁黼银合夏药敕书》:"乃睠汉庭之彦,具宣蜀闑之劳。"

同书卷一五《赐权兵部侍郎四川安抚制置使赵彦呐、右文殿修撰四川安抚制置副使兼知成都府丁黼银合腊药敕书》:"卿分忧北顾,制胜西垂,犯霜露以靡宁,护风寒而良苦。爰锡摄调之剂,用昭眷倚之怀。大振戎容,亟苏民瘼。"

案:这三次赏赐的具体时间皆不可考,要当在丁黼任四川安抚制置副使兼知成都府期间。姑系于是年。

14. 端平元年(甲午,1234年),69岁,与魏了翁仍有书问往来。

魏了翁《重校鹤山先生大全文集》卷三七《与丁制副(黼)书》(甲午):"窃惟今日事势,养谀习欺,盖非一日。开禧以来,大言夸诩、恣行不义者,谓之才吏;至诚恳恻、爱养根本者,谓之生儒。嘉定以来,纵贪剥之吏,俟其盈则持而夺之,为害滋甚于前,其势必以掩遏蔽蒙,全身固位为事。实胜实负,实利实害,上不及知。郑桂不足责也,而后来者亦深以张惶边事为讳。无其事而张惶者,固不可也,有之,亦不可言。不惟当时不可言,后来亦不可言。比所过州,有言今年三四月房分道大入,幸而曹、贺诸人驱之者,乃云无许多事,某皆知之。窃窥其意,似谓二年间渠已经理有绪,可保无虞;又觉其词气,方欲以此策勋。深恐自今蜀中有请或为所碍,斯亦有关不细也。黄帅之罢,牛李表里之力,而黄亦自取之。方其拔田冒于彭门,鞫和彦威于崇庆,皆出于人心不平之久,公论称快。既乃闻徙冒而不威。赏罚之大者既尔,余事推见。今大卿以正学直道,自东眷知,携持令名,镇抚全蜀,虽号元戎之贰,实操人才之权,黜贪奖廉,旌直远诌,扬善瘅恶,简能汰庸,蜀之人士于是有望焉。李微之居幕府,为助已多,度宾客必有偕行者,更惟博访而精择焉。得汉中书,上以手书付赵制帅,俾之羁縻秦巩,想已见之。别纸录呈,大卿亦有被受否?制司会到襄阳和议,并录呈,以备未见。其词虽若倨肆,而所谓不当取轵人所争者,亦未为不是也。惟是朝士近书报及轵人借浮光放牧事,大卿闻之否?光岂可借?正庐、信、蕲、黄之冲,史帅未禀命以前,已一面许之,朝廷不得已从之。淮西全帅不可,则至割光隶京西,以徇其意。正恐天下多事,或自此始。忽又见高表兄瞻叔际江东漕,未晓此意,曾参预悠悠,未出此一面,甚重大。赵在黄冈置司,意者朝廷固亦以光、信为虑。泛观目前事体,千歧万辙,未有止废。所幸亲政以来,善恶粗明。然终觉具文饰美,避嫌畏议之意多。或如靖国半年,而变嘉定不及一年,皆未可知也。"

是岁,丁黼辟王翊为制置司参议官。

《宋史》卷四四九:王翊,字公辅,郫县人,宝庆元年进士。吴曦尝招之入幕,及曦以蜀叛,抗节不拜,为陈大义。曦怒,囚翊,欲烹之。曦诛而免。嘉熙元年,制置使丁黼辟为参议官。

案:传曰嘉熙元年(1238年),有误。王翊与丁黼均于端平三年(1236年)死事,不应有嘉熙元年之事。疑嘉熙元年乃端平元年之误。

15. 端平二年(乙未,1235年),70岁。魏了翁有《次韵丁制置远迎三绝》,作于此年。

《重校鹤山先生大全文集》卷一二《次韵丁制置远迎三绝》:

> 锦里论交三十年,浮筠大玉透中边。投荒已作无期别,梦觉依然堕我前。

> 乔松挺挺百年期,霜雪无端顿系之。一点阳和消不断,春风又长岁寒枝。

> 溪瘴蛮烟隔市朝,十年山径长蒿茅。好风吹送知时雨,生意洋洋大国郊。

案:此三首诗中的第一首称"锦里论交三十年"。锦里为成都的代称。该诗应该作于魏了翁与丁黼初次交往30年之后。二人相识于何时,缺少记载,故无法据此句推断该诗的撰作年代。但第三首有"溪瘴蛮烟隔市朝,十年山径长蒿茅"的句子,显然应该是指宝庆元年(1225年)丁黼贬官吉州(治庐陵,今江西吉安)、魏了翁贬官靖州(治永平,今湖南靖县)之事。十年之后为端平二年(1235年),由此可推断《次韵丁制置远迎三绝》应作于端平二年。

16. 端平三年(丙申,1236年),71岁,秋八月,蒙古攻入成都,城中守军不足七百,丁黼迎战,败,中箭而亡。后贺靖复成都,使人收葬。后移葬家乡石埭县金城山。

《宋史》卷四五四《忠义传》:丁黼,成都制置使也。嘉熙三年,北兵自新井入,诈竖宋将李显忠之旗,直趋成都。黼以为溃卒,以旗榜招之。既审知其非,领兵夜出城南迎战,至石笋街,兵散。黼力战,死之。方大兵未至,黼先遣妻子南归,自誓死守。至是,从黼者,惟幕客杨大异及所信任数人。大异死而复苏。黼帅蜀为政宽大,蜀人思之。事平,赐额立庙。

《通鉴续编》卷二二:嘉熙三年秋八月,蒙古塔海复取成都,制置使丁黼败死。蒙古遂取汉、邛、简、眉、阆、蓬、文州、遂宁、重庆、顺庆府。

《(嘉靖)池州府志》卷七六:"成都逼近寇垒,城中兵不满七百,黼累疏告急,暨遣其子诣都堂白其事,不报。一日,元阔端突以兵薄城下。矞出战不利,众劝其走威、茂避之。矞曰:'职在守土,走将安之?'悉众出东门,力战,中镝死。后贺靖复成都,使收葬。"

《江南通志》卷四一:"制置使丁矞墓,在石埭县金城山。"

《江南通志》卷一五五:"丁矞……端平三年以四川制置副使兼知成都府。成都逼近敌垒,城中兵不满七百,累疏告急,不报。元兵围城,出战不利。或劝其走威、茂避之。矞曰:'职在守土,走将安之?'悉众出东门,力战,中镝死。"

案:诸书于丁矞死事之年记载不一,或曰端平三年(1236年),或曰嘉熙三年(1239年)。据《民国石埭备志汇编》卷一《大事记稿》倪文硕考证、陈世松《〈宋史·丁矞传〉补正》,应是端平三年。嘉熙三年为端平三年之误。丁矞殉难的具体地点,陈世松考证在今成都西南四至五里的金花街后的菜园田中。

制置司参议官王翊亦死事于此役。

《宋史》卷四四九:王翊……先遣其家归乡里,为文诀先墓,誓以身死报国。及北兵至帐前,提举官成驹先走,矞仓卒迎敌败死。翊与司理王璨、运司干官李日宣等募兵拒守。兵入公署,见翊朝服危坐,问:"为何人?"曰:"小官食天子之禄,临难不能救,死有余罪。可速杀我。"又问:"何以不走?"曰:"愿与此城俱亡。"北兵相谓曰:"忠臣也。"戒勿杀。敌纵火大掠。翊以朝服赴井死。兵后,其家出其尸井中,衣冠俨如也。

17. 嘉熙元年(丁酉,1237年),诏赠丁矞光禄大夫显谟阁待制,加赠银青光禄大夫,谥恭愍,并从其子丁镕之请,建褒忠庙于其乡。次年,褒忠庙建成。庙在"九华峰之侧,两石埭之阴","前几盖山,背枕涎溪",春秋陈牲合乐以祭。由同宗族之人掌管。后丁镕复请蜀人吴泳撰《褒忠庙碑》,记事之始末,并为《迎送神诗》。

《(嘉靖)池州府志》卷七六:"(丁矞事)闻于朝,赠光禄大夫显谟阁学士,加赠银青光禄大夫,谥恭愍。仍敕建褒忠祠于其乡,从其子镕请也。"

《江南通志》卷四一:"恭愍褒忠祠,在石埭县四都,祀宋安抚制置使丁矞。"

《江南通志》卷一五五:"赠显谟阁待制,谥恭愍,仍敕建褒忠祠于其乡。"

吴泳《鹤林集》卷三四《褒忠庙碑》:

　　岁嘉熙丁酉(元年,1237),天子制诏:故成都守臣副四川制置使丁黼，赐谥立庙，谥以恭愍，庙以褒忠，旌死事也。其子镕拜手稽首，祗服厥事，且申控于朝曰：先君以北兵之难，身膏原野。若庙于益州，则万里隔绝，夙夜难毖祀。欲躬自度材，营建于其家，以致孝享。奏，曰可。遂景乃冈，诹日庀徒于九华峰之侧，两石埭之阴，新作闷宫。前几盖山，背枕涎溪，闶三门，环两庑，殿奕奕其中，以妥神位，后寝曰王考像、曰王母像，居左，恭愍公、宜春夫人居右。其司兵隶仆及仓庚氏，或塐于祊，或绘于庙之壁，皆一时在行者。庙既成，春秋二分，陈牲合乐以祭。嫡子服官政，则家宗人掌之，亦可谓奉之以礼矣。而其心怵焉，犹有不能自已者。乃移书潼川吴某曰：子蜀人也，请识其事。余尝谓，古者公庙不设私家，乃祖父之有勋劳德善者，止与享太室。汉兴以来，野祀巷祭，皆渎而不典。虽诸葛忠武侯，德范遐迩，勋盖季世，成都之民欲求为立庙，议者以礼秩不听。后因习步兵、向中郎上表，始许其近墓立祠于沔县，使所亲属以时祭祀，礼从宜也。今褒忠之建，距宅兆犹未远，岂其遗意欤？

客有难余者曰：忠武侯以开济之才，治戎讲武，以图大举。恭愍公以镇守之规，画圻分地，以抚一方。汉创业未半而侯遽薨于营，犹能退走生贼。蜀连年俶扰而公与受其败，卒至与民偕死。其事势盖有不相侔者。

余曰：客过矣。士固有见危致命出于其心之本然，而捍患御变制于其力之所不及。君子当谅其心，不当以成败利钝言也。当敌骑犯关，其来气骜甚。大将以轻尝寇，元戎以玩延敌。貔虎熊罴之士，望旗讧溃。曾无有一人敌王所忾者。公抗守太少城，飞山移屯，尽拨隶文龙帐、犀牌，丁不满七百。以就尽之疲卒，当新至之枭骑，公数日逆知其死处矣。先是，公累疏于朝，为众请命。至公血诚，炳若观火。暨遣其子诣堂，白西事。每语人曰："吾为副元帅，死其职分。不可使丁氏无后。且留馆甥，以收吾骨。"此即孔明鞠躬尽力，死而后已之本心也。矧公生平忠雅端靖，立朝持论，侃然有劲气，宁避乌台之官，而不肯一毫作欺天之事；宁婴黄阁之怒，而未尝一日无护善类之心。于义利界限，盖已辨之甚明。安有处危难之间，复言而爱死者乎？公卒未几，制府参谋翊雍容就义而死，文南守相锐、汝芗慷慨血战而殁。其英魂义魄，犹足以厉群僚而羞偷生之辈也。虽死毙于蜀土者，其体魄也，游于涎溪者，其魂气也。公之祖武德，尝梦山神告之曰："若死，葬于寺之右。三纪，必生异人。"公后三十六年而生，又七十二年而庙食于此。是殆有天数者。

余既斫词纪实，并作《迎送神诗》，俾歌而祀焉：

石连霓兮如埭，山泼翠兮孔盖。庙奕奕兮维新，皇剡剡兮其灵在。春露兮
瀼瀼，草木兮载芳。常干离而未遂兮，筮巫合乐以求诸阳。神游兮八极，瞻太
白兮使我心恻。铜梁兮道斫，石笋兮峰折。左骖殪兮雾暗，右剑埋兮花蚀。魂
无西兮，来于此乎宅。钟簴在堂，醴酸在户。俨像设兮室中，燎萧光兮庭下。
帝子矶兮鱼肥，谪仙之台兮白鹤自飞。公生斯世而奇不耦兮，死尚友古人而同
归。春褕兮藉兰，秋祠兮荐菊。子若孙千万春兮，永承兮受福。

案：《民国石埭备志汇编》卷一《大事记稿》将诏赠官职、谥号系于嘉熙元
年，褒忠庙之建成系于嘉熙二年，可从。唯吴泳《褒忠庙碑》明言诏书同意其
子丁镕之请，营建褒忠庙于家居所在，而《大事记稿》称"丁恭愍公祠落成于四
川坛之东……明嘉靖十八年丁理始迁祠于四都故居"，不知何所据。

又，据《（嘉靖）池州府志》卷七六，丁黼死事之后，诏赠丁黼妻钱氏宜春郡
夫人。上文引《褒忠庙碑》云"恭愍公宜春夫人居右"，则立庙之时钱氏已去
世。子镕，曾随丁黼于成都，后驰入京师告急。（魏了翁《赠奉直大夫丁公墓
志铭》：丁镕为从事郎绍兴府司理参军。）孙浚，将仕郎；泌，登仕郎。丁黼著
述，有《涎溪集》五十卷、《六经辨证疑问》《诸史精考》，毁于战火。

附：

第一，元人方回编《瀛奎律髓》卷二四收录丁黼一首《送亲戚钱尉入国》，
诗云：

正是朔风吹雪初，行縢结束问征途。不能刺刺对婢子，已是昂昂真丈夫。
常惠旧曾随属国①，乌孙今亦病匈奴。不知汉节归何日，准拟殷勤说汴都。

方回注云："丁涎溪黼居池州，宝庆初正人也。嘉定以来士大夫能诗，如
任斯庵清叟与公皆是。而任合于史弥远，至参政；公忤于史，后帅蜀，成都破，
死之。此诗三、四佳，五、六善用事。"

案：此诗写作的时间不清楚，从诗本身来看，应在宝庆元年被贬之后，但具
体是在吉州时期，还是在静江时期，或成都时期，疑未能定。姑附于此。

---

① 原注：《苏武传》，苏武中郎将及假吏常惠等。

第二,丁黼另有《寄题不碍云轩》诗两首:

其一

杰阁临无地,仙家小洞天。循檐自来往,非雾亦非烟。

其二

驾鹤归三岛,骑麟入九霄。只应明月夜,来此坐吹箫。(《诗渊》,又《全宋诗》卷二八二三)

案:不碍云轩,不知在何地。这两首诗的写作时间也不清楚,姑附于此。

第三,《截江网》卷六收录有一首《满江红(寿江古心母)》,题丁大监作。全篇如下:

> 某惶恐端拜,申禀某官。某兹者共申庆集慈闱,时临诞节。鹊巢载咏,知功行之弥深;鹤发双垂,真古今之稀有。某阻升堂而展拜,敢载酒以称觞。寿算南山,更辑康宁之福;辞同下俚,聊申祝颂之忱。尚冀台慈,俯赐鉴瞩。

> 梅腊宾春,瑞烟满、华堂馥郁。还又祝、屏垂彩悦,觞称醽醁。南浦西山开寿域,朱廉画栋调新曲。庆彩衣、龙节侍慈萱,春长绿。双鹤发,齐眉福。一麟瑞,如冰玉。看国封重见,五霞凝轴。王母瑶池鸾凤驭,麻姑金鼎神仙箓。数从今、椿算到何时,蟠桃熟。

案:江古心即江万里,古心乃其号,度宗朝官至左丞相,以峭直为贾似道所恶,加特进予祠。江万里生于庆元四年(1198年),而丁黼生于乾道三年(1167年),年长江万里近30岁,应属于江万里的长辈,与江母为同辈。又从二人的经历看,他们从未在一起共过事,相互之间没有什么交往,贺寿之词不知所以,疑其并非丁黼所作。或当时另有一丁大监,抑未可知。疑不能定,姑附于此。

参考文献

1.(宋)吴泳:《鹤林集》,("文渊阁四库全书"本)台北商务印书馆1983年影印版。

2.(宋)魏了翁撰:《重校鹤山先生大全文集》,(《四部丛刊》本)上海书店1989年影印版。

3.(宋)洪咨夔:《平斋集》,(《四部丛刊》本)上海书店1989年影印版。

4.(宋)真德秀:《西山先生真文忠公文集》,(《四部丛刊》本)上海书店1989年影印版。

5. (宋)胡知柔编:《象台首末》,("丛书集成初编"本)中华书局 1985 年版。

6. (元)脱脱等撰:《宋史》,中华书局 1985 年版。

7. 北京大学古文献研究所编:《全宋诗》,北京大学出版社 1993—1999 年版。

8. (清)黄宗羲原著,(清)全祖望补修,陈金生、梁运华点校:《宋元学案》,中华书局 1986 年版。

9. (明)钱穀编纂:《吴都文粹续集》,("文渊阁四库全书"本)台北商务印书馆 1983 年影印版(卷一收录丁黼《越绝书跋》)。

10. 吴树平校释:《风俗通义校释》,天津人民出版社 1980 年版(附丁黼跋)。

11. 黄怀信、张懋镕、田旭东撰:《逸周书汇校集注》,上海古籍出版社 1995 年版(附丁黼《刻周书序》)。

12. (元)陈桱撰:《通鉴续编》,元至正顾逖刻明印本。

13. (明)杨士奇等编:《历代名臣奏议》,("文渊阁四库全书"本)台北商务印书馆 1983 年影印版。

14. (宋)潜说友纂修:《咸淳临安志》,"中华再造善本"据宋咸淳临安府刻本北京图书馆出版社 2006 年影印版。

15. (明)何宇度撰:《益部谈资》,("文渊阁四库全书"本)台北商务印书馆 1983 年影印版。

16. (明)王崇纂修:《(嘉靖)池州府志》,("天一阁藏明代方志选刊"本)上海古籍书店 1962 年影印版。

17. (明)李贤等撰:《明一统志》,("文渊阁四库全书"本)台北商务印书馆 1983 年影印版。

18. (清)赵宏恩等修:《江南通志》,("文渊阁四库全书"本)台北商务印书馆 1983 年影印版。

19. (清)嵇曾筠等修:《浙江通志》,("文渊阁四库全书"本)台北商务印书馆 1983 年影印版。

20. (清)黄廷桂等修:《四川通志》,("文渊阁四库全书"本)台北商务印书馆 1983 年影印版。

21.（清）金鉷等修：《广西通志》,（"文渊阁四库全书"本）台北商务印书馆 1983 年影印版。

22.陈惟壬等纂：《民国石埭备志汇编》,（《中国地方志集成》第 63 册《安徽府县志辑》）江苏古籍出版社 1998 年影印版。

23.陈世松撰：《〈宋史·丁黼传〉补正》,《文史》第十三辑,中华书局 1982 年版。

24.李之亮撰：《宋两江郡守易替考》,巴蜀书社 2001 年版。

《畴斋文稿》及其作者[*]

《畴斋文稿》，不分卷，稿本，元张仲寿（1252—1323 年）撰书。一册（存七开），每半叶十二或十三行，行十八字。今藏国家图书馆。

张仲寿，史书无传，唯陶宗仪《书史会要》载："内臣张仲寿，字希静，号畴斋，钱塘人。官至翰林学士承旨。行草宗羲、献，甚有典则，亦工大字。"其著述传世者有《畴斋二谱》（《墨谱》《琴谱》）。

《畴斋文稿》迭经名家收藏，流传有序。书中有"畴斋""自怡叟"二印，乃张仲寿自钤。又有"宋景濂氏""子京父印""墨林秘记""棠邨审定""蕉林""乾隆御览之宝""石渠宝笈""诒晋斋"等印，知此书于明代曾为宋濂所有，后归项墨林。入清，书归梁清标收藏。后进入内府，又为乾隆赏赐给第十一子永瑆，成为诒晋斋藏品。乾隆十九年（1754 年）敕撰《石渠宝笈》中未收此书，知此书在是岁之前已赐予永瑆。

书中有陶良五跋二则，其一云：

> 此册末叶押角有"畴斋"、"自怡叟"两印与"通□纸墨"一印，为元时物。其后"倚云天籁"以至"秋碧"、"内府"、"诒晋"印记，亦无一不真。乃遍征各籍，始于《元诗选》得其传略，又于《寰宇访碑录》知世传所书碑碣当十数种。艺风藏《白云五华宫记》即畴斋正书。又崇德真人记松雪斋，而畴斋篆额。但细书楷字，则绝无所闻。畴斋卒于至治三年，年七十二。此盖六十九时作。生南宋之后，而无苏、黄四家一毫习气，与鸥波同时而不为所靡，标格直接率更，真可谓特挺独行之士矣。叶鞠裳《语石》称其书，而语焉不详。

---

* 原刊《文献》2006 年第 2 期，有修改。

其二云：

张承旨仲寿，字希静，号畴斋，钱塘人。官至翰林学士承旨。年长于松雪一岁，爱古书画，家有自怡轩、有何不可之阁。

此书收录张仲寿所撰著诗、铭、哀辞、祭文、祝文。其中祝文两篇，为《祭天妃祝文》《祭阳山龙王祝文》，编排于卷末，撰作年代皆为元延祐七年（1320年），盖为张仲寿书此册之岁，遂知此册乃仲寿年六十九时所书。越三年，即至治三年（1323年），仲寿卒，年七十二。

此书册之价值有三：

第一，可观张仲寿之书法。

张仲寿以书名于当时，诸名贤赞誉颇多。例如《式古堂书画汇考》卷四五著录何澄绘《归庄图卷》，接幅为张仲寿书《归去来兮辞并序》，款曰："至大己酉（二年，1309年）夏畴斋书。"后幅有至大己酉姚燧跋，云："畴斋之书出李北海，而韵胜过之。"有延祐乙卯（二年，1315年）赵孟頫跋，称何澄画与张仲寿书合为"二绝"。又有泰定乙丑（二年，1325年）虞集跋，云："张畴斋自尊异其书，多藏古帖，亲见前朝内府故事，所用研墨纸笔，一一上品如法，乃书也。"至元二年（1336年）揭傒斯跋，云："张承旨书自谓当与赵吴兴雁行。然当时求之中贵之中，已莫能及，以赵吴兴书画，皆当为天下第一。'二绝'之评，足为此书此画之重。"由此可见畴斋书名颇重于时。仲寿亦颇以书自负，自谓不让于赵松雪。例如明张丑《清河书画舫》卷二著录张仲寿临摹《定武兰亭》一本，有题识云："皇元以书名当世者，子昂一人而已。仆近见彼临兰亭，大不满人意。暇日假月江学士定武本试对临之，非敢自炫。使能书者鉴观，必有公论在也。至大二年岁在己酉十一月廿三日，畴斋张仲寿识。"

有元一代，书风几惟松雪体，畴斋不为其所靡，特标独立，亦名于当时，时人立碑多请其书写碑文。据《寰宇访碑录》卷十一著录，张仲寿所书碑碣有：

《崑嵛山东华宫记》焦养直撰，张仲寿正书。大德九年十月。山东文登。

《新安洞真观碑》张仲寿撰并正书。至大二年十月。安徽祁门。

《东华宫紫府洞碑》邓文原撰，张仲寿行书。皇庆元年十月。山东文登。

《东华帝君碑》邓文原撰，张仲寿行书。皇庆元年十月。山东文登。

我欲學為儒山鳥悔我我欲學為逸吏或騫逢
鞭箠山林與市廛四顧非我宜君獨隱於稼高
踽邁樊遲即欲從君遊青鞋儻可著逍遙隨所之
場屋官叩米扉青鞋儻可著逍遙隨所之
　　癸卯元正試筆
俗風熙承宇時物各自春幽人勤玄感佳思相
與欣酌泉湏酌清欲酒湏欲醇闉世不明理空
裹得意人不堪我憂妻子亦厭之日與蔬
我本得意者人不堪我憂妻子亦厭之日與蔬
　贈稼隱陳文

布侃蔬布亦匪昜不勤何從求豈無輕與肥道
異難為謀
　送謝明遠學正
秋蘭抱幽貞厥性在雅獨誰歟擷其英相親訊
芳馥幾格諒可悅而頗類羈束終爲山林姿禾
入餘子目懷裁逆故立永謝桃李俗
　妾薄命
妻家古道倚自分同塵涅感君重一彌惠我羅
襦衣煌煌珠明瑠熙耀生身輝普楀堅秋霜事
君終不移世清等浮雲人事如夾棋蛾眉歟妾
姹蓬首招群嗖中夜自展轉唉嘽俱不宜君家
十二樓頃國耽群塵軒固取耿簝寵終栖栖
還君舊篋箦事歸理麻苧機

《疇齋文稿》書影

《游仙宫丹阳真人归葬记》张仲寿撰并行书。皇庆二年正月。山东莱阳。

后二碑今于北京大学图书馆皆有拓本。

《艺风堂金石文字目》卷十六著录：

《白云五华宫记》赵天麟撰，张仲寿正书并撰额。延祐五年三月二十八日。在山东邹县。

《明德真人道行碑》朱象先撰，张仲寿正书，李邦宁篆额。至治二年壬戌十月望日。

《崇德真人之记》邓志明撰，赵子昂正书，张畴斋篆额。至治壬戌十一月十五日。在山东。

艺风堂所藏金石拓片，今藏北京大学图书馆，以上三通碑皆在其中。

《山右石刻丛编》卷三十七著录至正六年《景福院记》亦为张仲寿书。

此《畴斋文稿》乃其手书者，楷字肥瘦有则，别具风格，与松雪书风确乎不同。盖此稿乃张仲寿有意传诸后世者。其价值珍贵，自不待言。

第二，可为辑录张仲寿诗文之重要资料来源。

张仲寿诗文著作存世者不多。传世有《畴斋二谱》即《墨谱》《琴谱》各一卷，有光绪年间丁氏八千卷楼丛刻本。另，清罗榘臣曾辑录张仲寿部分题跋诗文为一卷，作为《外录》，随《墨谱》《琴谱》刊行于世，其中所收诗作有《送许鲁斋归山》《题李伯时三马图》《王乔洞》，题跋则有《跋韩致尧手简》、《题开元宫志》、《跋金显宗墨竹卷》、《临定武兰亭跋》、《定武兰亭五字不损本跋》（五篇）、《临羲之别帖跋》。

传世张仲寿的文字不止这些，《畴斋二谱》及《外录》之外，尚有佚文可辑。

明赵琦美《铁网珊瑚》卷一著录仲寿于延祐戊午（五年，1318 年）题跋唐林藻《深尉帖》。《秘殿珠林》卷九著录仲寿于至正二年（1342 年）春跋南唐王齐翰画《十六尊者像》。又《寰宇访碑录》卷十一著录："《丹阳万寿宫记》张仲寿撰，杨光祖行书。泰定三年二月。陕西咸宁。碑阴，正书。"以及《游仙宫丹阳真人归葬记》，皆为张仲寿撰文。此外，光绪《文登县志》收录《抱元真静清贫李真人道行碑》，《洛阳名碑集释》收录《重兴新安洞真观碑》，《嵩岳志》收录《嵩山大崇福宫记》，亦皆为张仲寿撰文。这些篇章，除了《丹阳万寿宫记》，其余大多数篇什的原文尚可辑录。

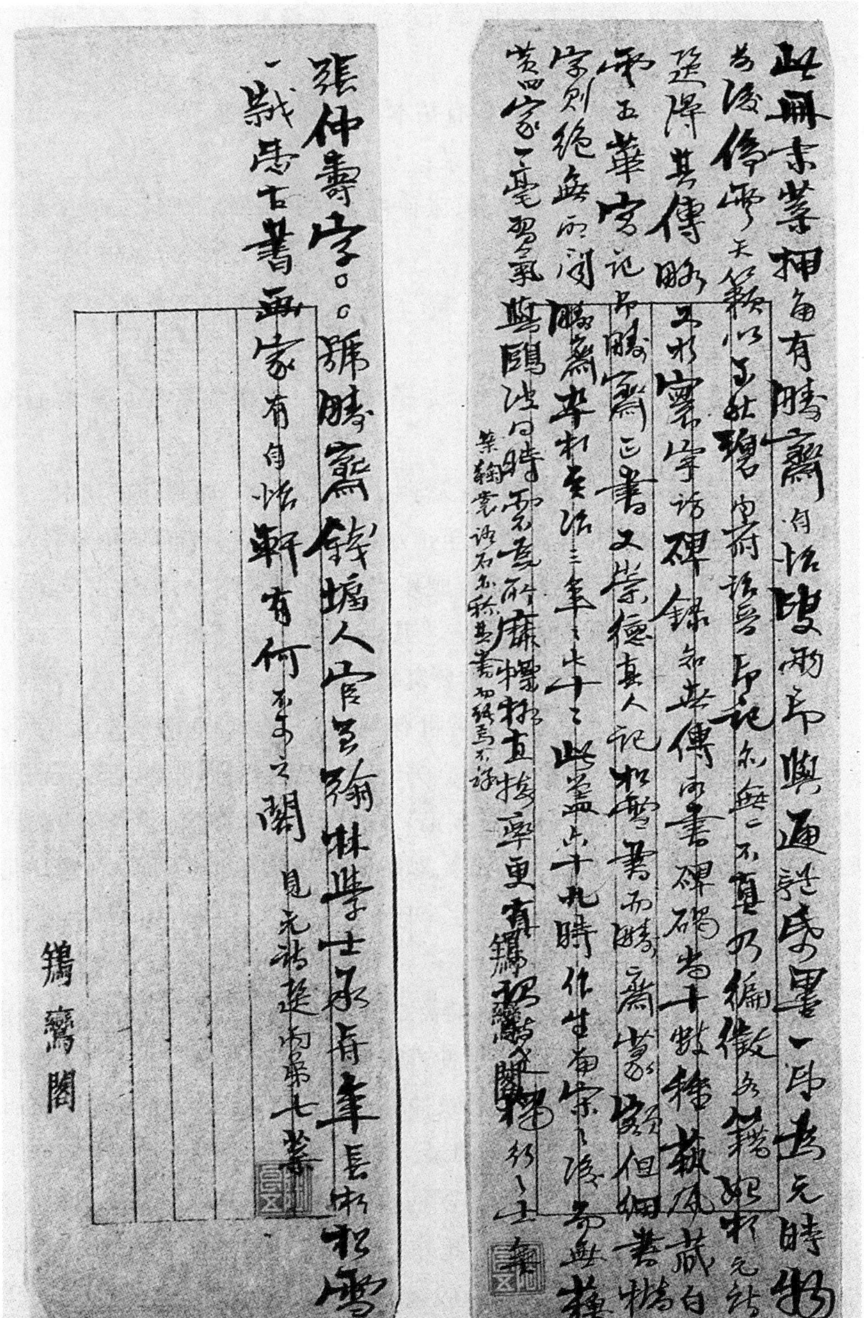

《畴斋文稿》卷前　陶良五跋，据《中华再造善本》

　　而更为重要的就是《畴斋文稿》了。此书收录张仲寿手定诗十二首（分别是《赠稼隐陈文》《癸卯元正试笔（二首）》《送谢明远学正》《妾薄命》《和俞翠峰〈游吾家故园〉韵解嘲》《射虎行上潘使君》《送漕运于万户》《题〈雪月墨梅〉》《送上海范县丞》《苦寒不寐》《见灯蛾有感》），铭三篇（《砚铭》《破洮砚铭》《装潢者求裁尺铭》），哀辞一篇（《哭高照庵哀辞》），祭文一篇（《山斋侄孙文》），祝文两篇（《祭天妃祝文》《祭阳山龙王祝文》）。此近 20 篇诗文皆不见于他书，数量多且集中，十分珍贵，为元代文学研究增添了新材料。

　　第三，可资了解张仲寿的交游。

　　作为当时的著名书家，张仲寿的交游无疑是很广的，这一点通过传世文献可以反映出来。例如《墨谱》中，张仲寿提到的友人有杨好谦、王云峰。《皇元风雅前集》卷一《送许鲁斋归山》一诗，知张仲寿与著名理学家许衡（1209—1281 年）过往较为密切。明张丑《清河书画舫》卷二上著录《定武兰亭》书帖，上有张仲寿、赵孟頫、袁桷等人题跋，皆当时名流，相互之间有交往也是情理中事。又据诸跋，此帖为谭振宗所有。谭振宗，号月江，皇庆元年十二月以昭文馆大学士、中奉大夫为秘书卿。故诸跋中或称谭昭文，或称月江居士。则谭振宗亦在张仲寿交游范围之内。

　　又，元张伯淳《养蒙文集》卷八有《简张畴斋》，元程钜夫《雪楼集》卷二十三有《贺张畴斋承旨续弦启》，元陈宜甫《秋岩诗集》卷上有《谢张畴斋惠笔》、卷下有《失马次张畴斋学士韵》，元马臻《霞外诗集》卷三有《为畴斋张府卿作〈樵云图〉》，元贡奎《云林集》卷三有《彦清赠畴斋复古殿端研率同赋》、卷四有《和张畴斋养花诗》，《元诗选二集》有薛汉《寿承旨张畴斋》，明曹学佺编《石仓历代诗选》卷二百五十六"元诗二十六"有朱德润《为张畴斋承旨作仙山晚渡》，可知张伯淳、程钜夫、陈宜甫、马臻、贡奎、薛汉、朱德润等皆为张仲寿之友。

　　以上都是存世文献中散见的一些材料。

　　今检此书所收诗作，事关张仲寿友人者亦较多，接近十人。如陈文，见《赠稼隐陈文》；谢明远，见《送谢明远学正》；俞翠峰，见《和俞翠峰〈游吾家故园〉韵解嘲》；潘使君，见《射虎行上潘使君》；于万户，见《送漕运于万户》；范县丞，见《送上海范县丞》；高照庵、赵明远、程芝庭，并见《哭高照庵哀辞》。唯因史料不足，这些人中的大多数生平无可考，有的甚至仅知其姓和职衔，而不知其名字。可考者止高照庵、赵明远二人。

高照庵,即高晞远,照庵乃其字。通州人。生卒年不详。《元诗选》癸集之甲列入"金宋遗老",小传云:"咸淳、德祐间,尝通判平江府。自城溃,家亦散亡。孑然一身,浮游江湖,往来九峰三泖间。尝馆于石浦尉参政泾家,卒以所学私淑诸人,故学徒多归之。又精通音律,尝手裁竹为管,以定五音六律,进退疏数,细微弗差。晚更嗜《参同契》及阴阳术数、太乙六壬,咸究极其妙,可以验吉凶,定祸福,其应如响,惜所学不传。其卒也,门人黄璋等为文祭之。"

赵明远,又作赵名远、赵明道。大都(今北京)人。元初曲家。生卒年及生平事迹均不详。钟嗣成《录鬼簿》列其为"前辈已死名公才人,有所编传奇行于世者"之内。贾仲明悼词云:"钟公《鬼簿》应清朝,《范蠡归湖》手段高。元贞年里,升平乐章歌汝曹。喜丰登雨顺风调。茶坊中嗑、勾肆里嘲:明明德,道泰歌谣。"庄一拂在《古典戏曲存目汇考》中推论赵氏"约元世祖至元中前后在世"。所作杂剧《韩湘子三赴牡丹亭》《陶朱公范蠡归湖》,仅存残本。

张仲寿诗文传世者不多,此书堪称大端。然此书数百年来历经私家收藏,深扃锢蔽,世人知之者甚少。今按书稿原来次序,录其诗文于此,以供研究。书稿中的个别文字有残缺,无法辨识,皆以"□"号表示,《祭天妃祝文》《祭阳山龙王祝文》二文仍保持原格式。罗槃臣所辑《外录》未收的佚文六篇,亦附录于后。

附录一:

畴斋文稿

赠稼隐陈文

我欲学为儒,山鸟怪我衣。我欲学为吏,或虑逢鞭笞。山林与市廛,四顾非我宜。君独隐于稼,高蹈追樊迟。即欲从君游,去买锄与犁,又恐禾登场,县官叩柴扉。青鞋傥可著,逍遥随所之。

癸卯元正试笔

条风煦承宇,时物各自春。幽人动玄感,佳思相与欣。酌泉须酌清,饮酒须饮醇。阅世不明理,空慕得意人。

我本得意者,人不堪我忧。妻子亦厌之,日与蔬布仇。蔬布亦匪易,不勤何从求。岂无轻与肥,道易难为谋。

送谢明远学正

秋兰抱幽贞,所性在雅独。谁欤撷其英,相亲玩芬馥。几格谅可悦,而颇类羁束。终焉山林姿,不入余子目。怀哉返故丘,永谢桃李俗。

妾薄命

妾家古道旁,自分同尘泥。感君重一顾,惠我罗襦衣。煌煌珠明珰,照耀生身辉。誓将坚秋霜,事君终不移。世情等浮云,人事如弈棋。蛾眉敛众妒,蓬首招群嗤。中夜自展转,笑颦俱不宜。君家十二楼,倾国罗前墀。恋轩固耿耿,絷笼终栖栖。还君旧秦筝,归理麻苎机。

和俞翠峰《游吾家故园》韵解嘲

白露下枯草,向来笏成堆。陵谷有变迁,潮汐亦往来。东溟岂不深,清浅见蓬莱。游子昧消息,悲歌漫徘徊。

射虎行上潘使君

莫射虎,莫射虎,弓矢有限虎无数。昨朝白额方就磔,今晨老彪更虓怒。腥风撼林林欲裂,毒吻无日无生血。将军饮羽艺绝伦,关弧直前非好嘖。生平负此射生手,小欲救物大救人。誓将扫穴无噍类,恨不与虎同日毙。岂知虎本具良心,可以气化非力致。射虎母,诸儿纷纷散林薮;射虎儿,种在还有孳生时。一虎犹自可,十虎将奈何?十虎不可支,百虎我先疲。前有冯妇后周处,至今耽耽尚如许。君不见海南鳄鱼更可畏,来□何由去何谓。虎亦负子能渡河,此事令人等儿戏。

送漕运于万户

岱宗万古蟠英气,人物堂堂富才艺。公才俊利剺兕犀,卓尔高门梁栋器。少年宦海腾风云,所至承宣号能吏。荀班鹄立玉英人,名姓御屏亲选记。向来旌节照钱唐,俗靡人奢古难制。明公按辔恩济威,尺棰不施称极治。良民老不识刀剑,翻见龚黄暗生愧。政成声闻达九霄,万里龙骧烦处置。神仓岁入数百万,帆饱不踰旬浃至。萧何刘晏亦太劳,流马木牛困机智。天开地辟缺东南,正拟皇元供国计。梅花飞上昼锦衣,三载秩满公言归。卧辙攀辕沸箫鼓,长年三老尤□□。中书奏最敓上爵,享醴命宥歌燕诗。入参黄阁议机政,记取霖雨苏江湄。书生老矣笔犹健,尚能为公重写怀恩碑。

题《雪月墨梅》

花光去后梅无尽，君复去后梅无诗。罗浮千树自雪月，幽人恨满春风枝。谁染龙香寄孤兴，见此三绝交相辉。飞琼压干冻欲折，金波射影光陆离。宛然坐我枯崖下，夜深冽冽寒生衣。笔端形似尚欲爱，桃李虽真何足奇。

送上海范县丞

神州坤屯洩天和，左右岱华中洪河。瑰才磊磊望鸣珂，衣冠剑佩相戛摩。鼻祖胸次兵甲多，云仍气宇犹番番。妙年宦海腾风波，所至襦袴腾谣歌。锡山勾稽刮烦苛，纠录奏最闻嘉禾。云间赋重劳征科，割劈海县苏疲疴。公来员丞绝鞭诃，伍伯断影村落过。下车蹙额民辗轲，自公退食方委蛇。叠岁涝暵纷札瘥，公但抚问莫谁何。地邻卤潟公事魔，牒檄襞积来顷俄。如木节错盘根柯，利斧游刃刉则□。长材剸拨无纤讹，曹史□拱甘么麽。芹宫翚飞乐菁莪，一振圮废成巍峨。粉饰从祀冠崟嵯，俨如鲁邹佩玉傩。爵匜鼎俎森象牺，巨碣镌勒名难磨。三年乌兔飞天梭，士民惜别涕滂沱。芳醴潋滟更金罂，当街遮劝颜为酡。蹒跚耆宿攀骊骒，童竖跳踯舞傞傞。旗亭笛鼓旬龙鼍，祝公奋迅毋蹉跎。薰风拂拂吹轻舸，诗卷之外靡有他。寅寮相顾无侧頗，羔羊播咏皆丝緌。生憎污吏同膏蛾，来则枵橐去则驼。老氓抱拙须鬑鬑，优游化雨霭茧窝。日随书蟫坐穷窠，不得时听松边哦。念欲往附惭绿萝，临歧赠言难婵娿。云霄自合公婆娑，亡意测海我已羸。义方诸郎工切磋，挺挺尽锻文场戈。朝廷急士旁搜罗，笺笺束帛来丘阿。行看鹗荐□紫荷，光被桥梓联腰緺。紫泥下照甘棠坡，老□难钝当摩挲。

苦寒不寐

荒郊冱穷阴，寒飙震长宇。冻土有裂纹，橐林无妍树。拥衾如露宿，展转天向曙。中夜百忧集，匪□儿女故。所忧穷檐民，朝餐不谋暮。纺绩供县官，布不蔽肘露。安得天下春，鼓腹皆含哺。

见灯蛾有感

潜鱼在深渊，命或堕钩饵。尔独何为者，趋炎自求毙。岂不见飞蚊，寻隙爱幽昧。使其不噬人，杀之□无计。想尔恶幽隐，观光动心志。焦头固似勇，亡命亦非智。

砚　铭

墨以善深而自销，水以善泽而自竭，纸以善载而自污，笔以善记而自贼，四者常汲汲于人,而不保其朝夕。夫岂若磨不磷,涅不缁,静而有用,□而无悔者,吾端溪之石。盖彼以功而兹以德,惟其不即物而物自即之,是以能坐阅四者之变易。

破洮砚铭

伊洮之宝,执斫而刻。日吐玄云,执毁而残。补罅苴漏,辈几岁寒。膑刖布黥,智勇为殚。尚适于用,庸求其完。

装潢者求裁尺铭

冶金而刃,有铦其铓,匪尺斯木,执焉取方。左图右史,其仪不忒,辅相裁成,好是正真。

哭高照庵哀辞

呜呼哀哉!前年哭赵明远,去年哭程芝庭,今年又哭高照庵。何天降罚于我肺腑之戚若斯其甚耶!君之学足以用世而死于命,君之文足以传远而困于时。君之所已为者,人或誉而或讥,君之所未为者,徒成是而败非。我颇类君,南北风枝,病弗及见,死弗及知。平生嗜方,乃毙于医,族子行丧,亦理之宜。解后一恸,告人已而,有知无知,庶其鉴之。

山斋侄孙文

水北殁,吾宗无显人。子又殁,吾宗无文士。岂特无文士而已哉!枝叶零谢,所恃以封植而泫泽之者,惟子□□□□,吾宗□别尚千百,指问岁过,从吾昆仲耳。弈棋丁丁,谈《易》亹亹,向来一见,尚艰于履,岂期斯疾,竟而弗起。兰死蕙伤,有泪如水。虽然,兵后之家,何成不毁,独贤父子,被五福而归全,此又百中之一二,克继克承,有子有婿,光于前人,死犹不死。闻丧来哭,灵其鉴止。

祭天妃祝文

大元延祐七年岁次庚申　月　朔　日

具官某等敢昭告于

天妃之神曰

国家由海道岁再饷于

京,解缆之日,必告于

神而徼福焉。

神之祐助,非一岁矣。夏运卜告,庸以牲醴

式奉

明荐

神以体

为念，海不扬波，迅而善达，岂惟计储有赖，

神亦无负

朝廷尊崇祷祠之意。谨伸处

告，敢告。

祭阳山龙王祝文

大元延祐七年岁次庚申　月　朔　日

具官某等敢昭告于

阳山龙王之神曰

圣天子嗣登

大宝，诞颁

明诏，令长吏择日祭告于载祀典者，维

神嘘气为云，

作霖润物，

宅湫阳皁，

潜跃以时，钦

命揭处，

奉牲以

告，谨告。

附录二：

《林藻〈深慰帖〉》跋

唐林藻深慰帖曾入宣和御府。今书谱中止存此帖。予获收之，爱其不经意中天真烂然，诚可法也。畴斋张仲寿题于有何不可之室，时延祐戊午九月望日。（明赵琦美《铁网珊瑚》卷一）

《南唐王齐翰〈十六尊者像〉》跋

按王齐翰，金陵人。事江南李后主，为翰林待诏，画道释人物无不精妙，故一时咸取法焉。此卷乃用金写十六尊者，庄严典重，尤足超迈他作。每焚香合

掌,恭敬拜览之下,觉精彩夺目,不敢正视,未尝不赞叹为第一希有也。藏者幸勿轻出以示人。至正二年春仲,畴斋张仲寿合十谨题于傍山楼上。(《秘殿珠林》卷九)

丹阳真人归葬记

翰林学士承旨资善大夫知制诰兼修国史张仲寿撰并书题额。

全真教之丹阳马君,犹圣门之颜、曾,重阳君不以子视,而以弟称之。师生于宁海,当宋宣和癸卯五月二十日也。初名从义,字宜甫,本关中扶风人,五季兵乱,迁海上焉。金大定七年丁亥秋,重阳王君挟策东游,抵宁海范明叔私第宜老亭,因会宜甫。宜甫问道,重阳曰:"五行不到处,父母未生前。"立谈之顷,契分相投,邀重阳居其家。明年二月,宜甫弃俗入道,训名钰,字玄宝,号丹阳子,时年四十有六。侍师入昆嵛山,开烟霞洞居之。重阳大阐玄风,随方立会,化度群有,如文登之七宝、宁海之金莲、登州之三光、蓬莱之玉华、掖县之平等,师皆陪杖屦焉。阅三年,重阳偕弟子寓汴之王氏邸中,时大定庚寅正月初四日也。召二三弟子立榻下,谓之曰:"丹阳已得道,长真已知道,吾无虑矣。吾今赴师真约耳。"口授遗颂而逝。师尽礼治殡,权瘗于旅。入关谒和李二君。次年,师会谭、刘、丘三真,抵刘蒋祖庵,修治葬所。明年,迁祖枢归葬焉。四真庐墓之余,分适各方,惟师留刘蒋,居圜堵者四年,后乃西游。自时厥后,处圜之日居多。大定壬寅,师年六十,东还宁海,将为归宿之计。行化文登,当隆冬之时,海市见于南海。明年癸卯十二月二十有二日,羽化于莱阳之游仙宫。长生刘公、玉阳王公主葬焉。后为马氏诸孙取瘗祖垄。未几,宫主李知常亲取仙蜕,复归游仙,竟藏浅土而葬衣冠焉,人无知者。

大德丙午闰正月,提点宫事王志筌来谒长春主席天阳真人常公,备陈其事曰:"志筌老矣,一旦溘先朝露,使师真遗槿湮没,其罪弥大。"真人闻而惊曰:"信如是,非子之过,责在我矣。"亟致香币冠簪、絛服巾履,躬撰祭文以遣之,仍移文本路,遍谕东堂诸老,咸使赞成,复□疏化诸信士共输资力,治葬于宫之西院乾位,期以明年十月十有八日安厝,乃殿于其上,象于殿中。比事集之日启封,示仙骨,三髻在顶,宛然如生。盖重阳君名嚞,师畴昔分发三髻,戴师恩以寓意焉。至是尤验其的也。东华宫山主李道元,斫石为棺以殡之。会葬之日,矞云现空,瑞鹤翔墓,官僚士庶咸瞻礼之,共叹:"灵异若此,孰不稽首加敬焉。"

至大辛亥,提点成志希、王志筌,山主李道元,遣一介请记于予曰:"丹阳师真,吾教之二祖也。前次治葬,子与有力焉,可不书乎?"因次叙其始末以记之。盖闻道家者流,以惜精固气、存神养性为大节,其所谓日用常行,慈悲方便,苦己利人,外积阴功,内调水火,昼夜无间,法天行健,就此幻化之躯,照见本来之我,遣情化欲,证圣成真,能事毕矣。不务究此,而区区求其迹,固亦浅也。且自金大定癸卯至皇朝大德丁未,相距百二十有五年,中间不知其几迁矣。至乃藏之浅土,不使人知。今也大会四众以葬之,复文而勒诸坚珉以记之,永为万世之藏,是亦有数焉。故为之记。皇庆改元正月望记。(据光绪《增修登州府志》卷六十五。《道家金石略》,第 740—741 页,根据艺风堂藏拓本录文,个别文字有残缺。)

抱元真静清贫李真人道行碑

前翰林学士承旨资善大夫知制诰兼修国史畴斋张仲寿撰并书篆。

先生姓李氏,讳道元,自号清贫子,卫辉路淇州朝歌人也。年甫十岁,父母俱丧,后于本邑铁户孙提举家为婿。方登不惑之年,忽起一念,志欲出家。因托疾毁身,针灸成疮,持钵化饭,云游西秦京兆。于古庙破窑之中,毁炼睡眠。已经年载,心地未明,遂上武当山,投□□□栖云玉真人门下袁先生为师。因开石洞,功毕,随师往邓州土洞兴缘。后到上关,西至凤翔,值大雪不能前行,复回真定,时至元二十六年己丑岁春首。偶遇一大师,持洞明真人书寻访三千真人真容,于本处得之清贫,就送至大都洞阳观暂住。当年四月,至云州金阁山。(按:此处疑有脱误。)今生勿惮劳苦。不受苦中苦,难为人上人。乃因清贫为山主,拜而受之,其志愈坚。昼服重役,夜炼睡眠。阅三载,真人登仙。清贫凡主金阁十余年,成就大殿寿宫灵堂及树立丰碑,皆与有力焉。大德之壬寅岁,清贫下山迤南,至东华宫,竭力兴盖,开石洞,取玉石,于莱州镌五祖七真等法身一十七尊,竭坐洞中。供案瓶炉,皆石为之。复采玉石,建立五碑,记修建等事。以碑为壁,作石楼阁。乃起三殿兼斋厨,凿石为山门石栏杆,功缘毕集。大德己亥岁,钦蒙晋王令旨,封抱元真静清贫真人。阅六年,大德乙巳,清贫往莱阳迎仙宫,同□会葬丹阳师祖。凿石为椁,安厝毕,复立碑纪其事。至大己酉岁,益都路宣慰使资善王公庭宪捐己资,施白金一百两,添助工费。次年庚戌春三月,钦受圣旨,护持东华宫。当年秋七月,蒙宁海王位下综观忻都保举,敬受宁海王令旨,护持本宫。延祐改元甲寅岁,莱阳县客闻清贫持戒精严,道心纯一,就东华敦请:于本县之南,在昔长春真人所创迎仙宫,久矣隳废,望先生不违应念修理。清贫即到,瞻彼殿宇塑像,前后装饰严整,其殿檐壁饰压阶,尽已毁拆。补修间,于后庭寻得任师父遗蜕,即造石椁,择日葬本宫艮维。复立抟阁及造玉像,安奉于内。又将丹阳师祖所度十界元百仙图旋转刻像,各镌姓名。欲立碑而力不满愿,于是复回东华宫。砌幔月台压阶所用条石一百余段,长二十尺,悉皆完整。延祐丁巳之夏四月,钦奉圣旨,护持迎仙宫。各处立石,用纪其实。当年冬十一月,开朝阳洞。成群鹤来自西北,翔翥其上。次年戊午夏,建石殿奉太上,迎圣像安奉之。次复有群鹤,向西北来殿前盘绕,久之而去。斯皆清贫坚志勤苦,感通仙圣,有此瑞应,盖清贫之德化所致也。延祐庚申岁三月上浣清旦,召门弟子耿道清曰:"我有一念未了,尔勿忘吾言。东华宫前石桥,吾不能成就。尔可尽力为之,三年间必当完备。"道清承命唯诺。至巳时,无疾而逝,享年七十有六。当日葬本山云峰庵顶。宁海文登官僚士庶僧尼道俗不约而至,咸为悲泣送葬。门弟子耿道清不违先师付嘱,托钵南游,往江西路访先师旧会首南丰州达鲁花赤那怀等官处抄注。闻清贫归化,还此缘事,助施中统钞五千余贯。依师所措,建石桥,高四十尺,长一百二十尺,阔一十二尺,栏杆俱备。师身后之缘,壮观宫前之胜。清贫与余为方外友,一纪于兹,公之出处,颇知其详。盖清贫受度于袁老先生,得法于洞明真人。全真门下如公之刻苦励志劳形进道者,指不多屈也。门人田道丰、耿道清录其师行实,求余序而铭之,余尚何辞?乃序公行,已而系之以铭,曰:先生铁石心,一志如山立。任道三十年,勤苦如一日。进人而退己,劳形不放逸。粝食布素衣,所行真朴实。遗情无染累,瑞鹤来非一。无疾奄然逝,享年于七帙。含笑蜕形去,平生万事毕。稽首作铭词,颂公书真笔。至治三年岁在癸亥六月望日。(光绪《文登县志》)

重兴新安洞真观碑

翰林学士承旨资善大夫知制诰兼修国史张仲寿撰并书,集贤学士嘉议大夫尚服院事谭振宗篆额。

天下名山,仙圣必家之。然不必高深广远,与世隔绝。虽舟车所会,人迹往来之冲□有焉。其名姓重□□异世代,久近离合,亘万古万变,而实一人之身,尤不须深较也。旧传王子乔好吹笙,时跨鹤下缑氏山中。或曰即髳灵冢适晋也。今按烂柯山仙人亦名乔,又指之名质。河南西为新安县,又西一舍所,即山所在。陂陀靡迤,穹林琪树,映带左右。岩洞中土石与它山蔓别,状如钟乳石膏,岂石髓流溢而成耶?一溪南来,且北流绕出观宇后,清泠莹澈,可湘可溉,是真神仙窟宅矣。往闻此山有二人对弈,王仙偶樵采入山,因支斧柯观焉。弈者啖以枣,遂不饥,局未终而思归,则柯已半烂,其家子若孙,悉无存者,即弃人间事,不知所终。今信而有证者,惟斧存焉。尝有煅之者,祸不旋踵。守者益宝藏之以为神,当与旌阳之剑、昭勇之刀并传。山旧有观曰洞真,罹完颜氏灰劫。皇元抚定区夏,方外道者,结茅居之,以不能自给去,独王志真留此,继以孙道先、马道昌、张道渊与志真同志,葺真宇,广云堂,修理门径,疏泉凿石,开二洞以奉三祖。列植松筼,创水磨,田畴疆畛,一陈之有司,给文以为据。凡可以为安众接待者,莫不悉力以成之。玄逸真人、广微天师,皆大书扁额,其规模视旧雄丽。初奉省府榜约为厉禁令,则隶名清宫,赐之护持。伟哉斯宫!吾意志真又岂非乔仙出世欤?何创建之完整而可久也!宇宙间惟清浊二气,得其清者,用于世为圣贤,超世外为神仙。圣贤则有不朽者,在神仙则不死而长存,其实一也。而世谓仙家日月长,今以烂柯事视观之,则人世为长,而仙家为短矣,以其俄顷而阅数世也,非耶?兹山余尝诗之,今复□丐余文以传,谨书其事而系之以辞曰:

山中人兮皆仙,乘云气兮飞天。五王乔兮游戏,棋未成竟兮世迁。柯有烂兮斧在,火不烬兮薪传。续洞真兮王子,再结构兮成全。山周遭兮靡靡,水北去兮涓涓。阅方外兮岁月,托不朽兮珉坚。祝东宫兮千秋,圣天子兮万年。

中微大师提举刘志深,通和大师知观郭道亨,清真大师知观刑道祥。

大元至大二年十月吉日,清真凝和大师尊宿住持提点张道渊同立石。洛阳刘德恩刊。(《洛阳名碑集释》)

嵩山大崇福宫记

霄壤间有灵地,不得乎伟人不能耀其迹;有伟人,不际乎熙运不能行其道。故必熙运启而后有以感召乎伟人,伟人出,而后有以显发乎灵地。匪今斯今,振古如斯。瞻彼嵩高,众岳所宗。构宫其间,精祇攸会,盖土宇灵奇之最者也。自箕山月冷,颖水云荒,苔封启母之石痕,草掩穆王之辙迹。越嬴秦而值汉,始于其地创万岁观。历三国六朝,浸久浸压而至唐,则重建太乙观。又经五代兵革而复圮,逮于宋乃改为崇福宫。金杪燹余,可怜焦土。林号无尽,泉咽不竭,兔葵燕麦,动摇春风。过而览之者,为之踌躇而太息。夫形势郁盘,其地未尝改也;气钟精秀,其人未尝乏也,而或显或微,且兴且废,兹岂偶然之故?嗟夫!世故轮云,熙洽之运,其亦真难遇哉!天祐皇元,神圣迭兴,际覆极载,靡有尺寸,一动一植,衣被昭回,五三以来鲜俪也。矧嵩当中土,荫茅二室,岂无抱道合真、足以备广成之问者? 其不于此奋然而直遂其为乎! 是以嵩之重阳帝君有高弟长春师丘君佹其逢,即有振起之渐。继之以栖云乔君志嵩承其志,用展经营之规,玄化流通,妙机诱掖。富赀贫力,近输远致,载庀以招,迄构而完。为殿曰宝珠,曰重阳;为堂曰宝篆,曰蝉蜕,曰真宫。主有室,众有寮,宾有馆。外而门庑,内而靖院,以至库厩庖湢,莫不毕具。仍以余力修治真君、玉仙、启母三观,创白云一堂,使旧者俱新焉。三十六奇峰翠连翚跂,百万重道气光浮金碧,鸾旌纷下,鹤笙时来。山川以之而增辉,洞天由是而改色。吾知岳降神生甫申,于以翊邦家万亿年太平之盛,嵩不益效灵于今日乎? 大德己亥,钦奉玺书,追封乔氏为虚静妙渊真人。今彭君志坚、罗君道全实典是宫,既嗣葺巨丽,于前有光,且缅思往绩,荣服新霈,犹惧不闻于后,遂遣其徒来京师丐予文记之。顾縶身尘鞅,恨未能一登峻极,续貂题名温公纪行之尾,固甚喜。其遇圣元非常之运,而营嵩高非常之地于是,长春、虚静二师乃所谓非常之人,此其相因而成信,非偶然者,是可书也。若以为道不同而靳于言,则吾岂敢。至大辛亥正月二十七日记。(《嵩岳志》)

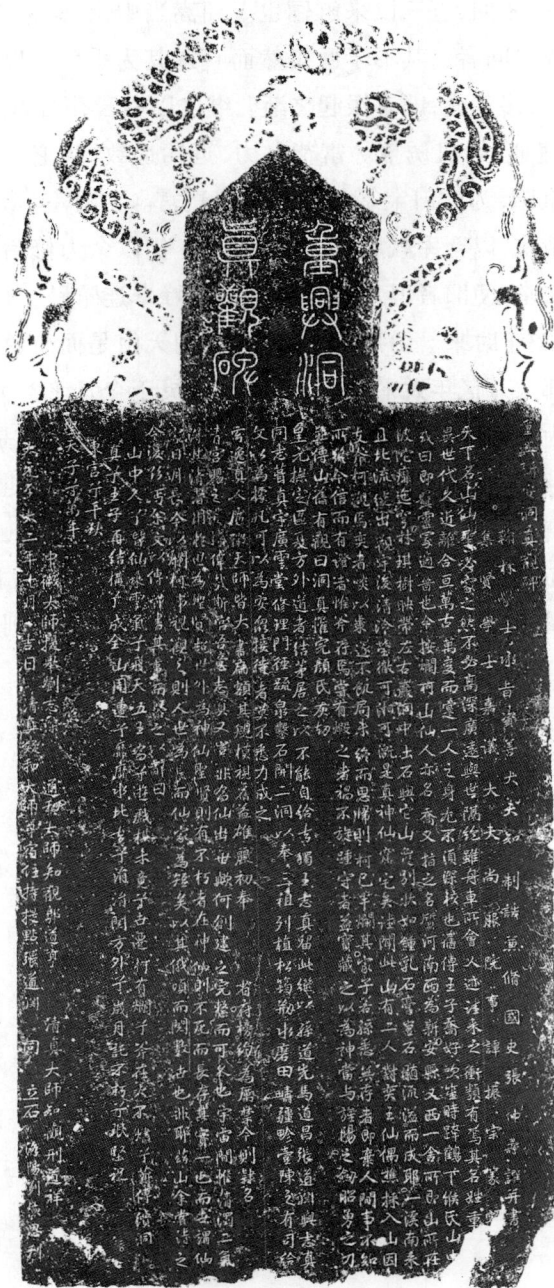

张仲寿书丹《重兴新安洞真观碑》拓本（见黄明兰、朱亮编
著：《洛阳名碑集释》，朝华出版社 2003 年版，第 333 页）

后　记

　　本书是我在古文献研究方面的论文汇编,书名作《册府零拾》,缘于书中的论文除第一篇外,其余都是在国家图书馆从事古籍善本工作期间撰写的,且大多与古籍版本收藏、整理等古文献研究领域的问题有关。论文的大部分曾在正式或非正式出版物上发表,这次结集,对部分文字作了一些必要的修改。尽管如此,存在的错误和不足定然还有不少,恳请大家批评指正。

　　本书的出版,得到历史学院学术著作出版经费支持,张荣强、李帆、胡小溪等老师给予了很及时的帮助,没有他们,本书不会这样顺利面世。出版之际,承蒙王素先生不弃,慨然允诺赐序,感激不尽! 人民出版社刘松弢老师为本书的出版付出甚多,纠正了不少错误。谨在此对各位师友一并致以诚挚的谢意!

2018 年 10 月

责任编辑:刘松弢

图书在版编目(CIP)数据

册府零拾:古文献研究丛稿/汪桂海 著. —北京:人民出版社,2020.12
ISBN 978-7-01-021498-6

Ⅰ.①册… Ⅱ.①汪… Ⅲ.①古籍研究-中国 Ⅳ.①G256.2

中国版本图书馆 CIP 数据核字(2019)第 250970 号

册 府 零 拾

CEFU LINGSHI

——古文献研究丛稿

汪桂海 著

人民出版社 出版发行
(100706 北京市东城区隆福寺街 99 号)

中煤(北京)印务有限公司印刷 新华书店经销

2020 年 12 月第 1 版 2020 年 12 月北京第 1 次印刷
开本:710 毫米×1000 毫米 1/16 印张:22.5
字数:356 千字

ISBN 978-7-01-021498-6 定价:70.00 元

邮购地址 100706 北京市东城区隆福寺街 99 号
人民东方图书销售中心 电话 (010)65250042 65289539